Unternehmensbewertung bei Insolvenzrisiko

Betriebswirtschaftliche Studien
Rechnungs- und Finanzwesen,
Organisation und Institution

Herausgegeben von
Prof. Dr. Dr. h.c. Wolfgang Ballwieser, München
Prof. Dr. Christoph Kuhner, Köln
Prof. Dr. Dr. h.c. Dieter Ordelheide †, Frankfurt

Band 97

Tobias Friedrich

Unternehmensbewertung bei Insolvenzrisiko

Bibliografische Information der Deutschen Nationalbibliothek
Die Deutsche Nationalbibliothek verzeichnet diese Publikation
in der Deutschen Nationalbibliografie; detaillierte bibliografische
Daten sind im Internet über http://dnb.d-nb.de abrufbar.

Zugl.: München, Univ., Diss., 2015

Gedruckt auf alterungsbeständigem,
säurefreiem Papier.

D 19
ISSN 1176-716X
ISBN 978-3-631-66603-6 (Print)
E-ISBN 978-3-653-05902-1 (E-Book)
DOI 10.3726/978-3-653-05902-1

© Peter Lang GmbH
Internationaler Verlag der Wissenschaften
Frankfurt am Main 2015
Alle Rechte vorbehalten.
PL Academic Research ist ein Imprint der Peter Lang GmbH.

Peter Lang – Frankfurt am Main · Bern · Bruxelles · New York ·
Oxford · Warszawa · Wien

Das Werk einschließlich aller seiner Teile ist urheberrechtlich
geschützt. Jede Verwertung außerhalb der engen Grenzen des
Urheberrechtsgesetzes ist ohne Zustimmung des Verlages
unzulässig und strafbar. Das gilt insbesondere für
Vervielfältigungen, Übersetzungen, Mikroverfilmungen und die
Einspeicherung und Verarbeitung in elektronischen Systemen.

Diese Publikation wurde begutachtet.

www.peterlang.com

Geleitwort

Die Anwender von Unternehmensbewertungskalkülen unterstellen zumeist ewig lebende Unternehmen, unabhängig davon, ob sie einem Barwert- oder einem Multiplikatoransatz folgen. Darüber, wie der Barwertkalkül im Falle drohender Insolvenz zu modifizieren ist, herrscht keine Einigkeit. Von Praktikern vertretene Ansätze wollen beispielsweise eine Insolvenzwahrscheinlichkeit in der Fortführungsphase berücksichtigt sehen, von Theoretikern vertretene Kalküle bauen z.B. auf Binomialmodellen mit risikoneutralen Wahrscheinlichkeiten oder modifizierten Discounted Cash Flow (DCF)-Gleichungen auf. In Theorie und Praxis findet sich auch vielfach ein Debt Beta, um Risiken der Fremdkapitalgeber zu erfassen. Oftmals wird von den Kosten einer Insolvenz abstrahiert. Eine Gesamtwürdigung fehlt.

Herr Dr. Friedrich liefert eine Bestandsaufnahme und kritische Würdigung sämtlicher unterbreiteter Vorschläge, um daran anschließend einen Kalkül zur Bewertung insolvenzgefährdeter Unternehmen zu entwickeln. Seine Beurteilungskriterien sind theoretische Widerspruchsfreiheit und praktische Anwendbarkeit bei größtmöglicher Endogenisierung relevanter Parameter. Hierzu gibt es – trotz wichtiger Vorarbeiten in der Literatur, z.T. seit den 70er Jahren des letzten Jahrhunderts – kein vergleichbares Werk, das mir bekannt wäre. Er stößt damit in eine theoretisch wie praktisch bedeutsame Forschungslücke.

Der Vorschlag des Verfassers besteht in einem DCF-Kalkül auf Basis eines Binomialmodells mit zeitabhängigen Wachstumsfaktoren bzw. zeitabhängigen subjektiven Eintrittswahrscheinlichkeiten mit periodenweiser Überprüfung des Vorliegens eines Insolvenzrisikos mit potentieller Insolvenz in der Folgeperiode unter Berücksichtigung von ausfallrisikoabhängigen Fremdkapitalkosten sowie direkten und indirekten Insolvenzkosten. Um die Praktikabilität zu testen, erörtert er umfangreich und überzeugend die Gewinnung der nötigen Parameter.

Der Verfasser behandelt ein relevantes und ungeklärtes Problem und bearbeitet dieses auf sehr strukturierte und sehr gut nachvollziehbare Art und Weise. Mit seinem Modell erweitert er unseren Erkenntnisstand auf einem schwierigen Gebiet. Ich wünsche der überzeugenden Arbeit eine große Aufmerksamkeit!

München, im Mai 2015   Wolfgang Ballwieser

Vorwort

Diese Arbeit entstand während meiner Tätigkeit als wissenschaftlicher Mitarbeiter am Seminar für Rechnungswesen und Prüfung der Ludwig-Maximilians-Universität München und wurde im Mai des Jahres 2015 vom Promotionsausschuss der Fakultät für Betriebswirtschaft als Dissertation angenommen.

Außerordentlichen Dank schulde ich meinem akademischen Lehrer und Doktorvater Herrn Prof. Dr. Dr. h.c. Wolfgang Ballwieser. Er hat mein Interesse an der Promotion während meiner Studienzeit begründet und die Entstehung der Arbeit stets mit größtem Interesse begleitet. Mit seinen konstruktiven Anregungen, seinen Hinweisen auf potentielle Fallstricke und seinem steten Appell, unreife Gedanken zu präzisieren, hat er wesentlich zum Gelingen dieser Arbeit beigetragen. Sehr dankbar bin ich ihm auch für seine Unterstützung, auf Konferenzen und bei diversen Forschungsaufenthalten neue Anregungen für meine Ausarbeitungen sammeln zu können. Herrn Prof. Dr. Markus Glaser danke ich sehr herzlich für die freundliche Übernahme des Korreferats sowie für seine Ratschläge, die als wichtiges Korrektiv aus der Perspektive der Finanzwirtschaft in diese Arbeit eingeflossen sind. Herrn Prof. Dr. Lutz Kruschwitz, Herrn Prof. Dr. Andreas Löffler, Herrn Prof. Dr. Darrell Duffie, Herrn Prof. Dr. William Hurley sowie den Teilnehmern des „Brown Bag"-Seminars an der Università Bocconi gebührt ein Dank dafür, dass Sie mir als Diskussionspartner zur Verfügung standen und mich mit ihren wertvollen Anmerkungen vor manchem Fehler bewahrt haben. Herrn Prof. Dr. Christian Aders danke ich für die Förderung meiner Forschungsanstrengungen sowie seine stete Ermunterung, den (scheinbaren) Wettstreit zwischen wissenschaftlicher Strenge und praktischer Relevanz nicht einseitig zu Lasten Letzterer auszutragen. Als Sparringspartner für theoretische Fragestellungen aller Art stand mir Herr Dr. Simon Elsner zur Seite; auch ihm gilt ein herzliches Dankeschön.

Während der Entstehung dieser Arbeit habe ich von Seiten der gesamten Lehrstuhl-Mannschaft großartige Unterstützung erfahren. Ihr danke ich für die gute Zusammenarbeit und die unvergessliche Zeit. Einen besonderen Dank möchte ich Herrn Dr. Jörg Wiese, Herrn Dr. Andreas Hofherr und Frau Dr. Anne Kretzschmar aussprechen, die mich in meiner Entscheidung, eine Promotion zu beginnen, bekräftigten und mir mit fachlichem Rat stets zur Seite standen. Hierdurch hat die vorliegende Arbeit wiederholt neue Impulse erhalten. Des Weiteren danke ich meinen Mitstreitern Frau Dr. Annette Witzleben, Herrn Dr. Sebastian Erb und Herrn Dr. Martin Puritscher für zahlreiche kritische Anregungen und Denkanstöße sowie Aufmunterung in schwierigen Phasen. Ein besonderer Dank gilt meinem Bürokollegen Herrn Dr. Sebastian Keßler, der es vortrefflich verstand, mich bisweilen aus meiner neoklassischen Modellwelt zu befreien und mich mit willkommenen Ablenkungen vom Forscherdasein zu bedenken. Den studentischen Hilfskräften gebührt mein Dank für die tatkräftige Unterstützung bei der Literaturrecherche.

Mein privates Umfeld hatte die hohen Opportunitätskosten der vorliegenden Arbeit zu tragen. Daher gilt mein aufrichtiger Dank meinen Freunden, die für meine häufige physische (oder auch geistige) Abwesenheit Verständnis hatten und mir stets moralischen Beistand leisteten. Susanne danke ich dafür, dass sie mich nie hat vergessen lassen, was neben Cashflows und Diskontierungszinssätzen wirklich wichtig im Leben ist.

Mein größter Dank gilt meinen Eltern Hannelore und Ernst Friedrich. Ihnen danke ich von ganzem Herzen dafür, dass sie mir meine fast zehnjährige akademische Ausbildung ermöglicht haben und mir – ebenso wie meinem Bruder Markus – in jeder Lebensphase Vertrauen, Zuspruch und jegliche Unterstützung haben zuteilwerden lassen. Meiner Familie ist diese Arbeit gewidmet.

München, im April 2015　　　　　　　　　　　　　　　　　　　　　　Tobias Friedrich

Inhaltsverzeichnis

Abkürzungsverzeichnis XV

Verzeichnis der Zeitschriftenabkürzungen XVII

Symbolverzeichnis XXI

Tabellenverzeichnis XXXIII

Abbildungsverzeichnis XXXV

1. Problemstellung 1

2. Kapitalmarktmodelle bei Insolvenzrisiko 11
   2.1 Kapitalmarkteigenschaften 11
   2.2 Modigliani/Miller-Modellwelt bei Insolvenzrisiko 13
   2.3 Modigliani/Miller-Modellwelt bei Insolvenzrisiko und -kosten 21
   2.4 CAPM bei Insolvenzrisiko 23
   2.5 Fazit 25

3. Diskontierung anormaler Cashflows 27
   3.1 Cashflows mit negativem Erwartungswert 27
       3.1.1 Literaturüberblick 27
       3.1.2 Würdigung 33
   3.2 Cashflows mit einem Erwartungswert in der Nähe von Null 43
       3.2.1 Ansätze von Meitner/Streitferdt 43
           3.2.1.1 Beta-Flip 43
           3.2.1.2 Distress-Related Leverage 48

3.2.2 Ansätze von Spremann 49
    3.2.2.1 Diskontierungs-Heuristik 49
    3.2.2.2 Lineare Transformation 54
3.2.3 Ansatz von Hull 55
3.2.4 Überführung der Ansätze 56
3.2.5 Würdigung 61
    3.2.5.1 Beta-Flip, Diskontierungs-Heuristik und Hulls Ansatz 61
    3.2.5.2 Distress-Related Leverage und lineare Transformation 63
    3.2.5.3 Systematisierung der Definitionslücken 66
    3.2.5.4 Fazit 68

4. DCF-Verfahren bei positivem Betafaktor des Fremdkapitals 71

4.1 Ableitung der Bewertungsgleichungen 71
    4.1.1 Allgemeingültige Bewertungsgleichungen 71
    4.1.2 Autonome Finanzierungspolitik 74
    4.1.3 Wertorientierte Finanzierungspolitik 76
    4.1.4 Numerisches Beispiel 79
    4.1.5 Würdigung 81
        4.1.5.1 Realitätsnähe der Finanzierungspolitik 81
        4.1.5.2 Zweckgerechtigkeit der Finanzierungspolitik 82
        4.1.5.3 Theoretische Konsistenz 85
        4.1.5.4 Operationalisierbarkeit 88
4.2 Bestimmung des Fremdkapitalzinssatzes 89
    4.2.1 Direkte Verfahren 89
        4.2.1.1 CAPM 89
        4.2.1.2 Optionspreistheorie 91
    4.2.2 Indirekte Verfahren 94
    4.2.3 Komponenten des vertraglichen Fremdkapitalzinssatzes 94
    4.2.4 Ansätze zur Spaltung des Fremdkapitalzinssatzes 97

		4.2.4.1	Rückgriff auf Binomialmodelle 97
		4.2.4.2	Rückgriff auf die Optionspreistheorie 99
	4.2.5	Würdigung... 100
4.3	Variabilisierung und Endogenisierung konstanter Größen............106
	4.3.1	Risikoloser Zinssatz, Rendite des Marktportfolios und Steuersatz 106
	4.3.2	Fremdkapitalzinssatz.. 107
	4.3.3	Eigenkapitalkosten des unverschuldeten Unternehmens....... 110
	4.3.4	Numerisches Beispiel 113
	4.3.5	Würdigung... 114
4.4	Berücksichtigung zusätzlicher Auswirkungen einer Insolvenz.....117
	4.4.1	Insolvenzkosten 117
	4.4.2	Besteuerung im Insolvenzfall 120
	4.4.3	Würdigung... 124

5. Explizite Berücksichtigung des Insolvenzrisikos im DCF-Kalkül..129

5.1	Ad-hoc-Anpassungen...129
5.2	Basiskalkül..131
5.3	Variable Insolvenzwahrscheinlichkeit 133
5.4	Phasenmodell...134
5.5	Partielle Liquidation 134
5.6	Polynomialmodelle 135
5.7	Konkretisierung des Basiskalküls für DCF-Verfahren.......136
5.8	Würdigung..138
	5.8.1 Ad-hoc-Anpassungen 138
	5.8.2 Stochastische Abhängigkeit 142
	5.8.3 Variable Insolvenzwahrscheinlichkeit.................... 145
	5.8.4 Insolvenzwahrscheinlichkeit versus negative Wachstumsrate 146
	5.8.5 Unendlichkeitskalkül und Phasenmodell 148

	5.8.6	Partielle Liquidation versus positiver Liquidationswert...... 149
	5.8.7	Polynomialmodelle 154
	5.8.8	Implikationen abgeschnittener Verteilungen 155
	5.8.9	Doppelerfassung systematischer Insolvenzrisiken 157
	5.8.10	Konkretisierung des Basiskalküls für DCF-Verfahren.......... 158

6. Abbildung des Insolvenzrisikos anhand von Binomialmodellen 163

- 6.1 Eigenschaften von Binomialmodellen 163
- 6.2 Replikationsansätze von Spremann 166
  - 6.2.1 Theoretische Grundlagen 166
  - 6.2.2 Bewertung über stochastische Differentialgleichungen 167
  - 6.2.3 Bewertung über diskrete Approximationen 169
  - 6.2.4 Annahmen zur Pfadabhängigkeit.. 171
- 6.3 Würdigung.. 172
  - 6.3.1 Zweckgerechtigkeit von Binomialmodellen 172
  - 6.3.2 Theoretische Konsistenz der Replikationsansätze 177

7. Entwicklung eines binomialprozessbasierten Bewertungsmodells 181

- 7.1 Annahmen des Modells 181
  - 7.1.1 Binomialprozess... 181
  - 7.1.2 Eintritt und Auswirkungen einer Insolvenz 184
- 7.2 Autonome Finanzierungspolitik 188
  - 7.2.1 Herleitung der Bewertungsgleichungen................................. 188
  - 7.2.2 Numerisches Beispiel 191
- 7.3 Wertorientierte Finanzierungspolitik 196
  - 7.3.1 Herleitung der Bewertungsgleichungen................................. 196
  - 7.3.2 Numerisches Beispiel 197
- 7.4 Würdigung.. 200

	7.4.1	Theoretische Konsistenz, Zweckgerechtigkeit und Realitätsnähe.. 200
	7.4.2	Arbitragefreiheit... 202
	7.4.3	Verlängerung des Planungshorizontes........................ 212
	7.4.4	Erweiterungsmöglichkeiten... 213

8. Konkretisierung des binomialprozessbasierten Bewertungsmodells..215

    8.1   Kalibrierung des Binomialprozesses.....................................215

    8.2   Logische Wertgrenzen 216

    8.3   Bestimmung der risikoneutralen Wahrscheinlichkeiten................218

        8.3.1   Ableitung über die Eigenkapitalkosten 218

        8.3.2   Ableitung über die erwartete Fremdkapitalrendite 219

        8.3.3   Ableitung über das erwartete Wachstum des Gesamtmarkts... 219

        8.3.4   Ableitung über die Sharpe-Ratio 221

        8.3.5   Ableitung über die CAPM-Parameter 222

        8.3.6   Fazit.. 223

    8.4   Wertrelevanz von Schätzfehlern 224

    8.5   Würdigung..225

9. Thesenförmige Zusammenfassung...227

Anhang...233

Literaturverzeichnis..303

Abkürzungsverzeichnis

Abs.	Absatz
a.M.	am Main
AO	Abgabenordnung
APV	Adjusted Present Value
Aufl.	Auflage
Bd.	Band
BFH	Bundesfinanzhof
BGB	Bürgerliches Gesetzbuch
BMF	Bundesministerium der Finanzen
bzw.	beziehungsweise
CAPM	Capital Asset Pricing Model
ca.	circa
c.p.	ceteris paribus
DCF	Discounted Cashflow
Diss.	Dissertation
d.h.	das heißt
En.	Endnote(n)
EStG	Einkommensteuergesetz
et al.	et alteri/et alii
e.V.	eingetragener Verein
FCF	Free Cashflow
FG	Finanzgericht
Fn.	Fußnote(n)
FS	Festschrift
FTE	Flow to Equity
GewStG	Gewerbesteuergesetz
Habil.	Habilitationsschrift
HGB	Handelsgesetzbuch
Hrsg.	Herausgeber
IACVA	International Association of Consultants, Valuators and Analysts
IDW S 1	Institut der Wirtschaftsprüfer in Deutschland e.V. Standard 1
iid	independent and identically distributed
IL	Illinois
InsO	Insolvenzordnung
Jg.	Jahrgang
KO	Konkursordnung
KStG	Körperschaftsteuergesetz
MA	Massachusetts
MS	Microsoft
m.w.N.	mit weiteren Nachweisen

NJ	New Jersey
Nr.	Nummer(n)
NY	New York
OH	Ohio
o.Hrsg.	ohne Herausgeber
o.Jg.	ohne Jahrgang
PA	Pennsylvania
S.	Seite(n)
Sp.	Spalte(n)
TCF	Total Cashflow
Tz.	Textziffer(n)
u.a.	unter anderem/und andere
U.S.	United States
vgl.	vergleiche
Vol.	Volume
WACC	Weighted Average Cost of Capital
z.B.	zum Beispiel

Verzeichnis der Zeitschriftenabkürzungen

AER	American Economic Review
AFE	Applied Financial Economics
AMJ	Academy of Management Journal
A&F	Accounting & Finance
BB	Betriebs-Berater
BFuP	Betriebswirtschaftliche Forschung und Praxis
BIS	BIS Quarterly Review
BJE	Bell Journal of Economics
BP	BewertungsPraktiker
BVR	Business Valuation Review
CA	Cuadernos de Administración
CFB	Corporate Finance biz
CLA	Cuadernos Latinoamericanos de Administración
DB	Der Betrieb
DBa	Die Bank
DBW	Die Betriebswirtschaft
DStR	Deutsches Steuerrecht
DStRE	Deutsches Steuerrecht Entscheidungsdienst
EA	Estudios de Administración
Ec	Econometrica
EcN	Economic Notes
EFM	European Financial Management
FAJ	Financial Analysts Journal
FB	Finanz Betrieb
FM	Financial Management
FPE	Financial Practice and Education
FR	Financial Review
GesRZ	Der Gesellschafter
HBR	Harvard Business Review
IJB	International Journal of Business
IJTAF	International Journal of Theoretical and Applied Finance
I&F	Immobilien & Finanzierung
JABM	Journal of Accounting – Business & Management
JACF	Journal of Applied Corporate Finance
JAF	Journal of Applied Finance
JAR	Journal of Accounting Research
JASSA	Journal of the Financial Services Institute of Australasia
JBF	Journal of Banking & Finance
JBFA	Journal of Business Finance & Accounting
JBVELA	Journal of Business Valuation and Economic Loss Analysis

JCF	Journal of Corporate Finance
JEF	Journal of Economics and Finance
JEP	Journal of Economic Perspectives
JET	Journal of Economic Theory
JfB	Journal für Betriebswirtschaft
JFE	Journal of Financial Economics
JFQA	Journal of Financial and Quantitative Analysis
JFR	Journal of Financial Research
JOB	Journal of Organizational Behavior
JoB	Journal of Business
JoF	Journal of Finance
JPE	Journal of Political Economy
JPF	Journal of Project Finance
JPM	Journal of Portfolio Management
JRF	Journal of Risk Finance
KSI	Krisen-, Sanierungs- und Insolvenzberatung
KUK	Kredit und Kapital
MDE	Managerial and Decision Economics
MF	Managerial Finance
MRN	Management Research News
MSc	Management Science
M&A	M&A Review
ORS	Operations Research Spectrum
QJE	Quarterly Journal of Economics
QREF	Quarterly Review of Economics and Finance
RAPS	Review of Asset Pricing Studies
REAA	Real Estate Appraiser and Analyst
RES	Review of Economic Studies
RESt	Review of Economics and Statistics
RFS	Review of Financial Studies
RMS	Review of Managerial Science
RQFA	Review of Quantitative Finance and Accounting
RWZ	Zeitschrift für Recht und Rechnungswesen
sbr	Schmalenbach Business Review
SEJ	Southern Economic Journal
StuW	Steuer und Wirtschaft
SWK	Steuer- und Wirtschaftskartei
UM	Unternehmensbewertung & Management
V&S	Vermögen & Steuern
WiSt	Wirtschaftswissenschaftliches Studium
WISU	Das Wirtschaftsstudium
Wm	Wilmott magazine
WPg	Die Wirtschaftsprüfung
ZBB	Zeitschrift für Bankrecht und Bankwirtschaft

ZfB	Zeitschrift für Betriebswirtschaft
zfbf	Schmalenbachs Zeitschrift für betriebswirtschaftliche Forschung
ZfC	Controlling – Zeitschrift für erfolgsorientierte Unternehmenssteuerung
ZfCM	Zeitschrift für Controlling & Management
ZfhF	Zeitschrift für handelswissenschaftliche Forschung

Symbolverzeichnis

a	Substitutionsparameter
$\bar{A}$	mittlere absolute Abweichung
A_0^{Ins}	Abschlag vom Barwert der Cashflows für das Insolvenzrisiko
b	Substitutionsparameter
B_t	Ausübungspreis einer Option bzw. Nennwert einer Nullkupon-Anleihe in Periode t
BC_t	deterministische Insolvenzkosten in Periode t
$\widetilde{BC}_t$	stochastische Insolvenzkosten in Periode t
$BC_{t,\omega}^D$	deterministische direkte Insolvenzkosten im Umweltzustand ω in Periode t
$BC_{t,\omega}^I$	deterministische indirekte Insolvenzkosten im Umweltzustand ω in Periode t
c	Substitutionsparameter
C_t	Wert einer Kaufoption bzw. Grundkapital in Periode t
$Cov(\cdot)$	Kovarianz
CS	Credit Spread zwischen dem vertraglichen Fremdkapitalzinssatz (oder dem Marktpreis des Fremdkapitals) und dem risikolosen Zinssatz
CY	Cyclicality
d	Wachstumsfaktor bei Eintreten des negativen Umweltzustands
d_t	Wachstumsfaktor bei Eintreten des negativen Umweltzustands in Periode t
d_t^{Krit}	kritischer Wert des Wachstumsfaktors bei Eintreten des negativen Umweltzustands in Periode t
d_t^M	Wachstumsfaktor des Marktportfolios bei Eintreten des negativen Umweltzustands in Periode t
$d_{0,t}$	Wachstumsfaktor im Zeitraum $0,...,t$ bei Eintreten des negativen Umweltzustands in Periode t

d'_t	Wachstumsterm bei Eintreten des negativen Umweltzustands in Periode t
$d'_{0,t}$	Wachstumsterm im Zeitraum $0,\ldots,t$ bei Eintreten des negativen Umweltzustands in Periode t
D_1	Argument einer Verteilungsfunktion
D_2	Argument einer Verteilungsfunktion
e	Eulersche Zahl
$E(\cdot)$	Erwartungswertoperator auf Basis des subjektiven Wahrscheinlichkeitsmaßes P
$E_Q(\cdot)$	Erwartungswertoperator auf Basis des risikoneutralen Wahrscheinlichkeitsmaßes Q
$E(\tilde{g}_t)$	erwartete Wachstumsrate der freien Cashflows des unverschuldeten Unternehmens in Periode t
$E(\tilde{g}_{0,t})$	erwartete Wachstumsrate der freien Cashflows des unverschuldeten Unternehmens im Zeitraum $0,\ldots,t$
$E_Q(\tilde{g}_t)$	erwartete risikoneutrale Wachstumsrate der freien Cashflows des unverschuldeten Unternehmens in Periode t
$E(\tilde{r}^{FK})$	erwartete Rendite des Fremdkapitals
EK_t	deterministischer Marktwert des Eigenkapitals in Periode t
$\widetilde{EK}_t$	stochastischer Marktwert des Eigenkapitals in Periode t
f	Funktion
FCF_t	deterministischer freier Cashflow in Periode t
$\widetilde{FCF}_t$	stochastischer freier Cashflow in Periode t
$\widetilde{FCF}_t^{Dif}$	stochastischer freier Cashflow in Höhe der Differenz der Zahlungsströme des finanziell gesunden und des notleidenden Unternehmens in Periode t
$FCF_{t,\omega}^{EK}$	deterministische Zahlungsansprüche der Eigenkapitalgeber im Umweltzustand ω in Periode t
FCF_t^{Fort}	deterministischer freier Cashflow bei Fortführung des Unternehmens in Periode t
$\widetilde{FCF}_t^{Ges}$	stochastischer freier Cashflow des finanziell gesunden Unternehmens in Periode t
$\widetilde{FCF}_t^{i}$	stochastischer freier Cashflow des Investitionsprojekts i in Periode t

FCF_t^j	deterministischer freier Cashflow des Unternehmens j in Periode t
$\widetilde{FCF}_t^j$	stochastischer freier Cashflow des Unternehmens j in Periode j
$FCF_{t,d}^j$	deterministischer freier Cashflow des Unternehmens j bei Eintreten des negativen Umweltzustands in Periode t
$FCF_{t,u}^j$	deterministischer freier Cashflow des Unternehmens j bei Eintreten des positiven Umweltzustands in Periode t
$\widetilde{FCF}_t^L$	stochastischer freier Cashflow des verschuldeten Unternehmens in Periode t
$FCF_{t,d}^L$	deterministischer freier Cashflow des verschuldeten Unternehmens bei Eintreten des negativen Umweltzustands in Periode t
$FCF_{t,dd}^L$	deterministischer freier Cashflow des verschuldeten Unternehmens bei Eintreten des negativen Umweltzustands in Periode t nach Eintreten des negativen Umweltzustands in Periode t-1
$FCF_{t,du}^L$	deterministischer freier Cashflow des verschuldeten Unternehmens bei Eintreten des positiven Umweltzustands in Periode t nach Eintreten des negativen Umweltzustands in Periode t-1
$FCF_{t,\omega}^L$	deterministischer freier Cashflow des verschuldeten Unternehmens im Umweltzustand ω in Periode t
FCF_t^{Liq}	deterministischer freier Cashflow bei Liquidation des Unternehmens in Periode t
FCF_t^M	deterministischer freier Cashflow des Marktportfolios in Periode t
$\widetilde{FCF}_t^M$	stochastischer freier Cashflow des Marktportfolios in Periode t
$FCF_{t,\omega}^M$	deterministischer freier Cashflow des Marktportfolios im Umweltzustand ω in Periode t
$\widetilde{FCF}_t^{Not}$	stochastischer freier Cashflow des notleidenden Unternehmens in Periode t
$\widetilde{FCF}_t^U$	stochastischer freier Cashflow des unverschuldeten Unternehmens in Periode t
$FCF_{t,d}^U$	deterministischer freier Cashflow des unverschuldeten Unternehmens bei Eintreten des negativen Umweltzustands in Periode t
$FCF_{t,dd}^U$	deterministischer freier Cashflow des unverschuldeten Unternehmens bei Eintreten des negativen Umweltzustands in Periode t nach Eintreten des negativen Umweltzustands in Periode t-1

$FCF_{t,du}^{U}$	deterministischer freier Cashflow des unverschuldeten Unternehmens bei Eintreten des positiven Umweltzustands in Periode t nach Eintreten des negativen Umweltzustands in Periode $t-1$
$FCF_{t,u}^{U}$	deterministischer freier Cashflow des unverschuldeten Unternehmens bei Eintreten des positiven Umweltzustands in Periode t
$FCF_{t,ud}^{U}$	deterministischer freier Cashflow des unverschuldeten Unternehmens bei Eintreten des negativen Umweltzustands in Periode t nach Eintreten des positiven Umweltzustands in Periode $t-1$
$FCF_{t,uu}^{U}$	deterministischer freier Cashflow des unverschuldeten Unternehmens bei Eintreten des positiven Umweltzustands in Periode t nach Eintreten des positiven Umweltzustands in Periode $t-1$
$FCF_{t,\omega}^{U}$	deterministischer freier Cashflow des unverschuldeten Unternehmens im Umweltzustand ω in Periode t
$FCF_{t,\omega}^{U,BC}$	deterministischer freier Cashflow des unverschuldeten Unternehmens nach Insolvenzkosten im Umweltzustand ω in Periode t
FK_t	deterministischer Marktwert des Fremdkapitals in Periode t
$\widetilde{FK}_t$	stochastischer Marktwert des Fremdkapitals in Periode t
FK'	deterministischer idealisierter Marktwert des Fremdkapitals
FKQ_t	deterministische Fremdkapitalquote in Periode t
$\widetilde{FKQ}_t$	stochastische Fremdkapitalquote in Periode t
FL	Finanzierungsrisiko (Financial Leverage)
$\widetilde{FTD}_t$	stochastischer Flow to Debt in Periode t
$FTD_{t,d}$	deterministischer Flow to Debt bei Eintreten des negativen Umweltzustands in Periode t
$FTD_{t,u}$	deterministischer Flow to Debt bei Eintreten des positiven Umweltzustands in Periode t
FTE_t	deterministischer Flow to Equity in Periode t
$\widetilde{FTE}_t$	stochastischer Flow to Equity in Periode t
G	deterministischer Wachstumsfaktor

g	deterministische Wachstumsrate
$\tilde{g}$	stochastische Wachstumsrate
g_t	deterministische Wachstumsrate in Periode t
$\tilde{g}_t$	stochastische Wachstumsrate in Periode t
g^{Ins}	um Insolvenzrisiken modifizierte Wachstumsrate der Cashflows
$\tilde{g}_t^M$	stochastische Wachstumsrate des Gesamtmarkts in Periode t
g'	deterministische Wachstumsrate in der Detailplanungsphase
GK_t	deterministischer Wert des Gesamtkapitals in Periode t
$\widetilde{GK}_t$	stochastischer Wert des Gesamtkapitals in Periode t
H	Anzahl an Perioden, in denen indirekte Insolvenzkosten anfallen
$h(\cdot)$	Häufigkeitsfunktion
i	Laufindex (Investitionsprojekte)
I_t	Zinszahlungen in Periode t
j	Laufindex (Wertpapiere)
k	deterministischer risikoäquivalenter Diskontierungszinssatz
k_t	deterministischer risikoäquivalenter Diskontierungszinssatz in Periode t
k^{BC}	durchschnittliche Insolvenzkosten pro Einheit des Fremdkapitals
k^{Ins}	deterministischer Diskontierungszinssatz unter Berücksichtigung von Insolvenzrisiken
$K_{t,\omega}$	Zeit-Zustands-Kombination (Umweltzustand ω in Periode t)
l_t	deterministischer Verschuldungsgrad in Periode t
$\tilde{l}_t$	stochastischer Verschuldungsgrad in Periode t
$\ln(\cdot)$	natürlicher Logarithmus
M	Marktportfolio
m	Anzahl an Perioden der Reifephase
$Med(\cdot)$	Median
MR	Marktrisiko
n	Anzahl an Perioden

$N(\cdot)$	Verteilungsfunktion der Standardnormalverteilung
$N^{-1}(\cdot)$	inverse Verteilungsfunktion der Standardnormalverteilung
NTS_t	deterministische Netto-Steuervorteile aus Fremdfinanzierung (nach Steuern auf Insolvenzgewinne) in Periode t
o	subjektive Wahrscheinlichkeit des negativen Umweltzustands
OL	Operating Leverage
P	subjektives Wahrscheinlichkeitsmaß
p	subjektive Wahrscheinlichkeit des positiven Umweltzustands
p_t	subjektive Wahrscheinlichkeit des positiven Umweltzustands in Periode t
$p_{t,\omega}$	subjektive Wahrscheinlichkeit des positiven Umweltzustands im Umweltzustand ω in Periode t
Q	risikoneutrales Wahrscheinlichkeitsmaß
q	risikoneutrale Wahrscheinlichkeit des positiven Umweltzustands
q_t	risikoneutrale Wahrscheinlichkeit des positiven Umweltzustands in Periode t
$q_{t,\omega}$	risikoneutrale Wahrscheinlichkeit des positiven Umweltzustands im Umweltzustand ω in Periode t
r^{BC}	deterministischer Diskontierungszinssatz der Insolvenzkosten
$\tilde{R}_t$	stochastische tatsächliche Tilgungszahlung in Periode t
$R_{t,d}$	deterministische tatsächliche Tilgungszahlung bei Eintreten des negativen Umweltzustands in Periode t
$R_{t,u}$	deterministische tatsächliche Tilgungszahlung bei Eintreten des positiven Umweltzustands in Periode t
$R_{t,\omega}$	deterministische tatsächliche Tilgungszahlung im Umweltzustand ω in Periode t
r_f	deterministischer risikoloser Zinssatz (in diskreter Zeit)
r_f^*	deterministischer risikoloser Zinssatz (in stetiger Zeit)
r'_t	deterministischer Diskontierungszinssatz des Unternehmenswerts in Periode t

r_t^{Dif}	deterministischer Diskontierungszinssatz der Zahlungsstromdifferenz zwischen dem finanziell gesunden und dem notleidenden Unternehmen in Periode t
$\tilde{r}_t^i$	stochastische Rendite des Investitionsprojekts i in Periode t
$\tilde{r}^{j*}$	stochastische Momentanrendite des Wertpapiers j
$\tilde{r}_t^j$	deterministische Rendite des Wertpapiers j in Periode t
r^{FK}	deterministischer Fremdkapitalzinssatz
$\tilde{r}^{FK}$	stochastischer Fremdkapitalzinssatz (in diskreter Zeit)
r^{FK*}	deterministischer Fremdkapitalzinssatz (in stetiger Zeit)
r_t^{FK}	deterministischer Fremdkapitalzinssatz in Periode t
$r_{t,\omega}^{FK}$	deterministischer Fremdkapitalzinssatz im Umweltzustand ω in Periode t
r_{FK}^P	deterministische, über den Marktpreis des Fremdkapitaltitels ermittelte Rendite des Fremdkapitals
r_{FK}^V	deterministischer vertraglich vereinbarter Fremdkapitalzinssatz
$r_t^{FK,V}$	deterministischer vertraglich vereinbarter Fremdkapitalzinssatz in Periode t
$r_{t,d}^{FK,V}$	deterministischer vertraglich vereinbarter Fremdkapitalzinssatz bei Eintreten des negativen Umweltzustands in Periode t
$r_{t,\omega}^{FK,V}$	deterministischer vertraglich vereinbarter Fremdkapitalzinssatz im Umweltzustand ω in Periode t
$\tilde{r}^{Ges}$	stochastische Rendite eines finanziell gesunden Unternehmens
r_t^{Ges}	deterministischer Diskontierungszinssatz für Cashflows eines finanziell gesunden Unternehmens in Periode t
$r_{EK,t}^L$	deterministische Eigenkapitalkosten eines verschuldeten Unternehmens in Periode t (in diskreter Zeit)
$r_{EK,t}^{L*}$	deterministische Eigenkapitalkosten eines verschuldeten Unternehmens in Periode t (in stetiger Zeit)
$\tilde{r}^M$	stochastische Rendite des Marktportfolios M (in diskreter Zeit)
$\tilde{r}^{M*}$	stochastische Rendite des Marktportfolios M (in stetiger Zeit)
$\tilde{r}_t^M$	stochastische Rendite des Marktportfolios M in Periode t (in diskreter Zeit)

$\tilde{r}_t^{M*}$	stochastische Rendite des Marktportfolios M in Periode t (in stetiger Zeit)
$r_{t,\omega}^M$	deterministische Rendite des Marktportfolios M im Umweltzustand ω in Periode t
$\tilde{r}^{Not}$	stochastische Rendite eines notleidenden Unternehmens
r_t^{Not}	deterministischer Diskontierungszinssatz für Cashflows eines notleidenden Unternehmens in Periode t
r_t^{TS}	Diskontierungszinssatz der Steuervorteile in Periode t
r_{EK}^U	deterministische Eigenkapitalkosten eines unverschuldeten Unternehmens (in diskreter Zeit)
r_{EK}^{U*}	deterministische Eigenkapitalkosten eines unverschuldeten Unternehmens (in stetiger Zeit)
$r_{EK,t,s}^U$	deterministischer Diskontierungszinssatz des in Periode s anfallenden Cashflow eines unverschuldeten Unternehmens in Periode t
r^Z	deterministische Rendite einer Investition in das Portfolio Z
r_{EK}^Z	Rendite für ein Portfolio aus Eigenkapitaltiteln mit einem Betafaktor in Höhe von Null
RF_t^*	Zinsfaktor der risikolosen Anlagemöglichkeit in Periode t (in stetiger Zeit)
s	Laufindex
s_t	Kurs des Basisobjekts einer Option bzw. Wert der Unternehmensanteile in Periode t
$SÄ(\cdot)$	Sicherheitsäquivalent
$std(\cdot)$	Standardabweichung
T	Planungshorizont bzw. Optionslaufzeit
t	Zeitindex
TCF_t	deterministischer Total Cashflow in Periode t
$\widetilde{TCF}_t$	stochastischer Total Cashflow in Periode t
TS_t	deterministische Steuervorteile aus Fremdfinanzierung in Periode t
$\widetilde{TS}_t$	stochastische Steuervorteile aus Fremdfinanzierung in Periode t
u	Wachstumsfaktor bei Eintreten des positiven Umweltzustands

u_t		Wachstumsfaktor bei Eintreten des positiven Umweltzustands in Periode t
u_t^M		Wachstumsfaktor des Marktportfolios bei Eintreten des positiven Umweltzustands in Periode t
$u_{0,t}$		Wachstumsfaktor im Zeitraum $0,\ldots,t$ bei Eintreten des positiven Umweltzustands in Periode t
u'_t		Wachstumsterm bei Eintreten des positiven Umweltzustands in Periode t
$u'_{0,t}$		Wachstumsterm im Zeitraum $0,\ldots,t$ bei Eintreten des positiven Umweltzustands in Periode t
V_t		deterministischer Wert der Cashflows in Periode t
$\tilde{V}_t$		stochastischer Wert der Cashflows in Periode t
$\tilde{V}_t^{Dif}$		stochastischer Wert der Cashflows in Höhe der Differenz zwischen den Cashflows des notleidenden und des finanziell gesunden Unternehmens in Periode t
$\tilde{V}_t^{Ges}$		stochastischer Wert des finanziell gesunden Unternehmens in Periode t
$\tilde{V}_t^i$		stochastischer Wert des Investitionsprojekts i in Periode t
$\tilde{V}_t^j$		stochastischer Wert des Unternehmens j in Periode t
V_t^L		deterministischer Wert des verschuldeten Unternehmens in Periode t
$\tilde{V}_t^L$		stochastischer Wert des verschuldeten Unternehmens in Periode t
$\tilde{V}_t^M$		stochastischer Wert der Cashflows des Marktportfolios M in Periode t
$\tilde{V}_t^{Not}$		stochastischer Wert des notleidenden Unternehmens in Periode t
V_t^{NTS}		deterministischer Wert der Netto-Steuervorteile aus Fremdfinanzierung (nach Steuern auf Insolvenzgewinne) in Periode t
V_t^{TS}		deterministischer Wert der Steuervorteile aus Fremdfinanzierung in Periode t
$\tilde{V}_t^{TS}$		stochastischer Wert der Steuervorteile aus Fremdfinanzierung in Periode t
V_t^U		deterministischer Wert des unverschuldeten Unternehmens in Periode t
$\tilde{V}_t^U$		stochastischer Wert des unverschuldeten Unternehmens in Periode t

$V_t^{U,BC}$	deterministischer Wert des unverschuldeten Unternehmens unter Berücksichtigung von Insolvenzkosten in Periode t
$Var(\cdot)$	Varianz
w	deterministische Insolvenzwahrscheinlichkeit
$\bar{w}$	deterministische Gegenwahrscheinlichkeit eines Insolvenzeintritts
$w_{0,T}^{Kum}$	kumulative Insolvenzwahrscheinlichkeit im Zeitraum 0 bis T
w_t	deterministische Insolvenzwahrscheinlichkeit in Periode t
$WACC_t^{FCF}$	gewichtete durchschnittliche Kapitalkosten in Periode t (FCF-Verfahren)
$WACC_{t,d}^{FCF}$	gewichtete durchschnittliche Kapitalkosten bei Eintreten des negativen Umweltzustands in Periode t (FCF-Verfahren)
$WACC_{t,u}^{FCF}$	gewichtete durchschnittliche Kapitalkosten bei Eintreten des positiven Umweltzustands in Periode t (FCF-Verfahren)
$WACC_t^{TCF}$	gewichtete durchschnittliche Kapitalkosten in Periode t (TCF-Verfahren)
x	Substitutionsparameter
$\tilde{X}$	Zufallsvariable
$\tilde{X}_t$	stochastische Indikator-Variable in Periode t
y	Substitutionsparameter
$\tilde{Y}$	Zufallsvariable
Z	Portfolio, dessen Renditen eine Kovarianz von Null mit den Renditen des Marktportfolios aufweisen
z'	Risikozuschlag ohne Ausfallrisiken
z_t	Risikozuschlag in Periode t
z_t^i	Risikozuschlag für das Investitionsprojekt i in Periode t
z^{Ins}	Risikozuschlag für Insolvenzrisiken
$z_{EK}^{U^*}$	Risikoprämie für das unverschuldete Unternehmen (in stetiger Zeit)
$z_{EK}^{L^*}$	Risikoprämie für das verschuldete Unternehmen (in stetiger Zeit)
α	relative Höhe der direkten Insolvenzkosten
β_t^i	Betafaktor des Investitionsprojekts i in Periode t
β^j	Betafaktor des Wertpapiers j

β^{j^*}	systematisches Momentanrisiko des Wertpapiers j
β_t^j	Betafaktor des Wertpapiers j in Periode t
β_t^{FK}	Betafaktor des Fremdkapitals in Periode t (in diskreter Zeit)
$\beta_t^{FK^*}$	Betafaktor des Fremdkapitals (in stetiger Zeit)
β_t^{Ges}	Betafaktor des finanziell gesunden Unternehmens in Periode t
$\beta_{EK,t}^L$	Betafaktor des verschuldeten Unternehmens in Periode t
β_t^{Not}	Betafaktor des notleidenden Unternehmens in Periode t
β_{EK}^U	Betafaktor des unverschuldeten Unternehmens
$\beta_{EK}^{U^*}$	systematisches Momentanrisiko des unverschuldeten Unternehmens
γ	relative Höhe der indirekten Insolvenzkosten
δ	Verlustrate bei Fremdkapitalausfall
ε	Relation zwischen Liquidationswert und Cashflow bei Fortführung
η	Befriedigungsquote der Fremdkapitalgeber bei Fremdkapitalausfall
θ	Nettoeffekt der Steuervorteile aus Fremdfinanzierung und der Insolvenzkosten
ϑ	Insolvenzkostenfaktor
π	Liquidationsrate
π_t	Liquidationsrate in Periode t
κ	Komponente des Credit Spread, die auf den erwarteten Verlust bei einem Fremdkapitalausfall zurückzuführen ist
λ_t	Marktpreis des Risikos in Periode t
ξ	Funktionsparameter der Insolvenzwahrscheinlichkeit
ϖ	Funktionsparameter der Insolvenzwahrscheinlichkeit
$\rho(\cdot)$	Korrelationskoeffizient
ϱ_t^j	Risikomaß des Unternehmens j in Periode t
ς	Funktionsparameter der Insolvenzwahrscheinlichkeit
τ	unternehmensbezogener linearer Gewinnsteuersatz
υ_t^j	Variationskoeffizient der Cashflows des Unternehmens j in Periode t

φ	Parameter zur Fallunterscheidung, ob Zins- oder Tilgungszahlungen vorrangig geleistet werden
χ_t	Sharpe-Ratio in Periode t
ψ	Funktionsparameter der Insolvenzwahrscheinlichkeit
ψ_0	Funktionsparameter der Insolvenzwahrscheinlichkeit
Ω	Zustandsraum
ω	Umweltzustand
$\in$	Element aus
$\mathcal{F}_{t,\omega}$	Informationsstand bzw. Filtration im Umweltzustand ω in Periode t
∂	partielles Differential
Δt	Länge einer Periode t
∞	unendlich
Σ	Summe
Π	Produkt
$\vee$	oder (Logik)
$\&$	und
$\%$	Prozent
$\S$	Paragraph
$\sim$	Tilde zur Kennzeichnung einer Zufallsvariable
$\rightarrow$	Konvergenz gegen
$\sqrt{\cdot}$	Wurzel von
$\lvert\cdot\rvert$	Betrag von

Tabellenverzeichnis

Tabelle 1:	Gegenseitige Abhängigkeiten von Kapitalmarkteigenschaften	12
Tabelle 2:	Wirkungen einer erhöhten Cashflow-Unsicherheit auf den Betafaktor	36
Tabelle 3:	Annahmen des numerischen Beispiels 1	39
Tabelle 4:	Betafaktoren bei positiven Cashflows des Marktportfolios	40
Tabelle 5:	Betafaktoren bei negativen Cashflows des Marktportfolios	41
Tabelle 6:	Vorzeichen der Risikoprämie	43
Tabelle 7:	Annahmen des numerischen Beispiels 2	46
Tabelle 8:	Annahmen des numerischen Beispiels 3	53
Tabelle 9:	Annahmen des numerischen Beispiels 4	56
Tabelle 10:	Annahmen des numerischen Beispiels 5	58
Tabelle 11:	Annahmen des numerischen Beispiels 6	60
Tabelle 12:	Annahmen des numerischen Beispiels 7	109
Tabelle 13:	Annahmen des numerischen Beispiels 8	110
Tabelle 14:	Annahmen des numerischen Beispiels 9	121
Tabelle 15:	Annahmen des numerischen Beispiels 10	140
Tabelle 16:	Annahmen des numerischen Beispiels 11	144
Tabelle 17:	Annahmen des numerischen Beispiels 12	150
Tabelle 18:	Annahmen des numerischen Beispiels 13	151
Tabelle 19:	Annahmen des numerischen Beispiels 14	152
Tabelle 20:	Annahmen des numerischen Beispiels 15	153
Tabelle 21:	Annahmen des numerischen Beispiels 16	191
Tabelle 22:	Ergebnisse des numerischen Beispiels 16	196
Tabelle 23:	Annahmen des numerischen Beispiels 17	197
Tabelle 24:	Ergebnisse des numerischen Beispiels 17	200
Tabelle 25:	Annahmen des numerischen Beispiels 18	204
Tabelle 26:	Ergebnisse des numerischen Beispiels 18	205
Tabelle 27:	Arbitragemöglichkeiten im numerischen Beispiel 18	206
Tabelle 28:	Arbitragefreiheit im numerischen Beispiel 18	206
Tabelle 29:	Annahmen des numerischen Beispiels 19	207
Tabelle 30:	Ergebnisse des numerischen Beispiels 19	208
Tabelle 31:	Arbitragefreiheit im numerischen Beispiel 19	208
Tabelle 32:	Annahmen des numerischen Beispiels 20	209
Tabelle 33:	Ergebnisse des numerischen Beispiels 20	210
Tabelle 34:	Arbitragefreiheit im numerischen Beispiel 20	211

Abbildungsverzeichnis

Abbildung 1:	Sprungstelle des Diskontierungszinssatzes in Beispiel 2	47
Abbildung 2:	Sprungstelle des Diskontierungszinssatzes in Beispiel 3	54
Abbildung 3:	Sprungstelle des Diskontierungszinssatzes in Beispiel 4	56
Abbildung 4:	Sprungstelle des Diskontierungszinssatzes in Beispiel 5	58
Abbildung 5:	Sprungstelle des Diskontierungszinssatzes in Beispiel 6	61
Abbildung 6:	Unsicherheitsstrukturen erwarteter Cashflows	64
Abbildung 7:	Fremdkapitalzinssatz in Abhängigkeit vom Verschuldungsgrad	109
Abbildung 8:	Fremdkapitalrendite in Abhängigkeit vom Verschuldungsgrad	110
Abbildung 9:	Erwartete Steuervorteile bei Totalausfall	121
Abbildung 10:	Trinomialmodell	135
Abbildung 11:	Binomialmodell bei stochastischer Unabhängigkeit	140
Abbildung 12:	Ergebnisse des numerischen Beispiels 10	140
Abbildung 13:	Binomialmodell bei stochastischer Abhängigkeit	143
Abbildung 14:	Ergebnisse des numerischen Beispiels 11	144
Abbildung 15:	Ergebnisse des numerischen Beispiels 12	150
Abbildung 16:	Ergebnisse des numerischen Beispiels 13	151
Abbildung 17:	Ergebnisse des numerischen Beispiels 14	152
Abbildung 18:	Ergebnisse des numerischen Beispiels 15	154
Abbildung 19:	Cashflows des unverschuldeten Unternehmens in Beispiel 16	192
Abbildung 20:	Prüfung des Insolvenzkriteriums in Beispiel 16	193
Abbildung 21:	Cashflows nach Insolvenzkosten in Beispiel 16	193
Abbildung 22:	Risikoneutrale Wahrscheinlichkeiten in Beispiel 16	194
Abbildung 23:	Zins- und Tilgungszahlungen in Beispiel 16	194
Abbildung 24:	Netto-Steuervorteile in Beispiel 16	195
Abbildung 25:	Cashflows des verschuldeten Unternehmens in Beispiel 16	195
Abbildung 26:	Cashflows des unverschuldeten Unternehmens in Beispiel 17	198
Abbildung 27:	Prüfung des Insolvenzkriteriums in Beispiel 17	198
Abbildung 28:	Cashflows nach Insolvenzkosten in Beispiel 17	199

Abbildung 29:	Durchschnittliche gewichtete Kapitalkosten in Beispiel 17	199
Abbildung 30:	Cashflows nach Insolvenzkosten in Beispiel 18	205
Abbildung 31:	Cashflows nach Insolvenzkosten in Beispiel 19	208
Abbildung 32:	Cashflows nach Insolvenzkosten in Beispiel 20	210

1. Problemstellung

Ein Großteil der Literatur zur Unternehmensbewertung unterstellt, dass die Zins- und Tilgungszahlungen an die Fremdkapitalgeber mit Sicherheit geleistet werden. Das Fremdkapital wird als ausfallsicher erachtet, obwohl der Kapitaldienst aus den unsicheren Cashflows des Unternehmens erbracht werden muss. Diese vereinfachende Annahme ist darauf zurückzuführen, dass Discounted Cashflow-Verfahren (DCF-Verfahren) in ihren Grundformen auf den Prämissen der Modigliani/Miller-Modellwelt basieren. In dieser Welt wird die Möglichkeit, dass ein Unternehmen seinen Zahlungsverpflichtungen nicht nachkommen kann, explizit ausgeschlossen.[1]

Empirische Untersuchungen gelangen zu dem Ergebnis, dass die Insolvenz eines Unternehmens nicht den Regelfall darstellt: Die durchschnittliche jährliche Insolvenzrate – basierend auf einer weltweiten Stichprobe – liegt bei 0,18 %.[2] Bei dieser Auswertung werden aber nur börsennotierte Unternehmen betrachtet; für nicht börsennotierte Unternehmen kann keine Aussage getroffen werden. Darüber hinaus ist zu beachten, dass sich das Insolvenzrisiko aufgrund des im Zeitverlauf entstehenden Kumulationseffektes verstärkt; im Einzelfall kann es beträchtlich sein. Dies spiegelt sich auch in der steigenden Zahl an Unternehmensinsolvenzen in Deutschland wider.[3] Zugleich besteht für insolvenzgefährdete Unternehmen eine Vielzahl an Anlässen, Bewertungen vorzunehmen.[4] Hierbei herrscht regelmäßig Unsicherheit darüber, welcher Bewertungskalkül heranzuziehen ist und ob der Kalkül modifiziert werden muss, um Insolvenzrisiken sowie -kosten zu erfassen. Hat eine Insolvenz die vollständige Liquidation des Unternehmens zur Folge, sind die Cashflows der Folgeperioden auf einen Wert von Null begrenzt.[5] Insofern kann das Insolvenzszenario einen äußerst wertrelevanten Aspekt darstellen. Dies begründet eine modellanalytische Untersuchung der Auswirkungen von Insolvenzrisiken auf den Unternehmenswert.

---

1 Vgl. Modigliani/Miller (1958), S. 268 und S. 272–273; Modigliani/Miller (1963), S. 435–436.
2 Vgl. Lobe/Hölzl (2011), S. 255; auch Lobe (2010), S. 179.
3 Für eine Übersicht über die Entwicklung der Unternehmensinsolvenzen siehe Anhang 1.
4 Hierzu zählen Eigentümerwechsel, Kapitalumstrukturierungen, Sanierungen oder strategische Neuausrichtungen. Vgl. Jonas (1999), S. 363; auch Erb/Engler/Prager (2006), S. 245–246; Drukarczyk/Schüler (2009), S. 386; Watrin/Stöver (2011), S. 70; Nickert (2013), S. 177–180.
5 Vgl. bereits Bierman/Thomas (1972), S. 1361: „Introducing the possibility of ruin means that the initial owners may not realize the profits that they know exist if they continue the 'game'."

Eine eindeutige und allgemein anerkannte Definition des Insolvenzrisikos ist in der Literatur nicht vorhanden. Die Begriffe „Sanierungsbedürftigkeit"[6], „Financial Distress"[7], „Ertragsschwäche"[8] und „Insolvenzrisiko"[9] werden regelmäßig synonym verwendet, um die Situation insolvenzgefährdeter Unternehmen zu etikettieren. In der vorliegenden Arbeit wird unterstellt, dass Insolvenz eintritt, wenn das Unternehmen den Verpflichtungen aus der Fremdfinanzierung, bestehend aus Zins- und Tilgungszahlung, nicht fristgerecht oder in voller Höhe nachkommen kann. Diese Definition entspricht dem Tatbestand der Zahlungsunfähigkeit nach § 17 InsO. Die weiteren Insolvenztatbestände, bestehend aus der Überschuldung nach § 19 InsO und der drohenden Zahlungsunfähigkeit nach § 18 InsO, werden nicht betrachtet. Dies lässt sich dadurch rechtfertigen, dass Zahlungsunfähigkeit in Deutschland den dominierenden Insolvenzeröffnungsgrund darstellt: In den Jahren 2004 bis 2013 lag in mehr als 96 % aller Unternehmensinsolvenzen Zahlungsunfähigkeit vor.[10] Die Begriffe Insolvenz und Fremdkapitalausfall werden daher im Folgenden als synonym erachtet. Zu beachten ist allerdings, dass eine Insolvenz nicht zwangsläufig die Liquidation des Unternehmens zur Folge haben muss: Alternative Verwertungsformen bestehen etwa in der Reorganisation oder der Verschmelzung mit anderen Unternehmen.[11]

Als Ursachen für Insolvenzrisiken werden in der empirischen Forschung mikro- und makroökonomische Faktoren angeführt. Zu Letzteren zählen exogene Schocks, die konjunkturelle Lage und die aktuelle Phase im Lebenszyklus der jeweiligen Industrie.[12] Mehrheitlich nennt die Literatur aber mikroökonomische Faktoren als entscheidende Auslöser von Insolvenzrisiken. Ein wesentlicher Einfluss wird dem Verschuldungsgrad des Unternehmens zugeschrieben.[13] Zu den weiteren mikroökonomischen Auslösern zählen eine schwache Vermögens- und Ertragslage sowie Fehlentscheidungen oder ineffizientes Handeln der Unternehmensleitung.[14] Es lässt sich festhalten, dass die Insolvenzwahrscheinlichkeit mit höherer Verschuldung,

---

6 Drukarczyk/Schüler (2006), S. 711; Drukarczyk/Schüler (2009), S. 385.
7 Weckbach (2004), S. 19; Spremann (2006), S. 170; auch Volkart (2012), S. 41.
8 Münstermann (1966), S. 122; Coenenberg (1984), S. 501; Matschke/Brösel (2013), S. 551.
9 Homburg/Stephan/Weiß (2004), S. 276; Kruschwitz/Lodowicks/Löffler (2005), S. 222; Lodowicks (2007), S. 9; Metz (2007), S. 98; Drukarczyk/Schüler (2009), S. 112.
10 Zudem stellt Überschuldung nur bei juristischen Personen einen Insolvenzeröffnungsgrund dar. Für eine Übersicht über die Häufigkeit der Insolvenzeröffnungsgründe siehe Anhang 2.
11 Vgl. Wruck (1990), S. 426; Drukarczyk (1995), S. 43; Kruschwitz/Löffler (2006), S. 52; Knoll/Tartler (2011), S. 412.
12 Vgl. etwa Wruck (1990), S. 433; Jensen (1991), S. 17; Gilson (1995), S. 8–9.
13 Vgl. Theodossiou et al. (1996), S. 703; Andrade/Kaplan (1998), S. 1445.
14 Vgl. etwa Asquith/Gertner/Scharfstein (1994), S. 633; Theodossiou et al. (1996), S. 703.

sinkendem Erwartungswert und zunehmender Volatilität der Cashflows des Unternehmens steigt.[15]

Fremdfinanzierung kann sowohl positive als auch negative Konsequenzen für den Unternehmenswert hervorrufen. Zu den positiven Auswirkungen zählen insbesondere die steuerlichen Effekte einer zunehmenden Verschuldung: Die Abzugsfähigkeit der Fremdkapitalzinsen von der Steuerbemessungsgrundlage ermöglicht es dem verschuldeten Unternehmen, steuerliche Vorteile zu realisieren. Darüber hinaus begünstigen Insolvenzrisiken den organisatorischen Wandel sowie den Wechsel der Geschäftspolitik und führen zu einer Disziplinierung der Unternehmensleitung.[16] Dem positiven Effekt zunehmender Verschuldung in Form von Steuervorteilen wirken Insolvenzkosten entgegen. Diese lassen sich in direkte und indirekte Insolvenzkosten unterscheiden. Unter der ersten Kategorie subsumiert man Kosten, die durch die technische Abwicklung des Insolvenzverfahrens entstehen. Darunter fällt vor allem die Vergütung von Spezialisten, die bei einem Insolvenzverfahren mitwirken.[17] Indirekte Insolvenzkosten umfassen eine große Bandbreite verschiedener Opportunitätskosten, die sich aus finanziellen Notlagen ergeben.[18] Im Unterschied zu den direkten Insolvenzkosten ist das Auftreten indirekter Insolvenzkosten nicht zwangsläufig mit der tatsächlichen Eröffnung eines Insolvenzverfahrens verbunden. Sie können auch auftreten, wenn die Anspruchsgruppen des Unternehmens den Insolvenzeintritt nur für hinreichend wahrscheinlich halten.[19] Die unter indirekten Insolvenzkosten subsumierten Effekte wirken sich auf Umsatz und Kosten aus.[20] Als Hauptursache wird in der Literatur regelmäßig angeführt, dass infolge des Insolvenzrisikos ein Teil der Umsätze nicht getätigt und potenzielle Gewinne nicht realisiert werden können.[21]

---

15 Vgl. bereits Fisher (1959), S. 222–224; Donaldson (1969), S. 70 und S. 78–79; Martin/Scott (1976), S. 8–9; Lee/Barker (1977), S. 1464; Hong/Rappaport (1978), S. 9; Loistl (1981), S. 729–732 und S. 740; auch Pritsch/Hommel (1997), S. 683; Gleißner (2002), S. 423; Gleißner/Wolfrum (2008), S. 609; Aretz/Bartram (2010), S. 348; Gleißner (2010), S. 735, S. 737, S. 739 und S. 741; Gleißner (2011), S. 250; Gleißner (2013a), S. 88; Gleißner (2013b), S. 716.
16 Vgl. Gilson (1989), S. 261; Wruck (1990), S. 430–433; auch Franke/Hax (2009), S. 521.
17 Hierzu zählen insbesondere Insolvenzverwalter, Gutachter, Berater, Rechtsanwälte sowie Insolvenzgerichte. Vgl. Eidenmüller (1999), S. 74; Warner (1977), S. 338; Drukarczyk (1995), S. 40.
18 Vgl. Weiss (1990), S. 286–289; ähnlich Drukarczyk (1995), S. 40–42.
19 Vgl. Warner (1977), S. 338–339; Ohlson (1980), S. 111; Altman (1984), S. 1071; Drukarczyk (1993), S. 390–391; Chen/Merville (1999), S. 277; Whitaker (1999), S. 124.
20 Vgl. Jensen/Meckling (1976), S. 341. Demzufolge beeinflusst Insolvenz das operative Geschäft.
21 Vgl. Altman (1984), S. 1069; Drukarczyk (1993), S. 289; Opler/Titman (1994), S. 1016–1017.

In der Literatur wird zwischen temporären und permanenten Ertragsdefiziten differenziert.[22] Die Unterscheidung basiert auf der Prämisse, dass bei temporärer Ertragsschwäche kein unmittelbares Insolvenzrisiko vorliegt.[23] Drukarczyk/Schüler zeigen, dass man zwölf Konstellationen aus Überschussgrößen (Jahresüberschüsse und Dividenden) bei Eigen- und partieller Fremdfinanzierung unterscheiden kann, die zu steuerlich bedingten Einkommensdifferenzen führen.[24] Sämtliche Fälle erweisen sich als empirisch relevant. Der Standardfall der theoretischen Literatur, dass alle Überschussgrößen positive Werte aufweisen, stellt nicht den empirischen Regelfall dar.[25]

Grundsätzlich muss durch einen Vergleich des Liquidations- und Fortführungswertes die Fortführungswürdigkeit des Unternehmens geprüft werden.[26] Wenn der realisierbare Liquidationswert[27] den Fortführungswert übertrifft, ist das Unternehmen zu liquidieren; der Liquidationswert fungiert somit als Wertuntergrenze.[28] Sofern keine gegenteiligen Informationen vorliegen, muss bei der Bewertung insolvenzgefährdeter Unternehmen von der Gültigkeit der Fortführungsprämisse ausgegangen werden.[29] Eine alleinige Anwendung des Liquidationswertverfahrens ist nicht sachgerecht.[30] Im Rahmen dieser Arbeit wird unterstellt, dass das Bewertungsobjekt operativ erfolgreich ist und die Fortführungsprämisse Gültigkeit besitzt.[31] Gleichzeitig wird eine Ertragsschwäche postuliert. Demzufolge wird untersucht,

---

22 Vgl. Peemöller/Bömelburg (1993), S. 1037–1038; Schüler (2003), S. 363; Drukarczyk/ Schüler (2009), S. 373 und S. 414; Schüler (2013a), S. 389.
23 Vgl. Schüler (2003), S. 364, S. 366 und S. 378; Drukarczyk/Schüler (2009), S. 379.
24 Vgl. Schüler (2003), S. 366–373; Drukarczyk/Schüler (2009), S. 374–375.
25 Vgl. Schüler (2003), S. 377; Drukarczyk/Schüler (2009), S. 378–379; Schüler (2013a), S. 389.
26 Vgl. etwa Groß (1988), S. 26; Schüler (2007), S. 35; Leuner (2012), S. 1038.
27 Dieser entspricht dem Barwert der erwarteten Zahlungen aus der Unternehmensauflösung nach Abzug der mit der Liquidation verbundenen Kosten und Steuern. Vgl. Moxter (1983), S. 41.
28 Vgl. bereits Schnettler (1961), S. 69–70; Busse von Colbe (1984), S. 514; Coenenberg (1984), S. 501–502; Peemöller/Bömelburg (1993), S. 1038; Ballwieser (1999), S. 23; Leuner (2012), S. 1037; Hering (2014), S. 72–73. Moxter (1983), S. 103, weist darauf hin, dass dem Liquidationswert bei der Bewertung insolvenzgefährdeter Unternehmen eine bedeutsame Rolle zukommt.
29 Vgl. Münstermann (1966), S. 122; Coenenberg (1984), S. 503; Leuner (1998), S. 134–141; Lange (2005), S. 76; Leuner (2012), S. 1041. Vgl. auch § 252 Abs. 1 Nr. 2 HGB. Zu dem Zusammenhang zwischen Fortführungswürdigkeit und Insolvenz vgl. Franke/Hax (2009), S. 567–569.
30 Vgl. Lange (2005), S. 72. Nach § 19 Abs. 2 Satz 2 InsO gilt die Liquidationsprämisse nur dann, wenn die Fortführung im Prognosezeitraum nicht überwiegend wahrscheinlich ist. Vgl. zur Interpretation dieser Vorgabe auch Drukarczyk/Schüler (2003), S. 60 und S. 65.
31 Unternehmensfortführung bedingt operativen Erfolg. Vgl. Drukarczyk/Schüler (2009), S. 413.

wie man den Fortführungswert eines ertragsschwachen, insolvenzgefährdeten Unternehmens bestimmt.[32]

Unternehmenswerte werden in der Literatur über verschiedene Ansätze ermittelt: Mit DCF-Verfahren rekurriert man auf die Investitionstheorie und ermittelt einen Kapitalwert. Alternativ wird – ungeachtet der damit verbundenen Probleme – regelmäßig auf die Optionspreistheorie zurückgegriffen.[33] Während bei der DCF-basierten Bewertung im Allgemeinen von Insolvenzrisiken abstrahiert wird, existiert in der optionspreistheoretischen Literatur eine Vielzahl an Ansätzen, Insolvenzrisiken explizit zu berücksichtigen. Diese Ansätze lassen sich – in Abhängigkeit davon, wie der Wert des Eigenkapitals abgebildet wird – in zwei Kategorien einordnen: Strukturmodelle und Reduktionsmodelle. Bei den Strukturmodellen ergibt sich der Aktienkurs endogen als Funktion eines Vermögensgegenstands, dessen Wertentwicklung exogen vorgegeben wird. Das Insolvenzauslösekriterium kann dabei exogen vorgegeben[34] oder endogen modelliert werden.[35] Im Rahmen der Reduktionsmodelle wird der Aktienkurs über einen zeitstetigen oder -diskreten Zufallsprozess exogen vorgegeben.[36]

In der vorliegenden Arbeit liegt der Fokus auf der Literatur der DCF-basierten Unternehmensbewertung.[37] Innerhalb dieser besteht keine Einigkeit darüber, wie konkret bei der Bewertung insolvenzgefährdeter Unternehmen vorzugehen ist. Allerdings wurden zahlreiche Problemfelder identifiziert, die im Zusammenhang mit dieser Bewertungssituation auftreten können. Dies betrifft zum einen die Frage, ob die Modelle, auf die bei einer kapitalmarktorientierten Unternehmensbewertung rekurriert wird, auch bei Insolvenzrisiken und -kosten gültig bleiben. Zum anderen ist zu untersuchen, ob die Cashflows aufgrund von Insolvenzrisiken und -kosten eine besondere Unsicherheitsstruktur aufweisen. Insbesondere gilt es zu diskutieren, welche Besonderheiten bei der Diskontierung von Cashflows mit einem negativen Erwartungswert oder einem Erwartungswert in Höhe von Null auftreten können. Darüber hinaus wird in der Literatur eine Modifikation der Kapitalkosten

---

32 Dies entspricht der Bewertung eines Unternehmens, das sich in Financial Distress, nicht aber in Economic Distress befindet. Vgl. etwa Andrade/Kaplan (1998), S. 1445; Casey (2012), S. 167.
33 Für eine kritische Betrachtung vgl. Ballwieser (1999), S. 35–36; Ballwieser (2002a), S. 185–197; Ballwieser/Coenenberg/Schultze (2002), Sp. 2428–2430. Vgl. auch Abschnitt 4.2.5.
34 Vgl. Merton (1974); Longstaff/Schwartz (1995); Uhrig-Homburg (2002), S. 33–37, m.w.N.
35 Vgl. grundlegend Black/Cox (1976); Leland (1994); Leland/Toft (1996); Uhrig-Homburg (2002), S. 37–43, m.w.N.
36 Vgl. grundlegend Jarrow/Turnbull (1995); Jarrow/Lando/Turnbull (1997); Uhrig-Homburg (2002), S. 43–54, m.w.N.
37 Dies ist auf die Probleme zurückzuführen, die bei einer Übertragung der Optionspreistheorie auf realwirtschaftliche Bewertungsobjekte auftreten. Vgl. Fn. 33 und Abschnitt 4.2.5.

thematisiert: Es wird vorgeschlagen, einen positiven Betafaktor des Fremdkapitals anzusetzen, um die partielle Risikoübernahme durch die Fremdkapitalgeber abzubilden. Neben der Angemessenheit dieser Modifikation ist zu diskutieren, ob drohende Insolvenzkosten zusätzliche Anpassungen der Kapitalkosten erfordern. Ein weiterer zentraler Diskussionspunkt besteht darin, wie Steuervorteile in Modellen mit Insolvenzrisiko zu bewerten sind.

In der Theorie und Praxis der Unternehmensbewertung werden unterschiedliche Vorgehensweisen verfolgt, um Insolvenzrisiken und -kosten zu erfassen. Ein Ansatz der praxisnahen Literatur besteht darin, Insolvenzrisiken explizit im Bewertungskalkül abzubilden, indem man deterministische Insolvenzwahrscheinlichkeiten unterstellt. Im Rahmen dieser Arbeit sollen die Ausprägungen dieser Vorgehensweise systematisiert und diskutiert werden. Insbesondere ist zu untersuchen, inwiefern sie dem Anspruch der theoretischen Konsistenz genügen. In der theoretischen Literatur der Unternehmensbewertung werden mithilfe von Definitionen und Annahmen Modellwelten kreiert, die es erlauben, das Bewertungsproblem zu lösen. Hierzu zählen die Ansätze von Sick[38], Homburg/Stephan/Weiß[39], Kruschwitz/Lodowicks/Löffler,[40] Rapp[41] und Lodowicks[42]. Im Rahmen dieser Untersuchungen wird das Insolvenzrisiko zustandsabhängig im Kontext des Insolvenz- und Steuerrechts berücksichtigt.

Als einer der ersten Autoren beschäftigt sich Sick mit der Frage, wie Steuervorteile zu bewerten sind, wenn das Fremdkapital ausfallgefährdet ist. Hierbei verwendet er Annahmen, die dazu führen, dass die herkömmlichen Bewertungsgleichungen gültig bleiben.[43] Mithin wird der Unternehmenswert von Insolvenzrisiken nicht beeinflusst.

Auch Homburg/Stephan/Weiß untersuchen die Wirkung von Insolvenzrisiken auf den Wert der Steuervorteile. Sie unterstellen, dass die Steuervorteile im Insolvenzfall anteilig realisiert werden können. Die Fremdkapitalzinssätze sind exogen gegeben. Da sie aufgrund des Ausfallrisikos über dem risikolosen Zinssatz liegen, resultieren entsprechend hohe Steuervorteile. Dies hat zur Folge, dass das Insolvenzrisiko einen positiven Effekt auf den Unternehmenswert ausüben kann.[44] Allerdings wird in der Literatur konstatiert, dass dieser Ansatz auf inkonsistenten Annahmen basiert.[45]

Kruschwitz/Lodowicks/Löffler betrachten ein Modell in einer Welt mit ausfallgefährdetem Fremdkapital und Steuern und bedienen sich des Konzepts der risikoneutralen Bewertung.[46] Die Gläubiger legen die Höhe des geforderten Zinssatzes

---

38 Vgl. Sick (1990).
39 Vgl. Homburg/Stephan/Weiß (2004).
40 Vgl. Kruschwitz/Lodowicks/Löffler (2005).
41 Vgl. Rapp (2006).
42 Vgl. Lodowicks (2007).
43 Vgl. Sick (1990), S. 1442.
44 Vgl. Homburg/Stephan/Weiß (2004), S. 289.
45 Vgl. Kruschwitz/Lodowicks/Löffler (2005), S. 227–228.
46 Zum Modellaufbau vgl. Kruschwitz/Lodowicks/Löffler (2005), S. 221–236.

jeweils für eine Periode fest. Wenn kein Insolvenzrisiko in der nachfolgenden Periode besteht, werden die Kredite zum risikolosen Zinssatz vergeben. Ist dagegen das Eintreten des Insolvenzfalls in der Folgeperiode möglich, gewähren die Fremdkapitalgeber den Kredit nur unter Fixierung eines zustandsabhängigen Fremdkapitalzinssatzes, der dergestalt bemessen wird, dass die Kreditgeber für etwaige Verluste im Insolvenzfall entschädigt werden. Der Unternehmenswert ergibt sich in diesem Modell unabhängig davon, ob ein Ausfall des Fremdkapitals ausgeschlossen wird oder unter den skizzierten Annahmen möglich ist.[47] Diese Schlussfolgerung ist allerdings an rigide Prämissen gebunden, zu denen etwa die Gültigkeit der Fortführungswürdigkeit des Unternehmens sowie unrealistische Annahmen hinsichtlich des Steuersystems zählen.[48]

Rapp untersucht in einem mehrperiodigen Bewertungsmodell mit ausfallgefährdetem Fremdkapital die Auswirkungen der unsicheren Steuervorteile auf den Unternehmenswert.[49] Dabei unterstellt er, dass die Fremdkapitalgeber in der Lage sind, die tatsächlichen Zins- und Tilgungszahlungen zu antizipieren. In dem Modell lässt sich ein periodenspezifischer, zustandsunabhängiger Fremdkapitalzinssatz bestimmen, bei dessen Anwendung der Barwert der Zins- und Tilgungszahlungen mit dem nominalen Fremdkapitalbestand im Bewertungszeitpunkt übereinstimmt. Rapp resümiert, dass die Annahme ausfallgefährdeten Fremdkapitals aufgrund höherer Zinszahlungen einen positiven Effekt auf den Unternehmenswert nach sich zieht.[50] Dies ist wiederum den vereinfachenden Annahmen hinsichtlich des Steuersystems geschuldet.[51]

Die Ansätze von Sick, Homburg/Stephan/Weiß, Kruschwitz/Lodowicks/Löffler und Rapp unterscheiden sich insbesondere hinsichtlich der Annahmen über die steuerlichen Folgen einer negativen Bemessungsgrundlage, die Besteuerung von Insolvenzgewinnen und die Rangfolge von Zahlungsansprüchen im Insolvenzfall.[52] Die Ergebnisse der Modelle, dass der Unternehmenswert infolge von Insolvenzrisiken nicht verändert wird oder sogar steigt, sind maßgeblich darauf zurückzuführen, dass von Insolvenzkosten abstrahiert wird. Letzterem Nachteil versucht Lodowicks nachzukommen: Der Autor unterstellt die Duplizierbarkeit der Cashflows insolvenzgefährdeter Unternehmen mittels am Kapitalmarkt gehandelter Wertpapiere.[53] Der Wert des Eigenkapitals lässt sich demnach über exotische Put-Optionen ermitteln.[54] Realiter werden diese Optionen allerdings nur selten gehandelt, sodass sich keine

---

47 Vgl. Kruschwitz/Lodowicks/Löffler (2005), S. 229.
48 Für weitere Kritikpunkte vgl. Rosarius (2007), S. 151–157.
49 Zum Modellaufbau vgl. Rapp (2006), S. 774–488.
50 Vgl. Rapp (2006), S. 794–795.
51 Für weitere Kritikpunkte vgl. Rosarius (2007), S. 163–164.
52 Für eine Übersicht über die divergierenden Annahmen vgl. Rapp (2006), S. 803; Gleißner (2011), S. 244; hinsichtlich des Steuersystems auch Blaufus/Hundsdoerfer (2008), S. 172–174.
53 Zum Modellaufbau vgl. Lodowicks (2007), S. 15–88.
54 Vgl. Lodowicks (2007), S. 89–112.

Marktpreise hierfür beobachten lassen. Insofern ist der Ansatz eher als theoretische Überlegung zu werten; seine Operationalisierbarkeit ist als problematisch zu erachten.

Insgesamt erscheinen die theoretischen Bewertungsansätze unvollständig: Neben den realitätsfernen Annahmen drängen sich Inkonsistenzen und empirische Widersprüche zu den Ergebnissen der Modelle auf. Der Status Quo hinsichtlich der Bewertung insolvenzgefährdeter Unternehmen lässt sich daher wie folgt zusammenfassen: Während die theoretische Fundierung der Praktiker-Verfahren ungeklärt ist, mangelt es der Bewertungstheorie an realitätsnahen und anwendbaren Lösungsvorschlägen. Insofern konnte das Spannungsverhältnis zwischen praktischer Anwendbarkeit und theoretischer Fundierung bislang nicht zufriedenstellend gelöst werden. Ob und wie insolvenzgefährdete Unternehmen DCF-basiert bewerten können, bleibt unklar.[55] Die vorliegende Arbeit verfolgt das Ziel, zur Schließung dieser Forschungslücke beizutragen. Es soll ein DCF-Bewertungskalkül entwickelt werden, in dem erstmalig neben Insolvenzrisiken auch Insolvenzkosten theoretisch konsistent abgebildet werden.

Ein möglicher Weg zur Behebung der Forschungslücke besteht darin, auf Binomialmodelle zurückzugreifen. Diese besitzen den Vorteil, komplexe Bewertungsprobleme unter vereinfachenden Bedingungen abbilden zu können. Insbesondere lässt sich die stochastische Struktur des Cashflow anhand von Binomialmodellen explizieren.[56] Spremann hat sich ausführlich mit der Bewertung insolvenzgefährdeter Unternehmen im Rahmen von Binomialmodellen beschäftigt. Er konstatiert, dass die korrekte Bewertung insolvenzgefährdeter Unternehmen einen Replikationsansatz voraussetzt.[57] Da dieser Forderung in der Bewertungstheorie und -praxis kaum nachgekommen wird, erscheint es geboten, sich mit Spremanns Ansätzen ausführlich auseinanderzusetzen. Konkret muss geklärt werden, inwiefern Spremann neue Erkenntnisse hinsichtlich der Unternehmensbewertung gewinnt und ob der Rückgriff auf einen Replikationsansatz bei der Bewertung insolvenzgefährdeter Unternehmen zwingend ist.

Im Fokus der Untersuchung steht die Fragestellung, wie die Charakteristika insolvenzgefährdeter Unternehmen im DCF-Bewertungskalkül zu berücksichtigen

---

55 Vgl. hierzu Casey (2004b), S. 27: „Das DCF-Modell erlaubt im Prinzip keine ökonomisch sinnvolle Bewertung von Unternehmen, die einem Insolvenzrisiko ausgesetzt sind."

56 Dies ist eine Verbesserung gegenüber den in praxi beobachtbaren einwertigen Prognosen. Vgl. hierzu Moxter (1983), S. 116: „Je weniger befähigt ein Unternehmensbewerter ist, um so ausgeprägter wird sein Ehrgeiz sein, einwertige Ertragsprognosen abzugeben: Er wird sich nicht damit begnügen, Bandbreiten möglicher künftiger Ertragsgrößen anzuführen und die Wahrscheinlichkeiten dieser alternativen Ertragsgrößen zu benennen; er wird vielmehr Wissen über die Zukunft fingieren und so, Wahrsagern nicht unähnlich, zu einwertigen Ertragsprognosen kommen."

57 Vgl. Spremann (2002), S. 318–319; Spremann (2004a), S. 122 und S. 256–259; Spremann (2006), S. 167; auch Spremann/Ernst (2011), S. 181.

sind. Daher soll ein theoretisch fundierter Bewertungskalkül hergeleitet werden, der auf den Erkenntnissen der Literatur aufbaut und diese erweitert. Den Ausgangspunkt bilden konventionelle DCF-Verfahren. In diese sind die bewertungsrelevanten Eigenschaften insolvenzgefährdeter Unternehmen zu integrieren. Der Brückenschlag zwischen theoretischer Fundierung und Operationalisierbarkeit soll dadurch gelingen, dass sich die Cashflows des Unternehmens in einem Binomialmodell entwickeln. Dies ermöglicht, das unsichere Fortbestehen des Unternehmens explizit abzubilden. Zudem lässt sich das Konzept risikoneutraler Wahrscheinlichkeiten nutzen, wenn die stochastischen Abhängigkeiten des Cashflow-Prozesses bekannt sind.[58]

In der Literatur werden die Anwendbarkeit des Konzepts risikoneutraler Wahrscheinlichkeiten und die Praxisrelevanz von Binomialmodellen häufig angezweifelt.[59] Daher ist zu untersuchen, inwiefern man die risikoneutralen Wahrscheinlichkeiten und die weiteren Modellparameter in realitätsnahen Situationen bestimmen kann. Ziele sind neben der theoretischen Fundierung auch ein hohes Maß an Operationalisierbarkeit: Die exogenen Variablen müssen beobachtbar oder leicht prognostizierbar sein.

Mit der vorliegenden Arbeit soll ein Beitrag zur Bewertung insolvenzgefährdeter Unternehmen geleistet werden. Die Praxisrelevanz dieser Problemstellung ist unumstritten. Im Mittelpunkt stehen daher die Diskussion der theoretischen Fundierung der bestehenden Lösungsansätze und die Entwicklung eines theoretisch geschlossenen Bewertungsmodells. Dabei lassen sich nicht sämtliche Einwände gegen die jeweiligen Annahmen diskutieren: Alternative Annahmen führen zu abweichenden Bewertungsgleichungen und somit auch zu divergierenden Bewertungsergebnissen.

---

58 Vgl. etwa Ballwieser/Hachmeister (2013), S. 95.
59 Vgl. Kruschwitz/Löffler (2006), S. 37; Wiese (2006), S. 48–49; Ballwieser/Hachmeister (2013), S. 95; Bark (2011), S. 53.

2. Kapitalmarktmodelle bei Insolvenzrisiko

2.1 Kapitalmarkteigenschaften

Im Rahmen dieser Arbeit wird die Bewertung von Unternehmen unter Berücksichtigung von Insolvenzrisiken und -kosten untersucht. Die hierfür benötigten risikoadjustierten Kapitalkosten lassen sich etwa im Rahmen eines idealisierten Marktkalküls determinieren. Diese kapitalmarktorientierte Bestimmung der Kapitalkosten bietet den Vorteil, dass der Unternehmenswert ermittelt werden kann, ohne dass die individuellen Präferenzen und die Handlungsfelder der Eigenkapitalgeber bekannt sind. Stattdessen müssen Annahmen hinsichtlich der Eigenschaften des Kapitalmarktes getroffen werden. Da Letztere in der Literatur regelmäßig vermengt oder fehlerhaft verwendet werden,[60] ist im Folgenden zunächst zu erörtern, welche Kapitalmarkteigenschaften für die Behandlung der Forschungsfrage unterstellt werden müssen.

Kapitalmärkte können verschiedene Eigenschaften aufweisen. Hierzu zählen Vollkommenheit, Vollständigkeit, Arbitragefreiheit, Spanning-Eigenschaften sowie Gleichgewichtigkeit. Die in der Literatur angeführten Definitionen eines vollkommenen Kapitalmarktes sind nicht deckungsgleich. Mehrheitlich versteht man darunter homogene Erwartungen der Kapitalmarktteilnehmer über die Renditeverteilungen von Wertpapieren, Abwesenheit von Informations- und Transaktionskosten sowie vollkommene Konkurrenz.[61] Liegen ein vollkommener Kapitalmarkt und sichere Erwartungen vor, können gemäß dem Fisher-Separationstheorem Investitions- und Finanzierungsentscheidungen getrennt optimiert werden.[62] Ausgangspunkt für die Annahme der Vollständigkeit des Kapitalmarktes ist das Zeit-Zustands-Präferenz-Modell. Ein Kapitalmarkt wird als vollständig erachtet, wenn ebenso viele linear unabhängige Wertpapiere wie Umweltzustände existieren.[63] In diesem Fall ist jeder Zustand durch exakt ein elementares (Arrow/Debreu-)Wertpapier abgedeckt. Die Prämisse der

---

60 Ein unsachgemäßer Umgang mit den Kapitalmarkteigenschaften findet sich etwa bei Spremann (2004b), S. 111; Pape (2008), S. 154–155; Lenz (2009), S. 243.
61 Vgl. Saelzle (1976), S. 60–68; Rudolph (2006), S. 28–29; Schmidt/Terberger (2006), S. 57 und S. 91; Laux/Schabel (2009), S. 156; Kruschwitz/Husmann (2012), S. 114–115; Matschke/Brösel (2013), S. 28.
62 Vgl. Fisher (1930), S. 206–287. Das Fisher-Separationstheorem lässt sich auf unsichere Erwartungen übertragen, wenn der Kapitalmarkt vollständig ist. Vgl. Debreu (1959), S. 89–102; Arrow (1964), S. 91–96. Zu den Kombinationsmöglichkeiten von (un-)vollkommenen Kapitalmärkten, (un-)vollständigen Kapitalmärkten und (un-)sicheren Erwartungen vgl. Schmidt/Terberger (2006), S. 95–97 und S. 188–189; auch Drukarczyk (1993), S. 142; Rudolph (2006), S. 45.
63 Vgl. Debreu (1959), S. 99–100; Arrow (1964), S. 92–94; Hirshleifer (1964), S. 80–83; Hirshleifer (1966), S. 252–275; Rubinstein (1973c), S. 750, Fn. 1; Rudolph (2006), S. 65–66; Gröger (2009), S. 38; Laux/Schabel (2009), S. 37–39; Matschke/Brösel (2013), S. 28.

Arbitragefreiheit verhindert, dass ungesättigte Marktteilnehmer durch Arbitragegeschäfte unendlich reich werden.[64] In einem Kapitalmarkt mit Spanning-Eigenschaften lässt sich jeder beliebige Zahlungsstrom mittels Portfoliobildung von Wertpapiertiteln, die am Kapitalmarkt gehandelt werden, reproduzieren.[65] Ein gleichgewichtiger Kapitalmarkt ist stets geräumt; das Angebot von und die Nachfrage nach Wertpapieren entsprechen sich und sämtliche Kapitalmarktteilnehmer investieren (unter Berücksichtigung von Erwartungswert und Varianz der risikobehafteten Wertpapierrenditen) in alle Wertpapiere des Marktportfolios.[66] Die genannten Kapitalmarkteigenschaften stehen in dem folgenden Abhängigkeitsverhältnis zueinander:

Tabelle 1: Gegenseitige Abhängigkeiten von Kapitalmarkteigenschaften[67]

	Vollkommenheit	Vollständigkeit	Arbitragefreiheit	Spanning	Gleichgewichtigkeit
Vollkommenheit	✓				✓
Vollständigkeit		✓		✓	
Arbitragefreiheit	✓		✓		
Spanning	✓			✓	
Gleichgewichtigkeit	✓		✓		✓

---

64 Vgl. Ernst/Haug/Schmidt (2004), S. 404; Kruschwitz/Löffler (2005b), S. 1018; Kruschwitz/Löffler (2006), S. 19 und S. 28; Laux/Schabel (2009), S. 162.
65 Vgl. Grossmann/Stiglitz (1977), S. 390; Wilhelm (1983), S. 529 und S. 533, En. 45; Kürsten (2000), S. 364–365; Wilhelm (2002), S. 7; Schultze (2003), S. 43–47; Kruschwitz/Löffler (2006), S. 19 und S. 28; Rudolph (2006), S. 66, Fn. 8; Franke/Hax (2009), S. 372–375.
66 Vgl. Rudolph (1979), S. 1039; Drukarczyk (1993), S. 235; Hachmeister (2000), S. 161; Wiese (2006), S. 35. Die marktorientierte Bewertung monetärer Ansprüche erfordert zwei Bedingungen: Zum einen muss ein lineares Preisfunktional existieren, zum anderen muss der jeweilige Wert der Ansprüche einmütig von allen Individuen als Argument der Zielfunktion akzeptiert werden. Während die erste Bedingung durch die Annahme eines arbitragefreien Kapitalmarktes gesichert ist, müssen für die zweite Bedingung die Kapitalmarkt-Eigenschaften Competitivity, Spanning und Information gegeben sein. Vgl. DeAngelo (1981), S. 20–24; Kürsten (2000), S. 364–365; Wilhelm (2002), S. 7; auch Tschöpel (2004), S. 66, Fn. 306.
67 Quelle: eigene Darstellung. Für die Eigenschaften einer Zeile folgen die in den Spalten eingetragenen Eigenschaften. Die Abhängigkeiten sind richtungsgebunden: Rückschlüsse von den in den Spalten genannten Eigenschaften auf die in den Zeilen genannten Eigenschaften sind unzulässig.

Ein arbitragefreier Kapitalmarkt ist immer vollkommen, jedoch nicht zwangsläufig vollständig. Liegen Vollständigkeit und Vollkommenheit vor, ist auch die Spanning-Eigenschaft gegeben; gleichzeitig muss jedoch nicht Arbitragefreiheit vorliegen.[68] Allerdings erlaubt ein arbitragefreier Kapitalmarkt, der zusätzlich vollständig ist, Finanztitel präferenzfrei zu bewerten;[69] die Spanning-Eigenschaft ist folglich erfüllt. Ein gleichgewichtiger Kapitalmarkt liegt vor, wenn der Markt geräumt ist und mithin die nachgefragte Menge mit der angebotenen Menge übereinstimmt.[70] Hierfür wird nicht die Annahme eines vollständigen Kapitalmarktes benötigt.[71] Allerdings muss der Markt arbitragefrei (und damit vollkommen) sein, da sich sonst keine Gleichgewichtspreise einstellen und der Kapitalmarkt nicht geräumt sein kann.[72] Insofern liegt in jedem gleichgewichtigen Markt zugleich Arbitragefreiheit vor. Umgekehrt befindet sich ein arbitragefreier Markt nicht zwangsläufig im Gleichgewicht.[73] Die Prämisse der Arbitragefreiheit ist demnach schwächer als die Annahme eines Gleichgewichts. Unterstellt man vereinfachend, dass die künftigen Cashflows einem Binomialprozess folgen, kann man das Konzept risikoneutraler Wahrscheinlichkeiten nutzen. Letztere existieren genau dann, wenn keine Arbitragemöglichkeiten bestehen.[74]

2.2 Modigliani/Miller-Modellwelt bei Insolvenzrisiko

In der neoklassischen Finanzierungs- und Kapitalmarkttheorie existieren mit den Zeit-Zustands-Präferenz-Modellen,[75] den Parameter-Präferenz-Modellen[76] und

---

68 Vgl. Harrison/Kreps (1979), S. 385; Schultze (2003), S. 43–47; Franke/Hax (2009), S. 372–375; Ballwieser (2010), S. 74; Kruschwitz/Husmann (2012), S. 142–145.
69 Gemäß der Arbitragetheorie herrschen auf einem arbitragefreien und vollständigen Kapitalmarkt eindeutige Preise und somit ein eindeutiger Preisvektor. Vgl. Ross (1978), S. 459; auch Korolev/Leifert/Rommelfanger (2001), S. 450–452 und S. 467; Gröger (2009), S. 38.
70 Vgl. Kruschwitz/Husmann (2012), S. 208–211.
71 Vgl. Ballwieser (2010), S. 73–75.
72 Vgl. Kruschwitz/Löffler (1997), S. 645; Breuer/Gürtler/Schuhmacher (2010), S. 50–51; Kruschwitz/Husmann (2012), S. 121–122.
73 Vgl. Kruschwitz/Löffler (2005a), S. 30.
74 Vgl. Ross (1978), S. 458–464; auch Wiese (2006), S. 47. Insofern muss wiederum ein vollkommener Kapitalmarkt vorliegen. Ist der Kapitalmarkt vollständig, sind die risikoneutralen Wahrscheinlichkeiten eindeutig. Vgl. Duffie (2001), S. 30; Rapp (2006), S. 775, Fn. 16.
75 Vgl. Debreu (1959), S. 98–102; Arrow (1964), S. 91–96; Hirshleifer (1964), S. 77–84; Hirshleifer (1965), S. 509–536; Hirshleifer (1966), S. 252–277; Robichek/Myers (1966a), S. 5–13.
76 Vgl. grundlegend Markowitz (1952), S. 77–91; Markowitz (1959), S. 129–153. Bei Parameter-Präferenz-Modellen werden die Wahrscheinlichkeitsverteilungen der Umweltzustände durch Parameter zusammengefasst. Vgl. Rubinstein (1973a), S. 61,

der Modigliani/Miller-Modellwelt[77] drei Ansätze, mit denen man das von Fisher begründete Modell zur Allokation von Ressourcen (Vermögen bzw. Einkommen) bei vollkommenem Kapitalmarkt für den Fall unsicherer Erwartungen generalisieren kann.[78] Das Zeit-Zustands-Präferenz-Modell ist zwar vergleichsweise offen formuliert;[79] seine praktische Anwendbarkeit und empirische Testbarkeit wird aber als eingeschränkt erachtet.[80] Daher liegt der Fokus im Folgenden auf dem Capital Asset Pricing Model (CAPM) und der Modigliani/Miller-Welt. Diese Modelle sind von zentraler Bedeutung für die DCF-Verfahren. Von Insolvenzrisiken wird in den Grundformen dieser Modelle abstrahiert. Allerdings findet man in der Literatur entsprechende Modellerweiterungen; diese werden im Folgenden vorgestellt und diskutiert.

Der Modellrahmen, den Modigliani/Miller begründet haben, um die Wirkung der Kapitalstruktur auf den Unternehmenswert zu untersuchen, ist ein wesentlicher Pfeiler der neoklassischen Kapitalmarkttheorie. Die daraus entwickelten Theoreme stellen ein zentrales Element der Unternehmensbewertung dar.[81] Das Grundmodell von Modigliani/Miller (1958) abstrahiert sowohl von Steuern als auch von der Möglichkeit eines Fremdkapitalausfalls.[82] Folglich sind Insolvenzkosten ausgeschlossen.[83] Da die Fremdkapitalgeber kein Ausfallrisiko tragen, können sich Unternehmen und Individuen in beliebiger Höhe zum risikolosen Zinssatz r_f verschulden. Das Ergebnis ist, dass der Wert des Unternehmens auf einem vollkommenen und gleichgewichtigen Kapitalmarkt nicht von der Kapitalstruktur abhängt (Irrelevanz-Theorem). Auf einem vollkommenen Kapitalmarkt können Individuen ihre präferierte Position unabhängig von der Kapitalstruktur des Unternehmens selbst einnehmen.[84] Hierfür greifen die Autoren auf das Konzept von Risikoklassen und auf Arbitrageprozesse zurück. Modigliani/Miller (1963) erweitern ihr Grundmodell auf eine Welt mit einer linearen Gewinnsteuer. Dabei wird berücksichtigt, dass

---

Fn. 2. Zu den Parameter-Präferenz-Modellen zählen insbesondere Zwei-Faktoren-Modelle wie das Capital Asset Pricing Model.

77 Vgl. Modigliani/Miller (1958), S. 261–296; Modigliani/Miller (1963), S. 433–443.
78 Vgl. Hamada (1969), S. 13; Jensen (1972), S. 357; Rubinstein (1973a), S. 61; Rudolph (1979), S. 1061, En. 2; grundlegend auch Fisher (1930), S. 206–227.
79 Unter engen Annahmen lassen sich sowohl das CAPM als auch die Modigliani/Miller-Modellwelt und das Black/Scholes-Modell daraus ableiten. Vgl. Hsia (1981), S. 27 und S. 38–40.
80 Vgl. etwa Fama/Miller (1972), S. 181, Fn. 33; Hamada (1969), S. 13; Jensen (1972), S. 357–358; auch Rubinstein (1973a), S. 61; ferner auch Kim (1978), S. 46.
81 Vgl. etwa Richter (1998a), S. 42. Kritisch hierzu Moxter (1970), S. 133–139 und S. 154.
82 Vgl. Modigliani/Miller (1958), S. 268 und S. 272–273; Modigliani/Miller (1963), S. 435–436.
83 Moxter (1970), S. 154, erachtet diese Annahmensetzung als „eine ganz unerträgliche Spielerei".
84 Vgl. Stiglitz (1969), S. 784–786; auch Fama (1978), S. 274. Dies wird als Homemade Leverage bezeichnet. Vgl. Modigliani/Miller (1959), S. 656; auch Baumol/Malkiel (1967), S. 550.

Fremdkapitalzinsen von der Bemessungsgrundlage für Steuern abzugsfähig sind. Infolgedessen wird die optimale Kapitalstruktur des Unternehmens bei maximalem Verschuldungsgrad erreicht.[85]

Robichek/Myers untersuchen die Gültigkeit des Irrelevanz-Theorems in einer generalisierten Modellwelt mit Insolvenzrisiken. Dabei greifen sie auf das Zeit-Zustands-Präferenz-Modell zurück.[86] Sie zeigen, dass das Irrelevanz-Theorem auch bei Insolvenzrisiken gültig bleibt, wenn zusätzlich zu den Annahmen der Modigliani/Miller-Welt weitere Bedingungen erfüllt sind: Konkret dürfen Änderungen der Kapitalstruktur keinen Wert für die gegenwärtigen Kapitalgeber generieren und die Summe der Cashflows an die Kapitalgeber muss in allen Zeit-Zustands-Kombinationen unverändert bleiben. Dies impliziert, dass von Insolvenzkosten abstrahiert werden muss.[87]

Hamada erweitert die Modigliani/Miller-Welten (1958 und 1963), indem er auf das CAPM statt auf das Konzept der Risikoklassen zurückgreift.[88] Eine äquivalente Verbindung gelingt Rubinstein.[89] Von Insolvenzrisiken wird in den Modellen abstrahiert.

Ben-Shahar versucht, die Ergebnisse von Hamada zu generalisieren, indem er das Irrelevanz-Theorem im Kontext des CAPM mit intertemporal variablen Zinssätzen und ausfallgefährdetem Fremdkapital untersucht.[90] Allerdings versäumt er, die Fremdkapitalinstrumente in die Menge der riskanten Wertpapiere einzubeziehen, sodass die Auswirkungen des ausfallgefährdeten Fremdkapitals nicht vollständig erfasst werden.[91] Eine entsprechende Erweiterung erarbeiten Haugen/Pappas. Sie zeigen, dass Hamadas Anpassungsgleichungen auch bei ausfallgefährdetem Fremdkapital gültig bleiben. Voraussetzung hierfür ist, dass die Wertpapiere des ausfallgefährdeten Fremdkapitals gemäß dem CAPM bepreist werden.[92] Imai/Rubinstein wenden ein, dass die Herleitung von Haugen/Pappas auf einem Zirkelschluss basiert und verweisen auf die korrekte Herleitung bei Stiglitz.[93] Haugen/Pappas liefern daraufhin eine verbesserte Herleitung, die mit derjenigen von Stiglitz konsistent ist.[94]

---

85 Vgl. Modigliani/Miller (1963), S. 440–441.
86 Vgl. Robichek/Myers (1966a), S. 3–13.
87 Vgl. Robichek/Myers (1966a), S. 12–13. Gemäß Robichek/Myers (1966a), S. 13–22, entfalten Steuervorteile und Insolvenzkosten gegenläufige Wirkungen auf den Unternehmenswert.
88 Vgl. Hamada (1969), S. 26–30.
89 Vgl. Rubinstein (1973b), S. 176–179.
90 Vgl. Ben-Shahar (1968), S. 643–652.
91 Vgl. hierzu Haugen/Pappas (1970), S. 674–677; auch Haugen/Pappas (1971), S. 943.
92 Vgl. Haugen/Pappas (1971), S. 944–951.
93 Vgl. Imai/Rubinstein (1972), S. 2001–2002; Stiglitz (1969), S. 789–790.
94 Vgl. Haugen/Pappas (1972), S. 2005–2007.

Stiglitz widmet sich den Auswirkungen von Insolvenzrisiken in einer Modellwelt ohne Steuern.[95] Er greift auf ein einperiodiges Zeit-Zustands-Präferenz-Modell zurück und zeigt, dass unter restriktiven Prämissen[96] das Irrelevanz-Theorem auch dann aufrechterhalten werden kann, wenn die Möglichkeit einer risikolosen Verschuldung für Individuen aufgehoben wird.[97] Bedingung hierfür ist, dass alle Individuen und Unternehmen gleichen Zugang zum Kapitalmarkt haben. In diesem Fall lässt sich die Verschuldung des Unternehmens durch private Verschuldung perfekt substituieren. Stiglitz argumentiert, dass sich Individuen zu demselben Zinssatz wie Unternehmen verschulden können, wenn sie kreditfinanziert Eigenkapitaltitel erwerben und die Eigenkapitaltitel als Sicherheit für den Kredit verwenden.[98] Dieses Ergebnis gilt jedoch nur, wenn man von Insolvenzkosten abstrahiert.[99] Zudem gilt das Irrelevanz-Theorem bei ausfallgefährdetem Fremdkapital nur, wenn Tobins Separationstheorem erfüllt ist. Danach halten alle Investoren unabhängig vom individuellen Grad der Risikoaversion ein strukturgleiches Wertpapierportfolio.[100] Dieses muss allerdings Eigen- und Fremdkapitaltitel enthalten.[101] In der Literatur wird diese Annahme als widersprüchlich erachtet: Besitzen alle Individuen die gleichen Proportionen an riskantem Fremd- und Eigenkapital von jedem Unternehmen, resultiert bei einem Fremdkapitalausfall keine Vermögensumverteilung und insofern keine Insolvenz.[102]

Folgt man Merton, bleibt das Irrelevanz-Theorem bei Insolvenzrisiken gültig, wenn die Individuen, die sich für eine Investition in Eigenkapitaltitel verschulden, ihre Haftung auf die Höhe der Ausschüttungen des unverschuldeten Unternehmens begrenzen können.[103] Gleichzeitig muss von Insolvenzkosten abstrahiert werden.[104] Smith vertritt dagegen die Ansicht, dass das Irrelevanz-Theorem nicht gilt, wenn eine positive Ausfallwahrscheinlichkeit des Fremdkapitals angenommen wird: Rationale Fremdkapitalgeber ziehen es vor, Fremdkapital zu einem festgelegten Zinssatz direkt dem Unternehmen zu gewähren, anstatt den Kredit an ein Individuum zu

---

95 Vgl. Stiglitz (1969), S. 788–792.
96 Hierzu zählt etwa die Annahme, dass alle Individuen die gleiche Präferenzreihung hinsichtlich unsicherer Zahlungsströme besitzen. Vgl. Stiglitz (1969), S. 790.
97 Vgl. Stiglitz (1969), S. 784 und S. 786–792.
98 Vgl. Stiglitz (1969), S. 788; auch Scott (1977), S. 2.
99 Vgl. Stiglitz (1969), S. 785, Fn. 4 und S. 788–792.
100 Vgl. Tobin (1958), S. 71–85.
101 Vgl. Stiglitz (1969), S. 790; auch Rubinstein (1973b), S. 176, Fn. 17.
102 Vgl. Choi/Fabozzi/Yaari (1989), S. 131; ähnlich bereits Stiglitz (1969), S. 790.
103 Vgl. Merton (1974), S. 460–467; auch Baron (1974), S. 178, Fn. 7.
104 Vgl. Merton (1974), S. 460 und S. 469; auch MacMinn (1987), S. 1170, Fn. 6. Während Stiglitz im Rahmen des CAPM argumentiert, lässt Merton offen, welches Kapitalmarktmodell (Zeit-Zustands-Präferenz-Modell oder CAPM) herangezogen wird. Vgl. Merton (1974), S. 463. Auch Rubinstein (1973b), S. 176, Fn. 17, vertritt die Meinung, dass das Irrelevanz-Theorem bei ausfallgefährdetem Fremdkapital und Unternehmenssteuern gelten kann.

geben, das hiermit Eigenkapitaltitel dieses Unternehmens erwirbt. Hintergrund hierfür ist die Nachrangigkeit des Eigenkapitals gegenüber Fremdkapital.[105] Des Weiteren zeigt Smith, dass sich Individuen nicht zu demselben Zinssatz wie Unternehmen verschulden können, wenn das Fremdkapital nur mit Eigenkapitaltiteln des verschuldeten Unternehmens besichert wird.[106] Cheng ergänzt, dass dies an die Bedingung geknüpft ist, dass die Fremdkapitalkosten mit zunehmender Verschuldung steigen.[107]

Gemäß Scott besteht der Grund für die unterschiedlichen Ergebnisse von Smith und Stiglitz darin, dass Stiglitz ein Unternehmen betrachtet, das im Bewertungszeitpunkt unverschuldet ist. Smith dagegen unterstellt ein Unternehmen, das von Anfang an verschuldet ist. Liegt der zweite Fall vor, müssen als zusätzliche Bedingung Vorrangabreden vereinbart werden, damit das Irrelevanz-Theorem gültig bleibt.[108] Kim/McConnell/Greenwood erachten den zweiten Fall als realitätsnäher. Sie bestätigen, dass bei dieser Situation für Fremdkapitalgeber das Risiko besteht, dass sie ausgebeutet werden, wenn der Verschuldungsgrad verändert wird und keine Vorrangabreden vereinbart wurden.[109] Letztere bewirken, dass die Ansprüche alter Fremdkapitalgeber vor den Ansprüchen neuer Fremdkapitalgeber bedient werden müssen.[110] Dies hat zur Folge, dass die Zahlungen an die alten Fremdkapitalgeber nicht von nachträglichen Änderungen des Verschuldungsgrads beeinflusst werden.[111] Die Autoren untersuchen die Effekte einer Verletzung von Vorrangabreden in einer Modellwelt ohne Insolvenzkosten. Sie zeigen, dass hierbei Marktlagengewinne für die Eigenkapitalgeber und Marktlagenverluste für die Fremdkapitalgeber resultieren.[112]

Baron untersucht eine um Insolvenzrisiken erweiterte Modigliani/Miller-Welt und lockert die Annahme, dass die Individuen stets risikoavers sind. Des Weiteren greift er auf das Konzept der stochastischen Dominanz zurück. Werden Insolvenzkosten ausgeschlossen, ist der Wert eines insolvenzgefährdeten Unternehmens unabhängig von der Kapitalstruktur, wenn alle Eigenkapitalgeber des verschuldeten Unternehmens Fremdkapitaltitel mit dem Fremdkapitalzinssatz von Unternehmen der gleichen Risikoklasse halten oder wenn alle Individuen und Unternehmen zu demselben Zinssatz Fremdkapital aufnehmen können und die Kredite ausschließlich

---

105 Vgl. Smith (1972), S. 71–73.
106 Vgl. Smith (1972), S. 72–73; auch Baron (1976), S. 207, Fn. 11.
107 Vgl. Cheng (1975), S. 768–772.
108 Vgl. Scott (1977), S. 2, Fn. 3; auch Fama/Miller (1972), S. 150–157.
109 Vgl. Kim/McConnell/Greenwood (1977), S. 789. Auch Lee/Barker (1977), S. 1454, nehmen an, dass sich die Fremdkapitalgeber mittels Vorrangabreden vor Wohlfahrtsverlusten schützen.
110 Drukarczyk (1981), S. 312, verwendet das Begriffspaar Altgläubiger und Neugläubiger.
111 Vgl. Fama (1978), S. 275.
112 Zu diesen Windfall Gains und Losses vgl. Kim/McConnell/Greenwood (1977), S. 790–796.

mit den Eigenkapitaltiteln des unverschuldeten Unternehmens besichert sind. In diesen Fällen können die Individuen durch private Verschuldung jedes beliebige Cashflow-Profil eines Unternehmens duplizieren und das Irrelevanz-Theorem bleibt mithin gültig.[113]

Folgt man Hagen, reicht die von Baron genannte Bedingung nicht aus, um die Gültigkeit des Irrelevanz-Theorems zu gewährleisten. Er führt aus, dass ein Unternehmenswert genau dann unabhängig von der Kapitalstruktur ist, wenn mindestens eine der beiden folgenden Bedingungen erfüllt ist:[114] Die erste Bedingung besteht darin, dass die realisierbaren Vektorräume der Cashflows für verschiedene Verschuldungsgrade des Unternehmens unverändert bleiben. Dies ist stets gegeben, wenn kein Insolvenzrisiko existiert. Liegen dagegen Insolvenzrisiken vor, entsteht ein Wertpapier des Unternehmens mit einem neuen Zahlungsstromprofil für eine schwankende Kapitalstruktur. In diesem Fall gilt das Irrelevanz-Theorem nur, wenn die zweite Bedingung erfüllt ist. Diese besteht darin, dass die Renditen, die mit den realisierbaren Vektorräumen der Cashflows bei verschiedenen Verschuldungsgraden korrespondieren, in der Schnittmenge aller realisierbaren Vektorräume enthalten sein müssen. Diese Bedingung ist bei Vorliegen folgender Sachverhalte erfüllt: Zum einen, wenn ebenso viele Wertpapiere mit zueinander linear unabhängigen Renditen wie Umweltzustände existieren. Zum anderen, wenn die Eigen- und Fremdkapitalrenditen für jede Kapitalstruktur linear abhängig von der Rendite des Marktportfolios sind. Letzteres beinhaltet den Fall, dass ein Investor die gleichen Fremdkapitalrenditen generieren kann wie ein Unternehmen.[115] Die Gültigkeit des Tobin-Separationstheorems und homogene Erwartungen der Kapitalmarktakteure stellen eine hinreichende Bedingung dar, um die Gültigkeit des Irrelevanz-Theorems bei Vorliegen von Insolvenzrisiken zu gewährleisten.[116] Baron ergänzt, dass Hagen implizit von einem unvollständigen Kapitalmarkt ausgeht. Zugleich bekräftigt Baron die These, dass das Irrelevanz-Theorem stets gültig ist, wenn ein vollständiger Kapitalmarkt vorliegt.[117]

Stiglitz untersucht das Irrelevanz-Theorem bei riskantem Fremdkapital in einem Mehrperiodenmodell.[118] Er konstatiert, dass die Fremdkapitalaufnahme durch Individuen in der Realität kein perfektes Substitut für die Verschuldung von Unternehmen darstellen kann. Hierfür nennt er vier Argumente: Zum einen müssen Individuen höhere Zinssätze als Unternehmen leisten. Zum anderen bestehen für Individuen Grenzen hinsichtlich des Kreditvolumens. Drittens sind in der Realität Transaktionskosten beobachtbar. Ein vierter Grund besteht darin, dass mit der Zinsabzugsfähigkeit des Fremdkapitals spezielle steuerliche Regelungen für

---

113   Vgl. Baron (1974), S. 177–178; Baron (1975), S. 1251.
114   Vgl. Hagen (1976), S. 202.
115   Dies entspricht der Annahme von Stiglitz (1969), S. 788.
116   Vgl. Hagen (1976), S. 203.
117   Vgl. Baron (1976), S. 208–209.
118   Vgl. Stiglitz (1974), S. 852–865.

Unternehmen existieren.[119] Des Weiteren spricht Stiglitz zufolge die Möglichkeit einer (kostenbehafteten) Insolvenz gegen die Gültigkeit des Irrelevanz-Theorems: Eine Insolvenz führt dazu, dass Fishers Theorem der Trennung von finanziellen und realen Entscheidungen zerbricht.[120] Das Irrelevanz-Theorem lässt sich demzufolge nur dann aufrechterhalten, wenn man von perfekt und kostenlos handelnden Finanzintermediären ausgeht.[121]

Fama/Miller argumentieren, dass nicht nur das Irrelevanz-Theorem bei ausfallgefährdetem Fremdkapital formuliert werden kann. Auch die Ergebnisse der Modigliani/Miller-Welt (1963) gelten bei riskantem Fremdkapital, wenn man – abgesehen von Gewinnsteuern – einen vollkommenen Kapitalmarkt unterstellt.[122] Die Vollkommenheit muss dabei implizieren, dass Individuen mit ausbeutungsoffenen Positionen durch Vorrangabreden geschützt werden, indem Kompensationszahlungen in den Kreditverträgen vereinbart werden.[123] Liegen keine Vorrangabreden vor, kann das Unternehmen Veränderungen in ihren Finanzierungsentscheidungen nutzen, um Zahlungen zwischen den Fremd- und Eigenkapitalgebern umzuverteilen. Diese Effekte können Individuen nicht zwangsläufig auf ihrer persönlichen Ebene neutralisieren.[124] Hiergegen wird in der Literatur bisweilen eingewendet, dass Vorrangabreden realer Kosten verursachen und nicht perfekt formuliert und umgesetzt werden können.[125]

Scott untersucht ein Mehrperiodenmodell mit risikoneutralen Investoren, vollkommenem Kapitalmarkt und Insolvenzrisiken. Von Insolvenzkosten wird abstrahiert. Er konstatiert, dass – auch ohne die Berücksichtigung von Steuern – die optimale Finanzierungsstrategie darin besteht, so viel besichertes Fremdkapital wie möglich zu begeben.[126] Gleichzeitig verweist er darauf, dass realiter nicht alle Fremdkapitalinstrumente durch Vorrangabreden geschützt sind: Zwar unterliegen Anleihen regelmäßig Negativklauseln;[127] das Vereinbaren von perfekten Vorrangabreden

---

119 Vgl. Stiglitz (1974), S. 861–862.
120 Vgl. Stiglitz (1974), S. 862; auch Rubinstein (1973b), S. 176, Fn. 17; Rudolph (2006), S. 41.
121 Vgl. Stiglitz (1974), S. 864. Mit dieser Annahme werden wiederum Insolvenzkosten ausgeschlossen. Vgl. Choi/Fabozzi/Yaari (1989), S. 131–132.
122 Vgl. Fama/Miller (1972), S. 150–157, S. 160–167 und S. 170–173.
123 Vgl. Fama/Miller (1972), S. 151–152 und S. 156–157; auch Scott (1977), S. 2; Fama (1978), S. 272 und S. 274–275; Chen/Kim (1979), S. 372–373; Choi/Fabozzi/Yaari (1989), S. 131–132.
124 Vgl. Fama (1978), S. 277.
125 Vgl. Jensen/Meckling (1976), S. 339–342; Myers (1977b), S. 149, Fn. 7; Drukarczyk (1981), S. 301–315; Choi/Fabozzi/Yaari (1989), S. 131; Drukarczyk (1993), S. 305. Galai/Masulis erachten perfekte Vorrangabreden als unrealistisch, da diese den Entscheidungsspielraum von Unternehmen beträchtlich einschränken. Vgl. Galai/Masulis (1976), S. 55.
126 Vgl. Scott (1977), S. 4–15.
127 Negativklauseln sind eine Form von Covenants. Vgl. Drukarczyk (1993), S. 328–336; Franke/Hax (2009), S. 547–550.

ist aber zeit- und kostenintensiv. Zudem sind Fremdkapitalinstrumente wie Lieferantenkredite regelmäßig nicht besichert.[128] Smith/Warner entgegnen, dass Scotts Ergebnis an die Annahme gebunden ist, dass die operativen Cashflows eines Unternehmens unabhängig von der Höhe des besicherten Fremdkapitalbestands sind.[129] Scott erwidert, dass es sich um Standardannahmen handelt und keine Inkonsistenz besteht.[130]

Fama ist der Meinung, dass die Annahme von Vorrangabreden nicht notwendig ist, um das Irrelevanz-Theorem auch bei Ausfallrisiko des Fremdkapitals aufrechterhalten zu können. Alternativ kann angenommen werden, dass Individuen und Unternehmen gleichen Kapitalmarktzugang besitzen oder dass Unternehmen nur Wertpapiere emittieren, für die es perfekte Substitute von anderen Unternehmen gibt.[131] Diese Annahmen werden in der Literatur allerdings als deckungsgleich mit der ursprünglichen Annahme von Risikoklassen, die Modigliani/Miller treffen, erachtet.[132]

Hellwig identifiziert zwei Bedingungen, unter denen das Irrelevanz-Theorem bei ausfallgefährdetem Fremdkapital aufrechterhalten werden kann: Dienen sowohl Wertpapiere von Individuen als auch von Unternehmen als kreditvertragliche Sicherheiten, bleibt dieses Modigliani/Miller-Theorem gültig. Können dagegen nur Wertpapiere von Unternehmen im Insolvenzfall als Sicherheit verwertet werden, hängt die Gültigkeit des Irrelevanz-Theorems davon ab, ob Leerverkäufe aller Wertpapiere zulässig sind.[133] Nach Hellwig sind beide Bedingungen als streng zu erachten. Dies gilt insbesondere dann, wenn man die in der Realität beobachtbaren Moral Hazard-Probleme – mit den damit verbundenen Transaktions- und Kontrollkosten – bei der Kreditvergabe berücksichtigt. Gleichzeitig verweist Hellwig darauf, dass die Bedingungen als erfüllt anzusehen sind, wenn vollkommene Kapitalmärkte vorliegen.[134]

---

128 Vgl. Scott (1977), S. 2–3.
129 Dies ist den Autoren zufolge aber inkonsistent mit der Annahme rationaler Individuen mit homogenen Erwartungen. Vgl. Smith/Warner (1979), S. 247–248.
130 Zudem hat gemäß Scott die Strategie maximaler Verschuldung mit besichertem Fremdkapital auch unter abgeänderten Annahmen Bestand. Vgl. Scott (1979), S. 253–258. Diese Entgegnung lehnen Smith/Warner wiederum ab. Vgl. Smith/Warner (1979), S. 247, Fn. 1.
131 Vgl. Fama (1978), S. 272; auch Chen/Kim (1979), S. 373–374; Drukarczyk (1993), S. 313–320. Wiederum wird von Insolvenzkosten abstrahiert. Vgl. Choi/Fabozzi/Yaari (1989), S. 131–132.
132 Vgl. Choi/Fabozzi/Yaari (1989), S. 131.
133 Vgl. Hellwig (1981), S. 156 und S. 159–166.
134 Vgl. Hellwig (1981), S. 156 und S. 166.

2.3 Modigliani/Miller-Modellwelt bei Insolvenzrisiko und -kosten

Die Modigliani/Miller-Modellwelt basiert auf der Annahme, dass ein vollkommener Kapitalmarkt vorliegt.[135] Fraglich bleibt, ob der Kapitalmarkt vollkommen sein kann, wenn Insolvenzkosten und -risiken berücksichtigt werden. Für die Beantwortung dieser Frage bietet sich eine Differenzierung zwischen der Möglichkeit einer Insolvenz ohne Insolvenzkosten und der Möglichkeit einer kostenbehafteten Insolvenz an.

In der Literatur herrscht weitgehend Einigkeit darüber, dass die Annahme eines vollkommenen Kapitalmarktes die Möglichkeit einer Insolvenz nicht ausschließt;[136] vielmehr spiegeln die Marktpreise der Wertpapiere das Insolvenzrisiko wider.[137] Nur eine Mindermeinung besteht darin, dass Insolvenzrisiken nicht mit einem vollkommenen Kapitalmarkt vereinbar sind.[138] Demgegenüber werden Insolvenzkosten einstimmig als Widerspruch zu der Annahme eines vollkommenen Kapitalmarktes erachtet.[139] Zwar beeinträchtigen Insolvenzkosten nicht zwangsläufig das Tobin-Separationstheorem;[140] dennoch wird das Irrelevanz-Theorem ungültig.[141] Dies bedeutet aber nicht, dass die neoklassische Kapitalmarkttheorie ungeeignet ist, um eine kostenbehaftete Insolvenz zu untersuchen. Auch Steuern stellen Kapitalmarktfriktionen dar und werden regelmäßig in Modellen der Neoklassik erfasst.[142] Analog hierzu existieren Modelle, die dem neoklassischen Paradigma folgen und kostenbehaftete Insolvenzen einbeziehen. Einige dieser Modelle werden im Folgenden dargestellt.

---

135 Vgl. Modigliani/Miller (1958), S. 267.
136 Vgl. etwa Higgins/Schall (1975), S. 93–94 und S. 96; Kim/McConnell/Greenwood (1977), S. 790; Franke (1981), S. 771–772; Yagil (1982), S. 445.
137 Vgl. Chen (1978), S. 871. Auch eine Differenz zwischen Leih- und Anlagezinsen impliziert nicht einen unvollkommenen Kapitalmarkt. Vgl. Stiglitz (1969), S. 791–792.
138 Aders/Wagner (2004), S. 40, sind der Auffassung, dass bereits die Möglichkeit einer Insolvenz mit den Annahmen des vollkommenen Kapitalmarktes unvereinbar ist. Ähnlich Gleißner (2010), S. 735; Gleißner (2013b), S. 714; Haugen/Senbet (1978), S. 384.
139 Vgl. etwa Gordon (1971), S. 354; Kraus/Litzenberger (1973), S. 911; Rubinstein (1973b), S. 168, Fn. 3; Higgins/Schall (1975), S. 93–96; Lee/Barker (1977), S. 1455; Haugen/Senbet (1978), S. 384; Franke (1981), S. 772; Yagil (1982), S. 445; Talmor/Haugen/Barnea (1985), S. 202; auch Van Horne (2002), S. 268; Franke/Hax (2009), S. 347.
140 Vgl. Lee/Barker (1977), S. 1459.
141 Vgl. Stiglitz (1969), S. 785, Fn. 4; auch Robichek/Myers (1965), S. 40–42; Kraus/Litzenberger (1973), S. 915. Bereits Haugen/Senbet (1978), S. 384, verweisen darauf, dass einige neoklassische Modelle Insolvenzkosten erfassen, obwohl diese eine Marktunvollkommenheit darstellen.
142 Vgl. etwa Rubinstein (1973b), S. 168, Fn. 3.

Kraus/Litzenberger untersuchen die Auswirkungen von Steuern sowie Insolvenzrisiken und -kosten im Rahmen eines einperiodigen Zeit-Zustands-Präferenz-Modells.[143] Konkret formalisieren sie die gegenläufigen Wirkungen einer zusätzlichen Fremdfinanzierung, die zu Steuervorteilen und Insolvenzkosten führt.[144] Der Wert des insolvenzgefährdeten Unternehmens ergibt sich dabei aus drei Komponenten:[145] Neben dem Wert des unverschuldeten Unternehmens und dem Wert der Steuervorteile muss der durch Insolvenzkosten ausgelöste negative Wertbeitrag berücksichtigt werden.[146]

Scott untersucht ein Mehrperiodenmodell mit risikoneutralen Investoren und Insolvenzkosten. Letztere resultieren daraus, dass die Vermögenswerte des Unternehmens auf unvollkommenen Sekundärmärkten verkauft werden.[147] Der Liquidationswert der Vermögenswerte im Insolvenzfall wird als intertemporal konstant erachtet. Scott gelangt zu dem Ergebnis, dass ein singuläres Fremdkapital-Optimum existiert.[148]

Kim entwickelt ein Modell zur Bewertung von Unternehmen mit ausfallgefährdetem Fremdkapital und Insolvenzkosten.[149] Bei der Bemessung des Risikos rekurriert er auf das CAPM. Die Insolvenzkosten kommen in Form von direkten Insolvenzkosten, indirekten Insolvenzkosten und dem Verlust von Steuervorteilen zum Tragen.[150] McDougall leitet unter Rückgriff auf das CAPM Bedingungen für eine optimale Kapitalstruktur unter Berücksichtigung von Steuervorteilen und Insolvenzkosten ab. Er schlussfolgert, dass das Optimum dann erreicht wird, wenn die marginalen Steuervorteile dem marginalen Anstieg der erwarteten Insolvenzkosten entsprechen.[151]

Drukarczyk entwickelt ein Modell, das auf das CAPM rekurriert und direkte Insolvenzkosten berücksichtigt.[152] Bei homogenen Erwartungen der Fremd- und

---

143 Vgl. Kraus/Litzenberger (1973), S. 912–918.
144 Die Berücksichtigung von Insolvenzkosten diskutieren bereits Robichek/Myers (1965), S. 20–42; Robichek/Myers (1966a), S. 15–16; Baxter (1967), S. 395; Hirshleifer (1970), S. 264.
145 Vgl. Kraus/Litzenberger (1973), S. 918.
146 Kruschwitz (1991), S. 179, und Kruschwitz/Husmann (2012), S. 425–427, konkretisieren das Modell von Kraus/Litzenberger (1973), indem sie deterministische Insolvenzkosten annehmen, die intertemporal konstant oder variabel sein können.
147 Vgl. Scott (1976), S. 35–36.
148 Vgl. Scott (1976), S. 42–50.
149 Vgl. Kim (1978), S. 49–52.
150 Vgl. Kim (1978), S. 47–48.
151 Vgl. McDougall (1980), S. 24–32; zu diesem Ergebnis gelangen auch Hong/Rappaport (1978), S. 8; Chen/Kim (1979), S. 376; Morris (1982), S. 286; Schnabel (1984), S. 116. Ähnliche Aussagen finden sich bereits bei Robichek/Myers (1965), S. 20. Auch Smith/Warner (1979), S. 247–248, weisen darauf hin, dass sich das Kapitalstrukturoptimum in Abhängigkeit von den relativen Höhen der Steuervorteile und Insolvenzkosten ergibt.
152 Vgl. Drukarczyk (1981), S. 296–305.

Eigenkapitalgeber werden auch Erstere nicht von Insolvenzrisiken überrascht. Sie drängen nur dann auf die Eröffnung einer Insolvenz, wenn die vertraglichen Fremdkapitalzinssätze nicht ausreichen, um sie für die Übernahme des Ausfallrisikos zu entlohnen.[153] Die Position der Kreditgeber verschlechtert sich nicht, wenn nur erwartete Zahlungsausfälle eintreten, für die sie in Form von Vorrangabreden eine Kompensationszahlung in den Kreditverträgen vereinbart haben. Letzteres ist jedoch mit Operationalisierungsproblemen und Kosten für die Vertragsgestaltung und -überwachung verbunden.[154] Liegen diese Kosten unter den erwarteten Insolvenzkosten, werden die Eigenkapitalgeber den Vorrangabreden zustimmen.[155] Insofern sind Insolvenzkosten bei gegebenem Investitionsprogramm und homogenen Erwartungen der Kapitalgeber entweder nicht zu rechtfertigen oder sie stehen im Widerspruch zu den Modellannahmen.[156] Drukarczyk resümiert, dass nachteilige Effekte für die Eigen- und Fremdkapitalgeber auf drei Wege vermieden werden können: durch den Verzicht auf Fremdkapital, durch die Formulierung eindeutiger und verwertbarer Vertragskautelen oder durch die Besicherung der Positionen durch die Fremdkapitalgeber.[157]

2.4 CAPM bei Insolvenzrisiko

Gemäß der normativen Portfoliotheorie lassen sich die Investoren bei der Wahl ihres Wertpapier-Portfolios vom Erwartungswert und der Varianz der Rendite des Portfolios leiten. Das hierauf basierende CAPM fußt auf der Annahme, dass sowohl Unternehmen als auch Individuen in unbegrenzter Höhe zu demselben risikolosen Zinssatz Geld aufnehmen oder anlegen können.[158] Diese Annahme erscheint rigide, wenn Insolvenzrisiken berücksichtigt werden:[159] Individuen sowie insolvenzgefährdete Unternehmen können keine Kredite zum risikolosen Zinssatz

---

153 Vgl. Drukarczyk (1981), S. 288 und S. 298–301. Einperiodenmodelle weisen das zusätzliche Problem auf, dass Fremdkapitalgeber nie auf eine Insolvenz drängen, da dies zu Insolvenzkosten führt, die sie selbst zu tragen haben. Vielmehr ist es für sie vorteilhaft, das Unternehmen (annahmegemäß) am Periodenende zu liquidieren, ohne eine Insolvenz anzumelden. Vgl. Drukarczyk (1981), S. 299.
154 Vgl. Drukarczyk (1981), S. 301, S. 304–305, S. 313 und S. 315.
155 Vgl. Drukarczyk (1981), S. 305.
156 Vgl. Drukarczyk (1981), S. 305.
157 Vgl. Drukarczyk (1981), S. 313.
158 Vgl. Treynor (1962), S. 15–17; Sharpe (1964), S. 431; Lintner (1965a), S. 17; Lintner (1965b), S. 588; Mossin (1966), S. 771 und S. 778.
159 Vgl. hierzu Stiglitz (1969), S. 784: „Presumably, one of the most important reasons individuals cannot borrow at the same rate as firms is that there is a higher probability of default."

aufnehmen.[160] Insofern werden Insolvenzrisiken implizit als vernachlässigbar erachtet.[161] Es stellt sich daher die Frage, inwiefern das CAPM Bestand hat, wenn eine risikolose Verschuldungsmöglichkeit nicht oder nur für einzelne Akteure existiert. Die Kompatibilität des CAPM mit Insolvenzrisiken steht im Fokus der nachfolgenden Ausführungen.[162]

In der Literatur wurden Erweiterungen des CAPM erarbeitet, die nicht an die Annahme einer risikolosen Verschuldungsmöglichkeit gebunden sind.[163] In diesen Modellen wird die risikolose Anlagemöglichkeit durch die Anlagemöglichkeit in das Portfolio Z ersetzt. Die Renditen dieses Portfolios entsprechen nicht dem risikolosen Zinssatz, weisen aber eine Kovarianz mit der Rendite des Marktportfolios in Höhe von Null auf.[164] Zwar verliert das Tobin-Separationstheorem bei dieser Variante seine Gültigkeit; der lineare Zusammenhang zwischen der Risikoprämie und dem systematischen Risiko bleibt aber erhalten.[165] Es resultiert das Zero-Beta-CAPM:[166]

$$E(\tilde{r}^j) = r^Z + \beta^j \cdot \left[E(\tilde{r}^M) - r^Z \right] \tag{2.1}$$

mit

$$\beta^j = \frac{Cov(\tilde{r}^j, \tilde{r}^M)}{Var(\tilde{r}^M)}. \tag{2.2}$$

---

160 Vgl. Haugen/Pappas (1971), S. 944, Fn. 2. Jonas weist darauf hin, dass die Annahme einer risikolosen Verschuldungsmöglichkeit gerade in Zeiten der Finanzmarktkrise unrealistisch erscheint. Er begründet dies mit dem sprunghaften Anstieg der Spanne zwischen dem Interbankenzinssatz und dem risikolosen Zinssatz im Jahr 2007. Vgl. Jonas (2014), S. 377.
161 Vgl. Hamada (1969), S. 14; Stiglitz (1969), S. 784.
162 Ein Problem, mit dem man bei der Anwendung des CAPM konfrontiert wird, besteht im Survivorship Bias: Dieser beschreibt den Umstand, dass historische Daten zu Gunsten überlebender Unternehmen verzerrt sind. Dieses anwendungsbezogene Problem soll hier nicht diskutiert werden. Vgl. hierzu Metz (2007), S. 219–220; Knabe (2012), S. 67–69, m.w.N.
163 Vgl. Vasicek (1971), S. 1–26; Brennan (1971), S. 1197–1204; Fama (1971), S. 44–49; Ross (1971), S. 30; Black (1972), S. 446–455; Jensen (1972), S. 375–380; Rubinstein (1973a), S. 65–66; Rubinstein (1973b), S. 168, Fn. 3; Sharpe (1973), S. 7–11; Turnbull (1977), S. 328–332.
164 Unter allen Portfolios mit einem Betafaktor in Höhe von Null ist das Portfolio Z dasjenige mit der kleinsten Varianz. Vgl. Brennan (1971), S. 1198; Black (1972), S. 450; Blume/Friend (1973), S. 20; Sharpe (1973), S. 10.
165 Vgl. Rudolph (1979), S. 1049–1050.
166 Vgl. Black (1972), S. 450–451; auch Jensen (1972), S. 376–377; Blume/Friend (1973), S. 20; Turnbull (1977), S. 331; Kim (1978), S. 50, Fn. 15; zusammenfassend Jonas (2014), S. 379–381.

Dabei symbolisiert $E(\tilde{r}^j)$ die erwartete Rendite des Wertpapiers j, r^Z die annahmegemäß deterministische Rendite des Portfolios Z, $E(\tilde{r}^M)$ die erwartete Rendite des Marktportfolios und β^j den Betafaktor des Wertpapiers j. Letzterer ergibt sich über die Kovarianz zwischen der Rendite des Wertpapiers und der Rendite des Marktportfolios $Cov(\tilde{r}^j, \tilde{r}^M)$ und über die Varianz der Rendite des Marktportfolios $Var(\tilde{r}^M)$.

Schneider ist kritisch gegenüber der Meinung, dass in dem Modell Insolvenzrisiken berücksichtigt werden.[167] Zudem verbleibt für die praktische Anwendung das Problem, dass die Existenz eines Portfolios Z nicht sichergestellt ist.[168] Bisweilen wird in der Literatur empfohlen, Interbankenzinssätze für diese Zwecke heranzuziehen.[169]

Zudem sind weitere Widersprüche zwischen den Prämissen des CAPM und der Annahme einer kostenbehafteten Insolvenz erkennbar: In Kapitel 1 wurde dargelegt, dass das Insolvenzrisiko auf mikro- oder makroökonomische Faktoren zurückgeführt werden kann. Dies ist nicht mit dem CAPM vereinbar: Weder taugt das CAPM dazu, die Reaktionen der Marktteilnehmer auf exogene Störungen zu beschreiben;[170] noch erlaubt die Prämisse homogener Erwartungen Fehleinschätzungen einzelner Akteure über künftige Umweltzustände.[171] Zwar ist Kim der Überzeugung, dass das CAPM hält, wenn man die Renditen der Wertpapiere und des Marktportfolios als Renditen nach Insolvenzkosten definiert.[172] Choi/Fabozzi/Yaari vertreten allerdings die konträre Auffassung, dass eine kostenbehaftete Insolvenz nur über das Marktportfolio Eingang in das CAPM finden kann. Letzteres impliziert, dass alle Investoren das Marktportfolio halten. Dies verhindert die Möglichkeit eines Eigentümerwechsels infolge einer Insolvenz. Die Autoren schlussfolgern, dass die Möglichkeit einer kostenbehafteten Insolvenz den Annahmen und Ergebnissen des CAPM widerspricht.[173]

2.5 Fazit

Die Ausführungen in Kapitel 2 verdeutlichen, dass ein arbitragefreier (und somit vollkommener) Kapitalmarkt mit Spanning-Eigenschaften unterstellt werden muss,

---

167 Dies begründet er damit, dass in dem Modell alle (und somit auch nicht handelbare) Zahlungsversprechen von den Marktteilnehmern akzeptiert werden. Vgl. Schneider (2009), S. 135–137.
168 Auf diese Schwierigkeit verweist bereits Sharpe (1973), S. 10: „Moreover, it is not directly identifiable and thus has no empirical counterpart, as do the market portfolio and the riskless asset."
169 Vgl. Hillier/Grinblatt/Titman (2012), S. 143; Jonas (2014), S. 382–383.
170 Vgl. Schneider (1995), S. 283–298; Hachmeister (1996), S. 269; Hachmeister (2000), S. 175.
171 Vgl. Hachmeister (2000), S. 175; ferner Ballwieser (1990), S. 175; Hering (2014), S. 214–215 und S. 235–236.
172 Vgl. Kim (1974), S. 100–104; auch Kim (1978), S. 50, Fn. 14. Vgl. auch Fn. 747.
173 Vgl. Choi/Fabozzi/Yaari (1989), S. 133, Fn. 3.

um eine kapitalmarktorientierte Unternehmensbewertung diskutieren zu können.[174] Dies impliziert, dass sich die Zahlungsströme des Unternehmens anhand gehandelter Wertpapiere duplizieren lassen. Wilhelm konnte zeigen, dass dies auch ohne die Annahme eines vollständigen Kapitalmarktes gelingen kann.[175] Es ist aber darauf hinzuweisen, dass in vollkommenen oder gar arbitragefreien Kapitalmärkten streng genommen kein Bewertungsproblem existiert: Diese Annahmen implizieren Kapitalmarktteilnehmer mit homogenen Erwartungen, wodurch das Bewertungsproblem schwindet.[176] Zudem sind Insolvenzen bei einem vollkommenen Kapitalmarkt mit gegebenen Investitionsprogrammen der Unternehmen und vollständigem Informationsstand der Kapitalmarktteilnehmer überflüssig: Es herrscht Einvernehmen darüber, ein Unternehmen zu liquidieren, wenn dies die beste Verwertungsmöglichkeit darstellt. Ist die Fortführung vorteilhaft, erfolgt eine zusätzliche Kapitalbeschaffung.[177]

Sieht man von diesen grundlegenden Einwänden ab, kann man festhalten, dass unter den genannten Kapitalmarktannahmen auch Insolvenzrisiken diskutiert werden können: Damit die Ergebnisse der beiden Modigliani/Miller-Modellwelten (1958) und (1963) bei ausfallgefährdetem Fremdkapital gültig bleiben, müssen entweder vollkommene oder vollständige Kapitalmärkte unterstellt werden.[178] Von Insolvenzkosten ist im Allgemeinen zu abstrahieren. Demgegenüber wird in der Literatur auch auf die neoklassische Kapitalmarkttheorie zurückgegriffen, wenn Insolvenzkosten explizit bei der Bewertung berücksichtigt werden sollen. Folgt man dieser Vorgehensweise, ist jedoch in besonderem Maße auf die theoretische Konsistenz des Bewertungsmodells zu achten. Vor diesem Hintergrund gilt es im Rahmen dieser Arbeit in den Abschnitten, in denen Insolvenzkosten explizit zugelassen werden, zu untersuchen, ob die Bewertungsergebnisse mit der Annahme der Arbitragefreiheit vereinbar sind.

Wird zur Bemessung der Kapitalkosten auf das CAPM rekurriert, ist (neben weiteren Annahmen) ein gleichgewichtiger Kapitalmarkt vorauszusetzen. Die Ausführungen haben verdeutlicht, dass die Verbindung des CAPM mit Insolvenzrisiken und -kosten mit Problemen behaftet ist. Dennoch soll dessen Verwendung – auch aufgrund seiner großen Bedeutung in der Bewertungspraxis – zunächst nicht aufgegeben werden. Zugleich soll der Rückgriff auf risikoneutrale Wahrscheinlichkeiten diskutiert werden. Um diese bestimmen zu können, werden zwar Kenntnisse über den Cashflow-Prozess vorausgesetzt; ein Rekurs auf das CAPM würde sich dann aber erübrigen.

---

174 Vgl. etwa Kruschwitz/Löffler (2006), S. 26–28; auch Gröger (2009), S. 51.
175 Vgl. Wilhelm (1983), S. 529 und S. 533, En. 45; ähnlich Gröger (2009), S. 38.
176 Hering (2014), S. 236, resümiert: „Die Annahme homogener Erwartungen ist so einschneidend, daß sie in letzter Konsequenz alle Investitions- und Finanzierungsprobleme wegdefiniert." Kritisch gegenüber der Annahme homogener Erwartungen ist auch Moxter (1970), S. 147–149.
177 Vgl. Schmidt/Terberger (2006), S. 264–265.
178 Laitenberger/Lodowicks (2005), S. 147–148, fassen zusammen, welche Anlageinstrumente gehandelt werden müssen, damit das Arbitrageargument von Modigliani/Miller gültig bleibt.

3. Diskontierung anormaler Cashflows

3.1 Cashflows mit negativem Erwartungswert

3.1.1 Literaturüberblick

In der Literatur wird darauf verwiesen, dass die Diskontierung von Cashflows insolvenzgefährdeter Unternehmen mit besonderen Problemen behaftet ist.[179] Man argumentiert, dass insolvenzgefährdete Unternehmen Cashflows mit „anormalen"[180] Eigenschaften aufweisen können: Regelmäßig nimmt der Erwartungswert der Cashflows negative Werte an oder er liegt in der Nähe von Null.[181] Gleichzeitig weisen die Cashflows eine hohe Unsicherheit auf.[182] Es stellt sich daher die Frage, ob in diesen Situationen besondere Unsicherheitsstrukturen vorliegen und wie sich diese in den Diskontierungszinssätzen niederschlagen müssen. Explizit man die Unsicherheit durch einen Rekurs auf das CAPM, ist der unternehmensbezogene Betafaktor von besonderer Bedeutung. Daher soll untersucht werden, ob die Bestimmung der Betafaktoren insolvenzgefährdeter Unternehmen mit Problemen behaftet ist.[183] Des Weiteren ist zu klären, wie das Insolvenzrisiko auf die Korrelationen der Zahlungsströme und Renditen des Unternehmens mit der Rendite des Marktportfolios wirkt.

In der Standardliteratur der Unternehmensbewertung steht die Diskontierung positiver Cashflows im Fokus. Im Folgenden werden die Besonderheiten der Diskontierung negativer Cashflows beleuchtet. Da der risikoadäquate Diskontierungszinssatz im Zentrum der Untersuchung steht, soll insbesondere auf die

---

179 Vgl. Spremann (2002), S. 318–319 und S. 345–348; Spremann (2004a), S. 255–260; Spremann (2006), S. 167–191; Spremann (2010), S. 205–206; Spremann (2011), S. 90–92; Spremann/Ernst (2011), S. 181–184; Meitner/Streitferdt (2011a), S. 8–11; Meitner/Streitferdt (2011b), S. 115–144; Meitner/Streitferdt (2014a), S. 145–146. Shaffer (2006), S. 73, erachtet DCF-Verfahren als ungeeignet, wenn es um insolvenzgefährdete Unternehmen geht: „Such a company is likely to exhibit negative earnings and zero dividends – a situation for which discounted cash flow (DCF) models are well known to yield invalid valuations."
180 Meitner/Streitferdt (2011b), S. 115. Ehrhardt/Daves (2000), S. 106, sprechen von „unusual, irregular, or extraordinary" Cashflows.
181 Vgl. Meitner/Streitferdt (2011a), S. 8; Meitner/Streitferdt (2011b), S. 115.
182 Vgl. Spremann (2006), S. 167, S. 170–172, S. 175–176 und S. 183–184; auch Lewellen (1977), S. 1332; Gallagher/Zumwalt (1991), S. 107; Ariel (1998), S. 27. Empirische Befunde, die diese These stützen, finden sich bei Campbell/Hilscher/Szilagyi (2008), S. 2922–2923. Vgl. kritisch zu dieser These Hartl (1990), S. 71.
183 Zu der mangelnden Verwendbarkeit historischer Betafaktoren von insolvenzgefährdeten Unternehmen vgl. Gilson/Hotchkiss/Ruback (2000), S. 51; Meitner/Streitferdt (2011b), S. 115; ferner Rappaport (1979), S. 102; Langenkämper (2000), S. 141; Ballwieser (2001b), Sp. 2089–2090.

Risikozuschlagsmethode und nur fallweise auf die Sicherheitsäquivalentmethode eingegangen werden. Unabhängig davon, ob die Risikoanpassung über Sicherheitsäquivalente oder Risikozuschläge erfolgt, ist bei der Bewertung unsicherer Cashflows das Ausmaß der Risikokorrektur zu bestimmen. Nur wenn man risikoneutrale Investoren unterstellt, erübrigt sich eine Risikokorrektur. Bei Risikoaversion oder Risikofreude der Investoren ist eine Risikoprämie im Nenner des Kalküls oder alternativ ein Abschlag oder Zuschlag im Zähler des Kalküls anzusetzen, um Unsicherheitsäquivalenz herzustellen.

Das Ausmaß der Risikokorrektur lässt sich anhand subjektiver oder marktorientierter Bewertungsansätze ableiten.[184] Im subjektiven Ansatz greift man auf die individuelle Risikonutzenfunktion des Investors zurück; die Stellung des Bewertungsobjekts im Portfolio der übrigen riskanten Positionen des Investors wird nicht betrachtet.[185] Als Referenzmodell dient im Allgemeinen die Bernoulli-Theorie, die eine gute axiomatische Fundierung aufweist.[186] Die Bestimmung einer Risikonutzenfunktion ist allerdings mit hohem Aufwand sowie mit Subjektivismen verbunden.[187] Im marktorientierten Ansatz bewertet man das risikobehaftete Wertpapier nicht isoliert, sondern im Kontext eines vollständig diversifizierten Investors. Als Referenzmodell wird regelmäßig das CAPM herangezogen. Darin sind ausschließlich systematische Risiken bewertungsrelevant; implizit werden risikoaverse Investoren unterstellt.[188]

Die Diskontierung negativer Cashflows wurde erstmals in den 1970er Jahren in der U.S.-amerikanischen Literatur diskutiert. Ausgangspunkt ist die These von Robichek/Myers, dass die Sicherheitsäquivalentmethode einen breiteren Anwendungsbereich als die Risikozuschlagsmethode aufweist, da letztere Annahmen über die Auflösung der Unsicherheit im Zeitverlauf voraussetzt.[189] Konstante

---

184 Vgl. Drukarczyk/Schüler (2009), S. 55; Obermaier (2004a), S. 207; Obermaier (2004b), S. 2761; Obermaier (2006), S. 1. Marktorientierte Ansätze erfordern bei der Anwendung ebenfalls Subjektivismen. Vgl. Ballwieser (1995), S. 17; Ballwieser (2001a), S. 22–24; Ballwieser (2002b), S. 738; Ballwieser/Coenenberg/Schultze (2002), Sp. 2419–2420.

185 Vgl. etwa Obermaier (2004a), S. 211–275; Obermaier (2004b), S. 2762; Obermaier (2006), S. 3–4 und S. 8–12; Drukarczyk/Schüler (2009), S. 35–55.

186 Vgl. etwa Schneeweiß (1991), S. 186–212; Drukarczyk/Schüler (2009), S. 55.

187 Vgl. Modigliani/Miller (1958), S. 264; Wagner/Jonas/Ballwieser/Tschöpel (2004), S. 891. Empirischen Untersuchungen zufolge werden die Axiome der Bernoulli-Theorie regelmäßig durchbrochen. Zudem sind Inkonsistenzen hinsichtlich der Präferenzbildung beobachtbar. Vgl. hierzu Allais (1953), S. 521–534; Ellsberg (1961), S. 669; Kahneman/Tversky (1979), S. 263–273.

188 Vgl. grundlegend Sharpe (1964), S. 428; Lintner (1965a), S. 16; auch Schneeweiß (1994), S. 169–173; Obermaier (2004a), S. 276–351; Obermaier (2004b), S. 2762; Obermaier (2006), S. 5 und S. 13–17; Drukarczyk/Schüler (2009), S. 55–76.

189 Vgl. Robichek/Myers (1966b), S. 728–729; Robichek/Myers (1968), S. 480; Ballwieser (1990), S. 167–177. Vgl. hierzu die Diskussion bei Schwetzler (2000a), S. 469–485; Kürsten (2002), S. 128–142; Schwetzler (2002), S. 145–157; Diedrich (2003), S. 281–285; Wiese (2003), S. 287–300; Kürsten (2003), S. 306–313; Bamberg/Dorfleitner/Krapp

Risikozuschläge führen demnach nur zu demselben Unternehmenswert, wenn die Unsicherheit mit einer konstanten Rate wächst.[190] In der Folge kann die Risikozuschlagsmethode zu widersprüchlichen Ergebnissen führen.[191] Beedles wirft ein, dass Robichek/Myers ihre Untersuchung auf unsichere Cashflows mit positivem Erwartungswert und positivem Sicherheitsäquivalent beschränken. Cashflows mit negativen Erwartungswerten oder einem Erwartungswert von Null werden dagegen nicht betrachtet. Er hält fest, dass die Diskontierung eines Cashflow mit einem Erwartungswert von Null problematisch ist und ein Cashflow mit einem positiven Erwartungswert ein negatives Sicherheitsäquivalent aufweisen kann. Das Sicherheitsäquivalent eines Cashflow mit negativem Erwartungswert liegt im subjektiven Kalkül tiefer im negativen Bereich als der Erwartungswert, wenn risikoaverse Investoren unterstellt werden.[192]

Auch Bar-Yosef/Mesznik weisen darauf hin, dass die von Robichek/Myers vorgeschlagene Sicherheitsäquivalentmethode im subjektiven Kalkül zu Problemen führen kann, wenn die hierfür benötigten Anwendungsbedingungen missachtet werden. Konkret müssen der stochastische Cashflow und dessen Sicherheitsäquivalent das gleiche Vorzeichen aufweisen, damit die Vorgehensweise von Robichek/Myers anwendbar bleibt.[193] Allerdings kann auch die Situation eintreten, dass der Erwartungswert und das Sicherheitsäquivalent einer Cashflow-Verteilung unterschiedliche Vorzeichen besitzen. Des Weiteren schlussfolgern die Autoren, dass für einen Cashflow, der mit dem Zinsfaktor $(1 + k_t)^t$ über eine gerade Anzahl an Perioden t diskontiert werden muss und dessen Sicherheitsäquivalent und Erwartungswert unterschiedliche Vorzeichen aufweisen, kein risikoadjustierter Diskontierungszinssatz k_t existiert. Letzterer ergibt sich über die Gleichung $k_t = r_f + z_t$ mit z_t als Risikozuschlag der Periode t. Zudem lässt sich unter diesen Annahmen kein durchschnittlicher einheitlicher Diskontierungszinssatz k für das Investitionsprojekt bestimmen.[194]

Schwab konstatiert, dass im subjektiven Kalkül mit risikoaversen Investoren unsichere Cashflows mit negativem Erwartungswert mit Zinssätzen diskontiert werden müssen, die unterhalb des risikolosen Zinssatzes liegen.[195] Im Mehrperiodenkontext können zusätzliche Probleme auftreten: Hintergrund ist, dass der

---

(2006), S. 288–289; Obermaier (2005), S. 25–50; Ballwieser/Hachmeister (2013), S. 79–86; Schosser/Grottke (2013), S. 307–330.

190 Vgl. Robichek/Myers (1966b), S. 728 und S. 730; Robichek/Myers (1968), S. 479; Ballwieser (1990), S. 167–177. Vgl. auch Bierman (1967), S. 47; kritisch hierzu Beedles/Joy (1982), S. 310.
191 Vgl. Robichek/Myers (1965), S. 80. Den Vorwurf Chens, dass Robichek/Myers die Risikozuschlagsmethode missverstehen, können Robichek/Myers entkräften. Vgl. Chen (1967), S. 313–318; Robichek/Myers (1968), S. 480–482.
192 Vgl. Beedles (1978), S. 174.
193 Vgl. Bar-Yosef/Mesznik (1977), S. 1729.
194 Vgl. Bar-Yosef/Mesznik (1977), S. 1734 und S. 1736; auch Gallagher/Zumwalt (1991), S. 111.
195 Vgl. Schwab (1978), S. 286 und S. 292.

Zinsfaktor $(1+k)^t$ stets positive Werte besitzt, wenn t eine gerade ganze Zahl darstellt. Dieses Ergebnis gilt unabhängig davon, welches Vorzeichen der Diskontierungszinssatz k aufweist. Negative Zinsfaktoren bei geradem ganzzahligem t können nur resultieren, wenn $1+k$ nicht auf reelle Zahlen begrenzt ist, sondern imaginäre Zahlen zugelassen werden. Der Diskontierungszinssatz k muss somit eine komplexe Zahl sein.[196]

Miles/Choi weisen darauf hin, dass die von Beedles empfohlene unterschiedliche Behandlung positiver und negativer Cashflows nur im subjektiven, nicht aber im marktorientierten Bewertungsansatz Bestand haben kann. Das Prinzip der Wertadditivität[197] sowie die Annahme arbitragefreier Kapitalmärkte gebieten, dass der Diskontierungszinssatz unabhängig vom Vorzeichen des Cashflow ist. Zudem folgern Miles/Choi, dass eine zunehmende Unsicherheit von negativen Cashflows in einem Markt mit risikoaversen Investoren zu steigenden Diskontierungszinssätzen führt.[198]

Lewellen bestätigt letzteres Ergebnis und führt dies darauf zurück, dass im Kapitalmarktkontext nicht die gesamte Unsicherheit der Cashflows, sondern ausschließlich deren systematische Komponente bewertungsrelevant ist.[199] Celec/Pettway weisen darauf hin, dass diese Einschätzung auf rigiden Annahmen basiert. Konkret unterstellt Lewellen eine negative Korrelation zwischen den Cashflows und der Rendite des Marktportfolios;[200] dagegen ist eine positive Korrelation mit sinkenden Diskontierungszinssätzen verbunden.[201] Einschränkend weisen Celec/Pettway darauf hin, dass diese Ergebnisse an die Gültigkeit des Kapitalmarktkalküls gebunden sind.[202]

Berry/Dyson bestätigen, dass bei risikoaversen Investoren im subjektiven Kalkül der Diskontierungszinssatz negativer Cashflows unter dem risikolosen Zinssatz liegt. Unterstellt man risikofreudige Investoren, kehren sich die Ergebnisse um. Im marktorientierten Kalkül hängt nach Ansicht der Autoren das Vorzeichen des

---

196 Vgl. Schwab (1978), S. 290; Everett/Schwab (1979), S. 63. Dabei wird nicht sachgerecht zwischen imaginären und komplexen Zahlen unterschieden. Vgl. Bar-Yosef/Mesznik (1977), S. 1733; auch Ballwieser/Leuthier (1986), S. 609–610; Spremann (2004a), S. 257, Fn. 2.
197 Vgl. grundlegend Schall (1972), S. 13, Fn. 7; Haley/Schall (1973), S. 190–195 und S. 210–214.
198 Vgl. Miles/Choi (1979), S. 1095–1098.
199 Vgl. Lewellen (1977), S. 1335–1336.
200 Lewellen spricht von einer positiven Korrelation zwischen den Kosten und der Rendite des Marktportfolios. Dies entspricht einer negativen Korrelation zwischen den Cashflows und der Rendite des Marktportfolios. Vgl. Berry/Dyson (1980), S. 433.
201 Vgl. Lewellen (1979), S. 1065.
202 Vgl. Celec/Pettway (1979), S. 1062–1063. Zudem erkennen die Autoren, dass Lewellens numerisches Beispiel den Sonderfall eines horizontalen Verlaufs der Wertpapierlinie impliziert. Vgl. Celec/Pettway (1979), S. 1061.

Risikozuschlags von der Korrelation der Cashflows mit der Rendite des Marktportfolios ab.[203]

Booth meint, dass ein Rückgriff auf das CAPM aufgrund dessen enger Anwendungsprämissen als Referenzmodell zur Untersuchung negativer Risikoprämien ungeeignet ist.[204] Stattdessen greift er auf ein Zeit-Zustands-Präferenz-Modell zurück. Vereinfachend wird davon ausgegangen, dass ausgehend von einem Umweltzustand in der Periode t nur jeweils zwei Umweltzustände in der Folgeperiode $t+1$ eintreten können. Diese lassen sich als positiver oder negativer Zustand hinsichtlich der Rendite des Marktportfolios interpretieren.[205] Anhand dieses Modells zeigt Booth, dass nicht die Korrelation der Cashflows mit der Rendite des Marktportfolios, sondern die Korrelation der Rendite des Investitionsprojekts mit der Rendite des Marktportfolios entscheidend ist.[206] Negative Risikozuschläge sind demnach in zwei Situationen anzusetzen: Erstens, wenn risikoaverse Investoren vorliegen und das Investitionsprojekt vorwiegend in positiven (negativen) Umweltzuständen niedrigere (höhere) Cashflows erzielt. Zweitens, wenn die Investoren risikofreudig sind und das Investitionsprojekt vorwiegend in negativen (positiven) Umweltzuständen niedrigere (höhere) Cashflows erzielt.[207] Im Kontext des CAPM, in dem risikoaverse Investoren unterstellt werden, kann nur der erste Fall relevant sein: Negative Risikozuschläge sind anzusetzen, wenn das Investitionsobjekt einen negativen Betafaktor aufweist.[208]

Dyson/Berry sprechen sich für einen Rekurs auf das CAPM aus, um die Diskontierung negativer Cashflows in einer einfachen Form diskutieren zu können.[209] Zudem argumentieren sie, dass ein Investitionsprojekt einen negativen Betafaktor besitzen kann, obwohl es im positiven Zustand höhere Cashflows erzielt als im negativen Zustand. Dies ist unter der Annahme, dass die Renditen des Marktportfolios in jedem Umweltzustand positiv sind, genau dann der Fall, wenn sowohl im positiven als auch im negativen Zustand negative Cashflows vorliegen, wobei der Cashflow im negativen Zustand tiefer im negativen Wertebereich liegt. Die Autoren schlussfolgern, dass die Risikoprämie und der Betafaktor das gleiche Vorzeichen aufweisen müssen.[210]

---

203 Vgl. Berry/Dyson (1980), S. 432–434. Zu diesem Ergebnis gelangen auch Celec/Pettway (1979), S. 1062–1063; Lewellen (1979), S. 1065; Kudla (1980), S. 240.
204 Vgl. Booth (1983), S. 147.
205 Ballwieser/Hachmeister (2013), S. 48, erachten die physische Umwelt, die Nachfrager, die Wettbewerber und die Regulierer als maßgebliche Komponenten der Umwelt.
206 Vgl. Booth (1982), S. 295; auch Ariel (1998), S. 19 und S. 26–27. Dies soll in Abschnitt 3.1.2 diskutiert werden.
207 Vgl. Booth (1983), S. 151.
208 Vgl. Booth (1983), S. 154.
209 Vgl. Dyson/Berry (1983), S. 157.
210 Vgl. Dyson/Berry (1983), S. 159.

Erachtet man das Marktportfolio als die Gesamtheit aller Investitionsprojekte des Gesamtmarkts, lassen sich auch einzelne Investitionsprojekte über das CAPM bewerten.[211] Ehrhardt/Daves sehen das zentrale Problem bei der Bewertung eines negativen Cashflow eines Investitionsprojekts i darin, dessen Betafaktor β_t^i zu bestimmen:[212]

$$\beta_t^i = \frac{Cov(\tilde{r}_t^i, \tilde{r}_t^M)}{Var(\tilde{r}_t^M)} = \frac{std(\tilde{r}_t^i) \cdot \rho(\tilde{r}_t^i, \tilde{r}_t^M)}{std(\tilde{r}_t^M)}. \quad (3.1)$$

Während $\tilde{r}_t^i$ die stochastische Rendite des Projekts i in Periode t kennzeichnet, symbolisiert $std(\cdot)$ die Standardabweichung und $\rho(\cdot)$ den Korrelationskoeffizienten.

Im deutschsprachigen Raum haben sich insbesondere Drukarczyk, Kruschwitz und Seicht mit der Diskontierung negativer Cashflows im subjektiven Ansatz auseinandergesetzt.[213] Schildbach zeigt anhand eines numerischen Beispiels, dass im subjektiven Ansatz positive Risikoprämien bei negativen Cashflows zu Ergebnissen führen, die sich nur bei Risikofreude, nicht aber bei Risikoaversion des Investors rechtfertigen lassen.[214] Unterstellt man Risikoaversion, sind für negative Cashflows stets negative Risikoprämien anzusetzen, um ökonomisch sinnvolle Ergebnisse zu erhalten.

Die Diskontierung negativer Cashflows im marktorientierten Kalkül wird in der deutschsprachigen Literatur erst in jüngeren Jahren diskutiert. Drukarczyk verweist als einer der ersten Autoren darauf, dass unterschiedliche Risikoprämien für Cashflows, die sich ausschließlich hinsichtlich ihres Vorzeichens unterscheiden, nur im subjektiven Kalkül Bestand haben.[215] Im marktorientierten Kalkül muss der Diskontierungszinssatz betragsmäßig gleicher Cashflows aus Arbitrageüberlegungen identisch sein. Wilhelm liefert den Beweis dafür, dass im marktorientierten Kalkül

---

211 Unternehmen setzen sich demnach aus einem oder mehreren Investitionsprojekt(en) zusammen. Einschränkend ist darauf hinzuweisen, dass einzelne Investitionsprojekte von Unternehmen im Allgemeinen nicht gehandelt werden und daher auch keinen Betafaktor besitzen.
212 Vgl. Ehrhardt/Daves (2000), S. 108. Aus theoretischer Sicht sind alle Cashflows, die ein unterschiedliches systematisches Risiko aufweisen, mit unterschiedlichen Kalkulationszinssätzen zu diskontieren. Vgl. etwa Fischer (1999b), S. 782–283.
213 Vgl. Drukarczyk (1996), S. 236–237; Kruschwitz (2001), S. 2409–2413; Seicht (2001), S. 21–22, S. 26 und S. 30–31; Seicht (2002), S. 117–119; Seicht (2003), S. 77–78; später auch Obermaier (2004a), S. 272–275; Seicht (2004a), S. 67–68; Seicht (2004b), S. 267–268; Obermaier (2006), S. 8–12; Drukarczyk/Schüler (2009), S. 72–73.
214 Vgl. Schildbach (2004), S. 168–169.
215 Vgl. Drukarczyk (1996), S. 237–238. Einen Hinweis darauf, dass die Ergebnisse lediglich im subjektiven Ansatz gültig sind, vermisst man bei Jonas (1999), S. 353, Fn. 17; Seicht (1999), S. 109–112; Kruschwitz (2001), S. 2409–2413; Seicht (2001), S. 20–31; Seicht (2002), S. 117–119; Seicht (2003), S. 78; Moser (2004), S. 42 und S. 56–58; Schildbach (2004), S. 165–171; Seicht (2004a), S. 66–69; Seicht (2004b), S. 267–271; Seicht (2006a), S. 23–24; Seicht (2006b), S. 120–126; IDW (2008), S. 79, Tz. 89. Vgl. zusammenfassend auch Altenburger (2012), S. 263.

die Entscheidung über das Vorzeichen der Risikoprämie nicht auf einer isolierten Betrachtung des Bewertungsobjektes basieren darf, sondern im Rahmen seiner Stellung im Portfolio aller Risikoallokationsmöglichkeiten getroffen werden muss.[216] Dieser Sichtweise schließen sich Obermaier, Schildbach und Drukarczyk/Schüler an.[217]

3.1.2 Würdigung

Anhand Gleichung (3.1) ist ersichtlich, dass nicht die Cashflows eines Investitionsprojekts, sondern dessen Renditen den Betafaktor determinieren. Während die Höhe des projektspezifischen Risikos sowohl durch $std(\tilde{r}_t^i)$ als auch durch $\rho(\tilde{r}_t^i, \tilde{r}_t^M)$ festgelegt wird, bestimmt sich das Vorzeichen des Betafaktors ausschließlich durch $\rho(\tilde{r}_t^i, \tilde{r}_t^M)$.[218] Unter der Annahme, dass die Rendite des Marktportfolios und der risikolose Zinssatz positiv sind, sollen zwei Projekte mit jeweils positiven Cashflows betrachtet werden, die sich hinsichtlich des Vorzeichens von $\rho(\tilde{r}_t^i, \tilde{r}_t^M)$ und somit hinsichtlich des Vorzeichens von β_t^i unterscheiden. Das Investitionsprojekt mit dem negativen Betafaktor weist eine negative Risikoprämie auf und besitzt infolgedessen einen höheren Wert als das Investitionsprojekt mit dem positiven Betafaktor.[219]

Es ist festzuhalten, dass ein einzelner Cashflow ein anderes Risikoprofil als die Cashflows des gesamten Investitionsprojekts aufweisen kann. In diesem Fall weichen die Betafaktoren des Investitionsprojekts und des einzelnen Cashflow voneinander ab. Um den Betafaktor des Cashflow zu bestimmen, muss auf eine modifizierte Gleichung zurückgegriffen werden, bei der $\tilde{V}_{t-1}^i\left(\widetilde{FCF}_t^i\right)$ den Wert des Free Cashflow des Projekts i in Periode $t-1$ kennzeichnet.[220] Mittels der definitorischen Gleichung[221]

---

216 Vgl. Wilhelm (2002), S. 11; Wilhelm (2005), S. 642–652.
217 Vgl. Obermaier (2004a), S. 348–351; Obermaier (2006), S. 13–17; Schildbach (2006), S. 291–293; Drukarczyk/Schüler (2009), S. 73–76; auch Kürsten (2008), S. 5; Dörschell/Franken/Schulte (2012), S. 387–390. Folgt man Schildbach, führen sowohl der marktorientierte als auch der subjektive Ansatz zu dem gleichen Vorzeichen der Risikoprämie, wenn man den Risikoverbund mit anderen Cashflows berücksichtigt. Vgl. hierzu Schildbach (2006), S. 293–295.
218 Dieses Ergebnis ist allgemeingültig, da stets $std(\cdot) \geq 0$ gilt.
219 Vgl. auch Ehrhardt/Daves (2000), S. 108–109.
220 Im Rahmen dieser Arbeit wird stets auf den Free Cashflow rekurriert, wenn der Begriff Cashflow ohne weitere Erläuterungen verwendet wird.
221 Vgl. Haley/Schall (1973), S. 141; Ehrhardt/Daves (2000), S. 112; Obermaier (2004a), S. 314.

$$\tilde{r}_t^i = \frac{\widetilde{FCF}_t^i}{\tilde{V}_{t-1}^i\left(\widetilde{FCF}_t^i\right)} - 1 \tag{3.2}$$

lässt sich Gleichung (3.1) folgendermaßen umformulieren:[222]

$$\beta_t^i = \frac{Cov\left(\frac{\widetilde{FCF}_t^i}{\tilde{V}_{t-1}^i\left(\widetilde{FCF}_t^i\right)} - 1,\, \tilde{r}_t^M\right)}{Var\left(\tilde{r}_t^M\right)} \tag{3.3}$$

bzw.

$$\beta_t^i = \frac{\frac{1}{\tilde{V}_{t-1}^i\left(\widetilde{FCF}_t^i\right)} \cdot Cov\left(\widetilde{FCF}_t^i,\, \tilde{r}_t^M\right)}{Var\left(\tilde{r}_t^M\right)} \tag{3.4}$$

und somit folgt:

$$\beta_t^i = \frac{std\left(\widetilde{FCF}_t^i\right) \cdot \rho\left(\widetilde{FCF}_t^i,\, \tilde{r}_t^M\right)}{\tilde{V}_{t-1}^i\left(\widetilde{FCF}_t^i\right) \cdot std\left(\tilde{r}_t^M\right)}. \tag{3.5}$$

Anhand dieser Gleichung lassen sich die Determinanten des Betafaktors untersuchen. Danach weisen β_t^i und $\rho\left(\widetilde{FCF}_t^i, \tilde{r}_t^M\right)$ nur dann das gleiche Vorzeichen auf, wenn $\tilde{V}_{t-1}^i\left(\widetilde{FCF}_t^i\right)$ positiv ist. Folglich kann das Vorzeichen von β_t^i nur in Abhängigkeit der Vorzeichen von $\rho\left(\widetilde{FCF}_t^i, \tilde{r}_t^M\right)$ und $\tilde{V}_{t-1}^i\left(\widetilde{FCF}_t^i\right)$ bestimmt werden. Konkret besitzt der Betafaktor ein positives Vorzeichen, wenn $\rho\left(\widetilde{FCF}_t^i, \tilde{r}_t^M\right)$ und $\tilde{V}_{t-1}^i\left(\widetilde{FCF}_t^i\right)$ das gleiche Vorzeichen aufweisen. Besitzen dagegen $\rho\left(\widetilde{FCF}_t^i, \tilde{r}_t^M\right)$ und $\tilde{V}_{t-1}^i\left(\widetilde{FCF}_t^i\right)$ unterschiedliche Vorzeichen, resultiert ein negativer Betafaktor. Es lässt sich festhalten, dass $\rho\left(\widetilde{FCF}_t^i, \tilde{r}_t^M\right)$ ein schlechter Indikator zur Bestimmung des Vorzeichens des Betafaktors ist; vielmehr muss auf die jeweilige Konstellation von $\rho\left(\widetilde{FCF}_t^i, \tilde{r}_t^M\right)$ und $\tilde{V}_{t-1}^i\left(\widetilde{FCF}_t^i\right)$ abgestellt werden. Dies ist gleichbedeutend damit, $\rho\left(\tilde{r}_t^i, \tilde{r}_t^M\right)$ als einzigen Indikator zur Bestimmung des Vorzeichens des Betafaktors β_t^i heranzuziehen.

---

222 Vgl. Ehrhardt/Daves (2000), S. 109 und S. 112–113. Der Term $\tilde{V}_{t-1}^i\left(\widetilde{FCF}_t^i\right)$ ist anzusetzen, da nicht die Renditen, sondern die Cashflows des Investitionsprojekts betrachtet werden.

Da $\tilde{V}_{t-1}^i\left(\widetilde{FCF}_t^i\right)$ im Allgemeinen nicht bekannt ist, bietet es sich an, Gleichung (3.5) unabhängig von $\tilde{V}_{t-1}^i\left(\widetilde{FCF}_t^i\right)$ zu formulieren. Durch Einsetzen der Gleichung[223]

$$\tilde{V}_{t-1}^i = \frac{E\left(\widetilde{FCF}_t^i\right) - \dfrac{E\left(\tilde{r}_t^M\right) - r_f}{Var\left(\tilde{r}_t^M\right)} \cdot Cov\left(\widetilde{FCF}_t^i, \tilde{r}_t^M\right)}{1 + r_f} \qquad (3.6)$$

in Gleichung (3.5) resultiert folgender Zusammenhang:[224]

$$\beta_t^i = \frac{std\left(\widetilde{FCF}_t^i\right) \cdot \rho\left(\widetilde{FCF}_t^i, \tilde{r}_t^M\right) \cdot \left(1 + r_f\right)}{E\left(\widetilde{FCF}_t^i\right) \cdot std\left(\tilde{r}_t^M\right) - std\left(\widetilde{FCF}_t^i\right) \cdot \rho\left(\widetilde{FCF}_t^i, \tilde{r}_t^M\right) \cdot \left[E\left(\tilde{r}_t^M\right) - r_f\right]}. \qquad (3.7)$$

Hierdurch lässt sich für jede Cashflow-Verteilung der jeweilige Betafaktor ermitteln. Letzterer ist jedoch nicht definiert, wenn der Nenner des Kalküls Null beträgt:[225]

$$E\left(\widetilde{FCF}_t^i\right) \cdot std\left(\tilde{r}_t^M\right) = std\left(\widetilde{FCF}_t^i\right) \cdot \rho\left(\widetilde{FCF}_t^i, \tilde{r}_t^M\right) \cdot \left[E\left(\tilde{r}_t^M\right) - r_f\right] \qquad (3.8)$$

bzw.

$$E\left(\widetilde{FCF}_t^i\right) = \frac{std\left(\widetilde{FCF}_t^i\right) \cdot \rho\left(\widetilde{FCF}_t^i, \tilde{r}_t^M\right) \cdot \left[E\left(\tilde{r}_t^M\right) - r_f\right]}{std\left(\tilde{r}_t^M\right)} \qquad (3.9)$$

bzw. über den Marktpreis des Risikos λ_t mit $\lambda_t = \left[E\left(\tilde{r}_t^M\right) - r_f\right] / Var\left(\tilde{r}_t^M\right)$:

$$E\left(\widetilde{FCF}_t^i\right) = \lambda_t \cdot Cov\left(\widetilde{FCF}_t^i, \tilde{r}_t^M\right). \qquad (3.10)$$

Anhand dieses Ergebnisses lässt sich eine zentrale These von Ehrhardt/Daves überprüfen: Sie behaupten, dass zwei Cashflow-Verteilungen mit identischen $std\left(\widetilde{FCF}_t^i\right)$ und $\rho\left(\widetilde{FCF}_t^i, \tilde{r}_t^M\right)$, aber unterschiedlichem Vorzeichen von $E\left(\widetilde{FCF}_t^i\right)$, verschiedene Betafaktoren aufweisen. Demnach besitzt ein Cashflow mit positivem

---

223 Vgl. Rubinstein (1973b), S. 169; Haley/Schall (1973), S. 149; Bogue/Roll (1974), S. 605–606.
224 Vgl. Ehrhardt/Daves (2000), S. 109 und S. 114.
225 Ehrhardt/Daves weisen auf diese Definitionslücke hin. Vgl. Ehrhardt/Daves (2000), S. 109, Fn. 4. Auf die Bedeutung dieser Definitionslücke wird in Abschnitt 3.2 ausführlich eingegangen.

Erwartungswert einen positiven Betafaktor, wenn $\rho\left(\widetilde{FCF}_t^i, \tilde{r}_t^M\right) > 0$ vorliegt.[226] Unter Berücksichtigung der Gleichungen (3.7) und (3.10) wird deutlich, dass diese Aussage nicht allgemeingültig ist; sie ist an die Bedingung $E\left(\widetilde{FCF}_t^i\right) > \lambda_t \cdot Cov\left(\widetilde{FCF}_t^i, \tilde{r}_t^M\right)$ gebunden. Ähnliches gilt für einen Cashflow mit negativem Erwartungswert, für den $\rho\left(\widetilde{FCF}_t^i, \tilde{r}_t^M\right) < 0$ vorliegt: Dieser Cashflow besitzt nur dann einen positiven Betafaktor, wenn zugleich die Bedingung $\left|E\left(\widetilde{FCF}_t^i\right)\right| > \lambda_t \cdot Cov\left(\widetilde{FCF}_t^i, \tilde{r}_t^M\right)$ erfüllt ist.

Eine weitere Frage besteht darin, wie sich eine Erhöhung der Unsicherheit auf den Diskontierungszinssatz auswirkt. Tabelle 2 bündelt die Auswirkungen einer Erhöhung von $std(\widetilde{FCF}_t^i)$. Die Ergebnisse sind vor dem Hintergrund der Portfoliotheorie intuitiv nachvollziehbar: Verhalten sich die Cashflows des Investitionsprojekts entgegen der Entwicklung der Rendite des Marktportfolios,[227] steigert dies den Wert für den diversifizierten Investor. Ist $\rho\left(\widetilde{FCF}_t^i, \tilde{r}_t^M\right) > 0$ gegeben, führt eine Erhöhung von $std\left(\widetilde{FCF}_t^i\right)$ stets zu einer Verringerung von $\tilde{V}_{t-1}^i\left(\widetilde{FCF}_t^i\right)$, also zu einem Wert, der tiefer im negativen Wertebereich liegt. Liegt dagegen $\rho\left(\widetilde{FCF}_t^i, \tilde{r}_t^M\right) < 0$ vor, führt eine Erhöhung von $std\left(\widetilde{FCF}_t^i\right)$ stets auch zu einer Erhöhung von $\tilde{V}_{t-1}^i\left(\widetilde{FCF}_t^i\right)$.[228]

Tabelle 2: Wirkungen einer erhöhten Cashflow-Unsicherheit auf den Betafaktor

Erhöhung von $std\left(\widetilde{FCF}_t^i\right)$	$\rho\left(\widetilde{FCF}_t^i, \tilde{r}_t^M\right) > 0$	$\rho\left(\widetilde{FCF}_t^i, \tilde{r}_t^M\right) < 0$
$E\left(\widetilde{FCF}_t^i\right) > 0$	Erhöhung des positiven β_t^i (β_t^i wird positiver)	Verringerung des negativen β_t^i (β_t^i wird negativer)
$E\left(\widetilde{FCF}_t^i\right) < 0$	Verringerung des negativen β_t^i (β_t^i wird negativer)	Erhöhung des positiven β_t^i (β_t^i wird positiver)

Kruschwitz bestätigt, dass die Bewertung negativer Cashflows im subjektiven Kalkül negative Risikoprämien erfordert, wenn risikoaverse Investoren vorliegen.[229] Er führt aus, dass „aus der Sicht risikoscheuer Kapitalanleger (...) das Sicherheitsäquivalent unsicherer Einzahlungen kleiner als ihr Erwartungswert, das Sicherheitsäquivalent unsicherer Auszahlungen dagegen größer als ihr

---

226 Vgl. Ehrhardt/Daves (2000), S. 109.
227 Dies bedeutet, dass im positiven Umweltzustand ein niedrigerer Cashflow realisiert wird als im negativen Umweltzustand, während die Rendite des Marktportfolios annahmegemäß im positiven Umweltzustand höher ist als im negativen Umweltzustand.
228 Vgl. Ehrhardt/Daves (2000), S. 110.
229 Vgl. Kruschwitz (2001), S. 2409–2413.

Erwartungswert"[230] sei. Diese Aussage ist wie folgt zu verstehen: Jeder Investor präferiert Cashflows, die über dem Erwartungswert der Cashflow-Verteilung liegen, gegenüber Cashflows, die unter dem Erwartungswert liegen. Ergo muss das Sicherheitsäquivalent eines risikoaversen Investors kleiner als der Erwartungswert der Verteilung sein.[231] Dies gilt unabhängig davon, ob Cashflows mit einem positiven oder negativen Erwartungswert vorliegen.

In der deutschsprachigen Literatur werden die Erkenntnisse der U.S.-amerikanischen Literatur nur teilweise aufgegriffen.[232] Insbesondere der marktorientierte Ansatz wird unzureichend diskutiert. Infolgedessen hat sich das Vorgehen bei Rückgriff auf den marktorientierten Ansatz in der Bewertungspraxis noch nicht etabliert. Dies zeigt sich etwa in der praxisnahen Literatur, in der noch immer fehlerhafte Aussagen zur Diskontierung negativer Cashflows propagiert werden. So sind regelmäßig die folgenden Vorgehensweisen vorzufinden: Die Risikoprämie positiver Cashflows wird unter Rückgriff auf das CAPM abgeleitet. Bezüglich der Diskontierung negativer Cashflows lassen sich drei Varianten beobachten. Zum einen werden sie regelmäßig mit dem risikolosen Zinssatz diskontiert.[233] Ein zweiter Weg besteht darin, den Diskontierungszinssatz der positiven Cashflows des Bewertungsobjekts zu modifizieren, indem das Vorzeichen der Risikoprämie umgekehrt wird.[234] Bei der dritten Variante werden die negativen Cashflows unreflektiert mit

---

230 Kruschwitz (2001), S. 2413. Die Verwendung von Beträgen wäre in den Gleichungen bei Kruschwitz (2001), S. 2410, angebracht, um potentielle Missverständnisse auszuräumen.
231 Bei einer unsicheren Cashflow-Verteilung mit negativem Erwartungswert muss bei Risikoaversion das Sicherheitsäquivalent tiefer im negativen Wertebereich liegen als der Erwartungswert.
232 Nur wenige Autoren betrachten negative Cashflows und gehen dabei sowohl auf den subjektiven als auch auf den marktorientierten Ansatz ein. Zu den Ausnahmen zählen Drukarczyk/Schüler (2009), S. 35–76; Obermaier (2004a), S. 205–351; Obermaier (2004b), S. 2761–2766; Obermaier (2006), S. 2–17; Wilhelm (2002), S. 1–11; Wilhelm (2005), S. 637–648.
233 Diese Vorgehensweise empfiehlt Priesing (2012), S. 212; ähnlich Moser (2004), S. 42 und S. 56–58; Ernst/Schneider/Thielen (2012), S. 165. Vgl. auch Erb/Engler/Prager (2006), S. 241–242; Wulff (2010), S. 113.
234 Diese Vorgehensweise ist nur im subjektiven Kalkül korrekt. Auf diesen Umstand wird in der Literatur meist nicht hingewiesen, sodass der Eindruck erweckt wird, dass diese Vorgehensweise allgemeingültig sei. Vgl. insbesondere die Ausführungen bei Seicht (1999), S. 109–112; Kruschwitz (2001), S. 2409–2413; Seicht (2001), S. 20–31; Seicht (2002), S. 117–119; Seicht (2003), S. 77–78; Moser (2004), S. 42 und S. 56–58; Schildbach (2004), S. 165–171; Seicht (2004a), S. 66–69; Seicht (2004b), S. 267–271; Erb/Engler/Prager (2006), S. 242–245; Seicht (2006a), S. 23–24; Seicht (2006b), S. 120–126. Erb/Engler/Prager (2006), S. 243–244, empfehlen, den Zinsfaktor eines negativen Cashflow folgendermaßen abzuleiten: Zunächst wird die absolute Risikoprämie eines betragsmäßig identischen positiven Cashflow ermittelt. Diese wird in einem zweiten Schritt vom Barwert des risikolos diskon-

demselben Zinssatz diskontiert, der auch bei positiven Cashflows des Bewertungsobjekts zum Einsatz kommt.[235]

Alle drei Varianten sind problembehaftet: Die erste Variante ist theorielos und somit abzulehnen. Unsichere Cashflows erfordern eine Risikokorrektur, um Unsicherheitsäquivalenz herzustellen.[236] Die zweite Vorgehensweise basiert auf der (aus dem subjektiven Ansatz stammenden) Begründung, dass sich das Vorzeichen der Risikoprämie bei negativen Cashflows umkehrt. Auch diese Vorgehensweise ist inkonsistent und aus theoretischer Perspektive abzulehnen: Sie bedeutet nichts anderes, als bei positiven Cashflows dem marktorientierten Ansatz und bei negativen Cashflows dem subjektiven Ansatz zu folgen. Somit werden innerhalb eines Kalküls zwei Modelle zur Explikation des Risikos vermengt, obwohl diese auf unterschiedlichen Prämissen basieren. Sachgerecht wäre stattdessen, sich entweder für den marktorientierten oder für den subjektiven Ansatz zu entscheiden und diesen sowohl für positive als auch für negative Cashflows anzuwenden. Die dritte Variante ist nur zulässig, wenn der Betafaktor des negativen Cashflow demjenigen des positiven Cashflow entspricht.

Es zeigt sich, dass in der Bewertungspraxis eine Unkenntnis über die Implikationen des marktorientierten Ansatzes vorherrscht. Da das CAPM in Theorie und Praxis das meist verwendete Referenzmodell zur Bemessung der Risikoprämie darstellt, ist dies problematisch. Umso überraschender ist, dass den Implikationen der Bewertung negativer Cashflows mittels des subjektiven Ansatzes in der Literatur eine höhere Aufmerksamkeit zuteilwird, obwohl dieser Ansatz kaum praktische Relevanz besitzt.

Des Weiteren wird in der Literatur regelmäßig konstatiert, dass negative Betafaktoren und somit negative Risikozuschläge auftreten, wenn sich die Cashflows des Investitionsprojekts gegenläufig zu den Renditen des Marktportfolios verhalten.[237]

---

tierten negativen Cashflows subtrahiert. Diese Vorgehensweise führt selbst im subjektiven Ansatz nur unter engen Annahmen hinsichtlich der Risikonutzenfunktion zu korrekten Ergebnissen.

235 Hinweise auf diese Vorgehensweise in praxi finden sich bei Seicht (1999), S. 109–112; Seicht (2001), S. 26–31; Seicht (2002), S. 117–119; Seicht (2003), S. 77–78; Seicht (2004a), S. 67–69; Seicht (2004b), S. 267–271; Erb/Engler/Prager (2006), S. 239–241; Seicht (2006a), S. 24–26; Seicht (2006b), S. 120–121; auch Altenburger (2012), S. 263.

236 Bei einem Rekurs auf das CAPM wäre eine Diskontierung mit dem risikolosen Zinssatz nur dann angemessen, wenn der Betafaktor oder die Marktrisikoprämie einen Wert in Höhe von Null aufweisen. Hiervon kann im Allgemeinen nicht ausgegangen werden.

237 Vgl. hierzu Banz/Miller (1978), S. 655–656: "Projects with flat payoffs across the states are low risk projects and have low implicit costs of capital. Those that are highly cyclical will be high risks with high costs of capital; those that are counter cyclical, like the fabled gold stocks, will have costs of capital even lower than those on riskless bonds."

Dies sei genau dann der Fall, wenn die Cashflows in negativen Umweltzuständen höhere Cashflows erzielen als in positiven Umweltzuständen.[238] Anhand eines numerischen Beispiels soll demonstriert werden, dass diese Aussage nur für positive Cashflows, nicht aber für negative Cashflows gilt. Tabelle 3 bündelt dessen Annahmen.[239]

Tabelle 3: Annahmen des numerischen Beispiels 1

r_f	5,00 %
FCF_0^M	100
p	0,7

Dabei symbolisiert $\widetilde{FCF}_t^M$ den Cashflow des Marktportfolios in Periode t. Mit p und $1-p$ kennzeichnet man die Eintrittswahrscheinlichkeiten des positiven respektive negativen Umweltzustands. Nachfolgend werden zehn verschiedene einperiodige Investitionsprojekte im Zusammenhang mit einer einperiodigen Investition in das Marktportfolio M untersucht. Die erwarteten Cashflows lassen sich Tabelle 4 und Tabelle 5 entnehmen. Unter diesen Annahmen resultieren über die Gleichungen[240]

$$E(\tilde{r}_1^M) = \frac{E(\widetilde{FCF}_1^M)}{FCF_0^M} - 1 \qquad (3.11)$$

und[241]

$$Var(\widetilde{FCF}_t^M) = E\left[\widetilde{FCF}_t^M - E(\widetilde{FCF}_t^M)\right]^2 \qquad (3.12)$$

---

238 Vgl. Booth (1982), S. 295; Booth (1983), S. 150–153; auch Hirshleifer (1970), S. 251. Hirshleifer (1970), S. 249, rekurriert auf den Wert der Umweltzustände; dieser reflektiert "an allowance for the futurity of the associated claims, as well as for their probability and scarcity."
239 Bei Booth (1983), S. 152–153, findet sich ein vergleichbares numerisches Beispiel. Dieses enthält jedoch Rechen- und Rundungsfehler. Vgl. auch Dyson/Berry (1983), S. 158.
240 Vgl. Haley/Schall (1973), S. 14 ; Ehrhardt/Daves (2000), S. 112; Obermaier (2004a), S. 314.
241 Vgl. etwa Haley/Schall (1973), S. 80; auch Obermaier (2004a), S. 318.

$Var\left(\widetilde{FCF}_1^M\right) = 336$ und $E\left(\tilde{r}_1^M\right) = 8\%$, wenn man unterstellt, dass $\widetilde{FCF}_t^M$ im positiven Umweltzustand 120 und im negativen Zustand 80 beträgt. Für $FCF_t^M = -80$ im positiven Zustand und $FCF_t^M = -120$ im negativen Zustand resultiert dagegen $E\left(\tilde{r}_1^M\right) = -192\%$; die $Var\left(\widetilde{FCF}_1^M\right)$ bleibt unbeeinflusst. Unter Verwendung von[242]

$$Cov\left(\widetilde{FCF}_t^i, \tilde{r}_t^M\right) = E\left[\left[\widetilde{FCF}_t^i - E\left(\widetilde{FCF}_t^i\right)\right] \cdot \left[\tilde{r}_t^M - E\left(\tilde{r}_t^M\right)\right]\right], \quad (3.13)$$

$$\tilde{V}_{t-1}^i\left(\widetilde{FCF}_t^i\right) = \frac{E\left(\widetilde{FCF}_t^i\right) - \lambda_t \cdot Cov(\widetilde{FCF}_t^i, \widetilde{FCF}_t^M)}{1 + r_f} \quad (3.14)$$

und – bei Rückgriff auf den Wert des Marktportfolios $\tilde{V}_{t-1}^M\left(\widetilde{FCF}_t^M\right)$ – von[243]

$$\beta_t^i = \frac{Cov(\widetilde{FCF}_t^i, \tilde{r}_t^M)}{Var\left(\tilde{r}_t^M\right) \cdot \tilde{V}_{t-1}^i\left(\widetilde{FCF}_t^i\right)} = \frac{Cov(\widetilde{FCF}_t^i, \widetilde{FCF}_t^M) \cdot \tilde{V}_{t-1}^M\left(\widetilde{FCF}_t^M\right)}{Var\left(\widetilde{FCF}_t^M\right) \cdot \tilde{V}_{t-1}^i\left(\widetilde{FCF}_t^i\right)} \quad (3.15)$$

lassen sich die Betafaktoren der Projekte ermitteln. Tabelle 4 und Tabelle 5 bündeln die jeweiligen Ergebnisse für $E_0(\widetilde{FCF}_1^i)$, $Cov(\widetilde{FCF}_1^i, \widetilde{FCF}_1^M)$, $V_0^i\left(\widetilde{FCF}_1^i\right)$ und β_1^i.[244]

Tabelle 4: Betafaktoren bei positiven Cashflows des Marktportfolios

	Zustände		$E(\widetilde{FCF}_1^i)$	$Cov(\widetilde{FCF}_1^i, \widetilde{FCF}_1^M)$	$V_0^i\left(\widetilde{FCF}_1^i\right)$	β_1^i
	positiv	negativ				
$\widetilde{FCF}_1^M$	120	80	108	336	102,8	1,00
$\widetilde{FCF}_1^1$	100	20	76	672	72,3	2,84
$\widetilde{FCF}_1^2$	50	50	50	0	47,6	0,00
$\widetilde{FCF}_1^3$	30	40	33	-84	31,4	-0,82
$\widetilde{FCF}_1^4$	20	-5	12,5	210	11,9	5,41
$\widetilde{FCF}_1^5$	5	-20	-2,5	210	-2,4	-26,79

---

242 Vgl. etwa Haley/Schall (1973), S. 85; auch Obermaier (2004a), S. 320.
243 Vgl. Booth (1982), S. 298; Booth (1983), S. 152.
244 Tabelle 4 und Tabelle 5 unterscheiden sich hinsichtlich der Vorzeichen der Cashflows des Marktportfolios.

	Zustände		$E(\widetilde{FCF_1}^i)$	$Cov(\widetilde{FCF_1}^i, \widetilde{FCF_1}^M)$	$V_0^i(\widetilde{FCF_1}^i)$	β_1^i
	positiv	negativ				
$\widetilde{FCF_1}^6$	-5	20	2,5	-210	2,4	-26,79
$\widetilde{FCF_1}^7$	-20	5	-12,5	-210	-11,9	5,41
$\widetilde{FCF_1}^8$	-30	-40	-33	84	-31,4	-0,82
$\widetilde{FCF_1}^9$	-50	-50	-50	0	-47,6	0,00
$\widetilde{FCF_1}^{10}$	-100	-20	-76	-672	-72,3	2,84

Tabelle 5: Betafaktoren bei negativen Cashflows des Marktportfolios

	Zustände		$E(\widetilde{FCF_1}^i)$	$Cov(\widetilde{FCF_1}^i, \widetilde{FCF_1}^M)$	$V_0^i(\widetilde{FCF_1}^i)$	β_1^i
	positiv	negativ				
$\widetilde{FCF_1}^M$	-80	-120	-92	336	-85,7	1,00
$\widetilde{FCF_1}^1$	100	20	76	672	76,1	-2,25
$\widetilde{FCF_1}^2$	50	50	50	0	47,6	0,00
$\widetilde{FCF_1}^3$	30	40	33	-84	31,0	0,69
$\widetilde{FCF_1}^4$	20	-5	12,5	210	13,1	-4,10
$\widetilde{FCF_1}^5$	5	-20	-2,5	210	-1,2	44,35
$\widetilde{FCF_1}^6$	-5	20	2,5	-210	1,2	44,35
$\widetilde{FCF_1}^7$	-20	5	-12,5	-210	-13,1	-4,10
$\widetilde{FCF_1}^8$	-30	-40	-33	84	-31,0	0,69
$\widetilde{FCF_1}^9$	-50	-50	-50	0	-47,6	0,00
$\widetilde{FCF_1}^{10}$	-100	-20	-76	-672	-76,1	-2,25

Wie erwartet, weist das Marktportfolio einen Betafaktor in Höhe von Eins auf. Investitionsprojekte, deren Cashflows zustandsunabhängig sind, besitzen einen Betafaktor von Null und sind mit dem risikolosen Zinssatz zu diskontieren. Das Vorzeichen des Betafaktors ist unabhängig vom Vorzeichen des erwarteten Cashflow. Zudem können $Cov(\widetilde{FCF}_t^i, \widetilde{FCF}_t^M)$ und β_t^i unterschiedliche Vorzeichen aufweisen. Stattdessen bestimmt sich das Vorzeichen des Betafaktors ausschließlich über $Cov(\tilde{r}_t^i, \tilde{r}_t^M)$, also über die Konstellation der Vorzeichen von $Cov(\widetilde{FCF}_t^i, \tilde{r}_t^M)$ und von $\tilde{V}_{t-1}^i(\widetilde{FCF}_t^i)$.

In der Literatur besteht die Meinung, dass Investitionsprojekte einen negativen Betafaktor aufweisen, wenn sie sich antizyklisch gegenüber dem Marktportfolio verhalten.[245] Dies lässt sich mithilfe der Investitionsprojekte $i = 10$ in Tabelle 4 und $i = 3$ in Tabelle 5 widerlegen: Diese Projekte generieren antizyklische Cashflows, besitzen aber positive Betafaktoren. Umgekehrt generieren die Investitionsprojekte $i = 8$ in Tabelle 4 und $i = 1$ in Tabelle 5 zyklische Cashflows, besitzen aber negative Betafaktoren. Zudem kann ein Investitionsprojekt, dessen Cashflows in den Umweltzuständen unterschiedliche Vorzeichen aufweisen, unabhängig davon, ob sich das Investitionsprojekt zyklisch oder antizyklisch zum Marktportfolio verhält, einen negativen oder positiven Betafaktor aufweisen. Hier sind die absoluten Ausprägungen der Cashflows sowie die Eintrittswahrscheinlichkeiten der Zustände zu betrachten.[246]

Die Ausführungen in Abschnitt 3.1.1 zeigen, dass insbesondere in der praxisnahen Bewertungsliteratur noch immer falsche Empfehlungen hinsichtlich der Diskontierung negativer Cashflows anzutreffen sind.[247] Die Tabelle 6 zu entnehmende systematische Übersicht soll Klarheit über die Diskontierung von Cashflows schaffen.

---

245 Vgl. hierzu Fn. 237 und Fn. 238. Diese Auffassung vertreten auch Dyson/Berry (1983), S. 158–159. Zudem ist das Fazit konsistent zu den numerischen Beispielen bei Obermaier (2004b), S. 2765–2766; Obermaier (2006), S. 15–17; Drukarczyk/Schüler (2009), S. 74.
246 Vgl. hierzu die Investitionsprojekte $i=4$ bis $i=7$ in Tabelle 4 und Tabelle 5.
247 Zu dieser Einschätzung gelangen auch Ehrhardt/Daves (2000), S. 106.

Tabelle 6: Vorzeichen der Risikoprämie[248]

	Subjektiver Ansatz		Marktorientierter Ansatz	
	Risikoaversion	Risikofreude	$\beta_t^i > 0$	$\beta_t^i < 0$
$E\left(\widetilde{FCF}_t^i\right) > 0$	$z_t^i > 0$	$z_t^i < 0$	$z_t^i > 0$	$z_t^i < 0$
$E\left(\widetilde{FCF}_t^i\right) < 0$	$z_t^i < 0$	$z_t^i > 0$	$z_t^i > 0$	$z_t^i < 0$

Weitgehend unkommentiert blieb in der Literatur bislang das von Bar-Yosef/Mesznik, Schwab und Gallagher/Zumwalt identifizierte Problem, dass ein Zinsfaktor $(1+k)^t$ unabhängig vom Vorzeichen des Diskontierungszinssatzes k stets positive Werte besitzt, wenn t eine gerade ganze Zahl darstellt. Dieses Problem kann auch bei der Sicherheitsäquivalentmethode auftreten: Wird ein Sicherheitsäquivalent über mehrere Perioden mit dem Zinsfaktor $(1+r_f)^t$ diskontiert, weist Letzterer bei gerader Periodenzahl t unabhängig vom Vorzeichen des risikolosen Zinssatzes r_f stets einen positiven Wert auf. Insofern ist bei einer Bewertung eines Cashflow über eine gerade Periodenzahl t die Risikozuschlagsmethode problembehaftet, wenn $k \leq -100\,\%$ vorliegt. Die Sicherheitsäquivalentmethode ist mit demselben Problem konfrontiert, wenn $r_f \leq -100\,\%$ gegeben ist. Letzterer Fall erscheint vernachlässigbar, da der risikolose Zinssatz r_f im Allgemeinen einen positiven Wert aufweist.[249]

3.2 Cashflows mit einem Erwartungswert in der Nähe von Null

3.2.1 Ansätze von Meitner/Streitferdt

3.2.1.1 Beta-Flip

Die Sicherheitsäquivalent- und die Risikozuschlagsmethode müssen bei konsistenter Anwendung zu demselben Ergebnis führen. In der Literatur wird darauf hingewiesen, dass dieses Postulat zu Problemen führen kann: Mitunter sind Risikoprämien „in kaum nachvollziehbaren Größenordnungen"[250] anzusetzen, um Ergebnisidentität mit der Sicherheitsäquivalentmethode herzustellen. Diese Probleme treten auf, wenn die Cashflows einen Erwartungswert in der Nähe von Null

---

248 Quelle: eigene Darstellung in Anlehnung an Obermaier (2004b), S. 2766; Obermaier (2006), S. 18. Die Darstellung bei Berry/Dyson (1980), S. 435, ist fehlerhaft. Vgl. hierzu Booth (1983), S. 153–154; Dyson/Berry (1983), S. 158.
249 Auch in der Theorie wird meist $r_f > 0$ unterstellt. Vgl. etwa Bar-Yosef/Mesznik (1977), S. 1733.
250 Schildbach (2004), S. 170.

und zugleich eine hohe Unsicherheit aufweisen.[251] Hierauf wird im vorliegenden Abschnitt 3.2 detailliert eingegangen. Um zusätzliche Komplexitäten von Finanzierungseffekten auszuschließen, werden rein eigenfinanzierte Unternehmen betrachtet. Infolgedessen soll nicht von insolvenzgefährdeten, sondern von notleidenden Unternehmen gesprochen werden.

Meitner/Streitferdt untersuchen in einer Welt ohne Steuern zwei Unternehmen j, die sich ausschließlich im Erwartungswert der Cashflows unterscheiden. Per Definition befindet sich das Unternehmen mit dem niedrigeren Cashflow in einer finanziellen Notlage. Das Auftreten negativer Eigenkapitalwerte wird nicht ausgeschlossen.[252] Die zu diskontierende Größe setzt sich aus dem Cashflow der Periode t zuzüglich des erwarteten Unternehmenswerts der Periode t zusammen. Diese aggregierte Größe $E\left(\widetilde{FCF}_t^j + \tilde{V}_t^j\right)$ wird im Folgenden als Wertposition bezeichnet.[253] Der Korrelationskoeffizient zwischen der Wertposition und der Rendite des Marktportfolios $\rho\left(\widetilde{FCF}_t^j + \tilde{V}_t^j, \tilde{r}_t^M\right)$ und die Standardabweichung der Wertposition $std\left(\widetilde{FCF}_t^j + \tilde{V}_t^j\right)$ seien für beide Unternehmen identisch. Insofern wird unabhängig vom finanziellen Zustand des Unternehmens eine einheitliche Kovarianz $Cov\left(\widetilde{FCF}_t^j + \tilde{V}_t^j, \tilde{r}_t^M\right)$ angenommen.[254] Da auf das CAPM rekurriert wird, stehen die $Cov\left(\widetilde{FCF}_t^j + \tilde{V}_t^j, \tilde{r}_t^M\right)$ und die $Cov\left(\tilde{r}_t^j, \tilde{r}_t^M\right)$ im Fokus. Für diese Maße gelten folgende Zusammenhänge:[255]

$$Cov\left(\widetilde{FCF}_t^j + \tilde{V}_t^j, \tilde{r}_t^M\right) = std\left(\widetilde{FCF}_t^j + \tilde{V}_t^j\right) \cdot std\left(\tilde{r}_t^M\right) \cdot \rho\left(\widetilde{FCF}_t^j + \tilde{V}_t^j, \tilde{r}_t^M\right) \tag{3.16}$$

und

$$Cov\left(\tilde{r}_t^j, \tilde{r}_t^M\right) = std\left(\tilde{r}_t^j\right) \cdot std\left(\tilde{r}_t^M\right) \cdot \rho\left(\tilde{r}_t^j, \tilde{r}_t^M\right). \tag{3.17}$$

---

251 Vgl. Schwab (1978), S. 290–292; Everett/Schwab (1979), S. 63; Berry/Dyson (1980), S. 430–431; Gallagher/Zumwalt (1991), S. 109–113; Schildbach (2004), S. 166 und S. 170–171.
252 Vgl. Meitner/Streitferdt (2011b), S. 115; Meitner/Streitferdt (2014a), S. 157–158.
253 Vgl. Meitner/Streitferdt (2011b), S. 118, S. 127–128, S. 130–131 und S. 134.
254 Vgl. Meitner/Streitferdt (2011b), S. 129; Meitner/Streitferdt (2014a), S. 157.
255 Vgl. etwa Drukarczyk (1993), S. 227; Schmidt/Terberger (2006), S. 321.

Für die Beziehung zwischen $Cov\left(\widetilde{FCF}_t^j + \tilde{V}_t^j, \tilde{r}_t^M\right)$ und $Cov\left(\tilde{r}_t^j, \tilde{r}_t^M\right)$ gilt:[256]

$$Cov\left(\widetilde{FCF}_t^j + \tilde{V}_t^j, \tilde{r}_t^M\right) = V_{t-1}^j \cdot Cov\left(\tilde{r}_t^j, \tilde{r}_t^M\right). \tag{3.18}$$

Setzt man die über das CAPM formulierte Beziehung der Risikozuschlagsmethode[257]

$$V_{t-1}^j = \frac{E\left(\widetilde{FCF}_t^j + \tilde{V}_t^j\right)}{1 + r_f + \lambda_t \cdot Cov\left(\tilde{r}_t^j, \tilde{r}_t^M\right)} \tag{3.19}$$

in Gleichung (3.18) ein, resultiert der folgende Zusammenhang:[258]

$$Cov\left(\widetilde{FCF}_t^j + \tilde{V}_t^j, \tilde{r}_t^M\right) = \frac{E\left(\widetilde{FCF}_t^j + \tilde{V}_t^j\right)}{1 + r_f + \lambda_t \cdot Cov\left(\tilde{r}_t^j, \tilde{r}_t^M\right)} \cdot Cov\left(\tilde{r}_t^j, \tilde{r}_t^M\right) \tag{3.20}$$

mit

$$1 + r_f + \lambda_t \cdot Cov\left(\tilde{r}_t^j, \tilde{r}_t^M\right) \neq 0. \tag{3.21}$$

Verwendet man hingegen die CAPM-basierte Sicherheitsäquivalentmethode[259]

$$V_{t-1}^j = \frac{E\left(\widetilde{FCF}_t^j + \tilde{V}_t^j\right) - \lambda_t \cdot Cov\left(\widetilde{FCF}_t^j + \tilde{V}_t^j, \tilde{r}_t^M\right)}{1 + r_f} \tag{3.22}$$

und setzt man Gleichung (3.22) in Gleichung (3.18) ein, resultiert die Beziehung:[260]

$$Cov\left(\tilde{r}_t^j, \tilde{r}_t^M\right) = \frac{(1 + r_f) \cdot Cov\left(\widetilde{FCF}_t^j + \tilde{V}_t^j, \tilde{r}_t^M\right)}{E\left(\widetilde{FCF}_t^j + \tilde{V}_t^j\right) - \lambda_t \cdot Cov\left(\widetilde{FCF}_t^j + \tilde{V}_t^j, \tilde{r}_t^M\right)} \tag{3.23}$$

---

256 V_{t-1}^j wird hier – ausgehend vom Zeitpunkt *t* – als deterministisch unterstellt. Zu dieser Notation vgl. auch Fischer (1999a), S. 35–36; Fischer (1999b), S. 798; Fischer/Mandl (2000), S. 464.
257 Vgl. grundlegend Fama (1977), S. 7–14; auch Drukarczyk/Schüler (2009), S. 57.
258 Vgl. Meitner/Streitferdt (2011b), S. 126; auch Meitner/Streitferdt (2014a), S. 162.
259 Vgl. Rubinstein (1973b), S. 169; Haley/Schall (1973), S. 149; Bogue/Roll (1974), S. 605–606.
260 Vgl. auch Meitner/Streitferdt (2011b), S. 126; Meitner/Streitferdt (2014a), S. 172.

mit

$$E\left(\widetilde{FCF}_t^{\,j} + \tilde{V}_t^{\,j}\right) - \lambda_t \cdot Cov\left(\widetilde{FCF}_t^{\,j} + \tilde{V}_t^{\,j}, \tilde{r}_t^{\,M}\right) \neq 0. \tag{3.24}$$

Die Annahme der Autoren besteht darin, dass das notleidende und das finanziell gesunde Unternehmen Cashflows $\widetilde{FCF}_t^{\,Not}$ respektive $\widetilde{FCF}_t^{\,Ges}$ aufweisen, die das gleiche Risikoprofil hinsichtlich der Standardabweichung und des Korrelationskoeffizienten mit der Rendite des Marktportfolios besitzen. Für beide Unternehmen soll die Kovarianz der Wertposition mit der Rendite des Marktportfolios identisch sein:[261]

$$Cov\left(\widetilde{FCF}_t^{\,Ges} + \tilde{V}_t^{\,Ges}, \tilde{r}_t^{\,M}\right) = Cov\left(\widetilde{FCF}_t^{\,Not} + \tilde{V}_t^{\,Not}, \tilde{r}_t^{\,M}\right). \tag{3.25}$$

Mit diesen Prämissen lässt sich der Betafaktor des notleidenden Unternehmens β_t^{Not} in Abhängigkeit von der Wertposition $E\left(\widetilde{FCF}_t^{\,j} + \tilde{V}_t^{\,j}\right)$ ermitteln. Dies soll anhand eines numerischen Beispiels aufgezeigt werden. Tabelle 7 bündelt dessen Annahmen.

Tabelle 7: Annahmen des numerischen Beispiels 2

r_f	4 %
$E(\tilde{r}^M)$	8 %
$std(\tilde{r}^M)$	25 %
β^{Ges}	1,5
$E\left(\widetilde{FCF}^{\,Ges} + \tilde{V}^{Ges}\right)$	8

Es resultieren $\lambda=0{,}64$ und $Cov(\tilde{r}^{Ges}, \tilde{r}^M) = 0{,}09375$. Die $Cov\left(\widetilde{FCF}^{\,j} + \tilde{V}^{\,j}, \tilde{r}^M\right)$ ist von der finanziellen Situation annahmegemäß unbeeinflusst. Gemäß Gleichung (3.20) gilt $Cov\left(\widetilde{FCF}^{\,j} + \tilde{V}^{\,j}, \tilde{r}^M\right) = 0{,}6818$. Unter Verwendung von Gleichung (3.23) lässt sich für beliebige Wertpositionen $E\left(\widetilde{FCF}^{\,Not} + \tilde{V}^{Not}\right)$ die $Cov(\tilde{r}^{Not}, \tilde{r}^M)$ ermitteln. Mithilfe dieser Angaben kann man β^{Not} und r^{Not} berechnen. Es lässt sich zeigen, dass die Risikozuschlagsmethode nach Gleichung (3.19) und die Sicherheitsäquivalentmethode nach Gleichung (3.22) zu demselben Unternehmenswert führen.

---

261 Vgl. Meitner/Streitferdt (2014a), S. 157; auch Meitner/Streitferdt (2011b), S. 129.

Abbildung 1: Sprungstelle des Diskontierungszinssatzes in Beispiel 2[262].

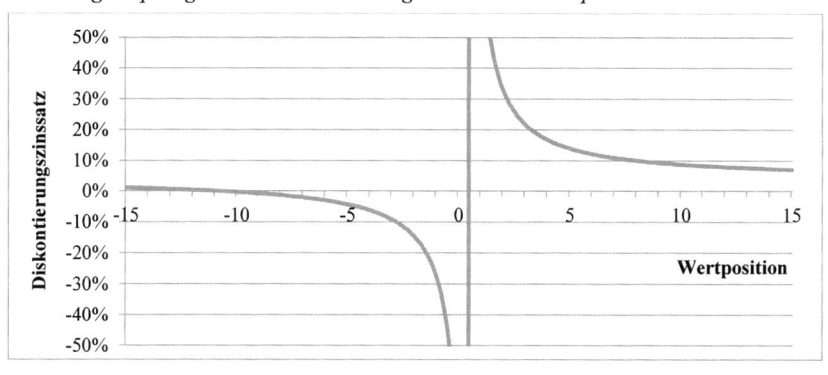

Abbildung 1 zeigt das Ergebnis des numerischen Beispiels. Danach weist die Funktion des Diskontierungszinssatzes eine Sprungstelle auf. Diese Eigenschaft bezeichnen Meitner/Streitferdt als Beta-Flip.[263] Als Auslöser dieser Diskontinuität kommen die Definitionslücken in Betracht, die in den Gleichungen (3.21) und (3.24) zum Ausdruck kommen. Die Gleichung $1 + r_f + \lambda \cdot Cov(\tilde{r}^j, \tilde{r}^M) = 0$ stellt gemäß Gleichung (3.20) die Definitionslücke bei Anwendung der Risikozuschlagsmethode dar. Sie liegt vor, wenn $E(\widetilde{FCF}^j + \tilde{V}^j) = 0$ gilt.[264] Folglich kann an dieser Stelle aus rechentechnischen Gründen die Risikozuschlagsmethode nicht angewendet werden; allerdings handelt es sich hierbei um eine stetig behebbare Definitionslücke: Der Betafaktor lässt sich anhand einer Grenzwertbetrachtung der Definitionslücke approximieren. Alternativ kann man auf die CAPM-basierte Sicherheitsäquivalentmethode zurückgreifen: Sie weist an der Stelle $E(\widetilde{FCF}^j + \tilde{V}^j) = 0$ keine Definitionslücke auf.

Die Sicherheitsäquivalentmethode besitzt gemäß Gleichung (3.23) an der Stelle $E(\widetilde{FCF}^j + \tilde{V}^j) = \lambda \cdot Cov(\widetilde{FCF}^j + \tilde{V}^j, \tilde{r}^M)$ eine Definitionslücke. Eine Grenzwertbetrachtung zeigt, dass diese Lücke nicht stetig behebbar ist; vielmehr liegt eine Polstelle vor: Während $\rho(\widetilde{FCF}^j + \tilde{V}^j, \tilde{r}^M)$ und β_j bei Annäherung von der linken

---

262 Quelle: eigene Darstellung. Meitner/Streitferdt zeigen das Ergebnis anhand des Betafaktors. Vgl. Meitner/Streitferdt (2011b), S. 130; Meitner/Streitferdt (2014a), S. 158.
263 Vgl. Meitner/Streitferdt (2011b), S. 131 und S. 134; Meitner/Streitferdt (2014a), S. 159. Ursächlich für diese Polstelle ist der Vorzeichenwechsel von $\rho(\widetilde{FCF}^j + \tilde{V}_t^j, \tilde{r}^M)$. Ein vager Hinweis auf dieses Problem findet sich auch bei Wulff (2010), S. 111.
264 Für eine Herleitung vgl. Abschnitt 3.2.5.3. Die Aussage bei Meitner/Streitferdt (2011b), S. 129, dass $1 + r_f = \lambda \cdot Cov(\tilde{r}^j, \tilde{r}^M)$ gilt, wenn $E(\widetilde{FCF}_t^j + \tilde{V}_t^j) = 0$ vorliegt, ist falsch.

Seite gegen $-\infty$ gehen, streben $\rho\left(\widetilde{FCF}^j + \tilde{V}^j, \tilde{r}^M\right)$ und β_j bei einer Annäherung von der rechten Seite gegen $+\infty$. Bei Anwendung der Risikozuschlagsmethode gemäß Gleichung (3.22) nimmt der Unternehmenswert an dieser Stelle den Wert Null an.

3.2.1.2 Distress-Related Leverage

Neben dem in Abschnitt 3.2.1.1 dargestellten Ansatz schlagen Meitner/Streitferdt eine zweite Vorgehensweise zur Bewertung notleidender Unternehmen vor. Aus Vereinfachungsgründen wird ausschließlich der Cashflow einer Periode $\widetilde{FCF}_t^j$, nicht aber der Wert der Cashflows aller nachfolgenden Perioden betrachtet. Die Autoren unterstellen, dass sich die Position des Investors des notleidenden Unternehmens nachbilden lässt. Dies ist der Fall, wenn der Investor des gesunden Unternehmens zusätzlich eine Zahlungsverpflichtung aus einer risikolosen Verschuldung aufweist, wobei diese hinsichtlich Höhe und Zeitpunkt der Zahlung mit der Differenz der Zahlungsströme des gesunden und des notleidenden Unternehmens übereinstimmt. Die erwarteten Cashflows des notleidenden und des gesunden Unternehmens unterscheiden sich um $E\left(\widetilde{FCF}_t^{Dif}\right)$, wobei $Cov\left(\widetilde{FCF}_t^{Dif}, \tilde{r}_t^M\right) = 0$ gelten soll.[265] Folglich gilt analog Abschnitt 3.2.1.1 wiederum die aus Gleichung (3.25) bekannte Bedingung:

$$Cov\left(\widetilde{FCF}_t^{Ges}, \tilde{r}_t^M\right) = Cov\left(\widetilde{FCF}_t^{Not}, \tilde{r}_t^M\right). \tag{3.26}$$

Sind die Kapitalkosten des gesunden Unternehmens bekannt, können diejenigen des notleidenden Unternehmens mithilfe der folgenden Gleichungen bestimmt werden. Dabei werden die Kapitalkosten vereinfachend als deterministisch angenommen:[266]

$$r_t^{Not} = r_t^{Ges} + \left(r_t^{Ges} - r_f\right) \cdot \frac{\tilde{V}_{t-1}^{Dif}}{\tilde{V}_{t-1}^{Not}} \tag{3.27}$$

mit

$$\tilde{V}_t^{Dif} = \frac{E\left(\widetilde{FCF}_{t+1}^{Ges}\right) - E\left(\widetilde{FCF}_{t+1}^{Not}\right)}{1 + r_f} \tag{3.28}$$

---

265 Vgl. Meitner/Streitferdt (2014a), S. 151. Vgl. auch die Aussage von Schwab (1978), S. 283: „If disaggregation of cash flows into various independent components is a valid procedure, we can always think of disaggregating any cash flow into two components: a riskless flow, and a remaining risky flow." Ähnlich Schwab (1978), S. 286.

266 Für eine Herleitung dieses Zusammenhangs siehe Anhang 3. Meitner/Streitferdt (2011a), S. 10, und Meitner/Streitferdt (2014a), S. 150, bezeichnen ihn als „Distress-Related Leverage".

und

$$\tilde{V}_t^{Not} = \frac{E\left(\widetilde{FCF}_{t+1}^{Not}\right)}{1+r_t^{Not}}. \tag{3.29}$$

Über diese Gleichung lassen sich erhöhte Kapitalkosten für notleidende Unternehmen erklären. Meitner/Streitferdt sehen den Grund für die höheren Kapitalkosten des notleidenden Unternehmens darin, dass die Unsicherheit beider Cashflows zwar identisch ist, jedoch pro Cashflow-Einheit beim notleidenden Unternehmen höher liegt, da sie sich hier auf einen niedrigeren Cashflow verteilt.[267] Alternativ kann man den Wert des notleidenden Unternehmens über die folgende Gleichung ermitteln:[268]

$$\tilde{V}_t^{Not} = \tilde{V}_t^{Ges} - \tilde{V}_t^{Dif}. \tag{3.30}$$

3.2.2 Ansätze von Spremann

3.2.2.1 Diskontierungs-Heuristik

Auch Spremann vertritt die Ansicht, dass Unternehmen mit Cashflows, die einen niedrigen oder negativen Erwartungswert besitzen und gleichzeitig eine hohe Streuung aufweisen, Probleme bei der Diskontierung bereiten.[269] Neben der Modellierung der Cashflows anhand eines Binomialmodells konkretisiert er den Zusammenhang zwischen der Cashflow-Entwicklung und der Entwicklung des Marktportfolios.[270] Im Folgenden sollen die Ansätze von Spremann vorgestellt und diskutiert werden.

Folgt man Spremann, lässt sich ein in der Periode t anfallender Cashflow $\widetilde{FCF}_t^j$ wie folgt replizieren:[271] Zunächst wird der Barwert V_0^j für $t{-}1$ Perioden zum risikolosen Zinssatz angelegt. Den resultierenden Betrag legt man für eine Periode mit dem Teilbetrag a zum risikolosen Zinssatz r_f und mit dem Teilbetrag b im

---

267 Vgl. Meitner/Streitferdt (2011a), S. 10.
268 Vgl. Meitner/Streitferdt (2014a), S. 152.
269 Vgl. Spremann (2002), S. 318–319; Spremann (2004a), S. 122 und S. 256–259; Spremann (2006), S. 167; Spremann/Ernst (2011), S. 181. „Bei den Unternehmen im Distress (…) [wird der] eingegangene Bewertungsfehler so groß (…), dass die klassische Bewertung für keinen Praxisfall mehr taugt." Spremann (2006), S. 176.
270 Zwar setzt Spremann sein Kapitalmarktmodell nicht mit dem CAPM gleich. Vgl. Spremann (2004b), S. 113, Fn. 12. Gleichzeitig greift er aber auf dieselben Begriffe und Annahmen zurück. Vgl. Spremann (2004a), S. 264; Spremann (2004b), S. 115; Spremann (2006), S. 174.
271 Vgl. Spremann (2002), S. 324–330 und S. 346.

Marktportfolio mit der erwarteten Rendite $E(\tilde{r}_t^M)$ an. Die Werte des Cashflow und des hierbei erzeugten Replikationsportfolios sind Spremann zufolge identisch, wenn gilt:[272]

$$E\left(\widetilde{FCF}_t^j\right) = a \cdot (1 + r_f) + b \cdot \left[1 + E(\tilde{r}_t^M)\right] \tag{3.31}$$

und

$$\rho\left(\widetilde{FCF}_t^j, \tilde{r}_t^M\right) \cdot std\left(\widetilde{FCF}_t^j\right) = b \cdot std(\tilde{r}_t^M) \tag{3.32}$$

mit

$$\rho\left(\widetilde{FCF}_t^j, \tilde{r}_t^M\right) = \frac{Cov\left(\widetilde{FCF}_t^j, \tilde{r}_t^M\right)}{std\left(\widetilde{FCF}_t^j\right) \cdot std(\tilde{r}_t^M)}. \tag{3.33}$$

Nach Auflösen der zweiten Gleichung nach b folgt:[273]

$$b = \frac{\rho\left(\widetilde{FCF}_t^j, \tilde{r}_t^M\right) \cdot std\left(\widetilde{FCF}_t^j\right)}{std(\tilde{r}_t^M)}. \tag{3.34}$$

Wird b in die erste Gleichung eingesetzt, folgt:

$$a = \frac{E\left(\widetilde{FCF}_t^j\right) - \frac{1 + E(\tilde{r}_t^M)}{std(\tilde{r}_t^M)} \cdot \rho\left(\widetilde{FCF}_t^j, \tilde{r}_t^M\right) \cdot std\left(\widetilde{FCF}_t^j\right)}{1 + r_f}. \tag{3.35}$$

Unter Verwendung der obigen Beziehung $V_0^j \cdot (1 + r_f)^{t-1} = b + a$ folgt:

$$V_0^j \cdot (1 + r_f)^{t-1} = \frac{\rho\left(\widetilde{FCF}_t^j, \tilde{r}_t^M\right) \cdot std\left(\widetilde{FCF}_t^j\right)}{std(\tilde{r}_t^M)}$$

$$+ \frac{E\left(\widetilde{FCF}_t^j\right) - \frac{1 + E(\tilde{r}_t^M)}{std(\tilde{r}_t^M)} \cdot \rho\left(\widetilde{FCF}_t^j, \tilde{r}_t^M\right) \cdot std\left(\widetilde{FCF}_t^j\right)}{1 + r_f}. \tag{3.36}$$

Diese Gleichung lässt sich weiter zusammenfassen zu:

---

272 Vgl. Spremann (2002), S. 326.
273 Insofern weist b eine Ähnlichkeit zum Betafaktor auf; allerdings bezieht sich b nicht auf die Rendite des Unternehmens j, sondern auf dessen Cashflow.

$$V_0^j \cdot (1+r_f)^{t-1} = \frac{E\left(\widetilde{FCF}_t^j\right) - \frac{E(\tilde{r}_t^M) - r_f}{std(\tilde{r}_t^M)} \cdot \rho\left(\widetilde{FCF}_t^j, \tilde{r}_t^M\right) \cdot std\left(\widetilde{FCF}_t^j\right)}{1+r_f} \qquad (3.37)$$

bzw.

$$V_0^j = \frac{E\left(\widetilde{FCF}_t^j\right) - \frac{E(\tilde{r}_t^M) - r_f}{std(\tilde{r}_t^M)} \cdot \rho\left(\widetilde{FCF}_t^j, \tilde{r}_t^M\right) \cdot std\left(\widetilde{FCF}_t^j\right)}{(1+r_f)^t}. \qquad (3.38)$$

Diese auf dem Replikationsansatz basierende Gleichung führt gemäß Spremann zu demselben Ergebnis wie eine Gleichung, die auf der Risikozuschlagsmethode basiert und auf den zeitlich konstanten Diskontierungszinssatz k zurückgreift, wenn gilt:[274]

$$V_0^j = \frac{E\left(\widetilde{FCF}_t^j\right)}{(1+k)^t} = \frac{E\left(\widetilde{FCF}_t^j\right) - \frac{E(\tilde{r}_t^M) - r_f}{std(\tilde{r}_t^M)} \cdot \rho\left(\widetilde{FCF}_t^j, \tilde{r}_t^M\right) \cdot std\left(\widetilde{FCF}_t^j\right)}{(1+r_f)^t}. \qquad (3.39)$$

Diese Gleichung ist unter der Annahme positiver Diskontierungszinssätze nur dann erfüllt, wenn die beiden Zähler der Gleichung positiv sind. Spremann geht folglich davon aus, dass $E\left(\widetilde{FCF}_t^j\right)$ positive Werte aufweist. Wird ein positiver Korrelationskoeffizient $\rho\left(\widetilde{FCF}_t^j, \tilde{r}_t^M\right)$ angenommen, muss die folgende Beziehung gelten:[275]

$$E\left(\widetilde{FCF}_t^j\right) > \frac{E(\tilde{r}_t^M) - r_f}{std(\tilde{r}_t^M)} \cdot \rho\left(\widetilde{FCF}_t^j, \tilde{r}_t^M\right) \cdot std\left(\widetilde{FCF}_t^j\right) \qquad (3.40)$$

bzw.

$$\frac{std(\tilde{r}_t^M)}{E(\tilde{r}_t^M) - r_f} > \frac{\rho\left(\widetilde{FCF}_t^j, \tilde{r}_t^M\right) \cdot std\left(\widetilde{FCF}_t^j\right)}{E\left(\widetilde{FCF}_t^j\right)}. \qquad (3.41)$$

---

274 Vgl. Spremann (2002), S. 346.
275 Vgl. Spremann (2002), S. 347; ähnlich Spremann (2006), S. 171.

Ist die Bedingung nicht erfüllt, versagt nach Spremann die Risikozuschlagsmethode.[276] Wird die Risikozuschlagsmethode angewendet, obwohl die Bedingung aus Ungleichung (3.41) nicht gegeben ist, erhält man einen Unternehmenswert, der den über einen Replikationsansatz[277] ermittelten Wert übertrifft.[278] Die Begründung für die Abweichung sieht Spremann darin, dass bei der genannten Konstellation von Erwartungswert und Risiko nicht immer <u>eine</u> Vergleichsinvestition genügt, um den Cashflow korrekt bewerten zu können.[279] Unter Rückgriff auf empirische Daten empfiehlt Spremann zwei Heuristiken, die zur Überprüfung der Anwendbarkeit der Risikozuschlagsmethode herangezogen werden können. Demnach lässt sich die Risikozuschlagsmethode nur dann anwenden, wenn eine Fünfer- oder Vierer-Regel erfüllt ist. Diese Heuristiken bestimmen sich durch die folgenden Ungleichungen:[280]

$$\frac{std\left(\widetilde{FCF}_t^j\right)}{E\left(\widetilde{FCF}_t^j\right)} < 5 \tag{3.42}$$

bzw.[281]

$$\frac{\left[\rho\left(\widetilde{FCF}_t^j,\tilde{r}_t^M\right)\cdot std\left(\widetilde{FCF}_t^j\right)\right]}{E\left(\widetilde{FCF}_t^j\right)} < 4. \tag{3.43}$$

Anhand eines Beispiels lassen sich die von Spremann angeführten Probleme der Risikozuschlagsmethode verdeutlichen. Es wird ein einperiodiger, bivalenter Zahlungsstrom angenommen: Im positiven Szenario realisiert sich ein Cashflow, der denjenigen im negativen Szenario übertrifft. Beide Szenarien sind gleichwahrscheinlich,

---

276 Es ist zu berücksichtigen, dass die Risikozuschlagsmethode zu denselben Ergebnissen wie der Replikationsansatz führen kann, wenn die Diskontierungssätze nicht auf reelle Zahlen eingeschränkt, sondern komplexe Zahlen zugelassen werden. Spremann nimmt diesen Einwand zur Kenntnis. Vgl. Spremann (2004a), S. 257, Fn. 2. Vgl. auch Fn. 196.
277 Auf den Replikationsansatz wird in Abschnitt 6.2 eingegangen.
278 Diese Einschätzung findet sich bei Spremann (2006), S. 172 und S. 176.
279 Vgl. Spremann (2004a), S. 122 und S. 253.
280 Vgl. Spremann (2004a), S. 258. Demzufolge geht Spremann davon aus, dass stets die Ungleichung $std\left(\tilde{r}_t^M\right)/\left[\left[E\left(\tilde{r}_t^M\right)-r_f\right]\cdot\rho\left(\widetilde{FCF}_t^j,\tilde{r}_t^M\right)\right] < 5$ erfüllt ist.
281 Vgl. Spremann (2002), S. 347. Demzufolge geht Spremann davon aus, dass stets die Ungleichung $std\left(\tilde{r}_t^M\right)/\left[E\left(\tilde{r}_t^M\right)-r_f\right] < 4$ erfüllt ist.

wenn man die Erwartungen unter dem subjektiven Wahrscheinlichkeitsmaß bildet. Der Unternehmenswert bestimmt sich anhand der Replikationsmethode durch[282]

$$\tilde{V}_{t-1}^{j} = \frac{1}{1+r_f} \cdot \left[(1-q_t) \cdot FCF_{t,d}^{j} + q_t \cdot FCF_{t,u}^{j} \right], \tag{3.44}$$

wobei $FCF_{t,d}^{j}$ den Cashflow im negativen Szenario und $FCF_{t,u}^{j}$ den Cashflow im positiven Szenario bezeichnet. Die periodischen risikoneutralen Wahrscheinlichkeiten q_t lassen sich bei Anwendung des Black/Scholes-Modells über den Zusammenhang[283]

$$q_t = N\left[\left[\frac{-E(\tilde{r}_t^{M^*}) + r_f^*}{std(\tilde{r}_t^{M^*})} - \frac{std(\tilde{r}_t^{M^*})}{2} \right] \cdot \sqrt{t} \right] \tag{3.45}$$

ermitteln. Dabei wird durch $\tilde{r}_t^{M^*}$ die stetige Rendite des Marktportfolios gekennzeichnet. Mit $N(\cdot)$ symbolisiert man die Verteilungsfunktion der Standardnormalverteilung. Der stetige risikolose Zinssatz r_f^* bestimmt sich über den Zusammenhang:

$$r_f^* = \ln(1+r_f). \tag{3.46}$$

In Tabelle 8 werden die Annahmen eines numerischen Beispiels zusammengefasst:

Tabelle 8: Annahmen des numerischen Beispiels 3

r_f	5,00 %
$E(\tilde{r}^{M^*})$	7 %
$std(\tilde{r}^{M^*})$	20 %
p	50 %
$\bar{A}(\widetilde{FCF}^j)$	20

Dabei bezeichnet $\bar{A}(\widetilde{FCF}^j)$ die (mittlere) absolute Abweichung zwischen $\widetilde{FCF}^j$ und $E(\widetilde{FCF}^j)$. Unter Verwendung dieser Angaben kann mithilfe der Gleichungen (3.39), (3.44), (3.45) und (3.46) der Wert der Zahlungsströme ermittelt werden. In

---

282 Vgl. Spremann (2006), S. 180 und S. 183; äquivalent auch Spremann (2004b), S. 119. Eine Herleitung von Gleichung (3.44) erfolgt in Abschnitt 6.2.2.
283 Vgl. Spremann (2006), S. 181. Die Gleichungen bei Spremann (2011), S. 90, sind fehlerhaft. Eine Herleitung von Gleichung (3.45) erfolgt in Abschnitt 6.2.2.

einem zweiten Schritt lassen sich die Diskontierungszinssätze bestimmen, die bei Anwendung der Risikozuschlagsmethode zu demselben Ergebnis führen wie die Replikationsmethode.[284] Abbildung 2 zeigt, dass die Funktion des Diskontierungszinssatzes einen hyperbolischen Verlauf aufweist, der demjenigen aus Abschnitt 3.2.1.1 ähnelt.

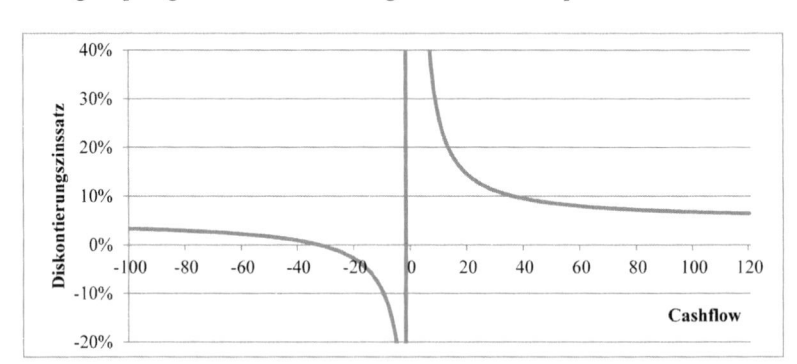

Abbildung 2: Sprungstelle des Diskontierungszinssatzes in Beispiel 3[285].

3.2.2.2 Lineare Transformation

Folgt man Spremann, basiert die Diskontierung auf drei Prinzipien: dem Additionsprinzip, dem Grundprinzip der Replikation und dem Äquivalenzaxiom.[286] Ersteres besagt, dass sich der Wert zusammengesetzter Zahlungsströme durch Addition der Einzelwerte ergibt.[287] Das Replikationsprinzip basiert auf der Idee, eine unsichere Zahlung durch marktübliche Transformationen nachzubilden; die Barwerte des unsicheren Zahlungsstroms und des replizierten Zahlungsstroms müssen sich entsprechen.[288] Ist eine exakte Replikation nicht möglich, kann eine Bewertung des Zahlungsstroms mittels Rückgriff auf das Äquivalenzaxiom geprüft werden: Hierfür muss ein Zahlungsstrom gefunden werden, der anhand marktüblicher Transaktionen erzeugt wird und der in den bewertungsrelevanten Merkmalen äquivalent zum unsicheren Zahlungsstrom ist.[289] So kann etwa zum unsicheren Zahlungsstrom ein sicherer Betrag addiert werden, der zu einem Zahlungsstrom führt, dessen Barwert bekannt ist. Der Barwert des ursprünglichen (Teil-)Zahlungsstroms ergibt sich,

---

284 Die linearen Gleichungssysteme lassen sich etwa mit der Solver-Funktion in MS Excel lösen.
285 Quelle: eigene Darstellung.
286 Vgl. Spremann (2002), S. 338–339.
287 Vgl. Spremann (2002), S. 338.
288 Vgl. Spremann (2002), S. 322.
289 Vgl. Spremann (2002), S. 339.

indem man vom Wert des aggregierten Zahlungsstroms den Barwert des sicheren Unterschiedsbetrags subtrahiert. Dieses Vorgehen bietet sich gemäß Spremann insbesondere für Zahlungen, deren Erwartungswert niedrig, gleich Null oder negativ ist, an.[290]

3.2.3 Ansatz von Hull

Den Ausgangspunkt für die Untersuchung von Hull bildet die CAPM-Gleichung

$$E\left(\tilde{r}_t^j\right) = r_f + \beta_t^j \cdot \left[E\left(\tilde{r}_t^M\right) - r_f \right] \tag{3.47}$$

bzw.

$$E\left(\tilde{r}_t^j\right) = r_f + \lambda_t \cdot Cov\left(\tilde{r}_t^j, \tilde{r}_t^M\right). \tag{3.48}$$

Durch Rückgriff auf Gleichung (3.18) ist auch die folgende Formulierung möglich:

$$E\left(\tilde{r}_t^j\right) = r_f + \frac{\lambda_t}{\tilde{V}_{t-1}^j\left(\widetilde{FCF}_t^j\right)} \cdot Cov\left(\widetilde{FCF}_t^j, \tilde{r}_t^M\right). \tag{3.49}$$

Unter Verwendung der Sharpe-Ratio χ_t, des Variationskoeffizienten des erwarteten Cashflow v_t^j und des Risikomaßes ϱ_t^j und der jeweiligen Definitionsgleichungen[291]

$$\chi_t = \lambda_t \cdot std\left(\tilde{r}_t^M\right) = \frac{E\left(\tilde{r}_t^M\right) - r_f}{std\left(\tilde{r}_t^M\right)}, \tag{3.50}$$

$$v_t^j = \frac{std\left(\widetilde{FCF}_t^j\right)}{E\left(\widetilde{FCF}_t^j\right)} \tag{3.51}$$

und

$$\varrho_t^j = \rho\left(\widetilde{FCF}_t^j, \tilde{r}_t^M\right) \cdot v_t^j = \frac{Cov\left(\dfrac{\widetilde{FCF}_t^j}{E\left(\widetilde{FCF}_t^j\right)}, \tilde{r}_t^M\right)}{std\left(\tilde{r}_t^M\right)} \tag{3.52}$$

lässt sich Gleichung (3.49) auch folgendermaßen formulieren:[292]

$$E\left(\tilde{r}_t^j\right) = r_f + \frac{\chi_t \cdot \varrho_t^j \cdot \left(1 + r_f\right)}{1 - \chi_t \cdot \varrho_t^j}. \tag{3.53}$$

---

290 Spremann (2002), S. 343, bezeichnet dieses Vorgehen als „Verschiebungstrick".
291 Vgl. Hull (1986), S. 447.
292 Vgl. Hull (1986), S. 447.

Dabei kann ϱ_t^j als alternatives Maß zur Messung des Cashflow-Risikos interpretiert werden. Basierend auf Gleichung (3.53) lässt sich anhand eines numerischen Beispiels der Verlauf des Diskontierungszinssatzes in Abhängigkeit des Risikomaßes ϱ_t^j darstellen. Tabelle 9 bündelt die Annahmen dieses numerischen Beispiels:

Tabelle 9: Annahmen des numerischen Beispiels 4

r_f	10 %
χ	0,4

Aus Abbildung 3 ist ersichtlich, dass wiederum ein diskontinuierlicher, hyperbolischer Verlauf des Diskontierungszinssatzes vorliegt. Hull folgert, dass die Risikozuschlagsmethode mit Problemen behaftet ist, da die bei Rückgriff auf das CAPM anzusetzenden Risikozuschläge nicht immer intuitiv nachvollziehbar sind.[293]

Abbildung 3: Sprungstelle des Diskontierungszinssatzes in Beispiel 4[294].

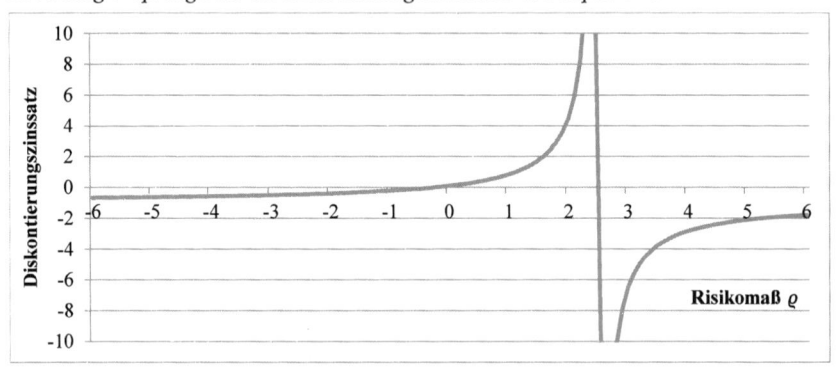

3.2.4 Überführung der Ansätze

Meitner/Streitferdt, Spremann und Hull bestätigen die in der Literatur anzutreffenden Hinweise, dass die Risikozuschlagsmethode mit Problemen behaftet ist, wenn Unternehmen, die Cashflows mit einem Erwartungswert im niedrigen positiven oder negativen Wertebereich aufweisen, bewertet werden müssen. Im Folgenden soll untersucht werden, in welchem Zusammenhang die verschiedenen Ansätze zueinander stehen. Dabei dient der in Abschnitt 3.2.1.1 diskutierte Beta-Flip als Referenzansatz.

---

293 Vgl. Hull (1986), S. 445 und S. 449.
294 Quelle: eigene Darstellung in Anlehnung an Hull (1986), S. 448.

Um den Distress-Related Leverage-Ansatz beurteilen zu können, soll eine Sensitivitätsanalyse unter Variation der erwarteten Cashflows durchgeführt werden. Hierfür sind die folgenden Vorüberlegungen notwendig: Setzt man die Gleichungen (3.29) und (3.30) in Gleichung (3.28) ein, bestimmen sich die Kapitalkosten durch:[295]

$$r_t^{Not} = r_t^{Ges} + \left(r_t^{Ges} - r_f\right) \cdot \frac{\dfrac{E\left(\widetilde{FCF}_t^{Ges}\right) - E\left(\widetilde{FCF}_t^{Not}\right)}{1+r_f}}{\dfrac{E\left(\widetilde{FCF}_t^{Not}\right)}{1+r_t^{Not}}} \qquad (3.54)$$

bzw.

$$r_t^{Not} = \frac{r_t^{Ges} + \dfrac{\left(r_t^{Ges} - r_f\right) \cdot \left[E\left(\widetilde{FCF}_t^{Ges}\right) - E\left(\widetilde{FCF}_t^{Not}\right)\right]}{\left(1+r_f\right) \cdot E\left(\widetilde{FCF}_t^{Not}\right)}}{1 - \dfrac{\left(r_t^{Ges} - r_f\right) \cdot \left[E\left(\widetilde{FCF}_t^{Ges}\right) - E\left(\widetilde{FCF}_t^{Not}\right)\right]}{\left(1+r_f\right) \cdot E\left(\widetilde{FCF}_t^{Not}\right)}}. \qquad (3.55)$$

Gemäß dieser Gleichung ist der Wert von r_t^{Not} nicht definiert, wenn gilt:

$$E\left(\widetilde{FCF}_t^{Not}\right) = 0. \qquad (3.56)$$

An dieser Stelle ist die Definitionslücke jedoch stetig behebbar: Der Wert von r_t^{Not} lässt sich anhand einer Grenzwertbetrachtung dieser Definitionslücke approximieren. Die zweite Definitionslücke von r_t^{Not} befindet sich an der folgenden Stelle:

$$1 - \frac{\left(r_t^{Ges} - r_f\right) \cdot \left[E\left(\widetilde{FCF}_t^{Ges}\right) - E\left(\widetilde{FCF}_t^{Not}\right)\right]}{\left(1+r_f\right) \cdot E\left(\widetilde{FCF}_t^{Not}\right)} = 0 \qquad (3.57)$$

bzw.

$$E\left(\widetilde{FCF}_t^{Not}\right) = \frac{E\left(\widetilde{FCF}_t^{Ges}\right)}{\dfrac{1+r_f}{r_t^{Ges} - r_f} + 1}. \qquad (3.58)$$

---

295 Die Kapitalkosten werden aus Vereinfachungsgründen als deterministisch angenommen.

Unter diesen Annahmen lässt sich der Betafaktor des insolvenzgefährdeten Unternehmens in Abhängigkeit von $E\left(\widetilde{FCF}_t^{Not}\right)$ ermitteln. Dies soll anhand eines numerischen Beispiels aufgezeigt werden. Tabelle 10 bündelt dessen Annahmen.[296]

Tabelle 10: Annahmen des numerischen Beispiels 5

r_f	5 %
r_{Ges}	10 %
$E\left(\widetilde{FCF}^{Ges}\right)$	100
V_0^{Ges}	90,91

Mithilfe der Gleichungen (3.27) bis (3.30) lassen sich für verschiedene Werte von $E\left(\widetilde{FCF}^{Not}\right)$ die jeweiligen Werte für den Diskontierungszinssatz r^{Not} ermitteln. In Abbildung 4 werden die Ergebnisse des numerischen Beispiels zusammengefasst.

Abbildung 4: Sprungstelle des Diskontierungszinssatzes in Beispiel 5[297].

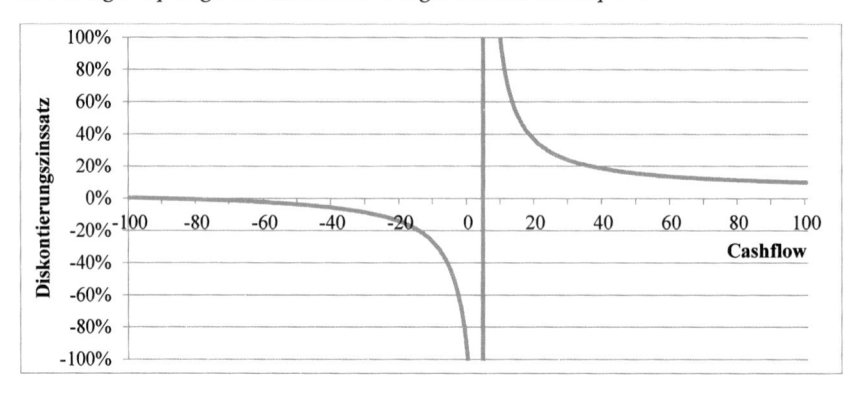

Grund für die Polstelle des Diskontierungszinssatzes ist die Definitionslücke von Gleichung (3.58): Nähert man sich ihr von links, geht r^{Not} gegen $-\infty$. Demgegenüber strebt r^{Not} auf der rechten Seite der Definitionslücke gegen $+\infty$. Dieser Verlauf entspricht qualitativ demjenigen aus Abbildung 1. Der in Abschnitt

---

296 Änderungen dieser Annahmen führen zu qualitativ vergleichbaren Ergebnissen.
297 Quelle: eigene Darstellung.

3.2.1.1 diskutierte Beta-Flip ist also auch beim Distress-Related Leverage-Ansatz beobachtbar.[298]

Als nächstes sollen die beiden auf Spremann zurückgehenden Ansätze untersucht werden. Die in Gleichung (3.40) zum Ausdruck kommende Bedingung zur Anwendung der Risikozuschlagsmethode kann man auch folgendermaßen formulieren:

$$E\left(\widetilde{FCF}_t^j\right) > \frac{Cov\left(\widetilde{FCF}_t^j, \tilde{r}_t^M\right) \cdot \left[E\left(\tilde{r}_t^M\right) - r_f\right]}{Var\left(\tilde{r}_t^M\right)} \tag{3.59}$$

bzw.

$$E\left(\widetilde{FCF}_t^j\right) > \lambda_t \cdot Cov\left(\widetilde{FCF}_t^j, \tilde{r}_t^M\right). \tag{3.60}$$

Diese Relation stimmt mit der Definitionslücke des Diskontierungszinssatzes gemäß Gleichung (3.24) überein. Somit ist das von Spremann aufgezeigte Problem der Risikozuschlagsmethode auf die Polstelle des Korrelationskoeffizienten $\rho\left(\widetilde{FCF}_t^j, \tilde{r}_t^M\right)$ zurückzuführen, die auch Meitner/Streitferdt in ihrer Untersuchung identifizieren.

Darüber hinaus lässt sich Spremanns Vorschlag, insolvenzgefährdete Unternehmen mittels einer linearen Transformation zu bewerten, problemlos mit dem Distress-Related Leverage-Ansatz von Meitner/Streitferdt verbinden: Dies gelingt, wenn man bei dem Ansatz von Spremann die zu bewertende Zahlung, deren Diskontierungszinssatz unbekannt ist, mit dem Cashflow des notleidenden Unternehmens im Ansatz von Meitner/Streitferdt gleichsetzt. Als bekannte Vergleichsgrößen dienen der Cashflow eines gesunden Unternehmens und dessen Diskontierungszinssatz. Die Differenz der beiden Cashflows wird sowohl bei Meitner/Streitferdt als auch bei Spremann als risikolos erachtet, sodass $Cov\left(\widetilde{FCF}_t^{Ges}, \tilde{r}_t^M\right) = Cov\left(\widetilde{FCF}_t^{Not}, \tilde{r}_t^M\right)$ gilt.

Es verbleibt die Analyse des Ansatzes von Hull. Dieser schlussfolgert ebenfalls, dass der Diskontierungszinssatz einen hyperbolischen Verlauf annehmen kann. Anhand der Gleichung (3.53) ist ersichtlich, dass die folgende Definitionslücke besteht:

$$1 - \chi_t \cdot \varrho_t^j = 0 \tag{3.61}$$

bzw.

$$\varrho_t^j = \frac{1}{\chi_t}. \tag{3.62}$$

Es wird deutlich, dass sich der Diskontierungszinssatz in Abhängigkeit von dem Risikomaß ϱ_t^j nur schwer interpretieren lässt. Vor diesem Hintergrund soll versucht

---

298 Gemäß Meitner/Streitferdt (2011b), S. 134, kann die Polstelle auch bei Cashflows auftreten, deren Erwartungswert niedriger als im „Normalfall" ist. Vgl. Meitner/Streitferdt (2014a), S. 160.

werden, analog Meitner/Streitferdt die Definitionslücke des Diskontierungszinssatzes in Abhängigkeit von $E\left(\widetilde{FCF}_t^j\right)$ zu formulieren. Gleichung (3.61) ist äquivalent zu:

$$1 - \frac{E\left(\tilde{r}_t^M\right) - r_f}{std\left(\tilde{r}_t^M\right)} \cdot \frac{Cov\left(\frac{\widetilde{FCF}_t^j}{E\left(\widetilde{FCF}_t^j\right)}, \tilde{r}_t^M\right)}{std\left(\tilde{r}_t^M\right)} = 0. \tag{3.63}$$

Weitere Umformungen führen zu

$$\frac{\left[E\left(\tilde{r}_t^M\right) - r_f\right] \cdot \frac{1}{E\left(\widetilde{FCF}_t^j\right)} \cdot Cov\left(\widetilde{FCF}_t^j, \tilde{r}_t^M\right)}{Var\left(\tilde{r}_t^M\right)} = 1 \tag{3.64}$$

und somit

$$E\left(\widetilde{FCF}_t^j\right) = \frac{\left[E\left(\tilde{r}_t^M\right) - r_f\right] \cdot Cov\left(\widetilde{FCF}_t^j, \tilde{r}_t^M\right)}{Var\left(\tilde{r}_t^M\right)} \tag{3.65}$$

bzw.

$$E\left(\widetilde{FCF}_t^j\right) = \lambda_t \cdot Cov\left(\widetilde{FCF}_t^j, \tilde{r}_t^M\right). \tag{3.66}$$

Dieser Zusammenhang ist aus den Gleichungen (3.24) und (3.60) bekannt. Insofern ist die bei Hull implizierte Definitionslücke des Diskontierungszinssatzes identisch mit der Definitionslücke, die auch Meitner/Streitferdt und Spremann identifizieren. Ob sich auch die Funktionsverläufe qualitativ entsprechen, soll im Rahmen eines numerischen Beispiels überprüft werden. Tabelle 11 bündelt dessen Annahmen.

Tabelle 11: Annahmen des numerischen Beispiels 6

r_f	10 %
λ	1,6
$\rho\left(\widetilde{FCF}^j, \tilde{r}^M\right)$	0,8
$std\left(\widetilde{FCF}^j\right)$	0,2
$E\left(\tilde{r}^M\right)$	20 %
$std\left(\tilde{r}^M\right)$	0,25

Tabelle 7 bildet den Diskontierungszinssatz in Abhängigkeit von $E\left(\widetilde{FCF}^j\right)$ unter diesen Annahmen ab. Die Funktion der Diskontierungszinssätze entspricht qualitativ derjenigen der voranstehenden Abschnitte. Erneut ist eine Polstelle ersichtlich.

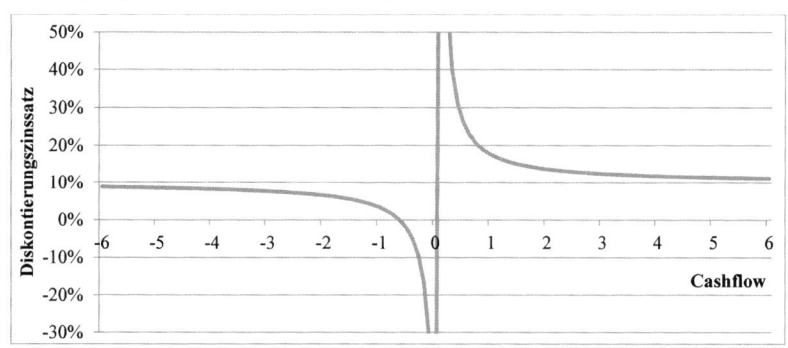

Abbildung 5: Sprungstelle des Diskontierungszinssatzes in Beispiel 6[299].

Basierend auf diesen Ergebnissen lässt sich festhalten: Meitner/Streitferdt, Spremann und Hull untersuchen Probleme der Risikozuschlagsmethode für unsichere Cashflows, deren Erwartungswerte im niedrigen positiven oder negativen Wertebereich liegen. Obwohl die Autoren unterschiedlichen Herangehensweisen folgen, beschäftigen sie sich letztlich mit derselben Problemstellung.[300] Es konnte gezeigt werden, dass die Ansätze ineinander überführbar und somit äquivalent zueinander sind.

3.2.5 Würdigung

3.2.5.1 Beta-Flip, Diskontierungs-Heuristik und Hulls Ansatz

Während Meitner/Streitferdt die Polstelle anhand des Betafaktors zeigen, identifiziert Hull die Polstelle anhand des Risikomaßes ϱ. In Abschnitt 3.2.4 konnte gezeigt werden, dass eine Überleitung in die Darstellung von Meitner/Streitferdt gelingt. Spremann leitet eine Untergrenze der erwarteten Cashflows ab, die seiner Meinung nach eingehalten werden muss, um die Gültigkeit der Risikozuschlagsmethode zu gewährleisten. Die von Spremann abgeleitete Relation stimmt wiederum mit der Definitionslücke überein, die Meitner/Streitferdt explizit und Hull implizit identifizieren.

---

299   Quelle: eigene Darstellung.
300   Bei Meitner/Streitferdt (2011b), S. 129, wird zwar erwähnt, dass das Ergebnis ihrer Untersuchung, der funktionale Zusammenhang des Betafaktors, aufgrund seiner hyperbolischen Form dem Ergebnis von Hull (1986) ähnelt. Es wird jedoch nicht darauf hingewiesen, dass beide Ansätze ineinander überführt werden können.

Spremanns Hinweis, dass die Risikozuschlagsmethode zu Problemen führt, wenn $E\left(\widetilde{FCF}_t^j\right) = \left[Cov\left(\widetilde{FCF}_t^j, \tilde{r}_t^M\right) \cdot \left[E\left(\tilde{r}_t^M\right) - r_f\right]\right] / \left[Var\left(\tilde{r}_t^M\right)\right]$ vorliegt, ist gerechtfertigt. Allerdings erstrecken sich die Probleme der Risikozuschlagsmethode nicht auf das gesamte Intervall $E\left(\widetilde{FCF}_t^j\right) \in \left]-\infty; \lambda_t \cdot Cov\left(\widetilde{FCF}_t^j, \tilde{r}_t^M\right)\right]$. Wie Anhang 5 zeigt, können zwar intuitiv schwer verständliche Betafaktoren für Cashflows in der Nähe[301] der Definitionslücke auftreten; fallen jedoch Cashflows im deutlich negativen oder positiven Wertebereich an, ist die Risikozuschlagsmethode problemlos anwendbar.

Spremann behauptet, dass negative Diskontierungszinssätze für positive Cashflows nicht intuitiv wären und dem CAPM widersprächen. Konkret müsse der Betafaktor einen positiven Wert besitzen, wenn eine positive Korrelation zwischen Cashflow und Rendite des Marktportfolios vorliegt.[302] Diese Behauptung lässt sich mithilfe der vorherigen Ausführungen widerlegen. Abbildung 1, Abbildung 2 und Abbildung 5 verdeutlichen, dass die Cashflows in dem Intervall $\left]0; \lambda_t \cdot Cov\left(\widetilde{FCF}_t^j, \tilde{r}_t^M\right)\right]$ bzw. die Wertpositionen in dem Intervall $\left]0; \lambda_t \cdot Cov\left(\widetilde{FCF}_t^j + \tilde{V}_t^j, \tilde{r}_t^M\right)\right]$ einen Betafaktor mit einem so hohen negativen Wert aufweisen, dass der Zinsfaktor ebenfalls einen negativen Wert annimmt. Dies ist auch bei einer positiven $Cov\left(\widetilde{FCF}_t^j, \tilde{r}_t^M\right)$ bzw. bei einem positiven Korrelationskoeffizienten $\rho\left(\widetilde{FCF}_t^j, \tilde{r}_t^M\right)$ möglich und widerspricht nicht dem CAPM: Die Erklärung dieses Sachverhalts ist vielmehr darin zu sehen, dass die $Cov\left(\tilde{r}_t^j, \tilde{r}_t^M\right)$ gemäß Gleichung (3.23) in den genannten Intervallen einen negativen Wert besitzt. In der Folge resultiert bei positiver $std\left(\tilde{r}_t^M\right)$ ein negativer Betafaktor. Negative Diskontierungssätze liegen vor, wenn die Rendite des Investitionsprojekts mit der Rendite des Marktportfolios negativ korreliert und der Betrag des resultierenden negativen Risikozuschlags den risikolosen Zinssatz r_f übertrifft.[303] Dass bei dieser Konstellation der Betrag des Sicherheitsäquivalents niedriger als der Erwartungswert der Auszahlung ist,[304] leuchtet ein: Durch die

---

301 Der Bereich, in dem äußerst hohe oder äußerst niedrige Betafaktoren auftreten, ist von der Konstellation der Parameter r_f, $E\left(\tilde{r}_t^M\right)$, $std\left(\tilde{r}_t^M\right)$, $Cov\left(\widetilde{FCF}_t^j, \tilde{r}_t^M\right)$ und $Cov\left(\tilde{r}_t^j, \tilde{r}_t^M\right)$ abhängig.
302 Vgl. Spremann (2004a), S. 126–127; Spremann (2006), S. 176; Weckbach (2004), S. 174–175.
303 Vgl. Bamberg/Dorfleitner/Krapp (2004), S. 115, Fn. 15; Obermaier (2004a), S. 348–351; Drukarczyk/Schüler (2009), S. 73–76; Franke/Hax (2009), S. 357. Auch Wilhelm weist darauf hin, dass negative Risikoprämien unter den Annahmen des CAPM aus theoretischer Perspektive nicht ausgeschlossen werden können. Vgl. Wilhelm (2002), S. 8; Wilhelm (2005), S. 639; zusammenfassend auch Obermaier (2004a), S. 350–351.
304 Dies bedeutet: $\left|S\ddot{A}\left(\widetilde{FCF}_t^j\right)\right| < \left|E\left(\widetilde{FCF}_t^j\right)\right|$. Vgl. Drukarczyk/Schüler (2009), S. 73. Diese Konstellation kann nur beim marktorientierten, nicht aber beim individualistischen Ansatz auftreten.

Investition in derartige Investitionsprojekte lässt sich die Risikoposition eines Investors verringern.305

In Anhang 5 und Anhang 6 werden die Funktionsverläufe des Unternehmenswerts, der $Cov(\tilde{r}_t^j, \tilde{r}_t^M)$, des Betafaktors, der Risikoprämie, des Diskontierungszinssatzes und des Zinsfaktors in Abhängigkeit von $E(\widetilde{FCF}_t^j + \tilde{V}_t^j)$ und dem Vorzeichen von der $Cov(\widetilde{FCF}_t^j + \tilde{V}_t^j, \tilde{r}_t^M)$ gebündelt. Die Funktion des Unternehmenswerts ist intuitiv. Demgegenüber weisen die übrigen Größen einen bemerkenswerten Verlauf im Bereich niedriger positiver oder negativer erwarteter Cashflows auf. Während die $Cov(\tilde{r}_t^j, \tilde{r}_t^M)$, der Betafaktor und die Risikoprämie für $E(\widetilde{FCF}_t^j + \tilde{V}_t^j) \to \pm\infty$ gegen Null streben, nähern sich der Diskontierungszinssatz dem Wert von r_f und der Zinsfaktor dem Wert $1+r_f$ an. Einschränkend muss darauf hingewiesen werden, dass die Funktionsverläufe auf einer kritischen Annahme basieren: Es wird unterstellt, dass die $Cov(\widetilde{FCF}_t^j, \tilde{r}_t^M)$ unabhängig von der Höhe des Cashflow ist und somit für sämtliche Cashflows konstant bleibt. Dies wird in Abschnitt 3.2.5.2 diskutiert.306

3.2.5.2 Distress-Related Leverage und lineare Transformation

Sowohl Meitner/Streitferdt als auch Spremann verweisen darauf, dass zur Bewertung von notleidenden Unternehmen finanziell gesunde Vergleichsunternehmen mit bekannten Kapitalkosten herangezogen werden können. Die Gültigkeit dieses Zusammenhangs ist allerdings an die Annahme gebunden, dass das notleidende Unternehmen einen Teil seines Zahlungsstroms mit Sicherheit verliert und die Unsicherheitsstruktur des Cashflow bzw. die Maßzahl $Cov(\widetilde{FCF}_t^j, \tilde{r}_t^M)$ dadurch nicht verändert wird.307 Im Folgenden soll gezeigt werden, dass diese Annahme rigide erscheint.308

Mit dem Korrelationskoeffizienten $\rho(\widetilde{FCF}_t^j, \tilde{r}_t^M)$ misst man die Strenge des linearen statistischen Zusammenhangs zwischen dem Cashflow und der Rendite des Marktportfolios. Der Korrelationskoeffizient bleibt von linearen Transformationen unberührt.309 Ebenso verändert sich die Kovarianz bei einer linearen Transformation

---

305 Vgl. etwa Kürsten (1997), S. 82; Franke/Hax (2009), S. 357. Vgl. auch Abschnitt 3.1.
306 Folgt man Meitner/Streitferdt (2011b), S. 134, und Meitner/Streitferdt (2014a), S. 161, bleibt auch in diesem Fall die hyperbolische Funktion des Betafaktors erhalten.
307 Vgl. hierzu Hirshleifer (1970), S. 250: „Evidently, the same [discount rate] [...] would be applicable for all securities having the proportionate state distribution of future returns [...]."
308 Diese Einschätzung teilen Meitner/Streitferdt. Sie weisen darauf hin, dass die Cashflows eines notleidenden und eines finanziell gesunden Unternehmens realiter nur selten das gleiche Risiko aufweisen und mithin $Cov(\widetilde{FCF}_t^{Dif}, \tilde{r}_t^M) \neq 0$ gilt. Vgl. Meitner/Streitferdt (2014a), S. 152.
309 Vgl. Schira (2012), S. 94–95.

einer Zufallsvariable nicht. Damit ist aber noch nicht die Frage beantwortet, ob es sich bei der finanziellen Anspannung um eine lineare Transformation der Cashflows handelt.

Der Erwartungswert der Cashflows ist im Allgemeinen bei notleidenden Unternehmen niedriger als bei gesunden Unternehmen. Gleichzeitig kann davon ausgegangen werden, dass die Unsicherheit des Cashflow und somit die Varianz der Häufigkeitsverteilung bei einer finanziellen Notlage zunimmt.[310] Dies lässt sich durch die positiven und negativen Auswirkungen eines Insolvenzrisikos begründen: Während direkte und indirekte Insolvenzkosten zu niedrigeren Cashflows führen, ermöglicht die verstärkte Disziplinierung der Unternehmensleitung höhere Cashflow-Realisationen. Die resultierende erhöhte Unsicherheit von Cashflows notleidender Unternehmen gegenüber finanziell gesunden Unternehmen wird in Abbildung 6 veranschaulicht. Dabei kennzeichnet $h\left(\widetilde{FCF}_t^j\right)$ die Häufigkeitsfunktion der Cashflow-Realisation.

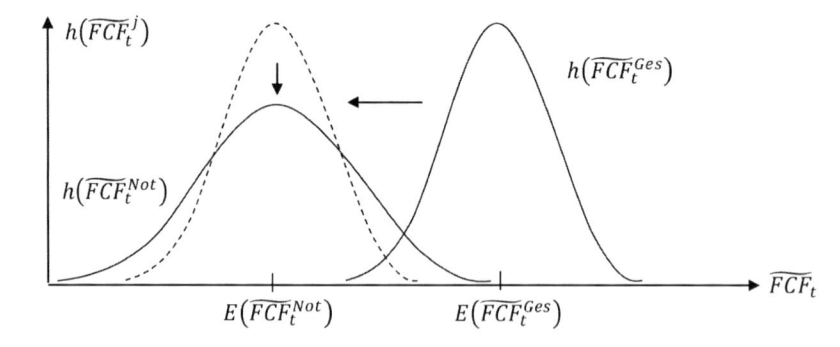

Abbildung 6: Unsicherheitsstrukturen erwarteter Cashflows[311].

Angesichts dieser Überlegungen erscheint es unwahrscheinlich, dass die Risikostruktur von Cashflows notleidender und finanziell gesunder Unternehmen identisch ist; vielmehr ist zu erwarten, dass es zu Stauchungen oder Streckungen der Verteilung kommt, sodass sich die Standardabweichung des Cashflow und somit die Kovarianz mit der Rendite des Marktportfolios verändert. Letzteres gilt gemäß dem Satz:[312]

$$Cov\left(a + b \cdot \tilde{X}, x + y \cdot \tilde{Y}\right) = b \cdot y \cdot Cov\left(\tilde{X}, \tilde{Y}\right). \tag{3.67}$$

Infolgedessen wird die in Gleichung (3.26) zum Ausdruck kommende Anwendungsbedingung verletzt, sodass die Gleichungen (3.27) bis (3.30) ihre Gültigkeit verlieren. Für Fälle, in denen die Zahlungsstromdifferenz zwischen dem Cashflow

---

310 Vgl. Fn. 182.
311 Quelle: eigene Darstellung.
312 Vgl. etwa Hartung (1991), S. 119.

des notleidenden und des finanziell gesunden Unternehmens nicht risikolos ist, empfehlen Meitner/Streitferdt einen Rückgriff auf die folgende, modifizierte Gleichung:[313]

$$r_t^{Not} = r_t^{Ges} + \left(r_t^{Ges} - r_t^{Dif}\right) \cdot \frac{\tilde{V}_{t-1}^{Dif}}{\tilde{V}_{t-1}^{Not}}. \tag{3.68}$$

Dabei kennzeichnet r_t^{Dif} denjenigen Zinssatz, mit dem $\widetilde{FCF}_t^{Dif}$ diskontiert werden muss, um das Prinzip der Unsicherheitsäquivalenz einzuhalten. Problematisch an dieser Gleichung ist allerdings, dass r_t^{Dif} im Allgemeinen unbekannt ist. Infolgedessen verliert Gleichung (3.68) ihre praktische Anwendbarkeit und wird wertlos.

Weist das notleidende Unternehmen aufgrund der Situation finanzieller Anspannung einen höheren Korrelationskoeffizienten $\rho\left(\widetilde{FCF}_t^{Not} + \tilde{V}_t^{Not}, \tilde{r}_t^M\right)$ auf,[314] müssen gemäß Gleichung (3.23) eine höhere $Cov\left(\widetilde{FCF}_t^{Not} + \tilde{V}_t^{Not}, \tilde{r}_t^M\right)$ sowie eine höhere $Cov\left(\tilde{r}_t^{Not}, \tilde{r}_t^M\right)$ vorliegen, als dies bei einem gesunden Unternehmen der Fall ist. Dies hat für das notleidende Unternehmen einen höheren Betafaktor und Diskontierungszinssatz zur Folge, wodurch der Unternehmenswert sinkt.[315] Hält die Situation finanzieller Anspannung über mehrere Perioden an, steigt die $Cov\left(\tilde{r}_t^j, \tilde{r}_t^M\right)$ – bei konstantem $E\left(\tilde{r}_t^M\right)$ – in den vorgelagerten Perioden 0 bis $t-1$. In der Folge steigen auch der Betafaktor und der Diskontierungszinssatz in den vorgelagerten Perioden 0 bis $t-1$.

Des Weiteren gilt es zu berücksichtigen, dass das CAPM ein ex ante-Modell darstellt und der Rückgriff auf (gesunde) Vergleichsunternehmen nur bei der Schätzung von Betafaktoren über das Marktmodell[316] relevant wird. Darüber hinaus erscheint der Rückgriff auf ein gesundes Vergleichsunternehmen konstruiert. Insbesondere stellt sich die Frage, aus welchem Grund zwei Unternehmen, die das gleiche Finanzierungs- und Geschäftsrisiko aufweisen,[317] unterschiedliche Betafaktoren besitzen.

---

313 Vgl. Meitner/Streitferdt (2014a), S. 152. Die Kapitalkosten werden aus Vereinfachungsgründen als deterministisch unterstellt. Eine Herleitung wird von den Autoren wiederum nicht vorgenommen. Sie kann Anhang 4 entnommen werden.
314 Dies basiert auf der (bestreitbaren) Annahme, dass eine finanzielle Anspannung dann vorliegt, wenn die Rendite des Marktportfolios sinkt und das systematische Risiko des Bewertungsobjekts maximal ist. Letzteres gilt für $\rho\left(\widetilde{FCF}_t^j + \tilde{V}_t^j, \tilde{r}_t^M\right) = 1$. Unsystematische Risiken sind annahmegemäß diversifizierbar und werden hier nicht betrachtet.
315 Dieser Zusammenhang ergibt sich auch in den Beispielrechnungen bei Meitner/Streitferdt (2011b), S. 138–143; Meitner/Streitferdt (2014a), S. 163–171.
316 Vgl. grundlegend Sharpe (1963), S. 277–292; auch Fama (1976), S. 69.
317 Vgl. hierzu Abschnitt 4.3.3. Die Autoren betrachten unverschuldete Unternehmen, die operativ identisch sind und sich nur hinsichtlich der Höhe der erwarteten Cashflows unterscheiden.

3.2.5.3 Systematisierung der Definitionslücken

Die Risikozuschlags- und die Sicherheitsäquivalentmethode sind mit Problemen konfrontiert, wenn der Zähler oder Nenner der Kalküle einen Wert von Null annimmt.[318] Ist der Zähler betroffen, stellt dies zwar kein mathematisches Problem dar; wie im Folgenden gezeigt wird, entspricht jedoch das hierdurch implizierte Ergebnis nicht zwangsläufig dem Ergebnis der anderen Methode. Ist der Nenner des Kalküls betroffen, ist die Bewertungsgleichung nicht anwendbar. Dies ist den Regeln der Mathematik geschuldet und kann nicht den Verfahren angelastet werden. Selbstverständlich muss man von diesen abweichen, wenn rechentechnische Komplikationen auftreten.

Zunächst sollen die problematischen Stellen der Risikozuschlagsmethode untersucht werden. Der Zähler des Kalküls nimmt gemäß Gleichung (3.19) den Wert Null an, wenn $E\left(\widetilde{FCF}_t^j + \tilde{V}_t^j\right) = 0$ gilt. Der Nenner des Kalküls wird Null, wenn der Zusammenhang $1 + r_f + \beta_t^j \cdot \left[E\left(\tilde{r}_t^M\right) - r_f\right] = 0$ vorliegt. Es muss also ein Diskontierungszinssatz von -100 % gegeben sein.[319] Konkret befindet sich die Definitionslücke bei:

$$\beta_t^j \cdot \left[E\left(\tilde{r}_t^M\right) - r_f\right] = -\left(1 + r_f\right) \tag{3.69}$$

bzw. bei

$$\beta_t^j = -\frac{1 + r_f}{E\left(\tilde{r}_t^M\right) - r_f}. \tag{3.70}$$

Unter Rückgriff auf Gleichung (3.23) lässt sich diese Definitionslücke in Abhängigkeit von $E\left(\widetilde{FCF}_t^j + \tilde{V}_t^j\right)$ formulieren. Es gelten die folgenden Zusammenhänge:

$$\frac{Cov\left(\tilde{r}_t^j, \tilde{r}_t^M\right)}{Var\left(\tilde{r}_t^M\right)} = -\frac{1 + r_f}{E\left(\tilde{r}_t^M\right) - r_f} \tag{3.71}$$

bzw.

$$\frac{\left(1 + r_f\right) \cdot Cov\left(\widetilde{FCF}_t^j + \tilde{V}_t^j, \tilde{r}_t^M\right)}{\left[E\left(\widetilde{FCF}_t^j + \tilde{V}_t^j\right) - \lambda_t \cdot Cov\left(\widetilde{FCF}_t^j + \tilde{V}_t^j, \tilde{r}_t^M\right)\right] \cdot Var\left(\tilde{r}_t^M\right)} = -\frac{1 + r_f}{E\left(\tilde{r}_t^M\right) - r_f}. \tag{3.72}$$

---

318   Vgl. auch Spremann/Ernst (2011), S. 175 und S. 181–182. Dass die Risikozuschlagsmethode dieses Problem aufweist, ist bekannt. Vgl. Robichek/Myers (1966b), S. 727–730.
319   Ein Hinweis darauf findet sich auch bei Gallagher/Zumwalt (1991), S. 105 und S. 110–111.

Auflösen von Gleichung (3.72) nach $E\left(\widetilde{FCF}_t^j + \tilde{V}_t^j\right)$ führt zu:

$$E\left(\widetilde{FCF}_t^j + \tilde{V}_t^j\right) = -\frac{\left[E(\tilde{r}_t^M) - r_f\right] \cdot Cov\left(\widetilde{FCF}_t^j + \tilde{V}_t^j, \tilde{r}_t^M\right)}{Var(\tilde{r}_t^M)} + \lambda_t \cdot Cov\left(\widetilde{FCF}_t^j + \tilde{V}_t^j, \tilde{r}_t^M\right). \tag{3.73}$$

Unter Rückgriff auf die Definition von λ_t folgt die Definitionslücke an der Stelle:

$$E\left(\widetilde{FCF}_t^j + \tilde{V}_t^j\right) = 0. \tag{3.74}$$

Es wurde gezeigt, dass Zähler und Nenner des Kalküls der Risikozuschlagsmethode einen Wert in Höhe von Null annehmen, wenn $E\left(\widetilde{FCF}_t^j + \tilde{V}_t^j\right) = 0$ vorliegt. Folglich kann sie an dieser Stelle nicht angewendet werden. Allerdings handelt es sich hierbei um eine stetig behebbare Definitionslücke, sodass sich der gesuchte Betafaktor sowie der Diskontierungszinssatz anhand einer Grenzwertbetrachtung approximieren lassen. Die Anwendung der Sicherheitsäquivalentmethode führt gemäß Gleichung (3.22) an dieser Stelle zu dem Wert $\tilde{V}_{t-1}^j = -\left[\lambda_t \cdot Cov\left(\widetilde{FCF}_t^j + \tilde{V}_t^j, \tilde{r}_t^M\right)\right] / (1 + r_f)$.

Wendet man die Sicherheitsäquivalentmethode an, beträgt der Zähler des Kalküls gemäß Gleichung (3.22) Null, wenn $E\left(\widetilde{FCF}_t^j + \tilde{V}_t^j\right) = \lambda_t \cdot Cov\left(\widetilde{FCF}_t^j + \tilde{V}_t^j, \tilde{r}_t^M\right)$ vorliegt. Somit weist auch der Kalkül einen Wert in Höhe von Null auf. Bei Anwendung der Risikozuschlagsmethode stellt sich dagegen gemäß Gleichung (3.19) der Wert $\tilde{V}_{t-1}^j = \left[\lambda_t \cdot Cov\left(\widetilde{FCF}_t^j + \tilde{V}_t^j, \tilde{r}_t^M\right)\right] / \left[1 + r_f + \lambda_t \cdot Cov(\tilde{r}_t^j, \tilde{r}_t^M)\right]$ ein. Zugleich befindet sich hier die Polstelle des Diskontierungszinssatzes. Der Nenner des Kalküls bei Anwendung der Sicherheitsäquivalentmethode wird Null, wenn $1 + r_f = 0$ gilt. Diese Konstellation lässt sich realiter ausschließen.[320] Die Risikozuschlagsmethode führt hier zu dem Wert $\tilde{V}_{t-1}^j = \left[E\left(\widetilde{FCF}_t^j + \tilde{V}_t^j\right)\right] / \left[\lambda_t \cdot Cov(\tilde{r}_t^j, \tilde{r}_t^M)\right]$. Anhang 7 bündelt die Definitionslücken der Risikozuschlags- und Sicherheitsäquivalentmethode.

Es lässt sich festhalten, dass die Risikozuschlagsmethode mit Problemen behaftet sein kann, wenn der erwartete Cashflow nahe Null im leicht positiven oder leicht negativen Wertebereich liegt. Die Sicherheitsäquivalentmethode ist mit diesen Problemen – abgesehen von einem Spezialfall – nicht konfrontiert: Lediglich für einen erwarteten Cashflow in Höhe von $\lambda_t \cdot Cov\left(\widetilde{FCF}_t^j, \tilde{r}_t^M\right)$ ergibt sich die Konstellation, dass der Zähler des Kalküls und demzufolge auch der Barwert des erwarteten Cashflow einen Wert von Null erhält. An dieser Stelle liegt jedoch auch die Polstelle des Diskontierungszinssatzes bei Anwendung der Risikozuschlagsmethode vor, sodass Letztere auch in diesem Fall der Sicherheitsäquivalentmethode nicht überlegen ist.

---

320 Vgl. Fn. 249.

3.2.5.4 Fazit

Anhang 6 bündelt die Ergebnisse der Abschnitte 3.1 und 3.2. Es ist ersichtlich, dass für eine positive wie negative $Cov\left(\widetilde{FCF}_t^j + \tilde{V}_t^j, \tilde{r}_t^M\right)$ sowohl positive als auch negative Betafaktoren resultieren können; vielmehr ist das Vorzeichen der $Cov\left(\tilde{r}_t^j, \tilde{r}_t^M\right)$ entscheidend dafür, ob der Betafaktor und somit auch die Risikoprämie einen positiven oder negativen Wert annehmen.[321] Im Fall einer positiven $Cov\left(\widetilde{FCF}_t^j + \tilde{V}_t^j, \tilde{r}_t^M\right)$ weist der Diskontierungszinssatz im negativen Wertebereich von $E\left(\widetilde{FCF}_t^j + \tilde{V}_t^j\right)$ eine Nullstelle auf. Bei einer negativen $Cov\left(\widetilde{FCF}_t^j + \tilde{V}_t^j, \tilde{r}_t^M\right)$ resultiert eine Nullstelle des Diskontierungszinssatzes im positiven Wertebereich von $E\left(\widetilde{FCF}_t^j + \tilde{V}_t^j\right)$. Der Diskontierungszinssatz weist eine Nullstelle auf, wenn folgende Gleichung vorliegt:

$$r_f + \beta_t^j \cdot \left[E\left(\tilde{r}_t^M\right) - r_f\right] = 0. \tag{3.75}$$

Diese Bedingung lässt sich mithilfe von Gleichung (3.23) umformen in:

$$r_f + \frac{(1+r_f) \cdot Cov\left(\widetilde{FCF}_t^j + \tilde{V}_t^j, \tilde{r}_t^M\right) \cdot \left[E\left(\tilde{r}_t^M\right) - r_f\right]}{Var\left(\tilde{r}_t^M\right) \cdot \left[E\left(\widetilde{FCF}_t^j + \tilde{V}_t^j\right) - \lambda_t \cdot Cov\left(\widetilde{FCF}_t^j + \tilde{V}_t^j, \tilde{r}_t^M\right)\right]} = 0. \tag{3.76}$$

Auflösen nach $E\left(\widetilde{FCF}_t^j + \tilde{V}_t^j\right)$ führt zu dem gesuchten Zusammenhang:

$$E\left(\widetilde{FCF}_t^j + \tilde{V}_t^j\right) = -\frac{\lambda_t}{r_f} \cdot Cov\left(\widetilde{FCF}_t^j + \tilde{V}_t^j, \tilde{r}_t^M\right). \tag{3.77}$$

Es lässt sich zusammenfassen, dass positive Unternehmenswerte vorliegen, wenn

$$E\left(\widetilde{FCF}_t^j + \tilde{V}_t^j\right) \in \left]\lambda_t \cdot Cov\left(\widetilde{FCF}_t^j + \tilde{V}_t^j, \tilde{r}_t^M\right); +\infty\right[\tag{3.78}$$

gilt. Demgegenüber resultieren negative Unternehmenswerte in folgendem Intervall:

$$E\left(\widetilde{FCF}_t^j + \tilde{V}_t^j\right) \in \left]-\infty; \lambda_t \cdot Cov\left(\widetilde{FCF}_t^j + \tilde{V}_t^j, \tilde{r}_t^M\right)\right[. \tag{3.79}$$

---

[321] Es werden $std\left(\tilde{r}_t^M\right) > 0$ und $E\left(\tilde{r}_t^M\right) > r_f > 0$ vorausgesetzt. Diese Prämissen sind unkritisch, da sie logisch oder theoretisch begründbar sind und empirischen Überprüfungen standhalten.

Hinsichtlich des Vorzeichens des Diskontierungszinssatzes ist eine Fallunterscheidung dahingehend vorzunehmen, ob die $Cov\left(\widetilde{FCF}_t^j + \tilde{V}_t^j, \tilde{r}_t^M\right)$ ein positives oder ein negatives Vorzeichen besitzt. Im ersten Fall ist eine Unterteilung in drei Intervalle notwendig. Positive Diskontierungszinssätze resultieren in den beiden Intervallen

$$E\left(\widetilde{FCF}_t^j + \tilde{V}_t^j\right) \in \left]-\infty; -\frac{\lambda_t}{r_f} \cdot Cov\left(\widetilde{FCF}_t^j + \tilde{V}_t^j, \tilde{r}_t^M\right)\right[\qquad (3.80)$$

und

$$E\left(\widetilde{FCF}_t^j + \tilde{V}_t^j\right) \in \left]\lambda_t \cdot Cov\left(\widetilde{FCF}_t^j + \tilde{V}_t^j, \tilde{r}_t^M\right); +\infty\right[. \qquad (3.81)$$

Demgegenüber resultieren negative Diskontierungszinssätze in folgendem Intervall:

$$E\left(\widetilde{FCF}_t^j + \tilde{V}_t^j\right) \in \left]-\frac{\lambda_t}{r_f} \cdot Cov\left(\widetilde{FCF}_t^j + \tilde{V}_t^j, \tilde{r}_t^M\right); \lambda_t \cdot Cov\left(\widetilde{FCF}_t^j + \tilde{V}_t^j, \tilde{r}_t^M\right)\right[. \qquad (3.82)$$

Liegt der zweite Fall vor, in dem die $Cov\left(\widetilde{FCF}_t^j + \tilde{V}_t^j, \tilde{r}_t^M\right)$ ein negatives Vorzeichen besitzt, resultieren positive Diskontierungszinssätze in den folgenden Intervallen:

$$E\left(\widetilde{FCF}_t^j + \tilde{V}_t^j\right) \in \left]-\infty; \lambda_t \cdot Cov\left(\widetilde{FCF}_t^j + \tilde{V}_t^j, \tilde{r}_t^M\right)\right[\qquad (3.83)$$

und

$$E\left(\widetilde{FCF}_t^j + \tilde{V}_t^j\right) \in \left]-\frac{\lambda_t}{r_f} \cdot Cov\left(\widetilde{FCF}_t^j + \tilde{V}_t^j, \tilde{r}_t^M\right); +\infty\right[. \qquad (3.84)$$

Dagegen müssen in folgendem Intervall negative Diskontierungszinssätze vorliegen:

$$E\left(\widetilde{FCF}_t^j + \tilde{V}_t^j\right) \in \left]\lambda_t \cdot Cov\left(\widetilde{FCF}_t^j + \tilde{V}_t^j, \tilde{r}_t^M\right); -\frac{\lambda_t}{r_f} \cdot Cov\left(\widetilde{FCF}_t^j + \tilde{V}_t^j, \tilde{r}_t^M\right)\right[. \qquad (3.85)$$

Ein wesentliches Ergebnis besteht darin, dass die $Cov\left(\widetilde{FCF}_t^j + \tilde{V}_t^j, \tilde{r}_t^M\right)$ und die $Cov\left(\tilde{r}_t^j, \tilde{r}_t^M\right)$ nicht zwangsläufig das gleiche Vorzeichen aufweisen. Konkret unterscheiden sich die Vorzeichen der beiden Kovarianzterme in dem folgenden Intervall:

$$E\left(\widetilde{FCF}_t^j + \tilde{V}_t^j\right) \in \left]-\infty; \lambda_t \cdot Cov\left(\widetilde{FCF}_t^j + \tilde{V}_t^j, \tilde{r}_t^M\right)\right[. \qquad (3.86)$$

Infolgedessen kann man nicht darauf vertrauen, dass die $Cov\left(\widetilde{FCF}_t^j + \tilde{V}_t^j, \tilde{r}_t^M\right)$ und die $Cov\left(\tilde{r}_t^j, \tilde{r}_t^M\right)$ stets das gleiche Vorzeichen aufweisen. Um das Vorzeichen der

Risikoprämie zu bestimmen, ist nicht auf das Vorzeichen von $Cov\left(\widetilde{FCF}_t^j + \tilde{V}_t^j, \tilde{r}_t^M\right)$, sondern auf das Vorzeichen von $Cov\left(\tilde{r}_t^j, \tilde{r}_t^M\right)$ abzustellen. Dies wurde in der (Standard-)Literatur zur Unternehmensbewertung noch nicht zur Kenntnis genommen.[322]

---

[322] So verweisen etwa Drukarczyk/Schüler (2009), S. 73 und S. 76, darauf, dass das Vorzeichen der $Cov\left(\widetilde{FCF}_t^j + \tilde{V}_t^j, \tilde{r}^M\right)$ über das Vorzeichen der Risikoprämie entscheidet. Die richtige Vorgehensweise, dass sich das Vorzeichen der Risikoprämie in Abhängigkeit vom Vorzeichen der Kovarianz – definiert in Renditeform – ergibt, findet sich bei Drukarczyk/Schüler (2009), S. 74. Den gleichen Fehler begehen Berry/Dyson (1980), S. 433: „Before a CAPM valuation formula can be applied to any uncertain cash flow it is necessary to know the covariance of the cash flow with the market return." Dem Fehler unterliegen auch Celec/Pettway (1979), S. 1062–1063; Lewellen (1979), S. 1065; Kudla (1980), S. 240; Dyson/Berry (1983), S. 158; Berry/Dyson (1984), S. 267; Grinyer (1984), S. 257; Gallagher/Zumwalt (1991), S. 107.

4. DCF-Verfahren bei positivem Betafaktor des Fremdkapitals

4.1 Ableitung der Bewertungsgleichungen

4.1.1 Allgemeingültige Bewertungsgleichungen

Da in Kapitel 3 die Zeit- und Unsicherheitseffekte im Fokus standen, wurde vereinfachend von Finanzierungs- und Steuereffekten abstrahiert. Letztere gilt es bei einer Unternehmensbewertung aber zu berücksichtigen. Im Folgenden wird gezeigt, wie sich der Unternehmenswert über das Adjusted Present Value-Verfahren (APV-Verfahren), Free Cashflow-Verfahren (FCF-Verfahren), Total Cashflow-Verfahren (TCF-Verfahren) und Flow to Equity-Verfahren (FTE-Verfahren) bestimmen lässt. Die Unterschiede dieser DCF-Verfahren liegen in der Definition des zu diskontierenden Cashflow und des Diskontierungszinssatzes sowie in der Erfassung der Steuervorteile.[323] Es soll insofern von ausfallgefährdetem Fremdkapital ausgegangen werden, als dass der Betafaktor des Fremdkapitals β^{FK} einen positiven Wert besitzt. Der Wert des Gesamtkapitals $\widetilde{GK}_t$ eines verschuldeten Unternehmens lässt sich über (mindestens) zwei Betrachtungsweisen ermitteln:[324] zum einen über die Gleichung

$$\widetilde{GK}_t = \widetilde{EK}_t + \widetilde{FK}_t \qquad (4.1)$$

und zum anderen über den (z.B. beim APV-Verfahren genutzten) Zusammenhang[325]

$$\widetilde{GK}_t = \tilde{V}_t^L = \tilde{V}_t^U + \tilde{V}_t^{TS}. \qquad (4.2)$$

Dabei bezeichnet $\widetilde{EK}_t$ den Wert des Eigenkapitals, $\widetilde{FK}_t$ den Wert des Fremdkapitals, $\tilde{V}_t^L$ den Wert des verschuldeten Unternehmens, $\tilde{V}_t^U$ den Wert des unverschuldeten Unternehmens und $\tilde{V}_t^{TS}$ den Wert des Steuervorteils. Die durchschnittlichen gewichteten Kapitalkosten des Free-Cashflow-Verfahrens $WACC_t^{FCF}$ resultieren über[326]

$$WACC_t^{FCF} = r_{EK,t}^L \cdot \frac{E\left(\widetilde{EK}_{t-1}\right)}{E\left(\widetilde{GK}_{t-1}\right)} + (1-\tau) \cdot r^{FK} \cdot \frac{E\left(\widetilde{FK}_{t-1}\right)}{E\left(\widetilde{GK}_{t-1}\right)} \qquad (4.3)$$

---

323 Insofern unterscheiden sich die DCF-Verfahren lediglich hinsichtlich ihrer Rechentechnik.
324 Hierfür wird auch der Begriff „Market Value Balance Sheet" eines verschuldeten Unternehmens verwendet. Vgl. etwa Myers (1977b), S. 151; Myers/Ruback (1987), S. 5–6; Howe (1995), S. 23; Inselbag/Kaufold (1997), S. 118; Ehrhardt/Daves (2002), S. 31; Farber/Gillet/Szafarz (2006), S. 212; Oded/Michel (2007), S. 23; Watrin/Stöver (2011), S. 65–66.
325 Vgl. etwa Myers (1974), S. 21.
326 Diese Gleichung wird auch als Textbook Formula bezeichnet. Vgl. etwa Myers (1974), S. 8.

oder alternativ über den Zusammenhang[327]

$$WACC_t^{FCF} = r_{EK}^U \cdot \frac{E(\tilde{V}_{t-1}^U)}{E(\widetilde{GK}_{t-1})} + r_t^{TS} \cdot \frac{E(\tilde{V}_{t-1}^{TS})}{E(\widetilde{GK}_{t-1})}. \qquad (4.4)$$

Die Symbole r_{EK}^U, $r_{EK,t}^L$, r^{FK} und r_t^{TS} kennzeichnen die deterministischen Diskontierungszinssätze des unverschuldeten Unternehmens, verschuldeten Unternehmens, Fremdkapitals und Steuervorteils, respektive. Mit τ wird der auf Unternehmensebene existierende deterministische und zeitlich konstante Steuersatz symbolisiert. Durch Gleichsetzen der Gleichungen (4.3) und (4.4) und Auflösen nach $r_{EK,t}^L$ ergibt sich der nachfolgende Zusammenhang für ein partiell fremdfinanziertes Unternehmen:[328]

$$r_{EK,t}^L = r_{EK}^U + \left(r_{EK}^U - r^{FK}\right) \cdot \frac{E(\widetilde{FK}_{t-1})}{E(\widetilde{EK}_{t-1})} - \left(r_{EK}^U - r_t^{TS}\right) \cdot \frac{E(\tilde{V}_{t-1}^{TS})}{E(\widetilde{EK}_{t-1})}. \qquad (4.5)$$

Berücksichtigt man eine erwartete Wachstumsrate der Cashflows $E(\tilde{g})$, resultiert:[329]

$$r_{EK,t}^L = r_{EK}^U + \left(r_{EK}^U - r^{FK}\right) \cdot \frac{E(\widetilde{FK}_{t-1})}{E(\widetilde{EK}_{t-1})}$$
$$- \left(r_{EK}^U - r_t^{TS}\right) \cdot \frac{\tau \cdot r^{FK}}{r_t^{TS} - E(\tilde{g})} \cdot \frac{E(\widetilde{FK}_{t-1})}{E(\widetilde{EK}_{t-1})}. \qquad (4.6)$$

---

327 Vgl. hierzu die Aussage bei Sharpe/Cooper (1972), S. 49: „The average return of a portfolio is simply the weighted average of the average returns of its component securities, with the proportions of value used as weights." Ähnlich Miles/Ezzell (1985), S. 1490; Kruschwitz/Milde (1996), S. 1130; Ehrhardt/Daves (2002), S. 37; Oded/Michel (2007), S. 23.

328 Zu dieser Gleichung gelangen etwa Tham/Wonder (2002), S. 10; Streitferdt (2004b), S. 675; Tham/Vélez-Pareja (2004), S. 74 und S. 285; Stanton/Seasholes (2005), S. 4; Vélez-Pareja/Tham/Fernández (2005), S. 48; Farber/Gillet/Szafarz (2006), S. 214; Streitferdt (2008), S. 269; Drukarczyk/Schüler (2009), S. 390; Streitferdt (2009), S. 296; Koller/Goedhart/Wessels (2010), S. 808; Vélez-Pareja (2010), S. 222; Meitner/Streitferdt (2011b), S. 18; Watrin/Stöver (2011), S. 68; Enzinger/Kofler (2011a), S. 4; Enzinger/Kofler (2011b), S. 53; Watrin/Stöver (2011), S. 66–67; Holthausen/Zmijewski (2012), S. 61 und S. 65; Lütkeschümer (2012), S. 97; Meitner/Streitferdt (2012), S. 1045. Unter Verwendung von Betafaktoren auch Enzinger/Kofler (2010), S. 206 und S. 211; Enzinger/Kofler (2011a), S. 4 und S. 10; Enzinger/Kofler (2011b), S. 53 und S. 56; Watrin/Stöver (2011), S. 68; Meitner/Streitferdt (2012), S. 1046.

329 Vgl. Ehrhardt/Daves (2002), S. 37; Aders/Schröder (2004), S. 114; Aders/Wagner (2004), S. 41.

Diese Gleichungen sind unabhängig von der Finanzierungspolitik gültig. Durch Einsetzen von Gleichung (4.5) in Gleichung (4.3) gelangt man zu einer allgemeingültigen Gleichung für die durchschnittlichen gewichteten Kapitalkosten $WACC_t^{FCF}$:[330]

$$WACC_t^{FCF} = r_{EK}^U - \left(r_{EK}^U - r_t^{TS}\right) \cdot \frac{E\left(\tilde{V}_{t-1}^{TS}\right)}{E\left(\widetilde{GK}_{t-1}\right)} - \tau \cdot r^{FK} \cdot \frac{E\left(\widetilde{FK}_{t-1}\right)}{E\left(\widetilde{GK}_{t-1}\right)}. \qquad (4.7)$$

Die durchschnittlichen gewichteten Kapitalkosten des Total-Cashflow-Verfahrens $WACC_t^{TCF}$ lassen sich dagegen über den folgenden Zusammenhang bestimmen:[331]

$$WACC_t^{TCF} = r_{EK}^U - \left(r_{EK}^U - r_t^{TS}\right) \cdot \frac{E\left(\tilde{V}_{t-1}^{TS}\right)}{E\left(\widetilde{GK}_{t-1}\right)}. \qquad (4.8)$$

Da der risikoadäquate Diskontierungszinssatz der Steuervorteile im Allgemeinen nicht bekannt ist, lassen sich die Gleichungen (4.5) bis (4.8) nicht ohne Weiteres anwenden. Allerdings kann man Gleichung (4.6) in die in der Literatur existierenden $WACC_t^{FCF}$-Gleichungen umformen, wenn man zusätzliche Annahmen (insbesondere hinsichtlich der Finanzierungspolitik und des Planungshorizontes) trifft. Die Finanzierungspolitik beeinflusst maßgeblich die Unsicherheit der Steuervorteile. Es gilt:[332]

$$V_0^{TS} = \sum_{t=1}^{T} \frac{\tau \cdot r^{FK} \cdot E\left(\widetilde{FK}_{t-1}\right)}{\prod_{s=1}^{t} 1 + r_s^{TS}}. \qquad (4.9)$$

Im Folgenden werden über Gleichung (4.6) die Anpassungsgleichungen und WACC-Gleichungen bei autonomer Finanzierungspolitik sowie bei wertorientierter Finanzierungspolitik mit kontinuierlicher oder mit periodischer Anpassung der Fremdkapitalbestände abgeleitet. Dabei wird ein Phasenmodell mit variablen Fremdkapitalbeständen oder variablen Fremdkapitalquoten in der Detailplanungsphase sowie wachsenden Cashflows (und Fremdkapitalbeständen) in der Fortführungsphase betrachtet. Das Fremdkapital-Beta kann positive Werte annehmen. Die Spezialfälle des risikolosen Fremdkapitals, der Vernachlässigung von Wachstum der Cashflows mit der erwarteten Wachstumsrate $E(\tilde{g})$ oder der Beschränkung auf die Detailplanungsphase resultieren, wenn man $\beta^{FK}=0$, $E(\tilde{g})=0\%$ respektive $E(\tilde{g})=-100\%$ setzt.

---

[330] Vgl. Tham/Vélez-Pareja (2004), S. 287; Vélez-Pareja/Tham/Fernández (2005), S. 48; Farber/Gillet/Szafarz (2006), S. 215; Farber/Gillet/Szafarz (2007), S. 407; Fernández (2007b), S. 400; Drukarczyk/Schüler (2009), S. 391; Streitferdt (2009), S. 296; Vélez-Pareja (2010), S. 222; Holthausen/Zmijewski (2012), S. 62 und S. 65.
[331] Vgl. Tham/Vélez-Pareja (2004), S. 289; Vélez-Pareja/Tham/Fernández (2005), S. 48.
[332] Vgl. auch Holthausen/Zmijewski (2012), S. 62; im Unendlichkeitskalkül unter Berücksichtigung von Wachstum auch Aders/Schröder (2004), S. 105.

4.1.2 Autonome Finanzierungspolitik

Unterstellt man eine autonome Finanzierungspolitik mit deterministischen Fremdkapitalbeständen, resultiert $r^{TS} = r^{FK}$.[333] Unter diesen Annahmen gilt im Unendlichkeitskalkül ohne Wachstum der Cashflows für den Barwert der Steuervorteile:[334]

$$V_T^{TS} = \frac{\tau \cdot r^{FK} \cdot FK_T}{r^{FK}}. \tag{4.10}$$

Im Endlichkeitskalkül gilt der folgende Zusammenhang:[335]

$$V_0^{TS} = \sum_{t=1}^{T} \frac{\tau \cdot r^{FK} \cdot FK_0}{\left(1+r^{FK}\right)^t}. \tag{4.11}$$

Wie Conine zeigt, ergibt sich aus Gleichung (4.5) der folgende Zusammenhang:[336]

$$r_{EK,t}^{L} = r_{EK}^{U} + \left(r_{EK}^{U} - r^{FK}\right) \cdot (1-\tau) \cdot \frac{FK_{t-1}}{E\left(\widetilde{EK}_{t-1}\right)}. \tag{4.12}$$

---

[333] In dem von Modigliani/Miller betrachteten Spezialfall ohne Insolvenzrisiken gilt $r_t^{TS} = r_t^{FK} = r_f$. Die Annahme systematischer Risiken des Fremdkapitals führt dazu, dass ein positives Fremdkapital-Beta berücksichtigt werden muss. Eine Diskontierung der erwarteten Steuervorteile mit r_f ist nur gerechtfertigt, wenn das Ausfallrisiko des Fremdkapitals unsystematisch ist. Vgl. grundlegend Bierman/Oldfield (1979), S. 955; auch Couch/Dothan/Wu (2012), S. 144.

[334] Vgl. etwa Ruback (2002), S. 96; Ehrhardt/Daves (2002), S. 33; Cooper/Nyborg (2006), S. 218; Farber/Gillet/Szafarz (2006), S. 216; Cooper/Nyborg (2007), S. 51; Fernández (2007a), S. 14; Massari/Roncaglio/Zanetti (2007), S. 155; Oded/Michel (2007), S. 24; Streitferdt (2009), S. 297.

[335] Vgl. etwa Taggart (1991), S. 11; Barbi (2012), S. 255.

[336] Vgl. Conine (1980a), S. 21; Conine (1980b), S. 1035; Conine (1982), S. 203, Fn. 3; Conine/Tamarkin (1985), S. 55; auch Martin/Scott (1980), S. 25; Chen (1982), S. 9; Chen (1984), S. 8; Mandelker/Rhee (1984), S. 47–48; Callahan/Mohr (1989), S. 164; Butler/Mohr/Simonds (1991), S. 886; Taggart (1991), S. 11; Howe (1995), S. 24–26; Kruschwitz/Milde (1996), S. 1121–1123; Wallmeier (1999), S. 1476; Booth (2002), S. 101; Ehrhardt/Daves (2002), S. 33; Steiner/Wallmeier (2002), S. 248; Schultze (2003), S. 293; Stanton/Seasholes (2005), S. 6; Cooper/Nyborg (2006), S. 217; Farber/Gillet/Szafarz (2006), S. 216; Cohen (2007), S. 64; Streitferdt (2009), S. 297; Enzinger/Kofler (2010), S. 202 und S. 211; Enzinger/Kofler (2011a), S. 10; Enzinger/Kofler (2011b), S. 54 und S. 56; Kruschwitz/Löffler/Lorenz (2011), S. 674; Watrin/Stöver (2011), S. 68 und S. 72; Dörschell/Franken/Schulte (2012), S. 208; Holthausen/Zmijewski (2012), S. 63, S. 65 und S. 67; Ballwieser/Hachmeister (2013), S. 158 und S. 235. Unter der vereinfachenden Annahme $\beta^{FK} = 0$ bereits Hamada (1972), S. 439.

Die gewichteten Kapitalkosten $WACC_t^{FCF}$ resultieren aus Gleichung (4.7):[337]

$$WACC_t^{FCF} = r_{EK}^U \cdot \left(1 - \tau \cdot \frac{FK_{t-1}}{E\left(\widetilde{GK}_{t-1}\right)}\right). \tag{4.13}$$

Inselbag/Kaufold erweitern die Gleichungen auf einen Endlichkeitskalkül mit beliebiger deterministischer Entwicklung der Fremdkapitalbestände. Es resultiert:[338]

$$r_{EK,t}^L = r_{EK}^U + \left(r_{EK}^U - r^{FK}\right) \cdot \frac{FK_{t-1} - E\left(\tilde{V}_{t-1}^{TS}\right)}{E\left(\widetilde{EK}_{t-1}\right)} \tag{4.14}$$

sowie[339]

$$WACC_t^{FCF} = r_{EK}^U \cdot \frac{E\left(\tilde{V}_{t-1}^U\right)}{E\left(\widetilde{GK}_{t-1}\right)} + \frac{r^{FK} \cdot \left[E\left(\tilde{V}_{t-1}^{TS}\right) - \tau \cdot FK_{t-1}\right]}{E\left(\widetilde{GK}_{t-1}\right)}. \tag{4.15}$$

Berücksichtigt man Wachstum in der Fortführungsphase, bestimmt sich $r_{EK,t}^L$ über:[340]

$$r_{EK,t}^L = r_{EK}^U + \left(r_{EK}^U - r^{FK}\right) \cdot \left[1 - \frac{\tau \cdot r^{FK}}{r^{FK} - E(\tilde{g})}\right] \cdot \frac{FK_{t-1}}{E\left(\widetilde{EK}_t\right)}. \tag{4.16}$$

Der $WACC_t^{FCF}$ berechnet sich über den folgenden Zusammenhang:[341]

$$WACC_t^{FCF} = r_{EK}^U - \frac{r_{EK}^U - E(\tilde{g})}{r^{FK} - E(\tilde{g})} \cdot \tau \cdot r^{FK} \cdot \frac{FK_{t-1}}{E\left(\widetilde{GK}_{t-1}\right)}. \tag{4.17}$$

---

337 Vgl. Modigliani/Miller (1963), S. 442; auch Myers (1974), S. 7; Kruschwitz/Milde (1996), S. 1122; Wallmeier (1999), S. 1476; Ehrhardt/Daves (2002), S. 33; Löffler (2003), S. 56; Cooper/Nyborg (2006), S. 217; Farber/Gillet/Szafarz (2006), S. 217; Massari/Roncaglio/Zanetti (2007), S. 156; Kruschwitz/Löffler/Essler (2009), S. 150–151; Streitferdt (2009), S. 297; Kruschwitz/Löffler/Lorenz (2011), S. 674–675; Kruschwitz/Lorenz (2011), S. 95, Fn. 8; Barbi (2012), S. 255; Holthausen/Zmijewski (2012), S. 63 und S. 65.
338 Vgl. Inselbag/Kaufold (1997), S. 118; Wallmeier (1999), S. 1477; Langenkämper (2000), S. 84; Watrin/Stöver (2011), S. 72; Ballwieser/Hachmeister (2013), S. 180; unter Verwendung von Betafaktoren auch Enzinger/Kofler (2011a), S. 7 und S. 10; Enzinger/Kofler (2011b), S. 54 und S. 56. Die Darstellung von Richter (1998b), S. 385, weist einen fehlerhaften Periodenindex auf.
339 Vgl. Inselbag/Kaufold (1997), S. 118; auch Streitferdt (2009), S. 297.
340 Vgl. Aders/Schröder (2004), S. 111–112; Enzinger/Kofler (2010), S. 202, S. 211 und S. 213; Enzinger/Kofler (2011a), S. 10; Enzinger/Kofler (2011b), S. 56; Watrin/Stöver (2011), S. 68; Dörschell/Franken/Schulte (2012), S. 207; Holthausen/Zmijewski (2012), S. 65.
341 Vgl. Aders/Schröder (2004), S. 112 und S. 115–116; Massari/Roncaglio/Zanetti (2007), S. 156.

4.1.3 Wertorientierte Finanzierungspolitik

Eine wertorientierte Finanzierungspolitik impliziert, dass die Fremdkapitalquoten $FKQ_t = \widetilde{FK}_t / \widetilde{GK}_t$ oder Verschuldungsgrade $l_t = \widetilde{FK}_t / \widetilde{EK}_t$ deterministisch sind.[342] Miles/Ezzell betrachten eine wertorientierte Finanzierungspolitik mit konstanter Fremdkapitalquote und periodischer Anpassung des Fremdkapitalbestands. Löffler zeigt, dass die Gleichungen auch bei intertemporal variablen Fremdkapitalquoten gelten.[343] Im Folgenden wird zunächst der Fall betrachtet, in dem die künftigen Cashflows keinem bestimmten stochastischen Prozess unterliegen, sondern zufällig anfallen.[344] Es lässt sich zeigen, dass unter diesen Annahmen die Steuervorteile einmalig mit r^{FK} und in den übrigen Perioden mit r_{EK}^U zu diskontieren sind. Es gilt:[345]

$$r_t^{TS} = r_{EK}^U + \left(r^{FK} - r_{EK}^U\right) \cdot \frac{\tau \cdot r^{FK} \cdot \dfrac{E\left(\widetilde{FK}_{t-1}\right)}{E\left(\widetilde{EK}_{t-1}\right)}}{1 + r^{FK}} \cdot \frac{E\left(\widetilde{EK}_{t-1}\right)}{\tilde{V}_{t-1}^{TS}}. \tag{4.18}$$

Unter diesen Annahmen resultiert für die Steuervorteile:[346]

$$\tilde{V}_t^{TS} = \frac{\tau \cdot r^{FK} \cdot E\left(\widetilde{FK}_{t-1}\right)}{1 + r^{FK}} + \frac{\tilde{V}_{t+1}^{TS}}{1 + r_{EK}^U}. \tag{4.19}$$

Für $r_{EK,t}^L$ gilt der folgende Zusammenhang:[347]

$$r_{EK,t}^L = r_{EK}^U + \left(r_{EK}^U - r^{FK}\right) \cdot \frac{1 + r^{FK} \cdot (1-\tau)}{1 + r^{FK}} \cdot \frac{E\left(\widetilde{FK}_{t-1}\right)}{E\left(\widetilde{EK}_{t-1}\right)}. \tag{4.20}$$

---

342 Für das Verhältnis dieser Kennzahlen gilt: $FKQ_t = l_t / (1 + l_t)$. Vgl. etwa Kruschwitz/Milde (1996), S. 1224; Fischer/Mandl (2000), S. 462; Kruschwitz/Löffler/Essler (2009), S. 82.
343 Vgl. Löffler (2004), S. 936–938.
344 Die Miles/Ezzell-Gleichungen sind für jeden Cashflow-Prozess gültig. Vgl. Cooper/Nyborg (2006), S. 224; Cooper/Nyborg (2008), S. 366; auch Stanton/Seasholes (2005), S. 10.
345 Vgl. Farber/Gillet/Szafarz (2007), S. 409.
346 Vgl. Miles/Ezzell (1985), S. 1488; Taggart (1991), S. 10; Farber/Gillet/Szafarz (2007), S. 408.
347 Vgl. Miles/Ezzell (1980), S. 719 und S. 727; Howe (1995), S. 29; Wallmeier (1999), S. 1476; Steiner/Wallmeier (2002), S. 248; Schultze (2003), S. 293; Watrin/Stöver (2011), S. 72; auch Fernández (2007a), S. 16; Fernández (2007b), S. 401. Unter Verwendung von Betafaktoren vgl. auch Enzinger/Kofler (2011b), S. 56–57; Kruschwitz/Löffler/Lorenz (2011), S. 676.

Aus Gleichung (4.6) folgt als Gleichung für den $WACC_t^{FCF}$:[348]

$$WACC_t^{FCF} = r_{EK}^U - \left(1 + r_{EK}^U\right) \cdot \frac{r^{FK} \cdot \tau}{1 + r^{FK}} \cdot \frac{E\left(\widetilde{FK}_{t-1}\right)}{E\left(\widetilde{GK}_{t-1}\right)}. \tag{4.21}$$

Für den Sonderfall, dass die Cashflows des unverschuldeten Unternehmens und somit auch die Steuervorteile unendliches geometrisches Wachstum aufweisen, gilt:[349]

$$\tilde{V}_T^{TS} = \frac{\tau \cdot r^{FK} \cdot E\left(\widetilde{FK}_T\right) \cdot \left(1 + r_{EK}^U\right)}{\left[r_{EK}^U - E(\tilde{g})\right] \cdot \left(1 + r^{FK}\right)}. \tag{4.22}$$

Gleichung (4.6) lässt sich folgendermaßen formulieren:[350]

$$\begin{aligned}r_{EK,t}^L &= r_{EK}^U + \left[r_{EK}^U - r^{FK} \cdot (1-\tau)\right] \cdot \frac{E\left(\widetilde{FK}_{t-1}\right)}{E\left(\widetilde{EK}_{t-1}\right)} \\ &\quad - \left[r_{EK}^U - E(\tilde{g})\right] \cdot \frac{E\left(\tilde{V}_{t-1}^{TS}\right)}{E\left(\widetilde{EK}_{t-1}\right)}.\end{aligned} \tag{4.23}$$

Aus Gleichung (4.7) folgt der $WACC_t^{FCF}$ bei geometrischem Wachstum:[351]

$$WACC_t^{FCF} = r_{EK}^U - \left[r_{EK}^U - E(\tilde{g})\right] \cdot \frac{E\left(\tilde{V}_{t-1}^{TS}\right)}{E\left(\widetilde{GK}_{t-1}\right)}. \tag{4.24}$$

Eine alternative Annahme besteht darin, dass die Unternehmen eine wertorientierte Finanzierungspolitik verfolgen und den Fremdkapitalbestand kontinuierlich

---

348 Vgl. Miles/Ezzell (1980), S. 726–727; auch Taggart (1991), S. 11; Howe (1995), S. 28; Inselbag/Kaufold (1997), S. 121; Wallmeier (1999), S. 1476; Löffler (2004), S. 936; Kruschwitz/Löffler (2006), S. 72–74; Farber/Gillet/Szafarz (2007), S. 409; Fernández (2007a), S. 16; Fernández (2007b), S. 401; Kruschwitz/Lorenz (2011), S. 95; Barbi (2012), S. 255; Holthausen/Zmijewski (2012), S. 65; Ballwieser/Hachmeister (2013), S. 160.
349 Vgl. Lewellen/Emery (1986), S. 420; Inselbag/Kaufold (1997), S. 119; Steiner/Wallmeier (1999), S. 5; Arzac/Glosten (2005), S. 455; Farber/Gillet/Szafarz (2007), S. 409; Fernández (2007a), S. 15; Fernández (2007b), S. 400; Fernández (2010), S. 141; Kruschwitz/Lorenz (2011), S. 95; Barbi (2012), S. 254.
350 Vgl. Fernández (2007a), S. 16; Fernández (2007b), S. 401; Fernández (2010), S. 141.
351 Vgl. Fernández (2007b), S. 402; Fernández (2010), S. 141. Barbi (2012), S. 255, behauptet fälschlicherweise, dass Gleichung (4.24) auch bei Wachstum Gültigkeit besitzt.

anpassen.[352] Unter diesen Annahmen gilt gemäß Harris/Pringle $r_t^{TS} = r_{EK}^U$. Der Barwert der Steuervorteile ergibt sich im Unendlichkeitskalkül mit Wachstum über:[353]

$$\tilde{V}_T^{TS} = \frac{\tau \cdot r^{FK} \cdot E(\widetilde{FK}_T)}{r_{EK}^U - g}. \tag{4.25}$$

Im Endlichkeitskalkül gilt dagegen der Zusammenhang:[354]

$$V_0^{TS} = \sum_{t=1}^{T} \frac{\tau \cdot r^{FK} \cdot E(\widetilde{FK}_{t-1})}{(1 + r_{EK}^U)^t}. \tag{4.26}$$

Setzt man die Annahme $r_t^{TS} = r_{EK}^U$ in Gleichung (4.5) ein, resultiert für $r_{EK,t}^L$:[355]

$$r_{EK,t}^L = r_{EK}^U + (r_{EK}^U - r^{FK}) \cdot \frac{E(\widetilde{FK}_{t-1})}{E(\widetilde{EK}_{t-1})}. \tag{4.27}$$

Aus Gleichung (4.7) ergibt sich der $WACC_t^{FCF}$ unter Harris/Pringle-Annahmen:[356]

$$WACC_t^{FCF} = r_{EK}^U - r^{FK} \cdot \tau \cdot \frac{E(\widetilde{FK}_{t-1})}{E(\widetilde{GK}_{t-1})}. \tag{4.28}$$

---

352 Strenggenommen ist mit zeitstetigen Renditen zu rechnen. Dies wird hier aus Vereinfachungsgründen unterlassen. Die Ausführungen von Harris/Pringle (1985) und Taggart (1991) lassen einen formalen Beweis der Gleichungen vermissen. Diesen liefert Löffler (2004), S. 938–940.
353 Vgl. Harris/Pringle (1985), S. 240–241; früher bereits Myers (1974), S. 22; auch Taggart (1991), S. 11; Cooper/Nyborg (2007), S. 55; Oded/Michel (2007), S. 25.
354 Vgl. Cooper/Nyborg (2006), S. 218; Cooper/Nyborg (2007), S. 55; Fernández (2007b), S. 401; Fernández (2010), S. 141. Cooper/Nyborg sprechen zwar von Miles/Ezzell-Annahmen, gehen aber von einer kontinuierlichen Anpassung des Fremdkapitalbestands aus. Vgl. Cooper/Nyborg (2006), S. 217. Insofern liegen Harris/Pringle-Annahmen vor.
355 Vgl. (teilweise in Beta-Schreibweise) Harris/Pringle (1985), S. 240–241; Taggart (1991), S. 11; Ehrhardt/Daves (2002), S. 33; Ruback (2002), S. 91 und S. 98–99; Fernández (2004), S. 154; Arzac/Glosten (2005), S. 458; Cooper/Nyborg (2006), S. 217; Farber/Gillet/Szafarz (2006), S. 217; Kruschwitz/Löffler/Essler (2009), S. 153; Enzinger/Kofler (2010), S. 211; Enzinger/Kofler (2011a), S. 10; Enzinger/Kofler (2011b), S. 55–56; Watrin/Stöver (2011), S. 68 und S. 72; Dörschell/Franken/Schulte (2012), S. 207–208; Holthausen/Zmijewski (2012), S. 65–67.
356 Vgl. Harris/Pringle (1985), S. 239; auch Ehrhardt/Daves (2002), S. 33; Cooper/Nyborg (2006), S. 217; Farber/Gillet/Szafarz (2006), S. 217; Farber/Gillet/Szafarz (2007), S. 408; Streitferdt (2009), S. 298; Holthausen/Zmijewski (2012), S. 65.

Die Gleichungen bei wertorientierter Finanzierungspolitik lassen sich (unabhängig von der Frequenz der $\widetilde{FK}_t$-Anpassung) auch für Endlichkeitskalküle anwenden.[357]

4.1.4 Numerisches Beispiel

In den Abschnitten 4.1.2 und 4.1.3 wurden Gleichungen zur Bestimmung der Kapitalkosten für verschiedene Arten der Finanzierungspolitik abgeleitet. Die Zusammenhänge zwischen den Eigenkapitalkosten verschuldeter und unverschuldeter Unternehmen werden im Rahmen eines Unlevering und Relevering benötigt. Dies erlaubt eine Anpassung des Finanzierungsrisikos an den jeweiligen Verschuldungsgrad des Bewertungsobjekts. Die Anpassungsgleichungen können bei allen vier DCF-Verfahren notwendig werden: Beim APV-Verfahren[358] werden die Eigenkapitalkosten des unverschuldeten Unternehmens, die empirisch nicht beobachtbar sind, benötigt. Daher ist ein Unlevering beobachtbarer verschuldeter Betafaktoren notwendig. Beim FCF-,[359] TCF-[360] und FTE-Verfahren[361] ist ein Unlevering und Relevering vorzunehmen, wenn die beobachtbaren Betafaktoren des verschuldeten Unternehmens auf anderen Verschuldungsgraden als den künftig geplanten Verschuldungsgraden basieren oder wenn die Betafaktoren von Vergleichsunternehmen mit identischem operativem Risiko, aber unterschiedlichem Verschuldungsgrad, gewonnen werden.[362]

Ein numerisches Beispiel kann Anhang 8 entnommen werden. Dabei wird ein Phasenmodell mit variablen Fremdkapitalbeständen oder -quoten in der Detailplanungsphase und Wachstum in der Fortführungsphase betrachtet. Das Fremdkapital ist ausfallgefährdet, sodass ein positiver Betafaktor des Fremdkapitals vorliegt. Darüber hinaus werden eine autonome Finanzierungspolitik, eine wertorientierte Finanzierungspolitik mit kontinuierlicher Anpassung des Fremdkapitalbestands und eine wertorientierte Finanzierungspolitik mit periodischer Anpassung des

---

357 Vgl. Taggart (1991), S. 12; auch Enzinger/Kofler (2011b), S. 55; Watrin/Stöver (2011), S. 68; Dörschell/Franken/Schulte (2012), S. 207.
358 Das APV-Verfahren geht zurück auf Myers (1974), S. 1–21.
359 Das FCF-Verfahren bei autonomer Finanzierungspolitik basiert auf Modigliani/Miller (1958), S. 265–276; Modigliani/Miller (1963), S. 434–441. Das FCF-Verfahren bei wertorientierter Finanzierungspolitik entwickeln Miles/Ezzell (1980), S. 719–727.
360 Das TCF-Verfahren geht auf Arditti/Levy (1977), S. 25–27, zurück. Es wird auch als Capital-Cashflow-Verfahren oder Compressed APV-Verfahren bezeichnet. Vgl. Ruback (2002), S. 86. Die Bezeichnung Total Cashflow findet sich etwa bei Boudreaux/Long (1979), S. 7.
361 Das FTE-Verfahren ist mit der Ertragswertmethode identisch. Vgl. Ballwieser (2012c), S. 502–504; Hering (2014), S. 328–335. Letztere verwendet bereits Schmalenbach (1917), S. 3, Fn. 1.
362 Vgl. hierzu etwa Cooper/Nyborg (2007), S. 56; Cooper/Nyborg (2008), S. 371; Volkart (2008), S. 157–163; Kruschwitz/Löffler/Lorenz (2011), S. 678; Holthausen/Zmijewski (2012), S. 60.

Fremdkapitalbestands untersucht. Es zeigt sich, dass bei identischer Finanzierungspolitik das APV-, FCF-, TCF- und FTE-Verfahren zu demselben Unternehmenswert führen.[363] Zu beachten ist allerdings, dass sich die Verfahren – in Abhängigkeit von der Finanzierungspolitik – hinsichtlich der rechentechnischen Komplexität unterscheiden. Werden Bewertungsergebnisse früherer Perioden benötigt, kann Zirkularität auftreten.[364] Dies betrifft bei autonomer Finanzierungspolitik das FCF-, TCF- und FTE-Verfahren. Bei wertorientierter Finanzierungspolitik ergibt sich Zirkularität beim APV- und FTE-Verfahren.[365] In diesen Fällen kann keine progressive Rechnung erfolgen. Der Unternehmenswert ist rekursiv, d.h. anhand einer sukzessiven retrograden Vorgehensweise,[366] oder über iterative Lösungsverfahren[367] zu bestimmen.

Das numerische Beispiel zeigt, dass die autonome Finanzierungspolitik c.p. zu höheren Unternehmenswerten als eine wertorientierte Finanzierungspolitik, bei der die gleichen Fremdkapitalbestände impliziert werden, führt.[368] Dabei resultieren bei wertorientierter Finanzierungspolitik mit periodischer Anpassung der

---

363 Die Identität der Ergebnisse ist zwingend unter der Annahme, dass ein lineares Preisfunktional existiert. Vgl. Harrison/Kreps (1979), S. 385–391; Wilhelm (1981), S. 894; Casey (2006), S. 181, Fn. 4; Franke/Hax (2009), S. 336–349. Hiervon abweichende Aussagen finden sich häufig in der Literatur; sie sind auf inkonsistente Annahmen oder Rechenfehler zurückzuführen. Vgl. beispielhaft Kofler/Baumgartner (2010), S. 77–81 und S. 109.

364 Konkret werden bei der Bestimmung der Eigenkapitalkosten des verschuldeten Unternehmens oder der gewichteten durchschnittlichen Kapitalkosten die Marktwerte des Eigen- oder Gesamtkapitals der jeweiligen Vorperiode benötigt. Vgl. grundlegend Schneider (1992), S. 525; Ballwieser (1993), S. 167; auch Hachmeister (1996), S. 256–261; Schwetzler/Darijtschuk (1999), S. 297 und S. 314, En. 7 m.w.N; Heitzer/Dutschmann (1999), S. 1464; Wallmeier (1999), S. 1480; Schildbach (2000), S. 708; Schwetzler/Darijtschuk (2000), S. 118; Drukarczyk/Schüler (2001), S. 273–274; Husmann/Kruschwitz/Löffler (2001), S. 277–280; Wallmeier (2001), S. 286; Steiner/Wallmeier (2002), S. 250; Casey (2004a), S. 140–141; Enzinger/Kofler (2010), S. 192; Enzinger/Kofler (2011a), S. 3–4.

365 Vgl. Wallmeier (1999), S. 1480; Steiner/Wallmeier (2002), S. 250; Kofler/Baumgartner (2010), S. 20. Casey (2004b), S. 39, behauptet, dass hier auch das TCF-Verfahren Zirkularität aufweist.

366 Vgl. Myers (1974), S. 20–21; Ballwieser (1990), S. 184 m.w.N; auch Schwetzler/Darijtschuk (1999), S. 304; Heitzer/Dutschmann (1999), S. 1465–1469; Wallmeier (1999), S. 1480; Schildbach (2000), S. 718–719; Steiner/Wallmeier (2002), S. 250; Casey (2004a), S. 148–151; Enzinger/Kofler (2011a), S. 2 und S. 4–6.

367 Vgl. Ballwieser (1993), S. 167; Mandl/Rabel (1997), S. 322–323; Casey (2004a), S. 149; Enzinger/Kofler (2011a), S. 7–8. Dieser Vorgehensweise folgen Tabellenkalkulationsprogramme.

368 Dies gilt jedoch nur für positive Risikoprämien. Liegen negative Risikoprämien vor, resultiert bei wertorientierter Finanzierungspolitik im Allgemeinen ein höherer Unternehmenswert als bei autonomer Finanzierungspolitik. Diese Einschätzung teilen Grinblatt/Liu (2008), S. 239, Fn. 18.

Fremdkapitalbestände höhere Unternehmenswerte als bei wertorientierter Finanzierungspolitik mit kontinuierlicher Anpassung der Fremdkapitalbestände:[369] Bei periodischer Anpassung sind die Steuervorteile für eine Periode mit r^{FK} statt mit r_{EK}^{U} zu diskontieren.[370]

Die benötigten Prämissen sind Standard-Annahmen in der Unternehmensbewertung: Konkret müssen der risikolose Zinssatz, die Rendite des Fremdkapitals, die Rendite des Marktportfolios, der Betafaktor des unverschuldeten Unternehmens, die Wachstumsrate der Cashflows in der Fortführungsphase und der Steuersatz vorgegeben werden.[371] Diese Größen werden vereinfachend als zeitlich konstant unterstellt.[372] Darüber hinaus hat der Bewerter die Cashflows und – je nach Finanzierungspolitik – die Fremdkapitalbestände oder -quoten der Detailplanungsphase zu prognostizieren.

Es gilt darauf hinzuweisen, dass die DCF-Verfahren zu Problemen führen können, wenn die Wachstumsrate der Cashflows in der Fortführungsphase den Fremdkapitalkosten oder den Eigenkapitalkosten des unverschuldeten Unternehmens entspricht.[373] Dies ist der Definitionslücke des Bewertungskalküls geschuldet. Von einer langfristigen Wachstumsrate, die in dem kritischen Wertebereich liegt, kann jedoch unter Anführung von Argumenten aus der Wettbewerbstheorie oder einem Verweis auf empirische Daten für Wachstumsraten und Renditeforderungen abstrahiert werden.

4.1.5 Würdigung

4.1.5.1 Realitätsnähe der Finanzierungspolitik

Die Ausführungen in dieser Arbeit beschränken sich auf die drei Formen der Finanzierungspolitik, die in der Literatur vorherrschen: Die autonome Finanzierungspolitik, die wertorientierte Finanzierungspolitik mit periodischer Anpassung des Fremdkapitalbestands und die wertorientierte Finanzierungspolitik mit kontinuierlicher Anpassung des Fremdkapitalbestands. Diese Formen der Finanzierungspolitik stellen zwar Idealtypen dar; sie gewährleisten aber eindeutige funktionale Zusammenhänge zwischen den Kapitalkostensätzen.[374] Im Folgenden sollen sowohl

---

369 Vgl. bereits Harris/Pringle (1985), S. 242.
370 Dieses Ergebnis ist wiederum an die Annahme positiver Risikoprämien gebunden.
371 Die Annahme, dass der Betafaktor des unverschuldeten Unternehmens bekannt ist, erscheint zunächst realitätsfern. Vgl. Miles/Ezzell (1980), S. 720; auch Ballwieser (1998), S. 91; Booth (2002), S. 96 und S. 99; Kruschwitz/Löffler (2003a), S. 241. Er lässt sich aber mittels Unlevering aus historischen Daten des Bewertungsobjekts oder von Vergleichsunternehmen bestimmen.
372 Für eine Erweiterung auf intertemporal variable Größen vgl. Abschnitt 4.3.
373 Dieses Problem erkennen auch Lewellen/Emery (1986), S. 423; Volkart (2008), S. 147, Fn. 26.
374 Vgl. etwa Clubb/Doran (1995), S. 682; Richter (1998b), S. 379; Wallmeier (1999), S. 1473–1474; Aders/Wagner (2004), S. 36; ähnlich Casey (2004a), S. 140; Casey (2006), S. 180.

die Realitätsnähe dieser Annahmen als auch die Vereinbarkeit mit Insolvenzrisiken untersucht werden.

Grundsätzlich stellen alle Formen einer Finanzierungspolitik einschränkende Annahmen dar.[375] Selbst wenn ein Unternehmen eine bestimmte Finanzierungsstrategie verfolgt, wird es hieran nicht sklavisch festhalten. Letzteres Verhalten muss aber angenommen werden, um eine Unternehmensbewertung vornehmen zu können.[376] Eine autonome Finanzierungspolitik wird insbesondere für weit in der Zukunft liegende Perioden als unrealistisch erachtet; für die Detailplanungsphase erscheint diese Finanzierungsannahme jedoch akzeptabel.[377] Die Realitätsnähe der wertorientierten Finanzierungspolitik ist ebenfalls umstritten; es erscheint aber vertretbar, auf diese Annahme im Unendlichkeitskalkül zurückzugreifen.[378] Insofern kann man insbesondere die Annahme einer hybriden Finanzierungspolitik mit deterministischen Fremdkapitalbeständen in der Detailplanungsphase und deterministischen Fremdkapitalquoten in der Fortführungsphase als realitätsnah erachten.[379] Die Frage, ob innerhalb der wertorientierten Finanzierungspolitik eine periodische oder kontinuierliche Anpassung des Fremdkapitalbestands realistischer erscheint, ist leicht zu beantworten: Von einer kontinuierlichen Anpassung des Fremdkapitalbestands kann man in der Realität nicht ausgehen, da dies im Allgemeinen mit hohen Kosten verbunden ist.[380] Der Umstand, dass die Finanzierungspolitik nach Harris/Pringle in der praxisnahen Unternehmensbewertung einen höheren Stellenwert als die Finanzierungspolitik nach Miles/Ezzell besitzt, dürfte daher auf die einfacheren Bewertungsgleichungen und die damit einhergehende leichtere Kommunizierbarkeit zurückzuführen sein.[381]

4.1.5.2 Zweckgerechtigkeit der Finanzierungspolitik

Ungeachtet dessen, dass die Realitätsnähe der betrachteten Formen der Finanzierungspolitik umstritten ist, stellt sich die Frage, inwiefern diese Finanzierungsannahmen für ein Bewertungsmodell mit Insolvenzrisiko tauglich sind. Zunächst soll

---

375 Vgl. Lewellen/Emery (1986), S. 423; Clubb/Doran (1995), S. 690; Grinblatt/Liu (2008), S. 226.
376 Vgl. Kruschwitz/Löffler (2003b), S. 731.
377 Vgl. Taggart (1991), S. 10; Steiner/Wallmeier (1999), S. 9; Booth (2002), S. 96 und S. 99; Aders/Wagner (2004), S. 38; Kruschwitz/Löffler (2004a), S. 88; Cooper/Nyborg (2007), S. 56 und S. 58; Rosarius (2007), S. 140–141; Enzinger/Kofler (2010), S. 197.
378 Eine Realitätsnähe attestieren Lewellen/Emery (1986), S. 415 und S. 423; Ruback (2002), S. 101; Kruschwitz/Löffler (2004a), S. 88; Wiese (2006), S. 166; Cooper/Nyborg (2007), S. 56; Sabal (2007), S. 9 und S. 12; Holthausen/Zmijewski (2012), S. 66; Knabe (2012), S. 97. Anderer Meinung sind Steiner/Wallmeier (1999), S. 9; Langenkämper (2000), S. 60; Schildbach (2000), S. 717; Kruschwitz/Löffler (2004a), S. 89; Massari/Roncaglio/Zanetti (2007), S. 159–160.
379 Vgl. etwa Kruschwitz/Löffler/Canefield (2007), S. 427.
380 Vgl. Graham/Harvey (2001), S. 215, m.w.N.; auch Holthausen/Zmijewski (2012), S. 66.
381 Vgl. hierzu bereits Harris/Pringle (1985), S. 242.

die autonome Finanzierungspolitik untersucht werden, die auf Modigliani/Miller zurückgeht. Diese schließen Insolvenzrisiken explizit aus. Unterstellt man unsicheres Fremdkapital, wird ein positiver Betafaktor des Fremdkapitals angesetzt. Dies bedeutet, dass die Renditen des Fremdkapitals systematische Risiken aufweisen. Fraglich bleibt, aus welchen Risikoarten sich die systematischen Risiken zusammensetzen.[382]

Eine Planung „typischer" Fremdkapitalbestände erscheint aufgrund der Heterogenität insolvenzgefährdeter Unternehmen ausgeschlossen.[383] Denkbar wäre zwar eine betont vorsichtige Finanzierungsstrategie, bei der Puffer bei der Fremdkapitalaufnahme eingeplant werden, um auf eine unvorhersehbare negative operative Entwicklung vorbereitet zu sein. Diese Politik wird jedoch bei insolvenzgefährdeten Unternehmen aufgrund einer mangelnden Kooperationsbereitschaft der Fremdkapitalgeber oder einer nicht zu finanzierenden Zinsbelastung kaum durchsetzbar sein. Zudem ist fraglich, wie für unvorhersehbare Risiken ausreichende Puffer bemessen werden sollen.

Offen bleibt auch, wie die Unternehmensleitung eines insolvenzgefährdeten Unternehmens die Finanzierungspolitik ungeachtet der Vetorechte und der Vertragsfreiheit der Fremdkapitalgeber durchsetzen kann. Letztere können sich weigern, dem insolvenzgefährdeten Unternehmen autonom geplante Fremdkapitalbeträge bereitzustellen.[384] Die Behebung von Finanzierungsdefiziten ist mit logischen Widersprüchen behaftet: Ist der Fortführungswert größer als der Liquidationswert, erscheint es wenig eingängig, dass die Unternehmensleitung an ihrem starren Finanzierungsplan festhält und weniger Fremdkapital aufnimmt, als es benötigt, um eine Insolvenz zu verhindern. Auch der umgekehrte Fall eines Finanzierungsüberschusses ist wenig intuitiv: Kann der autonom geplante Fremdkapitalbestand nicht vollständig für kapitalwertpositive Investitionen verwendet werden, bildet er aufgrund der Zinsbelastung eine zusätzliche finanzielle Bürde. Neben einer Verringerung des Unternehmenswerts kann auch der Insolvenzeintritt herbeigeführt oder beschleunigt werden. Die unbedingte Realisierung der Finanzierungspolitik kann folglich mit der Annahme eines rationalen Verhaltens der Anteilseigner oder auch der Fremdkapitalgeber kollidieren.[385]

Die Ausführungen zeigen, dass die Annahme einer autonomen Finanzierung in einer Modellwelt mit Insolvenzrisiken zwar mit Problemen behaftet sein kann; da aber ein Insolvenzeintritt unter diesem Regime grundsätzlich möglich ist, erscheint

---

382 Dieser Frage wird in Abschnitt 4.2.3 nachgegangen.
383 Zur Heterogenität von Unternehmen vgl. etwa Ballwieser/Hachmeister (2013), S. 216–217.
384 Ähnliche Bedenken äußern Kuhner/Maltry (2006), S. 258; Kofler/Baumgartner (2010), S. 76.
385 Für den Rentenfall vgl. Schwetzler/Darijtschuk (2000), S. 120–121. Es ist eine Simultanplanung vorzunehmen, bei der die Finanzierungspolitik mit der Investitionspolitik abgestimmt wird.

die autonome Finanzierungspolitik für die zu untersuchende Forschungsfrage geeignet.

Miles/Ezzell verwenden den Begriff Cost of Debt und lassen offen, ob hiermit der risikolose Zinssatz, die vertraglichen Fremdkapitalzinsen oder die erwartete Fremdkapitalrendite gemeint ist.[386] Zudem treffen sie keine expliziten Annahmen darüber, ob Insolvenzrisiken existieren. Implizit können Insolvenzrisiken zugelassen werden, solange das Unternehmen die Fremdkapitalquote aufrechterhält. Grundsätzlich ist bei periodischer Anpassung des Fremdkapitalbestands ein Insolvenzeintritt möglich.[387]

Unter den Annahmen von Harris/Pringle kann keine Insolvenz durch Überschuldung[388] resultieren, wenn die Fremdkapitalquote konstant gehalten wird und keine Sprünge des Unternehmenswerts sowie positive Cashflows vorliegen.[389] Würde der Unternehmenswert auf Null sinken, läge ein Fremdkapitalbestand von Null vor.[390]

Zudem weisen insolvenzgefährdete Unternehmen unter einem wertorientierten Finanzierungsregime Fremdfinanzierungsmaßnahmen auf, die kontraintuitiv erscheinen: Bei einer nachhaltig negativen Cashflow-Entwicklung, die im Allgemeinen mit einem höheren Insolvenzrisiko assoziiert wird, muss der Unternehmenswert und somit auch der Fremdkapitalbestand c.p. sinken. Eine zunehmende Verschuldung, die man mit zunehmendem Insolvenzrisiko in Zusammenhang bringen würde, ist dagegen in der Phase einer positiven Unternehmenswertentwicklung zu beobachten. Antizipiert die Unternehmensleitung in $t = 0$ eine negative Entwicklung des Unternehmenswerts, bestehen zwei Handlungsalternativen: Entweder plant sie für die jeweiligen Perioden ex ante höhere Verschuldungsgrade ein oder sie verpflichtet sich dazu, in den jeweiligen Zeitpunkten die Fremdkapitalbestände zu verringern.[391] Wird die negative Wertentwicklung nicht antizipiert, verliert die Unternehmensleitung eine der Handlungsoptionen: Sie muss zwangsläufig den Fremdkapitalbestand abbauen.

---

386 Vgl. Rapp (2006), S. 777, Fn. 24; Cooper/Nyborg (2008), S. 367. Kruschwitz/Löffler/Lorenz (2011), S. 676, sind der Meinung, dass Ausfallrisiken unter Miles/Ezzell-Annahmen ausdrücklich berücksichtigt werden. Demgegenüber findet sich in der Literatur auch die Auffassung, dass Miles/Ezzell die Fremdkapitalkosten mit dem risikolosen Zinssatz gleichsetzen und demzufolge implizit von der Möglichkeit eines Kreditausfalls abstrahieren. Vgl. Miles/Ezzell (1980), S. 721–722. Diese Auffassung teilen etwa Wallmeier (1999), S. 1475; Homburg/Stephan/Weiß (2004), S. 278, S. 292, Fn. 14 und S. 292, Fn. 22; Grinblatt/Liu (2008), S. 226.
387 Vgl. Gamba/Sick/León (2008), S. 44, Fn. 12.
388 Gemeint ist hier nicht bilanzielle, sondern in Marktwerten gemessene Überschuldung.
389 Vgl. Cooper/Nyborg (2008), S. 369; Gamba/Sick/León (2008), S. 43–44.
390 Vgl. Meitner/Streitferdt (2012), S. 1044; Rapp (2006), S. 773, Fn. 10, m.w.N. Ruback (2002), S. 99, erachtet eine wertorientierte Finanzierungspolitik bei Insolvenzrisiken als unrealistisch.
391 Vgl. Richter (1998b), S. 380, Fn. 8.

Die Situation, dass die aus dem Kreditvertrag bestehenden Verpflichtungen nicht erfüllt werden können, ist bei der wertorientierten Finanzierungspolitik grundsätzlich möglich:[392] Bei zu hohem Insolvenzrisiko werden sich die Fremdkapitalgeber weigern, dem Unternehmen zusätzliches Fremdkapital zu überlassen, wenn dies ausschließlich dem Zweck dient, eine ex ante geplante Fremdkapitalquote zu erreichen.

Die Ausführungen zeigen, dass die Annahme einer wertorientierten Finanzierungspolitik in einer Modellwelt mit Insolvenzrisiken problembehaftet sein kann. Dies gilt insbesondere bei kontinuierlicher Anpassung des Fremdkapitalbestands. Da aber ein Insolvenzeintritt zumindest bei einer wertorientierten Finanzierungspolitik mit periodischer Anpassung des Fremdkapitalbestands möglich ist, erscheint auch diese Finanzierungsannahme für die Bewertung insolvenzgefährdeter Unternehmen geeignet.

4.1.5.3 Theoretische Konsistenz

Die Kapitalkosten müssen aus logischen Gründen folgende Reihung aufweisen:

$$r_f \leq r^{FK} \leq r_{EK}^U \leq r_{EK}^L. \tag{4.29}$$

Besteht das Risiko eines Fremdkapitalausfalls, fordern risikoaverse Kreditgeber einen Fremdkapitalzins, der r_f übertrifft.[393] Die Eigenkapitalkosten des unverschuldeten Unternehmens müssen über r^{FK} liegen, da Gläubiger selbst bei vollständiger Fremdfinanzierung kein höheres Risiko tragen können als Eigentümer bei reiner Eigenfinanzierung.[394] Zudem muss r_{EK}^U einen niedrigeren Wert als r_{EK}^L aufweisen.[395] Dies lässt sich aus Gleichung (4.5), die für jede Finanzierungspolitik gilt, ableiten.[396]

---

392 Vgl. Schwetzler/Darijtschuk (2000), S. 121; Rapp (2006), S. 13–20.
393 Vgl. Stiglitz (1969), S. 785, Fn. 4; auch Weiss (1990), S. 299; Aders/Schröder (2004), S. 110.
394 Vgl. Bierman/Thomas (1972), S. 1364 und S. 1376, Fn. 15; Conine (1980b), S. 1035; Harris/Pringle (1985), S. 240; Lewellen/Emery (1986), S. 417, Fn. 1; Kruschwitz/Milde (1996), S. 1122; Schmidt/Terberger (2006), S. 239; Franke/Hax (2009), S. 544; Watrin/Stöver (2011), S. 70; Holthausen/Zmijewski (2012), S. 67. Gläubiger eines vollständig fremdfinanzierten Unternehmens sind als Eigenkapitalgeber eines unverschuldeten Unternehmens zu erachten. Vgl. Fama/Miller (1972), S. 173; Tebroke/Rathgeber (2003), S. 148; Aders/Wagner (2004), S. 31–34.
395 Vgl. Fernández (2004), S. 155. Vgl. auch Fn. 627.
396 Im Unterschied zu erwarteten Fremdkapitalrenditen $E(\tilde{r}^{FK})$ lassen sich vertragliche Fremdkapitalzinssätze r_{FK}^V nicht eindeutig mit r_{EK}^U und r_{EK}^L in Beziehung setzen: Realiter sind auch Werte für r_{FK}^V beobachtbar, die über r_{EK}^L liegen. Vgl. Watrin/Stöver (2011), S. 70; Kern/Mölls (2014), S. 30, Fn. 89; Volkart/Wagner (2014), S. 552. Gemäß Bierman/Thomas (1972), S. 1364, kann auch die über den Marktpreis des Fremdkapitaltitels abgeleitete Rendite r_{FK}^P über r_{EK}^L liegen.

Anhand Gleichung (4.6) ist ersichtlich, dass bei einem Unternehmen mit wachsenden Cashflows das widersinnige Ergebnis $r_{EK}^L < r_{EK}^U$ auftreten kann, wenn die Steuervorteile mit einem Zinssatz diskontiert werden, der unter r_{EK}^U liegt. Dies resultiert, wenn $r^{TS} - \left(r_{EK}^U - r^{TS}\right) / \left(r_{EK}^U - r^{FK}\right) \cdot r^{FK} \cdot \tau < E(\tilde{g})$ gilt.[397] Bei autonomer Finanzierungspolitik stellt sich dieses Ergebnis ein, wenn $r^{FK} \cdot (1-\tau) < E(\tilde{g})$ vorliegt.[398] Diese Parameter-Konstellation ist in praxi allerdings als unrealistisch zu erachten.

Kontrovers wird diskutiert, ob die Annahmen zur Finanzierungspolitik widerspruchsfrei sind. Kruschwitz/Löffler/Lorenz erachten die Anpassungsgleichungen unter Modigliani/Miller-Annahmen als inkonsistent und lehnen deren Verwendung ab. Dies gilt sowohl für die Modigliani/Miller-Gleichungen ohne Fremdkapital-Beta als auch für die erweiterten Gleichungen mit Fremdkapital-Beta.[399] Sie argumentieren, dass diese Gleichungen gleichzeitig eine autonome und eine wertorientierte Finanzierungspolitik voraussetzen. Da diese Annahmen nicht kompatibel zueinander sind, empfehlen sie eine Verwendung der Anpassungsgleichungen unter Miles/Ezzell-Annahmen. Demgegenüber zeigen Meitner/Streitferdt, dass die Anpassungsgleichungen unter Modigliani/Miller-Annahmen theoretisch konsistent sind.[400] Die unterschiedlichen Ansichten lassen sich auf divergierende Annahmen hinsichtlich der Kapitalkosten-Definitionen zurückführen.[401] Zudem können die fraglichen Inkonsistenzen nur in der Fortführungsphase, nicht aber in der Detailplanungsphase auftreten.

Fernández behauptet, dass Steuervorteile von Unternehmen, deren Cashflows einem unendlichen Wachstum unterliegen, mit r_{EK}^U zu bilden und zu diskontieren sind:[402]

$$V_0^{TS} = \frac{\tau \cdot r_{EK}^U \cdot FK_0}{r_{EK}^U - E(\tilde{g})}. \qquad (4.30)$$

---

397 Vgl. Ehrhardt/Daves (2002), S. 34.
398 Dies resultiert aufgrund des Zusammenhangs $r^{TS} = r^{FK}$. Vgl. Ehrhardt/Daves (2002), S. 34; auch Fernández (2004), S. 157; Aders/Schröder (2004), S. 112; Fernández (2007a), S. 16.
399 Vgl. Kruschwitz/Löffler/Lorenz (2011), S. 674–676.
400 Vgl. Meitner/Streitferdt (2012), S. 1037–1044.
401 Vgl. Kruschwitz/Löffler/Lorenz (2012), S. 1048–1052. Zu den Definitionen vgl. Löffler (2002b), S. 506–507; Löffler (2003), S. 53–57; Casey (2004a), S. 148; Casey (2006), S. 187, Fn. 28; Laitenberger (2006), S. 80–86; Rapp (2006), S. 779–781; Meitner/Streitferdt (2014b), S. 529–532.
402 Vgl. Fernández (2004), S. 152; Fernández (2007a), S. 14; Fernández (2010), S. 141; auch Booth (2002), S. 100; Booth (2007), S. 31; Massari/Roncaglio/Zanetti (2007), S. 158.

Allerdings identifizieren Fieten et al. zahlreiche Widersprüche, die mit Gleichung (4.30) verbunden sind.[403] Cooper/Nyborg ergänzen, dass das Ergebnis von Fernández eine Verletzung des Wertadditivitätstheorems trotz der Annahme eines vollständigen Kapitalmarktes impliziert.[404] Sie sind der Ansicht, dass Fernández die Annahmen der Modigliani/Miller-Welt mit Annahmen der Miles/Ezzell-Welt vermengt.[405] Arzac/Glosten greifen auf einen stochastischen Diskontierungsfaktor zurück. Sie gelangen ebenfalls zu dem Ergebnis, dass Gleichung (4.30) auf widersprüchlichen Annahmen basiert.[406] Fernández entgegnet, dass Gleichung (4.30) eine buchwertorientierte Finanzierungspolitik mit konstantem Verschuldungsgrad zugrunde liegt.[407] Da allerdings bei dieser Finanzierungsannahme die Buchwerte des Fremdkapitalbestands und des unverschuldeten Unternehmens in keinem linearen Verhältnis zueinander stehen,[408] ist die Diskontierung beider Größen mit r_{EK}^U nicht nachvollziehbar. Eben diese Annahme wird aber für die Herleitung von Gleichung (4.30) benötigt.

In der Literatur existieren weitere Vorschläge für den Diskontierungszinssatz der Steuervorteile. Luehrman schlägt vor, r^{TS} aus pragmatischen Gründen zwischen r^{FK} und r_{EK}^U anzusetzen.[409] Dies ist theoretisch nicht begründbar. Tham/Wonder betrachten ein einperiodiges Binomialmodell[410] und zeigen, dass unter ihren Annahmen der Diskontierungszinssatz der Steuervorteile r^{TS} den Eigenkapitalkosten des verschuldeten Unternehmens r_{EK}^L entsprechen muss. Dieses Resultat ist allerdings an die rigiden Annahmen des zugrundegelegten Modells gebunden. Couch/Dothan/Wu vertreten die Meinung, dass das Risikoprofil der Steuervorteile nicht demjenigen des Fremdkapitals entsprechen kann, da im Insolvenzfall sowohl der Unternehmenswert als auch der Fremdkapitalwert im Allgemeinen positiv bleibt, wohingegen die Steuervorteile untergehen.[411] Auch das Risikoprofil des Eigenkapitals unterscheidet sich vom Risikoprofil der Steuervorteile, da die Cashflows an die Eigenkapitalgeber eine größere Variabilität aufweisen als die Steuervorteile.[412] In der Folge ermitteln die Autoren den Wert von Steuervorteilen insolvenzgefährdeter Unternehmen unter der Verwendung von Barrier-Options.[413] Dabei umgehen sie das Problem, einen Diskontierungszinssatz für die Steuervorteile identifizieren zu müssen; stattdessen ermitteln sie die erwarteten Renditen des gesamten Unternehmens. Liu schlägt vor,

---

403 Vgl. Fieten et al. (2005), S. 185–187. Fernández (2005), S. 188–191, gelingt es in seiner Entgegnung nicht, sämtliche Vorwürfe zu entkräften.
404 Vgl. Cooper/Nyborg (2006), S. 216; auch Dempsey (2013), S. 831.
405 Vgl. Cooper/Nyborg (2006), S. 219–221; auch Cooper/Nyborg (2007), S. 55–56.
406 Vgl. Arzac/Glosten (2005), S. 456.
407 Vgl. Fernández (2004), S. 152; Fernández (2007a), S. 14; Fernández (2010), S. 141.
408 Zu diesem Ergebnis gelangt auch Fernández (2007a), S. 14.
409 Vgl. Luehrman (1997), S. 151.
410 Zu Binomialmodellen vgl. Kapitel 6.
411 Vgl. Couch/Dothan/Wu (2012), S. 124–125; ähnlich bereits Wrightsman (1978), S. 654, Fn. 3.
412 Vgl. Couch/Dothan/Wu (2012), S. 125.
413 Vgl. Couch/Dothan/Wu (2012), S. 126–145.

den Wert der Steuervorteile komponentenweise zu bestimmen.[414] Konkret sollen der Wert der Steuervorteile in die Komponenten verdiente und unverdiente Steuervorteile unterteilt, über einen Rückgriff auf den Return on Investment gewichtet und die Barwerte beider Komponenten separat ermittelt werden.[415] Qi entgegnet, dass dieser Ansatz Inkonsistenzen und logische Brüche beinhaltet. Insbesondere liegt ein Verstoß gegen das Risiko-Rendite-Prinzip vor.[416] Grinblatt/Liu entwickeln eine alternative Bewertungsgleichung, die eine autonome und eine wertorientierte Finanzierungspolitik als Spezialfälle miteinschließt.[417] Kern/Mölls schlagen eine Bewertung mit Rekurs auf Credit Default Swaps vor.[418] Zusammenfassend lässt sich Folgendes festhalten: Die Vielzahl an Ansätzen zur Bestimmung des Wertes von Steuervorteilen unterstreicht die Relevanz der Thematik. Gleichzeitig ist die theoretische Fundierung dieser Ansätze meist zweifelhaft. Demgegenüber können die in den Abschnitten 4.1.1 bis 4.1.3 dargestellten Bewertungsgleichungen als theoretisch konsistent erachtet werden.

4.1.5.4 Operationalisierbarkeit

Lütkeschümer plädiert dafür, die in Abschnitt 4.1.1 dargelegten allgemeingültigen Gleichungen, bei denen keine Annahmen zur Finanzierungspolitik getroffen werden, zu verwenden. Zwar sind die Diskontierungszinssätze der Steuervorteile unbestimmt;[419] er argumentiert aber, dass man hierdurch die (Un-)Sicherheit des Steuervorteils explizit erfassen könne. Neben der Unsicherheit des Fremdkapitalbestands ließe sich auch die Unsicherheit des Fremdkapitalzinssatzes und des Steuersatzes berücksichtigen.[420] Lütkeschümers Einwand, dass die Unsicherheit des Steuervorteils auch vom Steuersatz abhängt und die regelmäßig getroffene Prämisse intertemporal konstanter Steuersätze eine vereinfachende Annahme darstellt, ist berechtigt.[421] Allerdings scheitert er an seinem Vorhaben, die Steuervorteile unter Berücksichtigung aller Unsicherheitsquellen zu ermitteln: Es gelingt nicht, die Kapitalkosten der Steuervorteile ohne Annahmen hinsichtlich der Finanzierungspolitik zu bestimmen.[422] Auch ein Rekurs auf das CAPM zur Bemessung des Diskontierungszinssatzes der Steuervorteile[423] schlägt fehl, da Steuervorteile kein Wertpapier darstellen, das am Kapitalmarkt gehandelt wird. Insofern missachtet Lütkeschümer, dass die allgemeingültige

---

414 Der Autor spricht von einem Slicing Approach. Vgl. Liu (2009), S. 1069.
415 Vgl. Liu (2009), S. 1072–1075.
416 Vgl. Qi (2011), S. 167–172.
417 Vgl. Grinblatt/Liu (2008), S. 239.
418 Vgl. Kern/Mölls (2014), S. 15–32.
419 Vgl. Lütkeschümer (2012), S. 98.
420 Vgl. Lütkeschümer (2012), S. 70–71.
421 Vgl. Lütkeschümer (2012), S. 70–71. Dies betonen bereits Kruschwitz/Löffler (2003a), S. 239; Enzinger/Kofler (2010), S. 195.
422 Annahmen über die Finanzierungspolitik sind unabdingbar, um das Risiko der Steuervorteile bemessen zu können.
423 Einen Hinweis auf dieses Vorgehen findet man bei Ruback (2002), S. 95.

Bewertungsgleichung nur anwendbar ist, wenn man eine Finanzierungspolitik unterstellt, die eine Quantifizierung der Unsicherheit der Steuervorteile erlaubt.

In der Bewertungstheorie und -praxis wird regelmäßig nicht deutlich gemacht, welche Finanzierungspolitik den Bewertungsgleichungen zugrunde liegt.[424] In der Konsequenz findet man bisweilen falsche Anpassungsgleichungen.[425] Dies gilt insbesondere für die Ermittlung des Barwertes der Steuervorteile.[426] Hierbei begangene Fehler können signifikante Auswirkungen auf den Unternehmenswert zur Folge haben.[427] Zudem finden sich regelmäßig (haltlose) Behauptungen darüber, dass die verschiedenen DCF-Verfahren nicht zu demselben Unternehmenswert führen.[428]

In den Abschnitten 4.1.2 und 4.1.3 wurde gezeigt, wie man die Steuervorteile diskontieren muss, wenn man vereinfachende Annahmen hinsichtlich der Finanzierungspolitik trifft. Liegen dagegen keine Informationen über das Finanzierungsregime vor, herrscht Unklarheit darüber, wie der Wert der Steuervorteile zu bestimmen ist. Dementsprechend ist es geboten, vereinfachende Finanzierungsannahmen zu treffen.

4.2 Bestimmung des Fremdkapitalzinssatzes

4.2.1 Direkte Verfahren

4.2.1.1 CAPM

Die für DCF-Verfahren benötigten Diskontierungszinssätze können exogen vorgegeben oder endogen anhand eines Modells ermittelt werden.[429] Die zweite Variante ist aus Gründen der Transparenz zu bevorzugen; sie stößt aber insbesondere bei der Bestimmung der Fremdkapitalzinssätze an ihre Grenzen: Bislang ist kein theoretisch fundiertes Modell bekannt, das eine problemlose Bestimmung der Fremdkapitalzinssätze erlaubt.[430] Die in der Literatur existierenden Modelle

---

424 Vgl. hierzu die Ausführungen bei Oded/Michel (2007), S. 22.
425 Diese Einschätzung findet sich etwa bei Grinblatt/Liu (2008), S. 253; Qi (2011), S. 172. Ein häufig anzutreffender Fehler liegt darin, dass ein Betafaktor des Fremdkapitals in Höhe von Null angenommen wird. Zu den Folgen dieses Fehlers vgl. Holthausen/Zmijewski (2012), S. 67–68.
426 Vgl. hierzu die Diskussion in Abschnitt 4.1.5.3.
427 Empirischen Untersuchungen zufolge beträgt der Wert des Steuervorteile 10 % bis 20 % des Unternehmenswerts. Vgl. Graham (2000), S. 1919; Kemsley/Nissim (2002), S. 2047; Kaplan/Strömberg (2009), S. 134.
428 Vgl. etwa Lewellen/Emery (1986), S. 421; Kruschwitz/Löffler (2003a), S. 251; Barbi (2012), S. 255; Holthausen/Zmijewski (2012), S. 63; Hering (2014), S. 220 und S. 337.
429 Vgl. Casey (2006), S. 183. Dabei wird regelmäßig auf das CAPM, das risikoneutrale Bewertungskonzept oder das Optionspreismodell rekurriert.
430 Vgl. Cooper/Davydenko (2007), S. 90.

lassen sich in direkte und indirekte Verfahren gliedern.[431] Beide Formen werden im Folgenden diskutiert.

Bei den direkten Verfahren werden die Fremdkapitalzinssätze anhand von Marktparametern und unternehmensspezifischen Eigenschaften bestimmt. Letztere umfassen etwa die Laufzeiten der Anleihen des Bewertungsobjekts.[432] Dem CAPM lässt sich die Eigenschaft zuschreiben, die Preisbildung für riskante Wertpapiere an einem stilisierten und sich im Gleichgewicht befindlichen Kapitalmarkt erklären zu können.[433] Da auch gehandelte Fremdkapitaltitel Wertpapiere darstellen, wird bei der Bestimmung der erwarteten Fremdkapitalrendite in der Literatur regelmäßig auf das CAPM rekurriert. Dabei unterstellt man die Gültigkeit des folgenden Zusammenhangs:[434]

$$E(\tilde{r}^{FK}) = r_f + \beta^{FK} \cdot \left[E(\tilde{r}^M) - r_f \right] \qquad (4.31)$$

mit

$$\beta^{FK} = \frac{Cov(\tilde{r}^{FK}, \tilde{r}^M)}{Var(\tilde{r}^M)}. \qquad (4.32)$$

Unterliegt das Fremdkapital einem Ausfallrisiko, übernehmen die Fremdkapitalgeber Teile des Geschäftsrisikos.[435] Als Kompensation hierfür fordern sie eine Rendite,

---

431 Teile der Ausführungen in Abschnitt 4.2 entstammen der unveröffentlichten wissenschaftlichen Arbeit des Verfassers zur Erlangung des Grades eines Master of Science. Diese wurde im Januar 2011 an der Ludwig-Maximilians-Universität München eingereicht.
432 Vgl. Dörschell/Franken/Schulte (2012), S. 294.
433 Vgl. etwa Rudolph (1979), S. 1039; Hachmeister (2000), S. 161; Ballwieser (2001a), S. 22.
434 Vgl. etwa Rubinstein (1973b), S. 176, Fn. 17; Kim/McConnell/Greenwood (1977), S. 793; Chen (1978), S. 864; Bierman/Oldfield (1979), S. 953; Mandelker/Rhee (1984), S. 48, Fn. 2; Drukarczyk (1993), S. 270; Kruschwitz/Milde (1996), S. 1120; Mandl/Rabel (1997), S. 300; Fischer (1999b), S. 794; Ruback (2002), S. 89; Tebroke/Rathgeber (2003), S. 149; Aders/Wagner (2004), S. 33; Schultze (2004), S. 792; Tham/Vélez-Pareja (2004), S. 84; Arzac/Glosten (2005), S. 458; Gleißner (2005), S. 219; Cooper/Davydenko (2007), S. 91; Cooper/Nyborg (2008), S. 372; Copeland/Weston/Shastri (2008), S. 721–722; Kürsten (2008), S. 5; Drukarczyk/Schüler (2009), S. 398; Franke/Hax (2009), S. 527–528; Kruschwitz/Löffler/Essler (2009), S. 154; Gleißner (2010), S. 737; Schulte et al. (2010), S. 17; Gleißner (2011), S. 247–248; IACVA (2011), S. 20; Kruschwitz/Löffler/Lorenz (2011), S. 676; Meitner/Streitferdt (2011b), S. 17–18; Watrin/Stöver (2011), S. 64; Dörschell/Franken/Schulte (2012), S. 206; Holthausen/Zmijewski (2012), S. 68; Knabe (2012), S. 211–212; Volkart (2012), S. 159; Jennergren (2014), S. 108.
435 Vgl. Rubinstein (1973b), S. 177, Fn. 19; Conine (1980b), S. 1034–1035; Callahan/Mohr (1989), S. 164; Butler/Mohr/Simonds (1991), S. 886; Drukarczyk (1993), S. 270; Kruschwitz/Milde (1996), S. 1121; Hachmeister (2000), S. 206; Volkart (2012), S. 161; Aders/Wagner (2004), S. 33; Aders/Schröder (2004), S. 110; Rudolph (2006), S. 96; Dörschell/Franken/Schulte (2012), S. 205–207; Drukarczyk/Schüler (2009), S. 228;

die höher als der risikolose Zinssatz r_f ist.[436] Folglich muss β^{FK} im positiven Wertebereich liegen. Nach Umformung von Gleichung (4.31) bestimmt sich β^{FK} durch:[437]

$$\beta^{FK} = \frac{E(\tilde{r}^{FK}) - r_f}{E(\tilde{r}^M) - r_f}. \tag{4.33}$$

Empirische Untersuchungen liefern Hinweise darauf, dass der Betafaktor des Fremdkapitals niedrige positive Werte besitzt und zwischen 0 und 0,3 liegt. Somit korreliert die Fremdkapitalrendite nur schwach mit der Rendite des Marktportfolios.[438] Die Berechnung von β^{FK} über Gleichung (4.33) erfordert aber die Kenntnis von $E(\tilde{r}^{FK})$.

4.2.1.2 Optionspreistheorie

Das Optionspreismodell von Black/Scholes erlaubt, den Wert einer europäischen Kaufoption zu bestimmen. Hierfür müssen Finanzinstrumente an einem vollkommenen und vollständigen Markt kontinuierlich gehandelt werden und uneingeschränkte Leerverkäufe zulässig sein.[439] Merton überträgt das Optionspreismodell auf die Bewertung von Eigen- und Fremdkapitaltiteln einer Kapitalgesellschaft, die als einziges Aktivum Unternehmensanteile mit dem Anfangswert S_0 besitzt und diese anteilig mit dem Grundkapital C_0 sowie einer Nullkupon-Anleihe mit Nenn-

---

Enzinger/Kofler (2010), S. 201; Enzinger/Kofler (2011b), S. 53; Dörschell/Franken/Schulte (2012), S. 206–207; Volkart/Wagner (2014), S. 629.

436 Vgl. Fn. 393. Alternativ oder ergänzend können die Ansprüche besichert oder für die Fremdkapitalgeber vorteilhafte Vertragsklauseln vereinbart werden. Vgl. Miller (1988), S. 113; Drukarczyk (1995), S. 41; Hachmeister (2000), S. 234–235; Drukarczyk/Lobe (2015), S. 237–240; Drukarczyk/Schüler (2009), S. 228.

437 Vgl. Aders/Schröder (2004), S. 110; Aders/Wagner (2004), S. 35; Kruschwitz/Löffler/Essler (2009), S. 154; Schulte et al. (2010), S. 17; Dörschell/Franken/Schulte (2012), S. 206. Der Zähler auf der rechten Seite von Gleichung (4.33) wird regelmäßig als Credit Spread bezeichnet. Vgl. Aders/Wagner (2004), S. 30; Breitenbücher/Ernst (2004), S. 88; Pape/Schlecker (2008), S. 658; Kruschwitz/Löffler/Essler (2009), S. 154; Dörschell/Franken/Schulte (2012), S. 206. In Abschnitt 4.2.3 wird aber gezeigt, dass dieser Term nur einen Teil des Credit Spread darstellt.

438 Vgl. Blume/Keim (1987), S. 30–31; auch Cooper/Davydenko (2007), S. 91; Oded/Michel (2007), S. 24 und S. 27, Fn. 11, und S. 29. Zu ähnlichen Ergebnissen gelangen Cornell/Green (1991), S. 39; Kaplan/Stein (1990), S. 218 und S. 243. Für einen Überblick über empirische Studien mit ähnlichen Ergebnissen vgl. Butler/Mohr/Simonds (1991), S. 900. Eine mögliche Erklärung dafür, dass das Fremdkapital-Beta unter dem Betafaktor des Eigenkapitals liegt, besteht darin, dass die Fremdkapitalgeber vorrangig bedient werden und somit deren Ansprüche weniger volatil sind als die Ansprüche der Eigenkapitalgeber. Vgl. auch Knoll/Vorndran/Zimmermann (2006), S. 380.

439 Vgl. Merton (1973a), S. 160–170; Kruschwitz/Schöbel (1984), S. 172.

wert B_0 finanziert.[440] Durch die Kreditaufnahme besitzen die Eigenkapitalgeber eine europäische Option auf den Kauf der Vermögensgegenstände. Die Fremdkapitalgeber fungieren als Stillhalter der Kaufoption. Während sich der Rückzahlungsanspruch der Fremdkapitalgeber als Ausübungspreis interpretieren lässt,[441] wird der Zeitraum bis zum Fälligkeitszeitpunkt der Anleihe mit der Optionslaufzeit T gleichgesetzt. Bei Optionspreismodellen ist eine Annahme über die Kursentwicklung des Basisobjekts, das der Option zugrunde liegt, zu treffen. Hierfür kommen zeitdiskrete oder -stetige Zufallsprozesse in Betracht.[442] Beide Varianten basieren auf derselben ökonomischen Intention und unterscheiden sich lediglich hinsichtlich der Komplexität des resultierenden Gleichungssystems oder Lösungsverfahrens.[443] Die Gleichung für den Fall, dass während der Laufzeit der Option keine Dividenden gezahlt werden und die stetige Gesamtrendite auf den Basiswert einer geometrischen Brownschen Bewegung folgt,[444] lautet:[445]

$$C_0 = S_0 \cdot N(D_1) - e^{-r_f^* \cdot T} \cdot B_0 \cdot N(D_2) \tag{4.34}$$

mit den Argumenten[446]

$$D_1 = \frac{ln\left(\frac{S_0}{B_0}\right) + \left[r_f^* + \frac{1}{2} \cdot Var\left(r_{EK}^{U^*}\right)\right] \cdot T}{std\left(r_{EK}^{U^*}\right) \cdot \sqrt{T}} \tag{4.35}$$

und

$$D_2 = D_1 - std\left(r_{EK}^{U^*}\right) \cdot \sqrt{T}. \tag{4.36}$$

Dabei sind und $N(D_1)$ die $N(D_2)$ Wahrscheinlichkeiten für Realisationen, die kleiner als die Argumente D_1 oder D_2 sind. Mit $r_{EK}^{U^*}$ notiert man die Momentanrendite des Basisobjekts. Es ist ersichtlich, dass sowohl die Annahmen als auch die Eingangsparameter des CAPM und des Black/Scholes-Modells (teilweise) divergieren. Ein

---

440 Vgl. Black/Scholes (1973), S. 649–650; Merton (1973a), S. 160–178; Merton (1974), S. 452–455. Zur Modellierung einer komplexeren Finanzierungsannahme vgl. Jonas (1999), S. 365.
441 Vgl. Black/Scholes (1973), S. 649–650; Merton (1974), S. 453–454.
442 Vgl. Kruschwitz (2011), S. 384. Analytische Lösungsverfahren wie das Black/Scholes-Modell setzen einen zeitstetigen Prozess voraus. Mit numerischen Verfahren kann man sowohl stetige als auch diskrete Cashflow-Prozesse bewerten. Vgl. Löhr/Rams (2000), S. 1985–1986. Zu Letzteren zählen Bernoulli- oder Binomialprozesse. Vgl. etwa Kruschwitz (2011), S. 384–385.
443 Vgl. Kruschwitz (2011), S. 387.
444 Es wird unterstellt, dass r_f^* und $std\left(r_{EK}^{U^*}\right)$ zeitlich konstant sind. Vgl. Spremann (2004a), S. 288.
445 Vgl. Black/Scholes (1973), S. 644; auch Copeland/Weston/Shastri (2008), S. 298–299.
446 Vgl. grundlegend Black/Scholes (1973), S. 644; Merton (1973a), S. 161.

wesentlicher Unterschied besteht darin, dass das CAPM in diskreter Zeit formuliert wurde, wohingegen das Black/Scholes-Modell kontinuierlichen Handel erfordert.[447]

Folgt man Galai/Masulis, lässt sich das Black/Scholes-Modell mit dem CAPM kombinieren, wenn bestimmte Voraussetzungen erfüllt sind.[448] Hierdurch kann man die Risikomaße der beiden Modelle in Beziehung zueinander setzen und die Renditen der Eigen- und Fremdkapitalgeber über einen Rückgriff auf das Black/Scholes-Modell bestimmen. Als Ausgangspunkt dient das von Merton entwickelte und in stetiger Zeit formulierte Intertemporal Capital Asset Pricing Model (ICAPM):[449]

$$E\left(\tilde{r}^{j^*}\right) = r_f^* + \left[E\left(\tilde{r}^{M^*}\right) - r_f^*\right] \cdot \beta^{j^*}. \tag{4.37}$$

Dabei kennzeichnet $E\left(\tilde{r}^{M^*}\right)$ die erwartete Momentanrendite des Marktportfolios. Mit $E\left(\tilde{r}^{j^*}\right)$ und β^{j^*} wird die erwartete Momentanrendite respektive das systematische Momentanrisiko des Wertpapiers j symbolisiert. Konkretisiert man das Wertpapier als einen riskanten Fremdkapitaltitel, muss dessen systematisches Momentanrisiko β^{FK^*} bestimmt werden. Gemäß Galai/Masulis gilt für β^{FK^*} folgende Gleichung:[450]

$$\beta^{FK^*} = \beta_{EK}^{U^*} \cdot \frac{\partial FK_0}{\partial GK_0} \cdot \frac{GK_0}{FK_0} \tag{4.38}$$

mit

$$\frac{\partial FK_0}{\partial GK_0} = N(-D_1). \tag{4.39}$$

Setzt man die Gleichungen (4.39) und (4.38) in Gleichung (4.37) ein, bestimmt sich die in stetiger Zeit formulierte erwartete Fremdkapitalrendite $E\left(\tilde{r}^{FK^*}\right)$ durch:[451]

---

447   Für weitere Inkompatibilitäten zwischen der Optionspreistheorie, dem CAPM und der Modigliani/Miller-Modellwelt vgl. etwa Hering (2014), S. 297–300.
448   Es ist ausreichend, wenn die CAPM-Prämissen erfüllt sind, der Wert (= Preis) des unverschuldeten Unternehmens logarithmisch normalverteilt und die Varianz der erwarteten Rendite des unverschuldeten Unternehmens konstant ist. Zudem muss ein kontinuierlicher Handel der Wertpapiere des Unternehmens vorausgesetzt werden, während sich der Cashflow am Ende der Periode T realisiert. Vgl. Galai/Masulis (1976), S. 53–61; auch Merton (1973a), S. 160.
449   Vgl. Merton (1973b), S. 868–878.
450   Dies folgt aufgrund von $r^{FK} = \partial FK_0 / FK_0 = (\partial FK_0 / \partial GK_0) \cdot (\partial GK_0 / GK_0) \cdot (GK_0 / FK_0)$. Vgl. grundlegend Galai/Masulis (1976), S. 58, Fn. 15; auch Hsia (1981), S. 38; Brühl (1999), S. 458–459; Reichling/Beinert (2006), S. 339; Reichling/Bietke/Henne (2007), S. 198; Copeland/Weston/Shastri (2008), S. 728.
451   Vgl. Hsia (1981), S. 39; Reichling/Beinert (2006), S. 339; Reichling/Bietke/Henne (2007), S. 198; Copeland/Weston/Shastri (2008), S. 728; auch Volkart (2010), S. 152; Volkart (2012), S. 63–66 und S. 156–160; Volkart/Wagner (2014), S. 602 und S. 615. Zu beachten ist, dass von Steuern abstrahiert wird. Für eine Erweiterung auf

$$E(\tilde{r}^{FK^*}) = r_f^* + \left[E(\tilde{r}^{M^*}) - r_f^*\right] \cdot \beta_{EK}^{U^*} \cdot N(-D_1) \cdot \frac{GK_0}{FK_0} \tag{4.40}$$

bzw.[452]

$$E(\tilde{r}^{FK^*}) = r_f^* + \left[E(\tilde{r}_{EK}^{U^*}) - r_f^*\right] \cdot N(-D_1) \cdot \frac{GK_0}{FK_0}. \tag{4.41}$$

4.2.2 Indirekte Verfahren

Die indirekten Verfahren zur Bestimmung der Fremdkapitalzinssätze beinhalten die Durchschnittszins- und die Rating-Methode. Erstere besteht darin, den Effektivzinssatz aus den Zinsaufwendungen und dem durchschnittlichen Bestand der Fremdkapitalverbindlichkeiten einer Periode zu bestimmen. Die erforderlichen Daten können aus Jahresabschlüssen gewonnen werden.[453] Demgegenüber bedient sich die Rating-Methode der historischen Renditen und Ausfallwahrscheinlichkeiten von kapitalmarktnotierten Anleihen unterschiedlicher Ratingeinstufungen, da Ratings Informationen über das unternehmensindividuelle Insolvenzrisiko enthalten.[454] Mittels einer Aggregation historischer Ratings lässt sich der durchschnittliche Fremdkapitalzinssatz für Anleihen verschiedener Ratingklassen ermitteln.[455] Der Fremdkapitalzinssatz des Bewertungsobjekts ergibt sich indirekt, indem man unter Verwendung bekannter oder synthetisch erstellter Ratings[456] des Bewertungsobjekts die Fremdkapitalzinssätze börsennotierter Unternehmen mit vergleichbarer Risikostruktur heranzieht.[457]

4.2.3 Komponenten des vertraglichen Fremdkapitalzinssatzes

Besteht ein Insolvenzrisiko, ist zwischen dem risikolosen Zinssatz r_f, der erwarteten Fremdkapitalrendite $E(\tilde{r}^{FK})$ und dem vertraglich vereinbarten Fremdkapi-

---

Unternehmenssteuern vgl. etwa Copeland/Weston/Shastri (2008), S. 730. Berücksichtigt man Steuern, ist V_0^U statt GK_0 zu verwenden.
452 Dies folgt aufgrund des CAPM-Zusammenhangs $\left[E(\tilde{r}^{M^*}) - r_f^*\right] \cdot \beta_{EK}^{U^*} = E(\tilde{r}_{EK}^{U^*}) - r_f^*$.
453 Vgl. Dörschell/Franken/Schulte (2012), S. 298; auch Hachmeister (2000), S. 235.
454 Vgl. Richter (1998a), S. 43; Homburg/Stephan/Weiß (2004), S. 278; Kuhner/Maltry (2006), S. 258–261; Knecht/Dickopf (2008), S. 212; Kürsten (2008), S. 5; auch Almeida/Philippon (2007), S. 2570–2572; Jarrow/Lando/Turnbull (1997), S. 487–517; Cooper/Davydenko (2007), S. 91; Watrin/Stöver (2011), S. 69; Knabe (2012), S. 113–167 und S. 206–207.
455 Für eine Übersicht über die empirisch abgeleiteten Risikozuschläge aufgrund von Insolvenzrisiken der jeweiligen Ratingeinstufungen vgl. Fons (1994), S. 30; auch Damodaran (2010), S. 37.
456 Ratings für nicht börsengehandelte Unternehmen kann man von Kreditauskunfteien beziehen. Vgl. Süchting (1995), S. 449. Die jeweilige Methodik bleibt aber im Allgemeinen unklar.
457 Vgl. Breitenbücher/Ernst (2004), S. 89; Dörschell/Franken/Schulte (2012), S. 303–308.

talzinssatz r_{FK}^V zu differenzieren.[458] Fraglich bleibt, welche dieser Größen bei der Unternehmensbewertung maßgeblich ist. In praxi greift man regelmäßig auf vertragliche Fremdkapitalzinsen von aktuell begebenen Fremdkapitaltiteln zurück.[459] Demgegenüber ist aus theoretischer Perspektive die erwartete Fremdkapitalrendite heranzuziehen, insbesondere dann, wenn man auf das CAPM rekurriert.[460] Zu prüfen bleibt, welche Komponenten die Differenz zwischen den genannten Zinssätzen erklären.

In der Literatur wird mehrheitlich angenommen, dass die als Credit Spread[461] bezeichnete Differenz zwischen dem vertraglichen Fremdkapitalzinssatz r_{FK}^V (oder alternativ der über den Marktpreis des Fremdkapitaltitels ermittelten Rendite r_{FK}^P) und r_f aus zwei Komponenten besteht: zum einen die Risikoprämie zur Kompensation des erwarteten Verlusts bei einem Fremdkapitalausfall[462] und zum anderen die Risikoprämie zur Berücksichtigung des systematischen Risikos des Fremdkapitals.[463]

Hinsichtlich der Frage, ob sich das Ausfallrisiko vom systematischen Risiko trennen lässt oder ob es Überschneidungen gibt, finden sich in der Literatur unterschiedliche Einschätzungen. Die Diskussion wird dadurch erschwert, dass häufig nicht zwischen Insolvenz- und Ausfallrisiko unterschieden wird, obwohl beide Begriffe nur zusammenfallen, wenn Zahlungsunfähigkeit den einzigen Insolvenztatbestand darstellt. In der theoretischen Literatur ordnet man Ausfallrisiken meist den unsystematischen Risiken zu.[464] Teilweise wird auch die Meinung vertreten, dass

---

458 Vgl. etwa Drukarczyk (1993), S. 270; Homburg/Stephan/Weiß (2004), S. 277; Schmidt/Terberger (2006), S. 233; Stephan (2006), S. 97.
459 Vgl. Fischer (1999b), S. 782 und S. 794; Koller/Goedhart/Wessels (2010), S. 261; Volkart/Vettiger/Forrer (2013), S. 117.
460 Vgl. etwa Sick (1990), S. 1443; Taggart (1991), S. 9, Fn. 5; Esty (1999), S. 23, En. 1; Fischer (1999b), S. 782 und S. 794; Tebroke/Rathgeber (2003), S. 152–153; Homburg/Stephan/Weiß (2004), S. 277; Schmidt/Terberger (2006), S. 247, Fn. 8; Stephan (2006), S. 98; Tham (2012), S. 22 und S. 24; Enzinger/Pellet/Leitner (2014), S. 213.
461 Synonyme sind die Begriffe „Yield Spread" und „Total Premium". Vgl. Pye (1974), S. 49–51.
462 Letzte sind wiederum eine Funktion der erwarteten Insolvenzwahrscheinlichkeit. Vgl. Cooper/Davydenko (2007), S. 90.
463 Vgl. Pye (1974), S. 49–52; auch Almeida/Philippon (2007), S. 2558; Cooper/Davydenko (2007), S. 90–91; Cooper/Nyborg (2008), S. 372, Fn. 11; Volkart (2012), S. 63–68 und S. 156–160; Volkart/Vettiger/Forrer (2013), S. 117; Volkart/Wagner (2014), S. 826–827.
464 Vgl. Arbel/Kolodny/Lakonishok (1977), S. 616; Chen (1978), S. 866 und S. 871–873; auch Conine/Tamarkin (1985), S. 56, Fn. 4; Amit/Wernerfelt (1990), S. 521; Gleißner (2002), S. 425; Gleißner (2005), S. 219–220 und S. 228; Shaffer (2006), S. 76; Booth (2007), S. 45; Almeida/Philippon (2008), S. 105; Gleißner/Wolfrum (2008), S. 604, Fn. 16; Gleißner/Ihlau (2012), S. 318; Saha/Malkiel (2012a), S. 1; Volkart (2012), S. 63; Volkart/Vettiger/Forrer (2013), S. 125, En. 8. Saha/Malkiel (2012b), S. 177, ordnen Insolvenzrisiken zwar dem systematischen Risiko zu; gleichzeitig erachten sie in diesen Bewertungssituationen jedoch unsystematische Risiken als relevant. Vgl. auch Hall/Woodward (2010), S. 1163 und S. 1184; Xu/Malkiel (2003), S. 639. Dagegen führen Baetge/Niemeyer/Kümmel/Schulz (2012), S. 381–382, systematische

Ausfallrisiken sowohl systematische als auch unsystematische Komponenten aufweisen.[465] Almeida/Philippon vertreten die Meinung, dass das Ausfallrisiko signifikante systematische Komponenten enthält.[466] Smith/Stulz erachten Ausfallrisiken zwar als unternehmensspezifisch, ordnen sie aber vollständig den systematischen Risiken zu: Dies begründen die Autoren damit, dass Investoren Ausfallrisiken häufig nicht diversifizieren können und eine Vergütung für die Übernahme dieses Risikos fordern.[467]

Auch empirische Untersuchungen gelangen zu unterschiedlichen Ergebnissen.[468] Elton et al. resümieren, dass sich Credit Spreads aus drei Komponenten zusammensetzen: Neben der Risikoprämie und dem erwarteten Verlust bei Fremdkapitalausfall sind auch Steuereffekte relevant.[469] Das Ausfallrisiko ist demzufolge nur für einen Teil des Credit Spread ursächlich.[470] Bei dem Ansatz wird allerdings missachtet,

---

Risiken auf Insolvenzrisiken zurück. Auch Almeida/Philippon (2007), S. 2558, Fn. 4 und S. 2582; Denis/Denis (1995), S. 131 und S. 151; Liou/Smith (2007), S. 19 und S. 28; Knabe (2012), S. 66.

465 Vgl. Yagil (1987), S. 16, Fn. 2; Van Horne (2002), S. 224; Volkart/Wagner (2014), S. 405–506. Saha/Malkiel (2012b), S. 184, äußern sich folgendermaßen: "(…) the CAPM framework fails to fully incorporate the cessation risk of the cash flows." Zu der Schlussfolgerung, dass bei einem Rekurs auf das CAPM jede Risikoart sowohl systematische als auch unsystematische Risiken aufweist, gelangen auch Heinke/Steiner (2007), S. 679–680.

466 Vgl. Almeida/Philippon (2007), S. 2558, Fn. 4 und S. 2582; Almeida/Philippon (2008), S. 105 und S. 109. Auch Kim (1978), S. 57, erachtet das Fremdkapitalausfallrisiko als systematisch.

467 Vgl. Smith/Stulz (1985), S. 399.

468 Almeida/Philippon (2007), S. 2558, Fn. 4 und S. 2582, finden empirische Belege für eine systematische Komponente des Insolvenzrisikos; auch Huang/Huang (2012), S. 156. Eine positive Korrelation zwischen Insolvenzrisiko und Überrenditen ergibt sich bei Lang/Stulz (1992), S. 54–60; Denis/Denis (1995), S. 141–145; Shumway (1996), S. 1–5; Vassalou/Xing (2004), S. 866; Chava/Purnanandam (2010), S. 2525 und S. 2554. Keine Korrelation erkennen Arbel/Kolodny/Lakonishok (1977), S. 616 und S. 619–623; Opler/Titman (1994), S. 1034–1038; Asquith/Gertner/Scharfstein (1994), S. 632–652; auch Amato/Remolona (2003), S. 62. Eine negative Korrelation besteht bei Dichev (1998), S. 1138; auch Campbell/Hilscher/Szilagyi (2008), S. 2918–2923. Fama/French finden empirische Belege für die Existenz von Risikozuschlägen für Insolvenzrisiken. Da diese Risiken nicht im CAPM erfasst werden, sprechen sie von CAPM-Anomalien. Vgl. Fama/French (1993), S. 50; Fama/French (1996), S. 55–56 und S. 75–76.

469 Vgl. Elton et al. (2001), S. 247 und S. 272–273; Driessen (2005), S. 166–167, finden Hinweise für eine zusätzliche Komponente, die auf Liquiditätsrisiken zurückgeht; zusammenfassend auch Knoll/Vorndran/Zimmermann (2006), S. 382.

470 Vgl. Elton et al. (2001), S. 261 und S. 267. Zu einem ähnlichen Ergebnis gelangen Huang/Huang (2012), S. 156 und S. 190. Vgl. auch Almeida/Philippon (2007), S. 2558 und S. 2567, m.w.N. Zu höheren Werte gelangen Dionne et al. (2010), S. 727. Neben den genannten Risikoprämien kann der Credit Spread Nebenkosten (z.B. Emissionskosten) enthalten. Vgl. hierzu Fn. 526.

dass die Anleihen nicht zwingend vergleichbar sind; unternehmensindividuelle Informationen werden nicht verwendet. Des Weiteren ist der Ansatz nicht zukunftsgerichtet.[471]

Da die für DCF-Verfahren maßgebliche erwartete Fremdkapitalrendite nur die systematische Risikoprämie beinhaltet, wenn man auf das CAPM zurückgreift, ist von den (annahmegemäß beobachtbaren) Fremdkapitalzinssätzen bzw. -renditen r_{FK}^V oder r_{FK}^P der erwartete Verlust bei Fremdkapitalausfall zu subtrahieren.[472] Abschnitt 4.2.4 beinhaltet ausgewählte Ansätze, die eine Spaltung von r_{FK}^V oder von r_{FK}^P erlauben.

4.2.4 Ansätze zur Spaltung des Fremdkapitalzinssatzes

4.2.4.1 Rückgriff auf Binomialmodelle

Zur Frage, wie die Komponenten des Fremdkapitalzinssatzes quantifiziert werden können, herrscht in der Literatur folgende Meinung vor: Während sich die erwartete Fremdkapitalrendite anhand des CAPM bestimmen lässt,[473] ist zur Aufspaltung des vertraglichen Fremdkapitalzinssatzes ein separater Ansatz unter Berücksichtigung der Ausfallwahrscheinlichkeit des Fremdkapitals nötig. Es werden verschiedene Ansätze vorgeschlagen, die eine Aufspaltung des vertraglichen Fremdkapitalzinssatzes erlauben. Im Folgenden werden drei dieser Ansätze vorgestellt und systematisiert.

Ein grundlegender Ansatz zur Bestimmung der Prämie für Ausfallrisiken geht auf Pye zurück. Der Fremdkapitalrendite r_{FK}^P bestimmt sich bei diesem Ansatz über:[474]

$$r_{FK}^P = \frac{r_f + z' + w \cdot \delta}{1 - w}. \tag{4.42}$$

Die Prämie für Ausfallrisiken setzt sich aus der Insolvenzwahrscheinlichkeit w und der Verlustrate bei Fremdkapitalausfall δ mit $0 \leq \delta \leq 1$ zusammen. Letztere symbolisiert den Verlust in Relation zu dem Wert der Anleihe, wenn kein Fremdkapitalausfall vorliegt. Die erwartete Fremdkapitalrendite $E(\tilde{r}^{FK})$ setzt sich aus r_f und z' zusammen, wobei z' den Risikozuschlag ohne Ausfallrisiken kennzeichnet. Basierend auf dieser Gleichung lässt sich der auf r_{FK}^P bezogene Credit Spread CS ermitteln:[475]

---

471 Vgl. Cooper/Davydenko (2007), S. 91.
472 Vgl. Pye (1974), S. 49–51; auch Cooper/Davydenko (2007), S. 90–91; Volkart (2012), S. 63–68 und S. 156–160; Volkart/Vettiger/Forrer (2013), S. 117; Volkart/Wagner (2014), S. 826–827.
473 Vgl. Drukarczyk/Schüler (2009), S. 398–399; Volkart (2010), S. 149; Volkart (2012), S. 64 und S. 149–150; ähnlich Conine/Tamarkin (1985), S. 56, Fn. 4.
474 Vgl. Pye (1974), S. 50–51.
475 Vgl. Pye (1974), S. 51.

$$CS = r_{FK}^P - r_f = \frac{z' + w \cdot (\delta + r_f)}{1 - w} \tag{4.43}$$

bzw.[476]

$$CS = z' + \frac{w \cdot (\delta + r_f + z')}{1 - w}. \tag{4.44}$$

Unter der Annahme, dass sich der Credit Spread aus dem Risikozuschlag z' und einer Prämie für Ausfallrisiken zusammensetzt, lässt sich letztere Prämie isolieren:[477]

$$\text{Ausfallprämie} = \frac{w \cdot (\delta + r_f + z')}{1 - w}. \tag{4.45}$$

Umstellen von Gleichung (4.42) führt unter Berücksichtigung des Zusammenhangs

$$E(\tilde{r}^{FK}) = r_f + z' \tag{4.46}$$

zu der folgenden Darstellung des Zusammenhangs zwischen r_{FK}^P und $E(\tilde{r}^{FK})$:

$$E(\tilde{r}^{FK}) = (1 - w) \cdot r_{FK}^P - w \cdot \delta. \tag{4.47}$$

Einen ähnlichen Ansatz verfolgen Homburg/Stephan/Weiß: Die Autoren definieren den Zusammenhang zwischen $E(\tilde{r}^{FK})$ und r_{FK}^V mithilfe der folgenden Gleichung:[478]

$$E(\tilde{r}^{FK}) = (1 - w) \cdot r_{FK}^V + w \cdot (-1). \tag{4.48}$$

Während die Fremdkapitalgeber mit der Insolvenzwahrscheinlichkeit w einen Totalausfall erleiden, erhalten sie mit der Gegenwahrscheinlichkeit den vertraglich vereinbarten Fremdkapitalzins. Drukarczyk/Schüler erweitern den Ansatz um eine positive Befriedigungsquote η mit $0 \leq \eta \leq 1$. In einem einperiodigen Modell gilt:[479]

$$E(\tilde{r}^{FK}) = (1 + r_{FK}^V) \cdot [1 - w \cdot (1 - \eta)] - 1 \tag{4.49}$$

bzw.

$$E(\tilde{r}^{FK}) = (1 - w) \cdot r_{FK}^V + w \cdot \eta \cdot r_{FK}^V + w \cdot \eta - w. \tag{4.50}$$

---

476 Die Gleichung bei Pye (1974), S. 51, ist fehlerhaft.
477 Vgl. Pye (1974), S. 51.
478 Vgl. Homburg/Stephan/Weiß (2004), S. 277; auch Stephan (2006), S. 98; Gleißner (2010), S. 737; IACVA (2011), S. 20; Enzinger/Pellet/Leitner (2014), S. 214.
479 Vgl. Drukarczyk/Schüler (2006), S. 726; Drukarczyk/Schüler (2009), S. 397–398. Dies gilt nur, wenn die Fremdkapitalgeber das Ausfallrisiko antizipieren. Für ein Modell ohne Risikokompensation vgl. Drukarczyk/Schüler (2009), S. 403–407. Für ein mehrperiodiges Modell vgl. Drukarczyk (1993), S. 322–325.

4.2.4.2 Rückgriff auf die Optionspreistheorie

Cooper/Davydenko spalten den Credit Spread CS über die Optionspreistheorie in zwei Komponenten – den Verlust bei Fremdkapitalausfall k und den erwarteten Risikozuschlag. Dabei bestimmen sie die Werte für $E(\tilde{r}_{EK}^{U^*})$, $std(\tilde{r}_{EK}^{U^*})$ und T so, dass die Ergebnisse des Black/Scholes-Modells den Credit Spreads entsprechen. Es gilt:[480]

$$1 - \frac{FK_0}{GK_0} = N(D_1) - \frac{FK_0}{GK_0} \cdot e^{CS \cdot T} \cdot N(D_2). \tag{4.51}$$

Für den Parameter D_2 gilt Gleichung (4.36). D_1 bestimmt sich folgendermaßen:[481]

$$D_1 = \frac{\left[-ln\left(\frac{FK_0}{GK_0}\right) - \left(CS - \frac{Var(\tilde{r}_{EK}^{U^*})}{2}\right) \cdot T \right]}{std(\tilde{r}_{EK}^{U^*}) \cdot \sqrt{T}}. \tag{4.52}$$

Für die momentane Standardabweichung des Eigenkapitals $std(\tilde{r}_{EK}^{L^*})$ gilt:[482]

$$std(\tilde{r}_{EK}^{L^*}) = \frac{std(\tilde{r}_{EK}^{U^*}) \cdot N(D_1)}{1 - \frac{FK_0}{GK_0}}. \tag{4.53}$$

Sind FK_0/GK_0, CS und $std(\tilde{r}_{EK}^{L^*})$ bekannt, kann man $std(\tilde{r}_{EK}^{U^*})$ und T bestimmen. Für die Risikoprämien für die Vermögenswerte $z_{EK}^{U^*}$ und das Eigenkapital $z_{EK}^{L^*}$ gilt:[483]

$$z_{EK}^{U^*} = \frac{z_{EK}^{L^*} \cdot \left(1 - \frac{FK_0}{GK_0}\right)}{N(D_1)}. \tag{4.54}$$

Unter diesen Annahmen lässt sich die Komponente k des Credit Spread berechnen:[484]

$$\kappa = -\frac{1}{T}$$

$$\cdot ln\left[e^{(z_{EK}^{U^*} - CS) \cdot T} \cdot N\left(-D_1 - \frac{z_{EK}^{L^*} \cdot \sqrt{T}}{std(\tilde{r}_{EK}^{L^*})}\right) \cdot \frac{GK_0}{FK_0} + N\left(D_2 + \frac{z_{EK}^{L^*} \cdot \sqrt{T}}{std(\tilde{r}_{EK}^{L^*})}\right) \right]. \tag{4.55}$$

In einem letzten Schritt lässt sich die erwartete Rendite des Fremdkapitals ermitteln, indem man die Komponente κ vom Fremdkapitalzinssatz r_{FK}^P oder r_{FK}^V subtrahiert.

---

480 Vgl. Cooper/Davydenko (2007), S. 92.
481 Vgl. Cooper/Davydenko (2007), S. 92.
482 Vgl. Cooper/Davydenko (2007), S. 93.
483 Vgl. Cooper/Davydenko (2007), S. 93.
484 Vgl. Cooper/Davydenko (2007), S. 93.

4.2.5 Würdigung

Die direkte Ermittlung der Fremdkapitalrenditen anhand von Marktdaten ist theoretisch zu präferieren, mündet aber im Allgemeinen in Konsistenz- und Datenbeschaffungsproblemen. Dies wird etwa bei einem Rekurs auf das CAPM deutlich: Dieser Ansatz ist nur operabel, wenn sämtliche Fremdkapitaltitel des Unternehmens (oder hinreichend vergleichbarer Unternehmen) am Kapitalmarkt gehandelt werden.[485] Dies ist häufig nicht gegeben: In Deutschland beziehen Unternehmen den Großteil ihres Fremdkapitals nicht über Kapitalmarktanleihen, sondern über bilateral verhandelte Verträge mit Banken (oder über Pensionsrückstellungen für Arbeitnehmer).[486]

Weitere Argumente sprechen gegen das CAPM zur Ermittlung der Renditeforderung der Fremdkapitalgeber: Gonzalez/Litzenberger/Rolfo weisen darauf hin, dass sich das in diskreter Zeit formulierte CAPM nur mit der Bernoulli-Theorie verbinden lässt, wenn die Renditen der Wertpapiere normalverteilt sind oder die Individuen quadratische Nutzenfunktionen aufweisen.[487] Erstere Bedingung ist bei ausfallgefährdetem Fremdkapital nicht gegeben: Aufgrund der Haftungsbeschränkung kann die Rendite nicht weniger als 100 % betragen; gleichzeitig ist es nicht möglich, dass die erwartete Rendite den vertraglichen Fremdkapitalzinssatz übertrifft.[488] Darüber hinaus sind die Fremdkapitalrenditen nicht unabhängig voneinander verteilt.[489] Folglich muss die Bedingung quadratischer Nutzenfunktionen erfüllt sein, um das CAPM mit der Bernoulli-Theorie verbinden zu können. Allerdings lässt sich zeigen, dass bei positivem operativem Cashflow und positiver $Cov\left(\widetilde{FCF_t}, \tilde{r}_t^M\right)$ der Wert des verschuldeten Unternehmens keine monoton steigende Funktion der versprochenen

---

485 Vgl. Aders/Wagner (2004), S. 34; Damodaran (2010), S. 36. In der Realität wird nur ein Bruchteil aller Fremdkapitaltitel öffentlich gehandelt. Vgl. etwa Butler/Mohr/Simonds (1991), S. 890; Drukarczyk (1993), S. 356. Dies gilt auch für Deutschland. Für einen Überblick über die Marktkapitalisierung von Anleihen ausgewählter Staaten vgl. Rajan/Zingales (1995), S. 1448.
486 Vgl. Richter (1998a), S. 43; Fischer (1999b), S. 794; Hachmeister (2000), S. 235–236; Aders/Wagner (2004), S. 34; Cooper/Davydenko (2007), S. 91; Watrin/Stöver (2011), S. 69; Holthausen/Zmijewski (2012), S. 69. Zudem sind in Deutschland bisweilen nur Unternehmen mit hoher Bonität am Geldmarkt zugelassen. Vgl. Franke/Hax (2009), S. 64. Allerdings existiert seit dem Jahr 2011 ein Markt für Mittelstandsanleihen. Vgl. Schüler/Kaufmann (2014), S. 70.
487 Vgl. etwa Schneeweiß (1967), S. 113–114 und S. 118; Kürsten (1997), S. 80, Fn. 12.
488 Vgl. Gonzalez/Litzenberger/Rolfo (1977), S. 171; ähnliche Bedenken äußert bereits Rubinstein (1973c), S. 755, Fn. 5; auch Bierman/Oldfield (1979), S. 953, Fn. 3; Conine (1980b), S. 1034, Fn. 2; Chen (1982), S. 10, En. 2; Conine/Tamarkin (1985), S. 55, Fn. 2. Zur Asymmetrie der Fremdkapitalrenditen vgl. auch Volkart (2012), S. 49–51, S. 174 und S. 189–190; Oded/Michel (2007), S. 24; Knoll/Tartler (2011), S. 409, Fn. 3. Casey (2004b), S. 28–29, führt aus, dass Fremdkapitalrenditen nur einem Ausfallrisiko, aber keinem Schwankungsrisiko unterliegen.
489 Vgl. Conine (1980b), S. 1035, Fn. 4; Conine (1980a), S. 21, Fn. 4; Conine/Tamarkin (1985), S. 56; auch Alexander (1980), S. 1067; Butler/Mohr/Simonds (1991), S. 890.

Zinszahlungen ist. Somit wird nicht für alle Vermögenshöhen ein positiver Grenznutzen ausgewiesen. Daher ist die Annahme einer quadratischen Nutzenfunktion inkonsistent mit der Präferenzreihung hinsichtlich Erwartungswert und Varianz von Portfolios, die bei stochastischer Dominanz erster Ordnung impliziert wird.[490] Der Marktwert eines verschuldeten Unternehmens wird somit unter Umständen fehlerhaft bemessen, wenn man auf das CAPM rekurriert und das Fremdkapital ausfallgefährdet ist.[491] Berücksichtigt man zusätzlich Insolvenzkosten, verändert dies nicht die Schlussfolgerung, dass das CAPM in seiner herkömmlichen Form für die Bewertung von Unternehmen mit ausfallgefährdetem Fremdkapital ungeeignet erscheint.[492]

Neben diesen theoretischen Einwänden wird man mit einem Anwendungsproblem konfrontiert: Hinsichtlich des risikolosen Zinssatzes und der Marktrisikoprämie unterstellt man in praxi meist dieselben Werte wie bei der Ermittlung von Renditen von Eigenkapitaltiteln.[493] Theoretisch korrekt wäre aber, die Marktrendite basierend auf den durchschnittlichen gewichteten Renditen aller riskanten Wertpapiere (also unter Berücksichtigung von Anleihen) zu ermitteln. Dies unterscheidet sich von dem Praktikeransatz, den Index für das Marktportfolio aus Eigenkapitaltiteln zu bilden.[494]

Aufgrund dieser Probleme abstrahiert man in der Bewertungspraxis regelmäßig von positiven Betafaktoren des Fremdkapitals. Ein Betafaktor in Höhe von Null impliziert allerdings, dass das Fremdkapital keine Risikoprämie für systematisches Risiko besitzt. Der Ansatz gilt demzufolge nur, wenn das Ausfallrisiko vollständig diversifizierbar ist. Diese Annahme wird wiederum mehrheitlich als unrealistisch erachtet.[495]

In der Literatur ist es strittig, ob man sich bei der Möglichkeit eines kostenbehafteten Fremdkapitalausfalls auf das systematische Risiko beschränken darf oder ob die gesamte Volatilität der Cashflows berücksichtigt werden muss.[496] In der Bewertungstheorie wird teilweise vorgeschlagen, einen zusätzlichen, unsystematischen

---

490 Vgl. Gonzalez/Litzenberger/Rolfo (1977), S. 171; ähnlich Alexander (1980), S. 1067; Butler/Mohr/Simonds (1991), S. 890. Stochastische Dominanz erster Ordnung impliziert, dass der Grenznutzen von Vermögen stets positiv ist. Vgl. Gonzalez/Litzenberger/Rolfo (1977), S. 171.
491 Vgl. Gonzalez/Litzenberger/Rolfo (1977), S. 168–171.
492 Vgl. Gonzalez/Litzenberger/Rolfo (1977), S. 174–175. Modellerweiterungen mit alternativen Nutzenfunktionen erscheinen besser geeignet. Vgl. auch Cooper/Davydenko (2007), S. 91.
493 Vgl. Holthausen/Zmijewski (2012), S. 68, Fn. 19 und S. 69.
494 Vgl. bereits Galai/Masulis (1976), S. 74; auch Bierman/Oldfield (1979), S. 953; Harris/Pringle (1985), S. 243; Cooper/Nyborg (2008), S. 372, Fn. 9.
495 Vgl. Cooper/Davydenko (2007), S. 90. Vgl. auch Abschnitt 4.2.3.
496 Vgl. Bower/Lessard (1973), S. 327; Celec/Pettway (1979), S. 1062.

Risikofaktor zu berücksichtigen, um das Insolvenzrisiko abzubilden.[497] Dies überzeugt nicht: Es erscheint inkonsistent, sowohl systematische als auch unsystematische Risiken in einem CAPM-basierten Kalkül erfassen zu wollen.[498] Wird unsystematisches Risiko als bewertungsrelevant erachtet, muss das CAPM aufgegeben werden.

Rekurriert man nicht auf das CAPM, sondern auf Optionspreismodelle, wird man ebenfalls mit Problemen konfrontiert: Der Insolvenztatbestand im Black/Scholes-Modell ist nicht Zahlungsunfähigkeit, sondern Überschuldung.[499] Zudem wird neben einem festgelegten Ausübungszeitpunkt der Option und der Ausblendung von Kapitalzuführungen oder -entnahmen verlangt,[500] dass der Wert des Gesamtkapitals einer logarithmischen Normalverteilung folgt.[501] Das Postulat, dass der Bewerter Kenntnis über die Wertentwicklung des Basispreises besitzt, ist aber als eine weitgehende Einschränkung des Bewertungsproblems zu erachten.[502] Da die rigiden Anwendungsbedingungen in der Realität bestenfalls annäherungsweise erfüllt sind, bildet das Modell keine geeignete Basis, um Unternehmen zu bewerten.[503] Wird stattdessen eine realitätsnähere Modellierung vorgenommen, ist die Anwendbarkeit analytischer Lösungsverfahren unwahrscheinlich:[504] Diese versagen regelmäßig, wenn Optionen amerikanischen Typs mit stochastischen (Dividenden-)Auszahlungen zu bewerten sind.[505] Beharrt der Bewerter trotz der engen Anwendungsprämissen und geringen Abbildungsgenauigkeit auf der Verwendung analytischer Gleichungssysteme, besteht die Gefahr, dass der Anwender das Bewertungsproblem trivialisiert.[506] Zudem dürfte der Bewertungskalkül erheblich an Transparenz einbüßen, wenn er in das enge Korsett des Black/Scholes-Modells geschnürt wird.[507] Als Nebeneffekt kann dies auch die Kommunizierbarkeit der realwirtschaftlichen Optionsbewertung einschränken.[508]

---

497 Vgl. Spremann (2002), S. 361–364; Spremann (2006), S. 191, mit Verweis auf Fama/French (1992), S. 427–452 und Cochrane (1999), S. 52 und S. 56. Vgl. auch Born (2003), S. 126; Zieger/Schütte-Biastoch (2008), S. 597–601; Damodaran (2010), S. 387; Saha/Malkiel (2012a), S. 1.
498 Vgl. Jonas (2008), S. S 120, Fn. 22; Schulz (2009), S. 64 und S. 67–68; Ballwieser/Hachmeister (2013), S. 119.
499 Vgl. Black/Scholes (1973), S. 649–650; auch Reichling/Beinert (2006), S. 342.
500 Vgl. Richter (2002b), S. 291.
501 Vgl. Uhlir (1991), S. 697; Hommel/Müller (1999), S. 181; Rams (1999), S. 358.
502 Vgl. Dirrigl (1994), S. 427; Ballwieser (1999), S. 35; Ballwieser (2002a), S. 188; Ballwieser/Coenenberg/Schultze (2002), Sp. 2429.
503 Vgl. Rams (1999), S. 359; Richter (2002b), S. 291.
504 Vgl. Ballwieser (2002a), S. 197; auch Ballwieser (1999), S. 36.
505 Vgl. Hommel/Müller (1999), S. 180 und S. 182; auch Richter (2002b), S. 301.
506 Vgl. Hommel/Müller (1999), S. 180.
507 Vgl. Hommel/Müller (1999), S. 180; Ballwieser (2002a), S. 197; Baecker/Hommel (2004), S. 28; Steiner/Rathgeber (2008), S. 216.
508 Vgl. hierzu Peemöller/Beckmann (2012), S. 1204.

Neben diesen theoretischen und anwendungsbezogenen Problemen steht auch die empirische Bewährung des Black/Scholes-Modells sowie der darauf aufbauenden Modelle aus.[509] Zudem darf der Marktwert des Eigenkapitals nicht mit der Marktkapitalisierung börsennotierter Unternehmen gleichgesetzt werden, da Letztere empirisch beobachtbare Paketzuschläge vernachlässigt.[510] Es lässt sich konstatieren, dass einer Übertragung der Optionspreistheorie auf realwirtschaftliche Optionen enge Grenzen gesetzt sind. Der Bedingungskomplex erweist sich als zu restriktiv und die Analogie zwischen finanz- und realwirtschaftlichen Optionen als nicht ausreichend tragfähig, um Optionspreismodelle für die Unternehmensbewertung zu empfehlen.

Folgt der Bewerter der Durchschnittszins-Methode, verlässt er sich auf Buchwerte anstatt auf die relevanten Marktwerte. Veränderungen der Bonität, die sich seit der Fremdkapitalaufnahme oder dem letzten Jahresabschluss ergeben haben, werden bei diesem Ansatz nicht erfasst.[511] Gerade für insolvenzgefährdete Unternehmen ist aber eine kontinuierliche Überprüfung und zukunftsorientierte Schätzung des Fremdkapitalwertes essenziell, da deren Bonität im Allgemeinen stark schwankt und dies zu Kreditverhandlungen mit den Gläubigern führt.[512] Wenn anstelle der zu erwartenden Kuponzahlungen die zum Vertragszeitpunkt vereinbarten Zahlungen angesetzt werden, kann die Möglichkeit des Fremdkapitalausfalls nicht adäquat erfasst werden. Hohe Abweichungen sind insbesondere bei Unternehmen mit niedriger Bonität zu erwarten.[513] Ferner wird die Komplexität der Ermittlung durchschnittlicher Fremdkapitalzinsen dadurch gesteigert, dass insolvenzgefährdete Unternehmen häufig eine komplexe und volatile Finanzierungsstruktur aufweisen.[514] Ein korrektes Vorgehen verlangt, dass auch Surrogate des Fremdkapitals explizit berücksichtigt werden.[515]

Der Rating-Methode wird vor allem im praxisnahen Schrifttum der Unternehmensbewertung regelmäßig die Eigenschaft zugeschrieben, dass sie einen funktionalen Zusammenhang zwischen den Fremdkapitalkosten und dem Ausfallrisiko

---

509 Vgl. Uhrig-Homburg (2002), S. 54.
510 Vgl. Ballwieser (2002a), S. 190; Hering (2014), S. 208–209. Wird von diesen Effekten abstrahiert, wäre der Unternehmenswert bekannt und es bestünde kein Bewertungsproblem.
511 Zudem kann moniert werden, dass Fremdkapitalbestände Stichtagswerte sind, wohingegen sich der Zinsaufwand auf die gesamte Periode bezieht. Vgl. Drukarczyk/Schüler (2009), S. 230.
512 Vgl. Knecht/Dickopf (2008), S. 213 und S. 217–218.
513 Vgl. Kruschwitz/Milde (1996), S. 1121–1122.
514 Insolvenzgefährdete Unternehmen weisen meist nicht nur viele Verflechtungen mit mehreren Fremdkapitalgebern auf, sondern greifen auch häufig auf Wandelanleihen oder andere mezzanine Finanzierungsinstrumente zurück. Vgl. hierzu Knecht/Dickopf (2008), S. 217–218.
515 Vgl. zur Bewertung von Lieferantenverbindlichkeiten, Leasing-Geschäften und Pensionsrückstellungen ausführlich Hachmeister (2000), S. 236–252.

herstellen kann.[516] Dies ist aus theoretischer Perspektive kritisch zu sehen: Im Allgemeinen werden die Methoden, die hinter der Ermittlung der Ratingeinstufung stehen, nicht transparent gemacht. Ratingagenturen gründen ihre Bonitätseinschätzung auf einer Vielzahl von Informationen, die für eine Insolvenz erklärungsrelevant sein können.[517] Mithin lassen sie sowohl systematische als auch unsystematische Risiken einfließen.[518] Greift man – wie in praxi üblich – gleichzeitig auf das CAPM zurück, um die Risikoanpassung zur Herstellung von Unsicherheitsäquivalenz zu bemessen, resultiert ein Konsistenzproblem:[519] Da bei Ratings ausschließlich Bonitätsrisiken erfasst und weitere Risikoarten ausgeblendet werden, kann es nicht die CAPM-relevanten Risiken abbilden.[520] Es wird deutlich, dass die Rating-Methode einer anderen Risikosicht folgt als das CAPM und die beiden Modelle nicht kompatibel zueinander sind.

Der Rückgriff auf Ratings ist mit einem weiteren Widerspruch behaftet: Dies bedeutet letztlich, das Problem der Ermittlung einer Insolvenzwahrscheinlichkeit an die Ratingagenturen zu delegieren.[521] Auch diese werden aber auf dieselben Informationen zurückgreifen. Unterstellt man, dass Ratingagenturen bessere Informationsquellen oder überlegene Instrumente zur Verfügung stehen, bricht man mit der neoklassischen Prämisse, dass alle Kapitalmarktakteure homogene Erwartungen aufweisen. Unterstellt man homogene Erwartungen, impliziert dies Informationseffizienz.[522] Folglich lässt sich die Existenz von Informationsintermediären wie Ratingagenturen – zumindest bei der strengen Form der Informationseffizienz – nicht erklären.[523]

Die geäußerten Kritikpunkte zeigen, dass die in der praxisnahen Bewertungsliteratur empfohlenen Verfahren zur indirekten Bestimmung der Fremdkapitalkosten methodisch unbefriedigend sind und nicht als Ersatz für die direkten Ermittlungsmethoden dienen können; vielmehr stellen sie ad-hoc-Lösungen dar[524]

---

516 Vgl. Breitenbücher/Ernst (2004), S. 89 und S. 96.
517 Vgl. Breitenbücher/Ernst (2004), S. 94; auch Perridon/Steiner/Rathgeber (2012), S. 198–199.
518 Vgl. Breitenbücher/Ernst (2004), S. 89 und S. 94; Heinke/Steiner (2007), S. 678–680.
519 Vgl. Gleißner (2010), S. 742; Gleißner (2011), S. 247; Saha/Malkiel (2012a), S. 3 und S. 7; Saha/Malkiel (2012b), S. 183–184; Gleißner (2013a), S. 84.
520 Vgl. Heinke/Steiner (2007), S. 680. In der Literatur wird neben dem Insolvenzrisiko auch das Zinsrisiko und das Kaufkraftrisiko als wesentlich für Fremdkapitalgeber erachtet. Vgl. etwa Bierman/Hass (1975), S. 757.
521 Vgl. Hering (2005), S. 198.
522 Vgl. Rudolph (1979), S. 1061, En. 8.
523 Vgl. Heinke/Steiner (2007), S. 658–661 und S. 665; auch Rudolph (1979), S. 1052. Für eine theoretische Erklärung der Existenz von Ratingagenturen muss etwa auf die neoinstitutionalistische Finanzierungstheorie zurückgegriffen werden. Vgl. Heinke/Steiner (2007), S. 683–700.
524 Dies darf nicht weiter verwundern, da die vorgetragenen Ansätze meist von praxisnahen Autoren stammen und an ein anwendungsorientiertes Publikum gerichtet sind.

und implizieren logische Widersprüche zu den Annahmen des CAPM. Da sich eine korrekte Determinierung der Fremdkapitalkosten lediglich als Zufallstreffer erweisen dürfte, sind die indirekten Ansätze zur Bestimmung von r^{FK} aus theoretischer Perspektive abzulehnen.

Die Einschätzung, dass Insolvenzrisiken sowohl systematische als auch unsystematische Komponenten aufweisen, überzeugt. Teilt man indes die Ansicht, dass das Insolvenzrisiko ausschließlich unsystematischer Natur ist, resultiert folgendes Problem: Fremdkapitalrenditen unterliegen nur einem Ausfallrisiko, aber keinem Schwankungsrisiko.[525] Wie lässt sich aber die Differenz zwischen r_f und $E(\tilde{r}^{FK})$ erklären, wenn zur Erfassung des Ausfallrisikos ein zusätzlicher Aufschlag benötigt wird?[526]

Eine Extrahierung der erwarteten Fremdkapitalrendite durch eine Aufspaltung des vertraglichen Fremdkapitalzinssatzes r_{FK}^V oder der Fremdkapitalrendite r_{FK}^P stellt einen gangbaren Weg dar, ist aber ebenfalls nicht unproblematisch. Der Ansatz von Cooper/Davydenko steht auf tönernen Füßen: Er unterliegt den Problemen, die bei einer Übertragung der Optionspreistheorie für Zwecke der Unternehmensbewertung auftreten können. Zudem wird von Steuern und Insolvenzkosten abstrahiert.[527]

Ein Vergleich der Gleichungen (4.47), (4.48) und (4.50) zeigt, dass die Ansätze von Pye, Homburg/Stephan/Weiß und Drukarczyk/Schüler derselben Intuition folgen. Während Pye die Rendite r_{FK}^P als Ausgangspunkt wählt, betrachten die übrigen Autoren den vertraglichen Fremdkapitalzinssatz r_{FK}^V. Die weiteren Unterschiede sind formaler Natur und betreffen die Annahmen hinsichtlich der anteiligen Zahlung bei Fremdkapitalausfall: Während Drukarczyk/Schüler eine Teilbefriedigung η in Abhängigkeit von der Fremdkapitalrendite betrachten, definiert Pye den Teilausfall in Abhängigkeit vom Wert der Anleihe, wenn das Fremdkapital nicht ausfällt. Homburg/Stephan/Weiß unterstellen einen Totalausfall mit $\eta = 0\,\%$ bzw. $\delta = 100\,\%$. Offen bleibt aber, wie die Insolvenzwahrscheinlichkeit und Teilbefriedigungsquote bestimmt und zeitliche Schwankungen dieser Variablen berücksichtigt werden sollen.

---

525 Vgl. Casey (2004b), S. 28–29. Vgl. auch Fn. 488.
526 Vgl. Booth (2007), S. 45. Denkbar wäre allenfalls, die Differenz zwischen r_f und $E(\tilde{r}^{FK})$ im Hinblick auf die Kreditkalkulation als Betriebskosten- oder Gewinnzuschlag zu interpretieren. Vgl. Mandl/Rabel (1997), S. 327; Aders/Wagner (2004), S. 35, Fn. 33; Volkart (2012), S. 51 und S. 160; Volkart (2010), S. 149; Volkart/Vettiger/Forrer (2013), S. 109; Volkart/Wagner (2014), S. 552; ähnlich Knoll/Vorndran/Zimmermann (2006), S. 383, m.w.N.
527 Vgl. Fn. 447.

4.3 Variabilisierung und Endogenisierung konstanter Größen

4.3.1 Risikoloser Zinssatz, Rendite des Marktportfolios und Steuersatz

Der risikolose Zinssatz, die Rendite des Marktportfolios und der Steuersatz werden für Zwecke der Unternehmensbewertung im Allgemeinen als intertemporal konstant angenommen.[528] Dieser Konvention wurde auch in den bisherigen Ausführungen gefolgt. Eine Variabilisierung dieser Größen kann jedoch notwendig werden: In der Literatur wird regelmäßig konstatiert, dass die Kapitalmarktdaten für r_f und $E(\tilde{r}^M)$ aufgrund der Auswirkungen der Finanzmarktkrise verzerrt sind und nicht für Zwecke der Unternehmensbewertung taugen.[529] Dieses Problems wird man ledig, wenn man der folgenden Vorgehensweise folgt: Sind die Kapitalmarktdaten am Bewertungsstichtag nicht repräsentativ für künftige Perioden, bildet man die Erwartungen am Bewertungsstichtag mittels periodengenauer Schätzungen für die Detailplanungsphase ab. Für die Fortführungsphase prognostiziert man nachhaltig erwartete Größen; unendliches Wachstum für diese Größen anzunehmen, erscheint wenig intuitiv.[530]

Probleme werden allerdings offenkundig, wenn man von der Annahme abstrahiert, dass der Steuersatz für alle Unternehmen identisch und intertemporal konstant ist. Dies wurde bislang in der Literatur kaum diskutiert. Kruschwitz/Löffler geben jedoch zu bedenken, dass die funktionalen Zusammenhänge zwischen dem verschuldeten und dem unverschuldeten Betafaktor des Eigenkapitals nur angewendet werden dürfen, wenn der Steuersatz identisch ist. Werden die Betafaktoren eines verschuldeten Unternehmens von Vergleichsunternehmen abgeleitet, müssen diese denselben Steuersatz aufweisen wie das Bewertungsobjekt. Darüber hinaus muss der Steuersatz von Vergangenheitsdaten mit den künftigen Steuersätzen übereinstimmen. Ist dies nicht der Fall, empfehlen die Autoren die Vornahme eines Untaxing und Retaxing.[531]

---

528 Vgl. auch Kruschwitz/Löffler (2003a), S. 239. Der Term $E(\tilde{r}^M) - r_f$ wird in praxi regelmäßig konstant gehalten, indem man das arithmetische oder geometrische Mittel der historischen Marktrisikoprämie heranzieht. Vgl. etwa Ballwieser/Hachmeister (2013), S. 101–104.
529 Die Verzerrungen diskutieren etwa Jonas (2009), S. 541–546; Zwirner/Reinholdt (2009), S. 389–393; Bassemir/Gebhardt/Ruffing (2012), S. 882–892; Zeidler/Tschöpel/Bertram (2012), S. 70–80.
530 Intertemporal variable risikolose Zinssätze können auch mit vollkommenen Kapitalmärkten vereinbar sein. Vgl. Rudolph (2006), S. 54.
531 Vgl. Kruschwitz/Löffler (2004a), S. 97–98; Kruschwitz/Löffler (2009), S. G2. Dabei sollen die Steuern der ausländischen Eigenkapitalgeber eliminiert und die Steuern der inländischen Eigenkapitalgeber berücksichtigt werden.

4.3.2 Fremdkapitalzinssatz

In Theorie und Praxis der Unternehmensbewertung werden die Fremdkapitalzinssätze meist als zeitlich konstant unterstellt.[532] Auch Gleichung (4.5) liegt die Annahme zugrunde, dass das Fremdkapital-Beta und folglich auch die Fremdkapitalrendite zeitlich konstant und damit unabhängig vom Verschuldungsgrad sind.[533] Dies bedeutet, dass der finanzielle Zustand des Unternehmens keinen Einfluss auf die Höhe von $E(\tilde{r}^{FK})$ hat. In der Literatur bestehen theoretische Argumente, die diese Annahme stützen.[534] Folgt man Kruschwitz/Milde, sind im Fremdkapital-Beta Zinsänderungs- und Bonitätsrisiken enthalten.[535] Erstere sind unabhängig vom Verschuldungsgrad des Unternehmens. Bonitätsrisiken sind allerdings nur verschuldungsgradunabhängig, wenn die Fremdkapitalgeber entsprechende Sicherheiten erhalten. Hierfür müssen rationale Fremdkapitalgeber mit homogenem Informationsstand vorliegen.[536]

Ungeachtet dessen gilt es zu beachten, dass selbst der Betafaktor eines einzelnen Fremdkapitaltitels zeitlich schwankt. Dies resultiert daraus, dass das Fremdkapital-Beta von dem Produkt aus der Laufzeit des Fremdkapitaltitels und der Kovarianz zwischen Veränderungen der tatsächlichen Rendite des Fremdkapitals mit der Rendite des Marktportfolios abhängt.[537] Mit abnehmender Restlaufzeit sinkt der Betafaktor[538] und der Marktpreis der Anleihe konvergiert gegen den Rückzahlungsbetrag.[539]

Angesichts dessen drängen sich zwei Situationen auf, in denen die Annahme zustandsunabhängiger Fremdkapitalkosten nicht sinnvoll ist und eine Anpassung der Fremdkapitalrendite erforderlich erscheint: Die erste Situation liegt vor, wenn der aus Vergangenheitsdaten gewonnene Betafaktor des Fremdkapitals nicht

---

532 Vgl. etwa Fischer (1999b), S. 794.
533 Vgl. hierzu Hong/Rappaport (1978), S. 10–11; Conine (1980b), S. 1035; Callahan/Mohr (1989), S. 164; Kruschwitz/Milde (1996), S. 1120–1122; Franke/Hax (2009), S. 528.
534 Vgl. Haugen/Senbet (1978), S. 390–392; empirische Belege findet Krainer (1973), S. 10–11.
535 Vgl. Kruschwitz/Milde (1996), S. 1121–1122; auch Esty (1999), S. 23, En. 2; Heinke/Steiner (2007), S. 679. Bierman/Hass (1975), S. 757, identifizieren zusätzlich ein Kaufkraftrisiko.
536 Vgl. Kruschwitz/Milde (1996), S. 1121–1122.
537 Vgl. grundlegend Fisher (1966), S. 112–114; Hopewell/Kaufman (1973), S. 749–752; Boquist/Racette/Schlarbaum (1975), S. 1362; Jarrow (1978), S. 1238–1239; Alexander (1980), S. 1070–1071; auch Conine (1980b), S. 1035, Fn. 4; Conine/Tamarkin (1985), S. 56, Fn. 3. Chen (1982), S. 10, En. 8, meint, dass dieses Problem nicht vorliegt, wenn Fremdkapital als einperiodige Anleihe erachtet wird. Neben dem Effekt der begrenzten Laufzeit von Anleihen führen auch Veränderungen von r_{FK}^P zu intertemporal variablen Betafaktoren. Vgl. hierzu Alexander (1980), S. 1071–1072, m.w.N.
538 Vgl. hierzu die Ausführungen in Abschnitt 4.2.1.2.
539 Zu diesem Pull to Par Effect vgl. etwa Bodie/Kane/Marcus (2014), S. 463–466.

extrapolierbar ist, mithin die Fremdkapitalrendite vom finanziellen Zustand des Unternehmens, der sich im Zeitverlauf verändert, abhängt. Die zweite Situation ist gegeben, wenn die Fremdkapitalrendite des Bewertungsobjekts über Vergleichsunternehmen ermittelt wird:[540] Im Allgemeinen werden Vergleichsunternehmen nach dem Kriterium ausgesucht, dass sie das gleiche operative Risiko wie das Bewertungsobjekt aufweisen. Weicht jedoch das systematische Risiko des Fremdkapitals des Vergleichsunternehmens von demjenigen des Bewertungsobjekts ab, ist eine Anpassung vorzunehmen. Mithin ist analog zum oben angeführten Un- und Retaxing ein „Undistressing" und „Redistressing" der erwarteten Renditen der Fremdkapitalgeber notwendig.

Eine Problematik der Anpassungsgleichungen besteht folglich darin, dass man die Renditen des Fremdkapitals zwar als riskant (positiver Betafaktor des Fremdkapitals), gleichzeitig aber als intertemporal konstant und unabhängig vom Verschuldungsgrad erachtet.[541] Es existieren keine Reaktionshypothesen, die den Einfluss des Verschuldungsgrads auf die Fremdkapitalkosten abbilden. Eine Berücksichtigung des Finanzierungsrisikos erfolgt lediglich über die Bildung von Risikoklassen.[542] Endogene Fremdkapitalkosten lassen sich nur modellieren, wenn der Zusammenhang zwischen Verschuldungsgrad und Rendite des Fremdkapitals bekannt ist. Hängt der Betafaktor des Fremdkapitals vom Verschuldungsgrad ab,[543] benötigt man einen Zusammenhang zwischen dem Fremdkapital-Beta und dem Verschuldungsgrad.[544]

Gemäß der traditionellen Kapitalmarkttheorie steigen die Fremdkapitalzinssätze mit zunehmendem Verschuldungsgrad.[545] Formale Zusammenhänge hierüber finden sich jedoch nur vereinzelt. Ein Vorschlag geht auf Haley/Schall zurück: Sie postulieren, dass das Verhältnis zwischen Fremdkapitalzinssatz und Verschuldungsgrad

---

540 Hierfür sind verschiedene Gründe denkbar. Einer besteht darin, dass das Bewertungsobjekt keine am Kapitalmarkt gehandelten Anleihen aufweist.
541 Auf dieses Problem verweist auch Hachmeister (1996), S. 268. Vgl. bereits Stiglitz (1972), S. 462; auch Tebroke/Rathgeber (2003), S. 144, Fn. 4; Aders/Wagner (2004), S. 34, Fn. 29; Booth (2007), S. 45; Oded/Michel (2007), S. 24, Fn. 5; Volkart (2012), S. 171. Hering (2014), S. 273, führt aus: „Von Konkurskosten kann ebensowenig abstrahiert werden wie von Reaktionen des Fremdkapitalzinses auf einen steigenden Verschuldungsgrad."
542 Vgl. Hachmeister (2000), S. 234–235. Gemäß Moxter (1970), S. 139 und S. 149–150, postulieren Modigliani/Miller, dass gleiches Finanzierungsrisiko gleichen Verschuldungsgrad bedingt.
543 Vgl. Hong/Rappaport (1978), S. 10–11; Kruschwitz/Milde (1996), S. 1121–1122. Das β^{FK} wird meist als verschuldungsgradunabhängig unterstellt. Vgl. Oded/Michel (2007), S. 29.
544 Vgl. Oded/Michel (2007), S. 24, Fn. 4.
545 Vgl. Drukarczyk (1993), S. 148; Kuhner/Maltry (2006), S. 193–194; Rudolph (2006), S. 96 und S. 112; Schmidt/Terberger (2006), S. 245 und S. 262; Copeland/Weston/Shastri (2008), S. 729; Franke/Hax (2009), S. 531; Hillier/Grinblatt/Titman (2012), S. 359; Perridon/Steiner/Rathgeber (2012), S. 529–530; Hering (2014), S. 223, Fn. 2; Volkart/Wagner (2014), S. 634–635.

für das Unendlichkeitskalkül durch folgenden Zusammenhang beschrieben werden kann:[546]

$$r_t^{FK} = r_f + \left(r_{EK}^U - r_f\right) \cdot \left[\frac{E(\widetilde{FK})}{E(\widetilde{GK})}\right]^n, \tag{4.56}$$

wobei regelmäßig die folgende Annahme getroffen wird:[547]

$$n = 2. \tag{4.57}$$

Abbildung 7 zeigt anhand eines numerischen Beispiels den Zusammenhang zwischen den Fremdkapitalkosten und der Fremdkapitalquote gemäß Gleichung (4.56).

Tabelle 12: *Annahmen des numerischen Beispiels 7*

r_{EK}^U	20 %
r_f	12 %

Abbildung 7: *Fremdkapitalzinssatz in Abhängigkeit vom Verschuldungsgrad*[548].

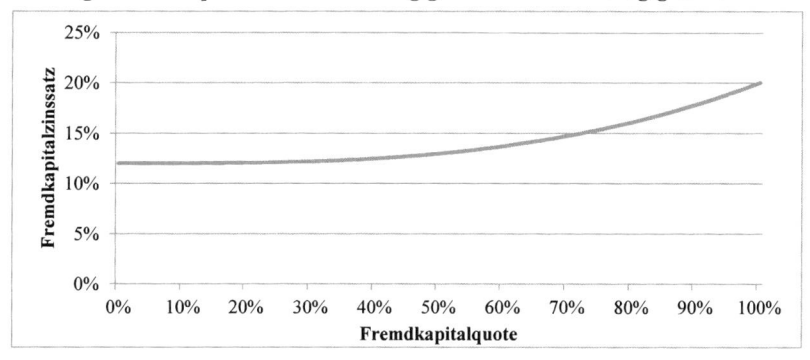

---

546 Vgl. Haley/Schall (1973), S. 302; Haley/Schall (1979), S. 342; auch Boudreaux/Long (1977), S. 226; Wood/Leitch (2004), S. 22; Vélez-Pareja/Tham (2005), S. 74 und S. 91.
547 Ansay (2010), S. 40–41, empfiehlt Modifikationen mit $1 < n \leq 3$ oder die Verwendung eines expliziten funktionalen Zusammenhangs f. Zudem schlägt er vor, $E(\widetilde{GK})$ durch $E(\widetilde{V}^U)$ zu ersetzen: $n = 1 + f\left[E(\widetilde{FK})/E(\widetilde{V}^U)\right]$. Vgl. Ansay (2010), S. 34.
548 Quelle: eigene Darstellung.

Alternativ kann man auf den von Galai/Masulis entwickelten optionspreistheoretischen Ansatz zurückgreifen.[549] Abbildung 8 illustriert die Fremdkapitalrendite in Abhängigkeit von der Fremdkapitalquote, wenn auf Gleichung (4.41) rekurriert wird.

Tabelle 13: Annahmen des numerischen Beispiels 8

r_{EK}^U	20 %
r_f	12 %

Abbildung 8: Fremdkapitalrendite in Abhängigkeit vom Verschuldungsgrad[550].

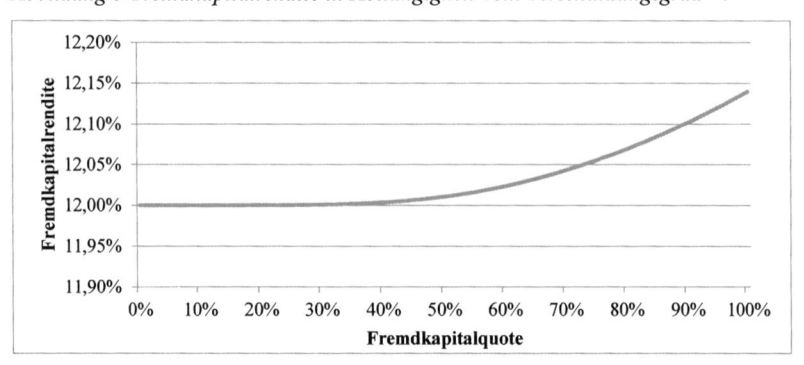

4.3.3 Eigenkapitalkosten des unverschuldeten Unternehmens

In Theorie und Praxis wird regelmäßig angenommen, dass die Kapitalkosten des unverschuldeten Unternehmens konstant sind.[551] Um die Angemessenheit dieser Annahme zu prüfen, ist die Zusammensetzung des systematischen Risikos eines unverschuldeten Unternehmens zu untersuchen. Folgt man Rubinstein und Myers, lässt sich das systematische Risiko eines partiell fremdfinanzierten Unternehmens

---

549 Ein weiteres Modell zur Variabilisierung der Fremdkapitalzinssätze findet sich bei Tham/Wonder (2002), S. 15–16; auch Tham (2012), S. 24. Dieses basiert auf einschränkenden Prämissen (einperiodiges Binomialmodell ohne Steuern) und wird hier nicht weiter betrachtet.
550 Quelle: eigene Darstellung in Anlehnung an Reichling/Bietke/Henne (2007), S. 200; Copeland/Weston/Shastri (2008), S. 729.
551 Diese Einschätzung teilen Fischer (1999a), S. 31 und S. 42; Wallmeier (1999), S. 1474–1475.

β_{EK}^L in das Geschäftsrisiko β_{EK}^U und das Finanzierungsrisiko FL spalten.[552] Es folgt etwa:[553]

$$r_{EK}^L = r_f + \left[E(\tilde{r}^M) - r_f \right] \cdot \beta_{EK}^U \cdot FL. \tag{4.58}$$

Während die Anpassung des Finanzierungsrisikos über das Un- und Relevering regelmäßig erfolgt, werden das Geschäftsrisiko und somit auch r_{EK}^U im Allgemeinen als unabhängig vom Verschuldungsgrad des Unternehmens erachtet.[554] Eine Anpassung von r_{EK}^U erscheint allerdings notwendig, wenn sich die Bestimmungsfaktoren, die hinter dem Geschäftsrisiko stehen, verändern. Auf mikroökonomischer Ebene ist β_{EK}^U eine Funktion f des Marktrisikos MR und des Operating Leverage[555] OL. Es gilt:[556]

$$r_{EK}^U = r_f + \left[E(\tilde{r}^M) - r_f \right] \cdot f(MR, OL). \tag{4.59}$$

Das Marktrisiko bestimmt sich durch die Marktgegebenheiten (z.B. Nachfrageschwankungen, Wettbewerbsintensität, Marktabsatzpreise) und den Diversifikationsgrad des Unternehmens. Für OL werden verschiedene Definitionen angeführt: Hierzu zählen etwa das Verhältnis der fixen und variablen Produktionskosten[557] oder das Verhältnis der umsatzunabhängigen und umsatzabhängigen Produktionskosten.

---

552 Vgl. Rubinstein (1973b), S. 178; Myers (1977a), S. 53. Ersterer gelangt zu einer additiven Beziehung zwischen Geschäfts- und Finanzierungsrisiko. Ähnlich Bruse (1984), S. 992, En. 9. Das Geschäftsrisiko wird auch als Investitionsrisiko, operatives Risiko oder leistungswirtschaftliches Risiko bezeichnet. Für das Finanzierungsrisiko sind auch die Synonyme Kapitalstrukturrisiko oder finanzwirtschaftliches Risiko gebräuchlich. Vgl. Drukarczyk (1993), S. 121; Bruse (1984), S. 974; Aders/Wagner (2004), S. 31; auch Süchting (1995), S. 444–456.

553 Vgl. Fischer (1999b), S. 792–793 und S. 789–799; auch Süchting (1995), S. 460–464. Gahlon/Gentry (1982), S. 17, berücksichtigen als zusätzlichen Faktor den Variationskoeffizienten des Umsatzes; ähnlich Mandelker/Rhee (1984), S. 49.

554 Vgl. Harris/Pringle (1985), S. 239; Ruback (2002), S. 89–90; Schmidt/Terberger (2006), S. 241; Schüler (2013b), S. 461; Hering (2014), S. 229. Auch Ballwieser/Hachmeister (2013), S. 180, weisen (ohne Wertung) in einem numerischen Beispiel auf den Umstand hin, dass r_{EK}^U trotz variablem Verschuldungsgrad als periodenunabhängig unterstellt wird.

555 Dieser Begriff wird auch in der deutschsprachigen Literatur verwendet. Vgl. etwa Bruse (1984), S. 970; Drukarczyk (1993), S. 121; Süchting (1995), S. 460; Fischer (1999a), S. 31; Fischer (1999b), S. 784; Fischer/Mandl (2000), S. 463.

556 Vgl. Rubinstein (1973b), S. 178; Conine (1982), S. 200; Bruse (1984), S. 970–975; Drukarczyk (1993), S. 121. Die gegenseitigen Abhängigkeiten zwischen MR und OL sind zu berücksichtigen. Myers/Turnbull (1977), S. 325, identifizieren zusätzliche Determinanten des Geschäftsrisikos.

557 Vgl. Lev (1974), S. 627; Conine (1982), S. 200.

Eine alternative Betrachtungsweise besteht darin, das Geschäftsrisiko als das Produkt zwischen dem Operating Leverage und der Cyclicality[558] CY aufzufassen. Es gilt:[559]

$$r_{EK}^{U} = r_f + \left[E(\tilde{r}^{M}) - r_f \right] \cdot OL \cdot CY. \tag{4.60}$$

Für die Cyclicality existieren unterschiedliche Definitionen. Mehrheitlich subsumiert man darunter das intrinsische Geschäftsrisiko eines finanziell und operativ unverschuldeten Unternehmens.[560] Sie resultiert aus der Volatilität unternehmensspezifischer Variablen (z.B. Umsatzerlöse oder Cashflows) in Relation zu Kennzahlen der Gesamtwirtschaft (z.B. Rendite oder aggregierte Cashflows des Marktportfolios). Fischer konkretisiert die Cyclicality, indem er sie als Beta des Umsatzes auffasst.[561]

Anhand der Gleichungen (4.59) und (4.60) ist ersichtlich, dass das Geschäftsrisiko und somit auch das systematische Risiko steigt, wenn das Marktrisiko, der Operating Leverage oder die Cyclicality zunehmen.[562] Unterstellt man vereinfachend unveränderte Marktgegebenheiten, muss r_{EK}^{U} im Wesentlichen dann angepasst werden, wenn sich die Zusammensetzung der Vermögenswerte des Unternehmens verändert.[563] Empirische Ergebnisse stützen die Annahme zeitlich variabler Geschäftsrisiken.[564]

Entgegen der obigen Ausführungen vertreten Harris/Pringle die Meinung, dass auch für extreme Verschuldungsgrade ein Ansteigen von r_{EK}^{U} zu erwarten ist, da finanzielle Risiken Auswirkungen auf das Geschäftsrisiko entfalten können.[565] In der Literatur finden sich nur vereinzelt Hinweise darauf, dass eine zunehmende Verschuldung aufgrund des daraus resultierenden steigenden Insolvenzrisikos negative Auswirkungen auf das operative Ergebnis des Unternehmens hat.[566] Bisweilen wird aber konstatiert, dass bei einem Insolvenzeintritt des Bewertungsobjekts oder

---

558 Dieser Begriff wird auch in der deutschsprachigen Literatur verwendet. Vgl. etwa Fischer (1999a), S. 31; Fischer (1999b), S. 790.
559 Vgl. Fischer (1999a), S. 31; Fischer (1999b), S. 791–792. Myers (1977a), S. 65–77, liefert eine theoretische Begründung dafür, dass die Cyclicality das Geschäftsrisiko beeinflusst.
560 Für einen Überblick vgl. Chung (1989), S. 344 und S. 357. Charakteristikum eines operativ unverschuldeten Unternehmens ist, dass es keine fixen Auszahlungen aufweist.
561 Vgl. Fischer (1999a), S. 31; Fischer (1999b), S. 790; Fischer/Mandl (2000), S. 463. Chung (1989), S. 347, interpretiert die Cyclicality als Betafaktor der Nachfrage.
562 Vgl. Lev (1974), S. 638.
563 Zu diesem Fazit gelangen auch Ruback (2002), S. 90, Fn. 3; Schmidt/Terberger (2006), S. 372.
564 Vgl. etwa Brenner/Smidt (1978), S. 35; Fischer (1999a), S. 31; Fischer/Mandl (2000), S. 463.
565 Vgl. Harris/Pringle (1985), S. 239.
566 Baxter (1967), S. 399, führt aus: „Perhaps the most important cost of bankruptcy proceedings is the negative effect that financial embarrassment may have on the stream of net operating earnings of the business firm." Auch Jensen/Meckling (1976), S. 341, postulieren einen negativen Einfluss des Verschuldungsgrads auf die Umsätze und die operativen Kosten des Unternehmens. Die Einschätzung, dass Insolvenzkosten die operativen Cashflows beeinflussen, teilen Rubinstein

bei Insolvenzen von Wettbewerbern die Kapitalkosten des unverschuldeten Unternehmens verändert werden können.[567] Formale Abbildungen des Zusammenhangs zwischen den Eigenkapitalkosten des unverschuldeten Unternehmens und dem Verschuldungsgrad wurden allerdings nur torsohaft erarbeitet; diese konnten sich bislang nicht etablieren.[568]

4.3.4 Numerisches Beispiel

Ein modifiziertes numerisches Beispiel lässt sich Anhang 9 entnehmen. Darin werden sämtliche Eingangsparameter der Detailplanungsphase (Steuersatz, risikoloser Zinssatz, Marktrisikoprämie, Fremdkapitalkosten und Eigenkapitalkosten des unverschuldeten Unternehmens) als intertemporal variabel angenommen. Die Fremdkapitalkosten steigen mit zunehmendem Verschuldungsgrad.[569] Der Betafaktor des unverschuldeten Unternehmens steigt per Annahme von 1,0 in $t = 1$ auf 1,5 in $t = 2$, um dann kontinuierlich auf 1,2 in $t = 5$ zu sinken. Diese Entwicklung lässt sich durch ein gestiegenes Geschäftsrisiko, gefolgt von einer strategischen Neuausrichtung des Unternehmens, begründen. Es zeigt sich, dass alle DCF-Verfahren – in Abhängigkeit von der Finanzierungspolitik – wiederum identische Ergebnisse liefern.

Eine zusätzliche Erweiterungsmöglichkeit besteht darin, die Eingangsparameter nicht nur intertemporal schwanken zu lassen, sondern als stochastische Größen anzunehmen. Hierfür müssen zunächst die Intervalle der Zufallsvariablen festgelegt werden.[570] Im zweiten Schritt sind die möglichen Ausprägungen der Variablen innerhalb des jeweiligen Intervalls anhand von Verteilungsfunktionen vorzugeben.[571] Die identifizierten risikobehafteten Modellvariablen werden somit nicht diskretisiert (d.h. auf den Median oder Erwartungswert verdichtet), sondern als stochastische Variablen mit annahmegemäß bekannten Wahrscheinlichkeitsverteilungen hinterlegt. Hinsichtlich der Ziehung der Zufallszahlen wird ein Monte-Carlo-Sampling gewählt. Im Rahmen mehrerer Simulationsläufe können Stichprobenwerte für

---

(1973c), S. 755–756, Fn. 6; Aders/Wagner (2004), S. 31, Fn. 9; Casey (2012), S. 166; auch Kruschwitz/Lodowicks/Löffler (2005), S. 223–224.
567 Vgl. Lodowicks (2007), S. 46.
568 Ein Ansatz geht auf Richter (2009), S. 24–25, zurück; auch Gleißner (2011), S. 244 und S. 246, Fn. 26. Hering (2014), S. 264, resümiert, dass die Quantifizierung von r_{EK}^U ungeklärt ist: „Im wesentlichen ungeklärt bleibt dabei, wie und mit welcher modelltheoretischen Begründung (...) [r_{EK}^U] periodenspezifisch angepasst werden soll (...).“
569 Exemplarisch wird auf das Modell von Galai/Masulis zurückgegriffen. Erneut sei darauf hingewiesen, dass dieser Ansatz von Steuern abstrahiert und nicht frei von Problemen ist.
570 Vgl. Bleuel (2006), S. 373. Diese beschreiben das pessimistische und optimistische Szenario und begrenzen die Bandbreite der Verteilung. Vgl. Moser/Schieszl (2001), S. 532.
571 Vgl. Bleuel (2006), S. 373.

diese Modellvariablen erzeugt werden.[572] In jedem Simulationslauf werden für jeden Eingangsparameter Zufallszahlen gezogen und simultan in das Bewertungsmodell eingesetzt.[573] Durch Eingabe dieser Stichprobenwerte in das Bewertungsmodell lässt sich für jeden Simulationslauf ein Unternehmenswert bestimmen. Bei mehreren Simulationsläufen resultiert eine Häufigkeitsverteilung des Unternehmenswerts. Werden die Unternehmenswerte in Klassen eingeteilt, können die simulierten Unternehmenswerte anhand von Histogrammen oder kumulativen Verteilungsfunktionen visualisiert werden.[574]

Anhang 10 zeigt anhand eines numerischen Beispiels die Häufigkeitsverteilung des Wertes des Gesamtkapitals, unter der Annahme, dass in der Fortführungsphase die Wachstumsrate der Cashflows, der Betafaktor des unverschuldeten Unternehmens, der risikolose Zinssatz und die Rendite des Marktportfolios einer Normalverteilung mit vorgegebenem Erwartungswert und vorgegebener Standardabweichung folgen.[575]

Der Vorteil von Simulationsanalysen wird regelmäßig darin gesehen, dass die Risikostruktur des Unternehmens transparent gemacht wird, indem man die Häufigkeitsverteilung des Unternehmenswerts offenlegt. Allerdings gilt es zu beachten, dass selbst bei dieser mehrwertigen Darstellung des Unternehmenswerts nur Unsicherheiten erfasst werden, die explizit im Modell berücksichtigt wurden. Offen bleibt, ob die Unsicherheit vollständig und angemessen abgebildet wurde. Demzufolge ist die Qualität der Ergebnisse maßgeblich von der Qualität des Bewertungsmodells und der Beschreibung der Eingangsparameter anhand von Verteilungsfunktionen abhängig.

4.3.5 Würdigung

Die in Theorie und Praxis regelmäßig getroffene Annahme zeitlich konstanter Fremdkapitalzinssätze ist unrealistisch.[576] Allerdings sind auch die in Abschnitt 4.3.2

---

572 Vgl. Henselmann/Klein (2010), S. 359. Die Anzahl der Simulationsläufe ist kontextabhängig; sie ist als ausreichend groß zu erachten, sobald sich die Ergebnisverteilung der Simulation stabilisiert. Vgl. Bleuel (2006), S. 373; Klein (2011), S. 40.

573 Hierdurch wird ein konkretes Szenario beschrieben. Vgl. Moser/Schieszl (2001), S. 532.

574 Vgl. Jödicke (2007), S. 168–169.

575 Bei der Simulationsanalyse wurde auf MS Excel zurückgegriffen. Einschränkend ist darauf hinzuweisen, dass im Rahmen des numerischen Beispiels vereinfachend keine Korrelationen zwischen den Wahrscheinlichkeitsverteilungen der Zufallsvariablen berücksichtigt wurden. Bestehen – wovon realiter auszugehen ist – Abhängigkeiten zwischen den Zufallsvariablen, müssen diese erfasst werden. Vgl. etwa Bleuel (2006), S. 372; Kruschwitz/Löffler/Mandl (2014), S. 531.

576 Selbst in Untersuchungen mit expliziter Berücksichtigung von Insolvenzrisiken werden bisweilen deterministische und zeitlich konstante Fremdkapitalzinssätze unterstellt. Vgl. etwa Homburg/Stephan/Weiß (2004), S. 278 und S. 280; Arnold/Lahmann/Schwetzler (2012b), S. 332.

vorgestellten Ansätze zur Bemessung der Fremdkapitalkosten in Abhängigkeit vom Verschuldungsgrad nicht frei von Problemen. Diese werden im Folgenden dargelegt.

Für die von Haley/Schall vorgeschlagene Gleichung (4.56) existiert keine theoretische Ableitung.[577] Hintergrund ist vielmehr, dass aus logischen Gründen in den beiden Fällen $\left[E(\widetilde{FK})\right]/\left[E(\widetilde{GK})\right]=0$ und $\left[E(\widetilde{FK})\right]/\left[E(\widetilde{GK})\right]=1$ die Zusammenhänge $r_t^{FK}=r_f$ respektive $r_t^{FK}=r_{EK}^{U}$ gelten müssen.[578] Gleichung (4.56) sichert dies.

Gleichung (4.56) ist nur dann mit der über die Optionspreistheorie abgeleiteten Bewertungsgleichung (4.41) konsistent, wenn der Term $\left[\left[E(\widetilde{FK})\right]/\left[E(\widetilde{GK})\right]\right]^n$ mit dem Term $N(-D_1)\cdot\left[E(\widetilde{GK})\right]/\left[E(\widetilde{FK})\right]$ übereinstimmt. Diese Identität stellt sich allenfalls zufällig ein, da hierfür $N(-D_1)=\left[\left[E(\widetilde{FK})\right]/\left[E(\widetilde{GK})\right]\right]^{n+1}$ vorliegen müsste. Gleichung (4.41) besitzt den Vorteil, dass sie theoretisch konsistent ist. Zudem weist sie ebenfalls die Eigenschaft auf, dass bei vollständiger Eigenfinanzierung $r_t^{FK}=r_f$ gilt.[579] Bei vollständiger Verschuldung resultiert aber nur die gewünschte Eigenschaft $r_t^{FK}=r_{EK}^{U}$, wenn $D_1=0$ vorliegt. Hierfür muss die folgende Gleichung vorliegen:

$$ln\left[\frac{E(\widetilde{GK})}{E(\widetilde{FK})}\right]+\left[ln(1+r_f)+\frac{1}{2}\cdot Var(r_{EK}^{U*})\right]\cdot T=0 \qquad (4.61)$$

und somit[580]

$$\left[ln(1+r_f)+\frac{1}{2}\cdot Var(r_{EK}^{U*})\right]\cdot T=0. \qquad (4.62)$$

Diese Gleichung kann jedoch aufgrund der zwingend geltenden Zusammenhänge $Var(r_{EK}^{U*})\geq 0$ und $T>0$ nicht erfüllt sein, da im Allgemeinen $r_f>0$ unterstellt wird.[581] Insofern lassen sich erwartete Fremdkapitalrenditen in Höhe der Eigenkapitalrendite eines unverschuldeten Unternehmens über Gleichung (4.41) nicht erklären.

---

577 Vgl. Boudreaux/Long (1977), S. 169–172; Wood/Leitch (2004), S. 22.
578 Vgl. Haley/Schall (1973), S. 297 und S. 302–303; Haley/Schall (1979), S. 338 und S. 342; auch Wood/Leitch (2004), S. 22; Copeland/Weston/Shastri (2008), S. 730; Ansay (2010), S. 34. Teilweise wird auch behauptet, dass das Verhältnis zwischen $r_t^{FK}=r_f$ und $r_{EK,t}^{L}$ annähernd unabhängig vom Verschuldungsgrad und somit intertemporal konstant sein müsste. Vgl. Wood/Leitch (2004), S. 16, S. 19, S. 21 und S. 24; auch Vélez-Pareja/Tham (2005), S. 65–66.
579 Vgl. Copeland/Weston/Shastri (2008), S. 729–730. Dabei ist zu beachten, dass an der Stelle $E(\widetilde{FK})=0$ eine Definitionslücke von r_t^{FK} vorliegt; diese ist jedoch stetig behebbar, da bei $E(\widetilde{FK})=0$ der Wert von r_t^{FK} gegen r_f konvergiert.
580 Bei vollständiger Fremdfinanzierung gilt $ln\left[\left[E(\widetilde{GK})\right]/\left[E(\widetilde{FK})\right]\right]=\ln(1)=0$.
581 Vgl. auch Fn. 249. Demzufolge ist die Aussage bei Copeland/Weston/Shastri (2008), S. 730, dass r_t^{FK} bei vollständiger Verschuldung gegen r_{EK}^{U} konvergiert, falsch.

Man kann festhalten, dass die in der Literatur entwickelten Gleichungen zur Bestimmung der Fremdkapitalrendite in Abhängigkeit vom Verschuldungsgrad des Unternehmens problembehaftet sind. Aus theoretischer Perspektive erscheint das auf der Optionspreistheorie basierende Modell von Merton und Galai/Masulis fruchtbar. Allerdings ist dessen Kompatibilität mit den Annahmen der DCF-Verfahren und dessen Erklärungskraft für empirisch beobachtbare Fremdkapitalzinssätze fragwürdig.

Unterstellt man, dass das Ausfallrisiko ausschließlich unsystematischer Natur ist, erscheint eine Anpassung der Fremdkapitalzinssätze an den Verschuldungsgrad nicht notwendig: Für die Bestimmung der Diskontierungszinssätze ist lediglich das systematische Risiko relevant. Aus diesem Blickwinkel betrachtet erscheint die Annahme einer intertemporalen Konstanz auch bei verändertem Verschuldungsgrad möglich.[582]

Hinsichtlich der Abhängigkeit der Eigenkapitalkosten des unverschuldeten Unternehmens von der Verschuldung des Unternehmens kann Folgendes festgehalten werden: Akzeptiert man die Annahmen des CAPM, lassen sich die Eigenkapitalkosten des unverschuldeten Unternehmens über die folgende Gleichung bestimmen:[583]

$$E\left(\tilde{r}_{EK}^{U}\right) = r_f + \beta_{EK}^{U} \cdot \left[E\left(\tilde{r}^{M}\right) - r_f\right] \tag{4.63}$$

mit

$$\beta_{EK}^{U} = \frac{Cov\left(\tilde{r}_{EK}^{U}, \tilde{r}^{M}\right)}{Var\left(\tilde{r}^{M}\right)}. \tag{4.64}$$

Bei annahmegemäß konstanter erwarteter Rendite und Varianz des Marktportfolios sowie bei konstantem risikolosem Zinssatz können intertemporal variable Eigenkapitalkosten des unverschuldeten Unternehmens nur resultieren, wenn die $Cov\left(\tilde{r}_{EK}^{U}, \tilde{r}^{M}\right)$ zeitlichen Schwankungen unterliegt. Dies kann auf Schwankungen von $std\left(\tilde{r}_{EK}^{U}\right)$ oder von $\rho\left(\tilde{r}_{EK}^{U}, \tilde{r}^{M}\right)$ zurückzuführen sein. Wie in Abschnitt 3.2.5.2 dargelegt, bestehen Gründe für die Annahme, dass die Standardabweichung der operativen Cashflows steigt, wenn ein Insolvenzrisiko vorliegt. Ursächlich hierfür sind insbesondere Insolvenzkosten sowie die verstärkte Disziplinierung der Unternehmensleitung.

---

582 Dieses Fazit wird auch durch die folgende Aussage von Schmidt/Terberger (2006), S. 247, gestützt: „Es ist eher angebracht, nicht die vereinbarte, sondern die erwartete Verzinsung als Kapitalkostensatz für risikobehaftetes Fremdkapital zu verwenden. Tut man dies, verläuft die Fremdkapitalkostenkurve trotz des Ausfallrisikos nicht notwendigerweise in der Weise, wie es (...) [in Abbildung 7] angenommen wird. Diese Abbildung (...) unterscheidet nicht zwischen vereinbarter und erwarteter Verzinsung, obwohl dies sachlich geboten wäre."

583 Vgl. etwa Drukarczyk (1993), S. 278; Rudolph (2006), S. 109.

Fraglich bleibt, ob eine Berücksichtigung der genannten Effekte, die auf die Fremdfinanzierung zurückzuführen sind, gegen die Definition der Eigenkapitalkosten des unverschuldeten Unternehmens verstößt: Ein Unternehmen, das vollständig mit Eigenkapital finanziert ist, besitzt gemäß der – im Rahmen dieser Arbeit getroffenen Definition einer Insolvenz[584] – kein Insolvenzrisiko und somit auch keine Insolvenzkosten. Insgesamt drängt sich der Eindruck auf, dass es sich bei dem betrachteten Problem um eine Definitionsfrage handelt: Die Auswirkungen einer zunehmenden Verschuldung können entweder als Finanzierungseffekte oder als Veränderung der operativen Cashflows aufgefasst werden; zu erfassen sind sie aber in beiden Fällen.

4.4 Berücksichtigung zusätzlicher Auswirkungen einer Insolvenz

4.4.1 Insolvenzkosten

Teilweise wird in der Literatur gefordert, dass in den Anpassungsgleichungen neben Ausfallrisiken auch Insolvenzkosten berücksichtigt werden müssen.[585] Hintergrund ist, dass selbst eine Berücksichtigung des Fremdkapital-Beta kein inneres Optimum der Kapitalstruktur erlaubt.[586] Um diesem Einwand nachzukommen, wurden verschiedene Vorschläge erarbeitet, die im Folgenden dargestellt und diskutiert werden.

Hong/Rappaport erweitern den $WACC_t^{FCF}$ um Insolvenzkosten. Folgt man ihnen, gilt bei autonomer Finanzierungspolitik im Unendlichkeitskalkül ohne Wachstum:[587]

$$\tilde{V}_t^L = \tilde{V}_t^U + \tau \cdot FK_t - k^{BC} \cdot FK_t \tag{4.65}$$

mit

$$\tilde{V}_t^L = \frac{E\left(\widetilde{FCF}_{t+1}\right)}{WACC_t^{FCF}}. \tag{4.66}$$

---

584 Im Rahmen dieser Arbeit tritt Insolvenz definitionsgemäß ein, wenn die Zins- und Tilgungszahlungen nicht fristgemäß oder in voller Höhe geleistet werden können. Vgl. Kapitel 1.
585 Vgl. etwa Esty (1999), S. 13; Cooper/Davydenko (2007), S. 93, Fn. 18; Watrin/Stöver (2011), S. 69; Volkart (2012), S. 79; Koziol (2014), S. 659–660.
586 Vgl. etwa Cohen (2007), S. 65. Cohen schlägt vor, einen idealisierten Fremdkapitalbestand FK' durch die Gleichung $FK' = \left(r^{FK} \cdot FK\right)/r_f$ zu bestimmen. Vgl. Cohen (2004), S. 90; Cohen (2007), S. 66. Dieser Ansatz ist jedoch theorielos. Vgl. Kruschwitz/Löffler/Essler (2009), S. 152.
587 Vgl. Hong/Rappaport (1978), S. 8; auch Martin/Scott (1980), S. 24.

Durch Gleichsetzen dieser Gleichungen und Auflösen nach dem $WACC_t^{FCF}$ folgt:[588]

$$WACC_t^{FCF} = r_{EK}^U \cdot \left[1 - \left(\tau - k^{BC} \right) \cdot \frac{FK_{t-1}}{E\left(\widetilde{GK}_{t-1}\right)} \right]. \qquad (4.67)$$

Dabei symbolisiert k^{BC} die durchschnittlichen Insolvenzkosten pro Einheit des Fremdkapitals.[589] Die hierdurch implizierte Anpassungsgleichung resultiert, indem man Gleichung (4.67) mit Gleichung (4.3) gleichsetzt und nach $r_{EK,t}^L$ auflöst:

$$r_{EK,t}^L = \left[r_{EK}^U - r_{EK}^U \cdot \left(\tau - k^{BC} \right) \cdot \frac{FK_{t-1}}{E\left(\widetilde{GK}_{t-1}\right)} - r^{FK} \cdot (1-\tau) \cdot \frac{FK_{t-1}}{E\left(\widetilde{GK}_{t-1}\right)} \right]$$
$$\cdot \frac{E\left(\widetilde{GK}_{t-1}\right)}{E\left(\widetilde{EK}_{t-1}\right)}. \qquad (4.68)$$

Auch Yagil ist der Meinung, dass neben dem Betafaktor des ausfallgefährdeten Fremdkapitals Insolvenzkosten (und persönliche Steuern) in den Anpassungsgleichungen berücksichtigt werden müssen.[590] Er gelangt – ebenfalls unter der Prämisse einer autonomen Finanzierungspolitik – zu dem folgenden Zusammenhang:[591]

$$\tilde{V}_t^L = \tilde{V}_t^U + (1-\tau) \cdot FK_t - \vartheta \cdot FK_t. \qquad (4.69)$$

Unter Berücksichtigung des Zusammenhangs[592]

$$\beta_{EK,t}^L = \beta_{EK}^U \cdot \frac{E\left(\tilde{V}_{t-1}^U\right)}{E\left(\widetilde{EK}_{t-1}\right)} - \beta^{FK} \cdot (1-\tau) \cdot \frac{FK_{t-1}}{E\left(\widetilde{EK}_{t-1}\right)} \qquad (4.70)$$

folgt unter Verwendung von Gleichung (4.69):[593]

$$\beta_{EK,t}^L = \beta_{EK}^U + (1-\tau) \cdot \left[\beta_{EK}^U \cdot \left(\frac{1+\vartheta}{1-\tau} \right) - \beta^{FK} \right] \cdot \frac{FK_{t-1}}{E\left(\widetilde{EK}_{t-1}\right)}. \qquad (4.71)$$

---

588 Vgl. Hong/Rappaport (1978), S. 8.
589 Die konkrete funktionale Form von k^{BC} ist nach Ansicht der Autoren empirisch zu bestimmen. Vgl. Hong/Rappaport (1978), S. 11.
590 Vgl. Yagil (1982), S. 444–446; Yagil (1987), S. 16. Chen erfasst in einem vergleichbaren Ansatz neben ausfallgefährdetem Fremdkapital auch Insolvenzkosten, persönliche Steuern und die Haftungsbeschränkung der Kapitalgeber. Vgl. Chen (1984), S. 4–7.
591 Vgl. Yagil (1982), S. 443; Yagil (1987), S. 17. Yagil berücksichtigt persönliche Steuern; dies wird hier vernachlässigt.
592 Vgl. Yagil (1982), S. 445.
593 Bei Yagil (1982), S. 445, und Yagil (1987), S. 17, liegt eine fehlerhafte Klammersetzung vor.

Dabei symbolisiert ϑ den Insolvenzkostenfaktor. Der Betafaktor des verschuldeten Unternehmens $\beta^L_{EK,t}$ sinkt zwar, wenn ein positiver Betafaktor des Fremdkapitals vorliegt; allerdings steigt er, wenn positive Insolvenzkosten berücksichtigt werden.[594]

Einen ähnlichen Ansatz – ebenfalls unter der Prämisse einer autonomen Finanzierungspolitik – verfolgt Booth: Er berücksichtigt Insolvenzrisiken, indem er den durchschnittlichen Vorteil der Fremdfinanzierung, bestehend aus den gegenläufigen Effekten von Steuervorteilen und Insolvenzkosten, über den Parameter θ erfasst:[595]

$$\tilde{V}^L_t = \tilde{V}^U_t + \theta \cdot FK_t \tag{4.72}$$

mit[596]

$$\theta \cdot FK_t = \tau \cdot FK_t - k^{BC} \cdot FK_t. \tag{4.73}$$

Dabei symbolisiert k^{BC} die Insolvenzkosten in Abhängigkeit vom Fremdkapitalbestand. Unter diesen Annahmen lassen sich die folgenden Gleichungen formulieren:[597]

$$r^L_{EK,t} = r^U_{EK} + \left[r^U_{EK} \cdot (1-\theta) - r^{FK} \cdot (1-\tau) \right] \cdot \frac{FK_{t-1}}{E(\widetilde{EK}_{t-1})} \tag{4.74}$$

sowie[598]

$$\beta^L_{EK,t} = \beta^U_{EK} + \beta^U_{EK} \cdot (1-\theta) \cdot \frac{FK_{t-1}}{E(\widetilde{EK}_{t-1})}. \tag{4.75}$$

Dieser Ansatz erlaubt, Insolvenzrisiken und Steuern auszublenden, indem man $\theta = 0$ setzt. Der Fall ohne Insolvenzkosten und mit Steuern wird durch $\theta = \tau$ abgebildet.

Koziol unterstellt eine wertorientierte Finanzierungspolitik mit periodischer Anpassung des Fremdkapitalbestands und plädiert dafür, den $WACC^{FCF}$ zu modifizieren, um den Verlust von Steuervorteilen im Insolvenzfall sowie (direkte) Insolvenzkosten zu berücksichtigen. Letztere werden durch den Parameter α in Relation zu dem Wert des Gesamtkapitals der jeweiligen Vorperiode spezifiziert. Es folgt die Gleichung:[599]

---

594 Vgl. Yagil (1987), S. 17.
595 Vgl. Booth (2002), S. 102; Booth (2007), S. 30 und S. 32.
596 Vgl. Booth (2007), S. 32.
597 Vgl. Booth (2002), S. 102. Für eine Herleitung vgl. Booth (2007), S. 33.
598 Vgl. Booth (2002), S. 102.
599 Vgl. Koziol (2014), S. 660; auch Koziol/Treuter (2014), S. 6.

$$WACC_t^{FCF} = r_{EK,t}^L \cdot \frac{E\left(\widetilde{EK}_{t-1}\right)}{E\left(\widetilde{GK}_{t-1}\right)} + E\left(\tilde{r}^{FK}\right) \cdot \frac{E\left(\widetilde{FK}_{t-1}\right)}{E\left(\widetilde{GK}_{t-1}\right)}$$
$$-(1-w) \cdot \tau \cdot r^{FK} \cdot \frac{E\left(\widetilde{FK}_{t-1}\right)}{E\left(\widetilde{GK}_{t-1}\right)} + w \cdot \alpha.$$
(4.76)

4.4.2 Besteuerung im Insolvenzfall

Die in Abschnitt 4.1 dargestellten DCF-Verfahren können zwar das Ausfallrisiko des Fremdkapitals berücksichtigen, indem ein positiver Betafaktor des Fremdkapitals angesetzt wird; sie basieren aber auf der Annahme, dass Zins und Tilgung stets in voller Höhe gezahlt werden, sodass sich die Steuervorteile stets in voller Höhe realisieren lassen.[600] Reichen die operativen Cashflows nicht aus, um diese Zahlungen leisten zu können, wird implizit unterstellt, dass die Eigenkapitalgeber eine Kapitalerhöhung vornehmen. Dies erscheint angesichts dessen, dass Eigenkapitalgeber in Abhängigkeit von der Rechtsform des Unternehmens bisweilen keiner Nachschusspflicht unterliegen, unrealistisch. Eine approximative Berücksichtigung des Ausfallrisikos der Steuervorteile lässt sich zwar erkennen, wenn die Steuervorteile mit den erwarteten Fremdkapitalzinssätzen anstelle der im Nicht-Insolvenzfall maßgeblichen vertraglichen Fremdkapitalzinssätze gebildet werden; allerdings stimmen die auf die erste Weise (Fall A) ermittelten Steuervorteile nicht mit den tatsächlichen erwarteten Steuervorteilen überein, wenn man von der Möglichkeit negativer Steuervorteile abstrahiert (Fall B) und zugleich postuliert, dass im Insolvenzfall ein Total- oder Teilausfall des Fremdkapitals resultiert.[601] Somit unterstellt man bei einer Rechnung mit den erwarteten Fremdkapitalzinssätzen fälschlicherweise negative Steuervorteile im Insolvenzfall.[602] Dies wird in Abbildung 9 für einen Totalausfall verdeutlicht.

---

[600] Zu einer Unterscheidung zwischen Fremdkapital- und Realisierbarkeitsrisiko als Unsicherheitsquellen von Steuervorteilen vgl. Wrightsman (1978), S. 651–652; Vélez-Pareja (2010), S. 218.

[601] Vgl. Homburg/Stephan/Weiß (2004), S. 281–282; Stephan (2006), S. 99–101. Hintergrund ist, dass Zins und Tilgung im Insolvenzfall nicht vollständig gezahlt werden können.

[602] Führen Insolvenzgewinne nicht zu Steuerzahlungen, können keine negativen Steuervorteile resultieren. Vgl. auch Stephan (2006), S. 153–154; auch Kern/Mölls (2014), S. 18–19 und S. 24.

Tabelle 14: Annahmen des numerischen Beispiels 9[603]

Steuersatz τ	35 %
Insolvenzwahrscheinlichkeit w	5 %
Fremdkapitalbestand der Vorperiode FK_{t-1}	100
Vertraglich vereinbarter Fremdkapitalzinssatz r_{FK}^V	11,58 %
Rendite der Fremdkapitalgeber bei Insolvenz (hier: Totalausfall)	-100 %
Erwarteter Fremdkapitalzinssatz $E\left(\tilde{r}^{FK}\right)$	6 %

Abbildung 9: Erwartete Steuervorteile bei Totalausfall.

Fall A: Fall B:

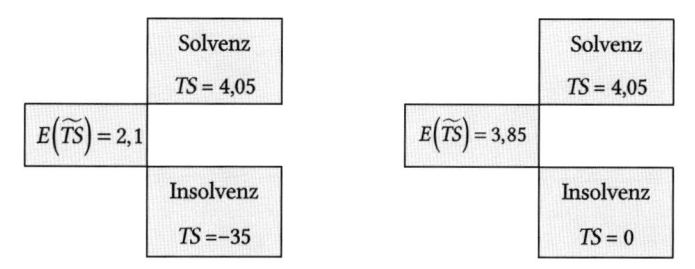

	Solvenz TS = 4,05			Solvenz TS = 4,05
$E(\widetilde{TS}) = 2,1$			$E(\widetilde{TS}) = 3,85$	
	Insolvenz TS = -35			Insolvenz TS = 0

In der Literatur existieren mehrere Vorschläge, um die Besteuerung im Insolvenzfall realitätsnah abzubilden. Einige davon werden im Folgenden vorgestellt. Nach Sick ist für die Bestimmung der Fremdkapitalrendite auf eine modifizierte Version des CAPM zu rekurrieren, da sich die steuerliche Behandlung von Fremd- und Eigenkapital unterscheidet.[604] Er gelangt für eine wertorientierte Finanzierungspolitik mit periodischer Anpassung des Fremdkapitalbestands zu der folgenden Gleichung:[605]

$$r_{EK,t}^L = r_{EK}^U - \frac{r_{EK}^Z \cdot \tau \cdot \left(1 + r_{EK}^U\right)}{1 + r_{EK}^Z} \cdot \frac{E\left(\widetilde{FK}_{t-1}\right)}{E\left(\widetilde{GK}_{t-1}\right)}. \tag{4.77}$$

---

603 Quelle: eigene Berechnungen in Anlehnung an Homburg/Stephan/Weiß (2004), S. 277.
604 Vgl. Sick (1990), S. 1441–1442 und S. 1448; auch Cooper/Nyborg (2008), S. 372. Die Modifikation besteht darin, dass bei Eigenkapitaltiteln r_{EK}^Z und bei Fremdkapitaltiteln r_f heranzuziehen ist.
605 Vgl. Sick (1990), S. 1436–1448; auch Cooper/Nyborg (2008), S. 367 und S. 370. Sick berücksichtigt zusätzlich persönliche Steuern; dies wird jedoch hier vernachlässigt.

Anstelle des Fremdkapitalzinssatzes wird der risikolose Zinssatz auf Eigenkapital r_{EK}^Z verwendet. Dieser kennzeichnet die Rendite für ein Portfolio, das ausschließlich aus Eigenkapitaltiteln besteht und einen Betafaktor in Höhe von Null aufweist.[606]

Die Unterschiede zwischen den Gleichungen (4.77) und (4.20) von Miles/Ezzell sind auf die divergierenden Annahmen hinsichtlich der Besteuerung insolventer Unternehmen zurückzuführen. Sick unterstellt, dass das insolvente Unternehmen Steuerzahlungen auf den Insolvenzgewinn leisten muss.[607] Letzterer ergibt sich multiplikativ aus den erlassenen Tilgungszahlungen und dem Steuersatz. Unter dieser Annahme ist der Steuervorteil mit dem risikolosen Zinssatz zu bilden und zu diskontieren.

Cooper/Nyborg unterstellen eine wertorientierte Finanzierungspolitik mit periodischer Anpassung des Fremdkapitalbestands und konstanter Fremdkapitalquote und leiten für ein einperiodiges Binomialmodell Bewertungsgleichungen bei ausfallgefährdetem Fremdkapital und persönlichen Steuern ab.[608] Insolvenzgewinne müssen annahmegemäß nicht versteuert werden. Zudem soll im Insolvenzfall ein Totalausfall des Fremdkapitals vorliegen. Die Autoren gelangen zu der folgenden Gleichung:[609]

$$r_{EK,t}^L = r_{EK}^U - \frac{E(\widetilde{FK}_{t-1})}{E(\widetilde{GK}_{t-1})} \cdot \frac{r_{FK}^V \cdot \tau \cdot (1+r_{EK}^U)}{1+r_{FK}^V} \cdot \frac{1+r_f}{1+r_{EK}^Z}. \tag{4.78}$$

Dies entspricht Gleichung (4.20), die unter den Annahmen von Miles/Ezzell gilt. Unterstellt man risikoloses Fremdkapital, folgt $r_{FK}^V = r_f$ und es resultiert Gleichung (4.77) unter den Annahmen von Sick. Unter der Annahme, dass der Steuervorteil im Insolvenzfall Null beträgt, gilt für den $WACC_t^{FCF}$ unter Miles/Ezzell-Annahmen:[610]

$$WACC_t^{FCF} = E(\tilde{r}^{FK}) \cdot (1-\tau) \cdot \frac{E(\widetilde{FK}_{t-1})}{E(\widetilde{GK}_{t-1})} + r_{EK,t}^L \cdot \left[1 - \frac{E(\widetilde{FK}_{t-1})}{E(\widetilde{GK}_{t-1})}\right]$$
$$- \frac{r_{FK}^V - E(\tilde{r}^{FK})}{1+r_{FK}^V} \cdot \tau \cdot \frac{E(\widetilde{FK}_{t-1})}{E(\widetilde{GK}_{t-1})}. \tag{4.79}$$

---

606 Alternativ kann man r_{EK}^Z als die Eigenkapitalkosten eines unverschuldeten Unternehmens mit risikolosen Vermögenswerten interpretieren. Vgl. Taggart (1991), S. 12, Fn. 9. Die Differenzierung zwischen r_f und r_{EK}^Z ist auf die unterschiedliche Besteuerung von Fremd- und Eigenkapitaleinkünften auf persönlicher Ebene zurückzuführen. Vgl. Rapp (2006), S. 803, Fn. 62.
607 Vgl. hierzu Sick (1990), S. 1434; auch Cooper/Nyborg (2008), S. 366 und S. 368. Diese Annahme treffen auch Kruschwitz/Lodowicks/Löffler (2005), S. 228; Kruschwitz/Löffler (2006), S. 54.
608 Die Berücksichtigung von persönlichen Steuern wird hier vernachlässigt.
609 Vgl. Cooper/Nyborg (2008), S. 370 und S. 375–376.
610 Vgl. Cooper/Nyborg (2008), S. 373; auch Jennergren (2014), S. 110.

Unterstellt man anstelle der periodischen Anpassung der Fremdkapitalbestände eine kontinuierliche Anpassung, gelangt man zu dem folgenden Zusammenhang:[611]

$$r_{EK,t}^{L} = r_{EK}^{U} - \frac{E\left(\widetilde{FK}_{t-1}\right)}{E\left(\widetilde{GK}_{t-1}\right)} \cdot r_{FK}^{V} \cdot \tau. \tag{4.80}$$

Die $WACC_t^{FCF}$-Gleichung unter Harris/Pringle-Annahmen lautet demnach:[612]

$$WACC_t^{FCF} = r_{EK}^{U} - r_{FK}^{V} \cdot \tau \cdot \frac{E\left(\widetilde{FK}_{t-1}\right)}{E\left(\widetilde{GK}_{t-1}\right)}. \tag{4.81}$$

Der Zusammenhang zwischen den Betafaktoren lässt sich wie folgt darstellen:[613]

$$\beta_{EK}^{U} = \beta^{FK} \cdot \frac{E\left(\widetilde{FK}_{t-1}\right)}{E\left(\widetilde{GK}_{t-1}\right)} + \beta_{EK,t}^{L} \cdot \left[1 - \frac{E\left(\widetilde{FK}_{t-1}\right)}{E\left(\widetilde{GK}_{t-1}\right)}\right]$$

$$- \frac{E\left(\widetilde{FK}_{t-1}\right)}{E\left(\widetilde{GK}_{t-1}\right)} \cdot \left(\frac{CS}{E\left(\tilde{r}^{M}\right) - r_{EK}^{Z}} - \beta^{FK}\right) \cdot \left(\frac{\tau}{1 + r_{FK}^{V}} - \tau\right). \tag{4.82}$$

Molnár/Nyborg erweitern die Untersuchung von Cooper/Nyborg für den Fall, dass die Fremdkapitalgeber im Insolvenzfall eine Teilzahlung erhalten. Die Teilzahlung bestimmt sich über die Befriedigungsquote η, die wie folgt definiert werden soll:[614]

$$\eta = \frac{1+c}{1+r_{FK}^{V}}. \tag{4.83}$$

Für den Parameter c gilt $-1 \leq c \leq r_f$.[615] Unter diesen Annahmen resultiert:[616]

$$r_{EK,t}^{L} = r_{EK}^{U} - \frac{E\left(\widetilde{FK}_{t-1}\right)}{E\left(\widetilde{GK}_{t-1}\right)} \cdot r_{FK}^{V} \cdot \tau \cdot \frac{1+r_{EK}^{U}}{1+r_{EK}^{Z}} \cdot \frac{(1-\varphi) \cdot r_f + \varphi \cdot r_{FK}^{V} - c}{r_{FK}^{V} \cdot (1+\varphi) - c} \tag{4.84}$$

mit[617]

---

611 Vgl. Cooper/Nyborg (2008), S. 370.
612 Vgl. Cooper/Nyborg (2008), S. 373.
613 Vgl. Cooper/Nyborg (2008), S. 373.
614 Vgl. Molnár/Nyborg (2013), S. 422.
615 Vgl. Molnár/Nyborg (2013), S. 422, Fn. 4; Cooper/Nyborg (2008) betrachten den Spezialfall, in dem $c = -1$ gilt.
616 Vgl. Molnár/Nyborg (2013), S. 425.
617 Vgl. Molnár/Nyborg (2013), S. 423.

$$\varphi = \begin{cases} min\left[1, \dfrac{1+c}{r_{FK}^V}\right], & \text{wenn die Zinsen zuerst gezahlt werden,} \\ max\left[\dfrac{c}{r_{FK}^V}, 0\right], & \text{wenn die Tilgung zuerst gezahlt wird.} \end{cases} \qquad (4.85)$$

Unterstellt man, dass $c = -1$ und somit $\varphi = 0$ vorliegen, gelangt man zu der Gleichung (4.78). Insofern betrachten Cooper/Nyborg einen Spezialfall des allgemein formulierten Zusammenhangs von Molnár/Nyborg.[618] Unterstellt man eine kontinuierliche Anpassung des Fremdkapitalbestands, resultiert Gleichung (4.80). Folglich bewirkt ein Teilausfall bei dieser Finanzierungsannahme keine Änderung von $r_{EK,t}^L$.

4.4.3 Würdigung

Der Einwand, dass selbst bei einem positiven Fremdkapital-Beta kein inneres Optimum der verschuldungsgradabhängigen Kapitalkosten $r_{EK,t}^L$ resultiert, ist angesichts der allgemeinen Anpassungsgleichung (4.5) berechtigt. Zudem zeigen die Ausführungen in Abschnitt 4.4.1, dass bislang kein Konsens darüber besteht, wie Insolvenzkosten in den Kapitalkosten zu berücksichtigen sind. Die Bewertungsgleichungen sind mit dem Problem behaftet, dass die Insolvenzwahrscheinlichkeit und die Insolvenzkostenfunktion spezifiziert werden müssen.[619] Ein Un- und Relevering der Kapitalkosten kann daher über die Anpassungsgleichungen nur erfolgen, wenn die Insolvenzkosten in einem proportionalen Verhältnis zu dem Verschuldungsgrad stehen.[620] Hiervon ist nicht auszugehen: Es bestehen (empirische) Hinweise darauf, dass Insolvenzkostenfunktionen von einer Vielzahl von Faktoren beeinflusst werden und industrie- oder gar unternehmensspezifisch sind.[621] Zudem können die Insolvenzkosten etwa von der Intensität der Krise abhängen und somit zustandsabhängig sein.[622] Darüber hinaus treffen die Verfechter dieser Ansätze vereinfachte Annahmen hinsichtlich der Realisierbarkeit von Steuervorteilen und dem Anfall von Insolvenzkosten.[623]

---

618 Vgl. Molnár/Nyborg (2013), S. 425.
619 Dieser Einwand findet sich auch bei Chen (1984), S. 9, En. 1.
620 Vgl. Booth (2002), S. 102; Booth (2007), S. 35, S. 39 und S. 46.
621 Vgl. Hong/Rappaport (1978), S. 9; Rajan/Zingales (1995), S. 1422–1423 und S. 1450–1458; Booth (2002), S. 102; Booth (2007), S. 33. Den empirischen Untersuchungen zu Folge wird die Insolvenzkostenfunktion u.a. von dem Anteil materieller Vermögenswerte, der Profitabilität, der Unternehmensgröße und von künftigen Wachstumsmöglichkeiten beeinflusst. Hong/Rappaport (1978), S. 8, mutmaßen, dass die durchschnittlichen Insolvenzkosten je Einheit des Fremdkapitalbestands mit zunehmendem Verschuldungsgrad steigen. Vgl. auch Kruschwitz (1991), S. 179.
622 Vgl. Martin/Scott (1980), S. 24.
623 Koziol unterstellt, dass die Steuervorteile im Insolvenzfall vollständig verlorengehen und nur direkte Insolvenzkosten eintreten. Er entwickelt zwar Modellerweiterungen

Hinsichtlich der Frage, ob Insolvenzkosten in den Cashflows und/oder in den Diskontierungszinssätzen erfasst werden müssen, besteht in der Literatur kein Konsens. Im Gegensatz zu den in Abschnitt 4.4.1 vorgeschlagenen Ansätzen zur Berücksichtigung der Insolvenzkosten im Nenner des Kalküls sprechen sich mehrere Autoren für eine Erfassung im Zähler des Kalküls aus.[624] Als Begründung wird bisweilen angeführt, dass Insolvenzkosten überwiegend unsystematisches Risiko darstellen.[625] Hierzu kann Folgendes festgehalten werden: Rekurriert man auf das CAPM, dürfen Insolvenzkosten nur in den Kapitalkosten berücksichtigt werden, wenn sie systematische Risiken darstellen. In Abschnitt 3.2.5.2 wurde dargelegt, dass Insolvenzkosten die Varianz der unsicheren Cashflows erhöhen. Folglich weisen zwei identische Unternehmen eine unterschiedliche $Cov\left(\widetilde{FCF}; \tilde{r}^M\right)$ auf, wenn nur ein Unternehmen mit Insolvenzkosten konfrontiert werden kann. Der Ansatz eines separaten Zuschlags auf die Kapitalkosten erübrigt sich, wenn man die $Cov\left(\widetilde{FCF}; \tilde{r}^M\right)$ unter Berücksichtigung von Insolvenzkosten bestimmt. Insofern ist eine Berücksichtigung der Insolvenzkosten in der Cashflow-Prognose geboten. Hierbei empfiehlt sich eine zustandsabhängige Cashflow-Prognose, um Insolvenzszenarien berücksichtigen zu können.

Des Weiteren ist zu berücksichtigen, dass das Kapitalstrukturrisiko[626] ausschließlich darin besteht, dass die Eigenkapitalrenditen eine größere Unsicherheit aufweisen. Das Risiko einer Insolvenz ist darin allerdings noch nicht erfasst.[627] Schmidt/Terberger bezweifeln, dass das Insolvenzrisiko sachgerecht erfasst werden kann, wenn man die Investitionspolitik und damit die Eigenkapitalkosten des unverschuldeten Unternehmens als gegeben voraussetzt: Eine kostenbehaftete Insolvenz oder gar eine Liquidation des Unternehmens führt dazu, dass sich das Investitionsprogramm und somit auch die erwarteten operativen Renditen ändern.[628] Während direkte Insolvenzkosten als Transaktionskosten im neoklassischen Sinn erachtet werden können, ist dies für indirekte Insolvenzkosten nicht der Fall: Letztere führen insbesondere dazu, dass sich das Investitionsprogramm des Unternehmens verändert.[629]

Den Verlust von Steuervorteilen im Insolvenzfall kann man als eine Ausprägung von Insolvenzkosten interpretieren.[630] Allerdings weisen die in Abschnitt 4.1

---

      für einen Teilausfall der Steuervorteile sowie für Insolvenzkosten, die nicht nur bei tatsächlichem Insolvenzeintritt anfallen; diese Vorschläge bleiben aber generisch.
624 Hierzu zählen etwa Ehrhardt/Daves (2000), S. 112; Oded/Michel (2007), S. 24, Fn. 4.
625 Vgl. Oded/Michel (2007), S. 24, Fn. 4.
626 Dieses beschreibt den Effekt, dass selbst bei einem Fremdkapital-Beta in Höhe von Null r_{EK}^L mit zunehmendem Verschuldungsgrad steigt.
627 Vgl. Schmidt/Terberger (2006), S. 243. Zwar wächst auch bei ausfallsicherem Fremdkapital r_{EK}^L mit zunehmendem Verschuldungsgrad; dies ist aber dadurch bedingt, dass das gesamte Geschäftsrisiko aufgrund der partiellen Fremdfinanzierung auf das nun geringeren Bestand an Eigenkapital lastet. Vgl. Ehrhardt/Daves (2002), S. 34; Schüler (2013a), S. 391.
628 Vgl. Schmidt/Terberger (2006), S. 243–244; auch Franke/Hax (2009), S. 346.
629 Vgl. auch Rudolph (2006), S. 114, Fn. 16.
630 Vgl. Chen/Kim (1979), S. 375.

dargestellten Gleichungen das folgende Problem auf: Es wird implizit unterstellt, dass die Fremdkapitalzinsen in jedem Umweltzustand gezahlt und somit auch die Steuervorteile unmittelbar vereinnahmt werden können. Dies ist unrealistisch und widerspricht der deutschen Gesetzgebung. Sicks Modell basiert auf der Annahme, dass Insolvenzgewinne besteuert werden müssen; dies ist ebenfalls nicht unproblematisch: Die Frage, welche Annahme hinsichtlich der Besteuerung von Insolvenzgewinnen die Realität besser abbildet, hängt von den steuerlichen Regelungen des jeweiligen Landes des Bewertungsobjekts ab. In den USA unterliegen Gewinne bei Fremdkapitalausfall zwar einer Besteuerung, es wird aber eine Befreiung eingeräumt, wenn das Unternehmen insolvent ist.[631] Die deutsche Rechtslage ist demgegenüber weniger eindeutig: Jahrzehntelang waren Insolvenzgewinne unter bestimmten Voraussetzungen der Unternehmenssanierung steuerfrei. Diese auf § 3 Nr. 66 EStG a. F. basierende Steuerbefreiung wurde aber zum 31.12.2007 abgeschafft. Gemäß einem Schreiben des Bundesministeriums für Finanzen (BMF) ist unter den früheren Voraussetzungen des § 3 Nr. 66 EStG a.F. weiterhin ein Steuererlass auf Insolvenzgewinne aus sachlichen Billigkeitsgründen möglich.[632] Allerdings ist nach einem Urteil sowie einem Beschluss des Bundesfinanzhofes (BFH) diese sachliche Billigkeit zweifelhaft und bei unternehmerbezogenen Sanierungen ausgeschlossen.[633] Auch die Urteile der Finanzgerichte (FG) zeigen keine einheitliche Behandlung der Sanierungsgewinne.[634]

Wie Abschnitt 4.4.2 zeigt, ist eine realitätsnahe Abbildung der Folgen einer Insolvenz komplex. Zudem sind Verlustvorträge, Rückstellungen sowie Zinsabzugsbeschränkungen zu erfassen.[635] Es lässt sich festhalten, dass eine Berücksichtigung von Insolvenzkosten ebenso geboten ist wie eine adäquate Abbildung der Besteuerung im Insolvenzfall. Beides stellt hohe Ansprüche an den Informationsstand des Bewerters. In praxi erscheinen vereinfachte Vorgehensweisen (und damit vorsätzliche Fehler)[636] unumgänglich. Ein optimaler Verschuldungsgrad, bei dem der Unternehmenswert maximiert und die Kapitalkosten minimiert werden, stellt sich nur ein, wenn man Insolvenzkosten berücksichtigt. Dies wird durch die in den Abschnitten 4.1.1 bis 4.1.3 dargestellten Gleichungen nicht geleistet. Problematisch an einer

---

631 Vgl. hierzu Cooper/Nyborg (2008), S. 368–369, m.w.N.
632 Vgl. BMF (2003), S. 240–243. Dies gilt wiederum nur bei Sanierung und nicht bei Liquidation.
633 Vgl. BFH (2010), S. 916. Zudem wird die Steuerfreiheit aufgrund sachlicher Unbilligkeit als zweifelhaft erachtet. Vgl. BFH (2012), S. 943.
634 Vgl. FG München (2007), S. 1687–1688; FG Köln (2008), S. 1445–1449; FG Sachsen (2013), S. 1517–1518.
635 Hierauf wird im Rahmen dieser Arbeit nicht eingegangen. Vgl. hierzu etwa Jung/Mandl (2003), S. 41–52; Schüler (2003), S. 372–373; Moser (2004), S. 41–59; Streitferdt (2004b), S. 669–690; Mai (2008), S. 40–48; Drukarczyk/Schüler (2009), S. 329–368; Arnold/Lahmann/Schwetzler (2011), S. 293–294, m.w.N.
636 Vgl. Schneider (1972), S. 461. Ballwieser (1990), S. 30, führt aus: „Modellierung ist mindestens so sehr ein Akt der Strukturgebung wie der Strukturvernachlässigung."

Erfassung der Insolvenzkosten in den Kapitalkosten analog der in Abschnitt 4.4.1 aufgezeigten Gleichungen ist allerdings, dass Insolvenzkosten realiter zustandsabhängig sind: Direkte und indirekte Insolvenzkosten resultieren lediglich dann, wenn tatsächlich ein Insolvenzrisiko vorliegt oder Insolvenz eintritt. Angesichts dessen kann die Verwendung deterministischer Kapitalkosten nicht überzeugen: Vielmehr erscheint eine zustandsabhängige Bestimmung der Cashflows, Steuervorteile und Kapitalkosten sinnvoll.[637] Dies gilt insbesondere dann, wenn man das Fortbestehen des Unternehmens aufgrund einer möglichen Liquidation im Insolvenzfall berücksichtigt. Vor diesem Hintergrund sollen in den nachfolgenden Kapiteln dieser Arbeit Zustandsabhängigkeiten bei der Bewertung insolvenzgefährdeter Unternehmen miteinbezogen werden.

---

637 Mittels eines zustandsunabhängigen r^{FK} mit $r^{FK} > r_f$ lassen sich Ausfallrisiken nicht erfassen; vielmehr unterstellt man real nicht existierende Schwankungsrisiken. Vgl. Casey (2004b), S. 29.

5. Explizite Berücksichtigung des Insolvenzrisikos im DCF-Kalkül

5.1 Ad-hoc-Anpassungen

In der – vorwiegend praxisorientierten – Literatur zur Unternehmensbewertung wird seit geraumer Zeit diskutiert, inwiefern DCF-basierte Bewertungskalküle mittels einer – annahmegemäß bekannten – Insolvenzwahrscheinlichkeit modifiziert werden können, um Insolvenzrisiken zu erfassen. Im Folgenden sollen die wesentlichen Vorschläge in strukturierter Form wiedergegeben und kritisch diskutiert werden. Dabei wird aus Vereinfachungsgründen unterstellt, dass sichere Erwartungen vorliegen.

Geht man von einem unendlichen Planungshorizont $T \to \infty$ aus, kann man ein unendliches Rentenmodell aufspannen. Bilden die zu diskontierenden Cashflows eine Reihe mit konstantem geometrischem Wachstum, gilt folgender Zusammenhang:[638]

$$FCF_t = FCF_0 \cdot (1+g)^t. \tag{5.1}$$

Unter diesen Annahmen lässt sich die folgende Bewertungsgleichung formulieren:[639]

$$V_0 = \sum_{t=1}^{\infty} \frac{FCF_t}{(1+k)^t} = \frac{FCF_0 \cdot (1+g)}{k-g}. \tag{5.2}$$

Alternativ kann ein Phasenmodell unterstellt werden: Dieses beinhaltet regelmäßig eine erste Phase mit variablen Cashflows bis zum Planungshorizont T und eine zweite Phase mit Cashflows, die unendlich lange mit der Rate g geometrisch wachsen:[640]

$$V_0 = \sum_{t=1}^{T} \frac{FCF_t}{(1+k)^t} + \frac{FCF_T \cdot (1+g)}{(k-g) \cdot (1+k)^T}. \tag{5.3}$$

---

638 Vgl. etwa Ballwieser/Hachmeister (2013), S. 66. Die Entwicklung der Cashflows lässt sich additiv (arithmetische Wachstumsrate bzw. absolutes Wachstum) oder multiplikativ (geometrische Wachstumsrate g) formulieren. Im Folgenden wird ausschließlich der multiplikative Fall betrachtet. Für Modelle mit additivem Wachstum vgl. Hurley/Johnson (1994), S. 51; Hurley/Johnson (1997), S. 93–94; Yao (1997), S. 100–101; Hurley/Fabozzi (1998), S. 113–118; Hurley/Johnson (1998), S. 28; Fernández (2002), S. 118–121. Multiplikativen Cashflow-Prozessen werden bisweilen Probleme bei der Operationalisierbarkeit nachgesagt. Zudem sind Kombinationen von multiplikativen Cashflow-Reihen weniger leicht anwendbar. Allerdings eignen sich multiplikative Cashflow-Prozesse für die Anwendung der Risikozuschlagsmethode. Vgl. Sick (1986), S. 24 und S. 29; Sick (1989), S. 11–12.
639 Vgl. Williams (1938), S. 87–96; Gordon/Shapiro (1956), S. 104–106; Gordon (1959), S. 103; auch Ballwieser/Hachmeister (2013), S. 234.
640 Vgl. etwa Ballwieser/Hachmeister (2013), S. 67.

In der Literatur finden sich bisweilen Vorschläge zur Anpassung dieser Bewertungsgleichungen, um Insolvenzrisiken zu erfassen. Hierzu zählt der Vorschlag, pauschale Risikozuschläge für Insolvenzrisiken z^{Ins} im Nenner des Kalküls anzusetzen:[641]

$$V_0 = \sum_{t=1}^{\infty} \frac{FCF_t}{\left(1+k+z^{Ins}\right)^t} = \frac{FCF_0 \cdot (1+g)}{k+z^{Ins}}. \qquad (5.4)$$

Alternativ wird vorgeschlagen, eine um Insolvenzrisiken modifizierte Wachstumsrate der Cashflows g^{Ins} mit $g^{Ins} < g$ zu verwenden, um Insolvenzrisiken abzubilden. Fasst man diese Rate als (betragsmäßig positive) Schrumpfungsrate auf, gilt:[642]

$$V_0 = \sum_{t=1}^{\infty} \frac{FCF_t}{\left(1+k\right)^t} = \frac{FCF_0 \cdot \left(1-g^{Ins}\right)}{k+g^{Ins}}. \qquad (5.5)$$

Ein Vorschlag, der vorwiegend im juristischen Schrifttum und in der Rechtsprechung anzutreffen ist, besteht darin, einen pauschalen Abschlag A_0^{Ins} vom Barwert der Cashflows vorzunehmen.[643] Dieses Vorgehen führt zu der folgenden Gleichung:[644]

$$V_0 = \sum_{t=1}^{\infty} \frac{FCF_t}{\left(1+k\right)^t} - A_0^{Ins}. \qquad (5.6)$$

Als weitere Alternative findet sich in der Literatur der Vorschlag, die Cashflows mit der Überlebenswahrscheinlichkeit $(1 - w)$, wobei $0 \leq w \leq 1$ gilt, zu gewichten:[645]

$$V_0 = \sum_{t=1}^{\infty} \frac{FCF_t \cdot (1-w)}{\left(1+k\right)^t} = \frac{FCF_0 \cdot (1+g) \cdot (1-w)}{k-g}. \qquad (5.7)$$

Diskutiert wird auch, periodisch je ein Fortführungs- und Notverkaufsszenario zu betrachten.[646] Hierfür ist die kumulative Wahrscheinlichkeit $w_{0,T}^{Kum}$, dass das Unternehmen im Planungszeitraum ausfällt, zu schätzen. Der Unternehmenswert resultiert, indem man die Barwerte des Fortführungs- und Notverkaufsszenarios,[647] gewichtet

---

641 Hinweise auf diese Vorgehensweise findet man bei Esty (1999), S. 16; Casey (2004b), S. 28; Shaffer (2006), S. 71 und S. 74; Busch (2008), S. 357 und S. 367; Damodaran (2010), S. 384 und S. 387; Weibrecht (2011), S. 27; Saha/Malkiel (2012a), S. 2–4; Saha/Malkiel (2012b), S. 178–180; Zhang (2013), S. 17; Jennergren (2014), S. 121; ähnlich bereits Chen (1978), S. 872–873.
642 Vgl. Metz (2007), S. 101; ein Hinweis auf diese Vorgehensweise findet sich auch bei Shaffer (2006), S. 71 und S. 74; Zhang (2013), S. 17; Jennergren (2014), S. 122, Fn. 13.
643 Der Insolvenzabschlag lässt sich sowohl in absoluter Höhe als auch in Relation zum Barwert der Cashflows formulieren. Hier wird exemplarisch die erste Variante vorgestellt.
644 Vgl. Metz (2007), S. 146–149, m.w.N.
645 Vgl. hierzu Spremann (2002), S. 363; Shaffer (2006), S. 73; Loderer/Wälchli (2010), S. 436.
646 Vgl. Damodaran (2010), S. 246 und S. 388–393.
647 Damodaran erachtet den Notverkaufswert als Variante des Liquidationswerts und kennt verschiedene Ansätze für dessen Berechnung. Vgl. Damodaran (2010), S. 388 und S. 392–393.

mit den jeweiligen kumulativen Eintrittswahrscheinlichkeiten, addiert. Symbolisieren FCF_t^{Fort} und FCF_t^{Liq} die Cashflows bei Fortführung respektive Notverkauf, folgt:[648]

$$V_0 = \sum_{t=1}^{T} \frac{FCF_t^{Fort} \cdot \left(1 - w_{0,T}^{Kum}\right)}{(1+k)^t} + \sum_{t=1}^{T} \frac{FCF_t^{Liq} \cdot w_{0,T}^{Kum}}{(1+k)^t}. \quad (5.8)$$

Ein weiterer Vorschlag besteht in der komponentenweisen Bestimmung des Unternehmenswerts. Konkret ist vom Wert des verschuldeten Unternehmens – bestehend aus dem Wert des unverschuldeten Unternehmens und dem Wert der Steuervorteile – ein durch Insolvenzkosten BC_t ausgelöster negativer Wertbeitrag zu subtrahieren. Letztere Komponente wird mit dem risikoäquivalenten Zinssatz r^{BC} diskontiert:[649]

$$V_0 = \sum_{t=1}^{T} \frac{E\left(\widetilde{FCF}_t^U\right)}{\left(1+r_{EK}^U\right)^t} + \sum_{t=1}^{T} \frac{E\left(\widetilde{FCF}_t^{TS}\right)}{\left(1+r^{TS}\right)^t} - \sum_{t=1}^{T} \frac{E\left(\widetilde{BC}_t\right)}{\left(1+r^{BC}\right)^t}. \quad (5.9)$$

5.2 Basiskalkül

Setzt man den Insolvenzfall mit der Liquidation gleich, kann das Unternehmen in den Folgeperioden keine Cashflows erzielen. Hierbei wird regelmäßig unterstellt, dass die Eigenkapitalgeber einen Cashflow in Höhe von Null erhalten.[650] Die Insolvenzwahrscheinlichkeit wird in der Literatur als intertemporal konstant, stochastisch unabhängig und identisch verteilt erachtet.[651] Die Wahrscheinlichkeit, dass erst

---

648 Vgl. Damodaran (2010), S. 388. Es wird hier eine intertemporal konstante Insolvenzwahrscheinlichkeit unterstellt. Huber (2014), S. 78–79, erachtet diesen Ansatz als sachgerecht.
649 Zur Verdeutlichung der geeigneten Diskontierungszinssätze werden hier unsichere erwartete Cashflows unterstellt. Vgl. Damodaran (2010), S. 56 und S. 401–402; ähnlich Lee/Barker (1977), S. 1457; Taggart (1977), S. 63; Hong/Rappaport (1978), S. 8; McDougall (1980), S. 27–30; Yagil (1982), S. 443; Smith/Stulz (1985), S. 396; Sabal (2007), S. 3. Die Überlegungen ähneln dem Kalkül von Kraus/Litzenberger (1973), S. 918, wurden aber nicht modelltheoretisch abgeleitet. Kofler/Baumgartner (2010), S. 87–114, empfehlen, den dritten Term auf der rechten Seite von Gleichung (5.9) bei allen DCF-Verfahren zu berücksichtigen, um Insolvenzrisiken zu erfassen.
650 Vgl. Shaffer (2006), S. 73; auch Skogsvik (2006), S. 16; Venezian (2007), S. 230; Gleißner (2010), S. 739; Gleißner (2011), S. 243; IACVA (2011), S. 15; Saha/Malkiel (2012b), S. 181. Diese Modellierung wird auch als Totalausfall bezeichnet. Vgl. Spremann (2002), S. 363; Homburg/Stephan/Weiß (2004), S. 281; Kehrel (2011), S. 372. Liegen persönlich haftende Gesellschafter vor, muss anstelle des Totalausfalls ein negativer Cashflow in Höhe des Haftungsbetrags angesetzt werden. Vgl. Knabe (2012), S. 89, Fn. 647; auch IACVA (2011), S. 22, En. 8.
651 Vgl. Shaffer (2006), S. 73; Gleißner (2010), S. 736, Fn. 10; Gleißner (2011), S. 246, Fn. 33; ähnlich Saha/Malkiel (2012a), S. 3; Saha/Malkiel (2012b), S. 180.

in der Periode t eine Insolvenz eintritt, beträgt $w \cdot (1-w)^{t-1}$.[652] Tritt keine Insolvenz ein, wachsen die Cashflows mit der intertemporal konstanten Wachstumsrate g. Unter diesen Annahmen lässt sich die folgende Bewertungsgleichung formulieren:[653]

$$V_0 = \sum_{t=1}^{\infty} \frac{FCF_0 \cdot (1+g)^t \cdot (1-w)^t}{(1+k)^t} = \frac{FCF_0 \cdot (1+g) \cdot (1-w)}{k + w - g \cdot (1-w)}. \tag{5.10}$$

Setzt man in Gleichung (5.10) die Insolvenzwahrscheinlichkeit $w = 0$ ein, resultiert eine Gleichung, die mit Gleichung (5.2) identisch ist. Durch Gleichsetzen der Gleichungen (5.4) und (5.10) und Auflösen nach z^{Ins} lässt sich ermitteln, welcher Risikozuschlag anzusetzen ist, um zu demselben Unternehmenswert zu gelangen:[654]

$$z^{Ins} = \frac{k + w - g \cdot (1-w)}{1-w} - k. \tag{5.11}$$

Alternativ kann durch Gleichsetzen der Gleichungen (5.2) und (5.10) der um Insolvenzrisiken modifizierte Diskontierungszinssatz k^{Ins} bestimmt werden, der anzusetzen ist, um mit beiden Gleichungen zu demselben Unternehmenswert zu gelangen:[655]

$$k^{Ins} = \frac{k+w}{1-w}. \tag{5.12}$$

Gleichung (5.5) führt zu demselben Unternehmenswert wie Gleichung (5.10), wenn die um Insolvenzrisiken modifizierte Wachstumsrate g^{Ins} die Bedingung erfüllt:[656]

$$g^{Ins} = \frac{w \cdot (1+k) - g \cdot [1 - w + k \cdot (1-w)]}{1+k}. \tag{5.13}$$

---

652 Vgl. Venezian (2007), S. 231; ähnlich Shaffer (2006), S. 73; Gleißner (2010), S. 736; Gleißner (2011), S. 247; IACVA (2011), S. 14; Knabe (2012), S. 90.

653 Vgl. Shaffer (2006), S. 73 und S. 79; Skogsvik (2006), S. 18–21; Venezian (2007), S. 232; Gleißner (2010), S. 736, Fn. 11; Gleißner (2011), S. 247; IACVA (2011), S. 15; Kehrel (2011), S. 375; Gleißner/Ihlau (2012), S. 314; Knabe (2012), S. 92; Saha/Malkiel (2012a), S. 3; Saha/Malkiel (2012b), S. 180; Gleißner (2013a), S. 89, En. 12; Gleißner (2013b), S. 715. Ohne die Berücksichtigung von Wachstum bereits Scott (1976), S. 38–39; Esty (1999), S. 18; Fernández (2002), S. 390. Für eine Herleitung von Gleichung (5.10) siehe Anhang 11.

654 Vgl. auch Yawitz (1977), S. 482. Shaffer (2006), S. 75, gelangt zu der hiervon abweichenden Gleichung $z^{Ins} = \left[p \cdot (1+k)^2\right] / \left[1 + g - p \cdot (k+g+2)\right]$. Dies ist dem Umstand geschuldet, dass er fälschlicherweise nicht $FCF_t = FCF_0 \cdot (1+g)^t$, sondern $FCF_t = FCF_0 \cdot (1+k)^t$ annimmt. Beträgt $g = 0$, vereinfacht sich die Gleichung zu $z^{Ins} = (k+w)/(1-w) - k$.

655 Vgl. Skogsvik (2006), S. 21; Venezian (2007), S. 232–233; Saha/Malkiel (2012a), S. 3; Saha/Malkiel (2012b), S. 180. Bemerkenswert ist, dass k^{Ins} unabhängig von g ist.

656 Shaffer (2006), S. 74, gelangt zu einer hiervon abweichenden Gleichung. Konkret propagiert er $g^{Ins} = \left[g - w \cdot (1+k)\right]/(1-w)$. Dies ist dem in Fn. 654 genannten Umstand geschuldet.

Der Abschlag für Insolvenzrisiken A_0^{Ins} lässt sich demnach wie folgt bestimmen:[657]

$$\frac{FCF_0 \cdot (1+g)}{k-g} - A_0^{Ins} = \frac{FCF_0 \cdot (1+g) \cdot (1-w)}{k+w-g \cdot (1-w)}. \tag{5.14}$$

Aufgelöst nach A_0^{Ins} folgt der Zusammenhang:[658]

$$A_0^{Ins} = \frac{FCF_0 \cdot (1+g) \cdot w \cdot (1+k)}{(k-g) \cdot (k-g+w+w \cdot g)}. \tag{5.15}$$

5.3 Variable Insolvenzwahrscheinlichkeit

Unterstellt man eine intertemporal variable Insolvenzwahrscheinlichkeit w_t, ist auch für das Unendlichkeitskalkül die Funktion der Insolvenzwahrscheinlichkeit zu konkretisieren. Saha/Malkiel schlagen vor, die folgende Funktion für w_t anzunehmen:[659]

$$w_t = \psi_0 \cdot e^{-\psi \cdot t} \tag{5.16}$$

mit den Funktionsparametern $\psi \geq 0$ und $0 \leq \psi_0 < 1$. Dieser Funktionsverlauf sichert die folgenden Eigenschaften: Liegt $\psi_0 = 0$ vor, beträgt die Insolvenzwahrscheinlichkeit Null. In dem Fall $\psi = 0$ ist die Insolvenzwahrscheinlichkeit zeitlich konstant und beträgt ψ_0. Für $\psi_0 > 0$ und $\psi > 0$ ist die Insolvenzwahrscheinlichkeit eine streng monoton und mit einer konstanten Rate steigende, konkave Funktion der Zeit.[660] Die Parameter ψ_0 und ψ lassen sich nach Ansicht der Autoren empirisch schätzen, indem Daten über die Lebensdauer von Unternehmen herangezogen werden.[661] Unter diesen Annahmen resultiert die folgende Bewertungsgleichung:[662]

$$\begin{aligned}V_0 &= \sum_{t=1}^{\infty} \frac{FCF_0 \cdot (1+g)^t \cdot \left(1-\psi_0 \cdot e^{-\psi \cdot t}\right)}{(1+k)^t} \\ &= \frac{FCF_0 \cdot (1+g) \cdot \left[1+g-e^{\psi} \cdot (1+k)+\psi_0 \cdot (k-g)\right]}{(k-g) \cdot \left[1+g-e^{\psi} \cdot (1+k)\right]}.\end{aligned} \tag{5.17}$$

---

657 Vgl. Knabe (2012), S. 91–92; ähnliche Berechnungen unternimmt Frühling (2009), S. 200–203.
658 Vgl. Knabe (2012), S. 91–92. Der Verlust von Steuervorteilen wird hier nicht berücksichtigt.
659 Vgl. Saha/Malkiel (2012a), S. 4.
660 Dies gilt aufgrund der partiellen Integrale $\left[\partial(1-w_t)\right]/(\partial t) > 0$, $\left[\partial^2(1-w_t)\right]/(\partial^2 t) < 0$ und dem Zusammenhang $\left[\left[\partial(1-w_t)\right]/(\partial t)\right]/(1-w_t) = \psi$. Vgl. Saha/Malkiel (2012a), S. 4.
661 Vgl. Saha/Malkiel (2012a), S. 4–6 und S. 9–16.
662 Vgl. Saha/Malkiel (2012a), S. 5. Für eine Herleitung siehe Anhang 12.

Anstelle der streng monotonen Funktion der Insolvenzwahrscheinlichkeit kann auch eine allgemeiner formulierte polylogarithmische Funktion angenommen werden:[663]

$$w_t = \xi \cdot t^{\varpi} \cdot e^{-\varsigma \cdot t}. \tag{5.18}$$

Hierbei wird hinsichtlich der Funktionsparameter $\xi \geq 0$, $\varpi \geq 0$ und $\varsigma \geq 0$ angenommen. Mithilfe dieser Gleichung kann man eine Vielzahl an Funktionen mit unterschiedlichen, zeitlich variablen Insolvenzwahrscheinlichkeiten beschreiben. Die in Gleichung (5.16) zum Ausdruck kommende streng monotone Funktion zeigt den Spezialfall, wenn man $\varpi = 0$ unterstellt. Unter Verwendung der allgemein formulierten Gleichung (5.18) lässt sich die folgende Bewertungsgleichung formulieren:[664]

$$V_0 = \sum_{t=1}^{\infty} \frac{FCF_0 \cdot (1+g)^t \cdot \left(1 - \xi \cdot t^{\varpi} \cdot e^{-\varsigma \cdot t}\right)}{(1+k)^t}. \tag{5.19}$$

5.4 Phasenmodell

Saha/Malkiel empfehlen die folgende Gleichung, wenn man ein Phasenmodell, bestehend aus einer Detailplanungsphase und einer Fortführungsphase, betrachtet:[665]

$$V_0 = \sum_{t=1}^{T} \frac{FCF_0 \cdot (1+g')^t \cdot (1-w)^t}{(1+k)^t} + \sum_{t=T+1}^{\infty} \frac{FCF_0 \cdot (1+g)^t \cdot (1-w)^t}{(1+k)^t}. \tag{5.20}$$

Dabei kennzeichnet g' die konstante Wachstumsrate in der Detailplanungsphase.

5.5 Partielle Liquidation

Die Annahme einer vollständigen Liquidation bei Insolvenzeintritt ist nicht zwingend. Es kann auch die Situation modelliert werden, dass die erwarteten Cashflows mit der Wahrscheinlichkeit w um den Anteil π mit $0 \leq \pi \leq 1$ verringert werden:[666]

$$V_0 = \sum_{t=1}^{\infty} \frac{FCF_0 \cdot \left[\left[(1-w) + w \cdot (1-\pi)\right] \cdot (1+g)\right]^t}{(1+k)^t} \tag{5.21}$$

---

663 Vgl. Saha/Malkiel (2012a), S. 18.
664 Vgl. Saha/Malkiel (2012a), S. 19.
665 Vgl. Saha/Malkiel (2012b), S. 181. Wie Abschnitt 5.8.5 zeigt, ist diese Gleichung fehlerhaft.
666 Vgl. Saha/Malkiel (2012b), S. 181. Für eine Herleitung siehe Anhang 13. Die vollständige Liquidation lässt sich als Spezialfall auffassen, bei dem der Cashflow um 100 % verringert wird.

$$= \frac{FCF_0 \cdot (1 - w \cdot \pi) \cdot (1 + g)}{k - g + w \cdot \pi \cdot (1 + g)}.$$

5.6 Polynomialmodelle

Teilweise wird in der Literatur vorgeschlagen, das Insolvenzszenario als drittes Szenario neben einer positiven und einer (gemäßigt) negativen Entwicklung des Unternehmens zu berücksichtigen.[667] Die Eintrittswahrscheinlichkeit der letzteren Entwicklung soll mit o symbolisiert werden. Die Insolvenz des Unternehmens wird mit dessen Liquidation gleichgesetzt und führt zu einem Cashflow in Höhe von Null.[668] Sämtliche Wahrscheinlichkeiten sollen vereinfachend intertemporal konstant sein.[669] Abbildung 10 illustriert den resultierenden Zustandsbaum dieses Trinomialmodells.

Abbildung 10: Trinomialmodell[670].

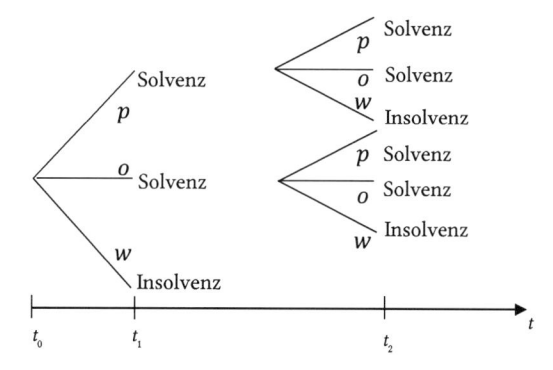

---

667 Vgl. etwa Hurley/Johnson (1994), S. 50–52; Yao (1997), S. 100–101; Hurley/Fabozzi (1998), S. 117–119; Fernández (2002), S. 118–119; Jennergren (2014), S. 92–95. Zu beachten gilt, dass Hurley/Johnson und Fernández ihre Modelle mit jeweils drei Ästen pro Zeit-Zustands-Kombination nicht als Trinomial-, sondern als Binomialmodell bezeichnen. Modelle mit vier Ästen bezeichnen diese Autoren dementsprechend als Trinomial- statt Quadrinomialmodelle.
668 Vgl. Hurley/Johnson (1994), S. 51; Yao (1997), S. 101; Jennergren (2014), S. 92.
669 Vgl. etwa Jennergren (2014), S. 92.
670 Quelle: eigene Darstellung in Anlehnung an Jennergren (2014), S. 93.

Für den Fall, dass der Cashflow bei positiver Entwicklung mit der Rate g wächst, bei gemäßigt negativer Entwicklung konstant bleibt $(FCF_{t+1} = FCF_t)$ und bei stark negativer Entwicklung der Insolvenzfall eintritt, resultiert die Bewertungsgleichung:[671]

$$V_0 = \frac{FCF_0 \cdot (1 + p \cdot g - w)}{k - p \cdot g + w}. \qquad (5.22)$$

Für ein Quadrinomialmodell, bei dem der Cashflow der Vorperiode mit der Wahrscheinlichkeit p mit der Rate g wächst, mit der Wahrscheinlichkeit o mit der Rate g schrumpft, mit der Wahrscheinlichkeit $1 - p - o - w$ konstant bleibt und mit der Wahrscheinlichkeit w Insolvenz eintritt, gilt die folgende Bewertungsgleichung:[672]

$$V_0 = \frac{FCF_0 \cdot \left[1 - w + (p - o) \cdot g\right]}{k + w - (p - o) \cdot g}. \qquad (5.23)$$

Alternativ zu der Annahme, dass der Insolvenzfall zur Liquidation führt, kann im Insolvenzfall eine Verringerung des Unternehmenswerts über den Faktor π mit $0 \leq \pi \leq 1$ angenommen werden. Konkret unterstellt man, dass das Unternehmen mit der Wahrscheinlichkeit w insolvent wird. Kann mit der bedingten Wahrscheinlichkeit p die Insolvenz abgewendet werden, wächst der Cashflow der Vorperiode mit der Rate g; mit der bedingten Wahrscheinlichkeit $1 - p$ bleibt der Cashflow der Vorperiode konstant. Hierbei lässt sich folgende Bewertungsgleichung formulieren:[673]

$$V_0 = \frac{FCF_0 \cdot (1 - w) \cdot (1 + p \cdot g)}{k + \pi \cdot w - (1 - w) \cdot p \cdot g}. \qquad (5.24)$$

5.7 Konkretisierung des Basiskalküls für DCF-Verfahren

Gleichung (5.10) wird in der Literatur als Basiskalkül erachtet, der in Abhängigkeit davon, ob der Unternehmenswert mithilfe des APV-, FCF-, TCF- oder FTE-Verfahrens ermittelt werden soll, konkretisiert werden muss.[674] Knabe entwickelt die Bewertungsgleichungen für die vier DCF-Verfahren für eine wertorientierte Finanzierungspolitik mit kontinuierlicher Anpassung des Fremdkapitalbestands. Demnach resultiert bei Anwendung des TCF-Verfahrens die folgende Bewertungsgleichung:[675]

---

671 Vgl. Hurley/Johnson (1994), S. 52; auch Hurley/Fabozzi (1998), S. 118; Fernández (2002), S. 119. Für eine Herleitung siehe Anhang 14.
672 Vgl. Yao (1997), S. 100–101; auch Hurley/Fabozzi (1998), S. 119; Fernández (2002), S. 121–122. Für eine Herleitung siehe Anhang 15.
673 Vgl. Hurley/Johnson (1998), S. 31. Für eine Herleitung siehe Anhang 16.
674 Vgl. Knabe (2012), S. 93.
675 Vgl. Knabe (2012), S. 98 und S. 110. Bei der Bestimmung von r_{EK}^L soll der Betafaktor des Fremdkapitals berücksichtigt werden. Vgl. Knabe (2012), S. 97.

$$GK_0 = \frac{TCF_1 \cdot (1-w)}{WACC^{TCF} + w - g \cdot (1-w)} = \frac{\left[FCF_0 \cdot (1+g) + TS_1\right] \cdot (1-w)}{WACC^{TCF} + w - g \cdot (1-w)} \quad (5.25)$$

mit

$$WACC^{TCF} = \frac{EK}{GK} \cdot r_{EK}^L + \frac{FK}{GK} \cdot r^{FK}. \quad (5.26)$$

Wendet man das FCF-Verfahren an, ist der $WACC^{FCF}$ um den Term $(1-w)$ zu erweitern, um Unsicherheitsäquivalenz herzustellen. Anderenfalls würde man bei der fiktiven Steuerlast im Zähler des Kalküls Insolvenzrisiken berücksichtigen, bei dem Steuervorteil im Nenner hingegen nicht. Es resultiert die folgende Gleichung:[676]

$$GK_0 = \frac{FCF_0 \cdot (1+g) \cdot (1-w)}{WACC^{FCF} + w - g \cdot (1-w)} \quad (5.27)$$

mit

$$WACC^{FCF} = \frac{EK}{GK} \cdot r_{EK}^L + \left[1 - \tau \cdot (1-w)\right] \cdot \frac{FK}{GK} \cdot r^{FK}. \quad (5.28)$$

Beim FTE-Verfahren sind mehrere Modifikationen notwendig: Zum einen wächst der Fremdkapitalbestand bei konstanter Fremdkapitalquote mit der Wachstumsrate g; dabei sind Insolvenzrisiken zu erfassen. Zum anderen sind die Zinszahlungen an die Fremdkapitalgeber zu berücksichtigen.[677] Es resultiert die folgende Gleichung:[678]

$$GK_0 = \frac{\left[FCF_0 \cdot (1+g) + TS_1\right] \cdot (1-w) - FK \cdot r^{FK} + FK \cdot g}{r_{EK}^L + w - g \cdot (1-w)}$$
$$- \frac{FK \cdot (1+g) \cdot w}{r_{EK}^L + w - g \cdot (1-w)} + FK_0. \quad (5.29)$$

Greift man auf das APV-Verfahren zurück, müssen wiederum die Steuervorteile um die Insolvenzrisiken angepasst werden. Wird angenommen, dass r_{EK}^U zur Diskontierung der Insolvenzkosten geeignet ist, resultiert folgende Bewertungsgleichung:[679]

---

676 Vgl. Knabe (2012), S. 98 und S. 110.
677 Vgl. Knabe (2012), S. 99–100. Sinken die Fremdkapitalbestände im Zeitverlauf, müssen auch Tilgungszahlungen an die Fremdkapitalgeber berücksichtigt werden.
678 Vgl. Knabe (2012), S. 100.
679 Vgl. Knabe (2012), S. 102 und S. 110. Zusammenfassen der Terme führt zum TCF-Verfahren.

$$GK_0 = \frac{FCF_0 \cdot (1+g)}{r_{EK}^U - g} + \frac{TS_1 \cdot (1-w)}{r_{EK}^U + w - g \cdot (1-w)}$$

$$- \frac{FCF_0 \cdot (1+g) \cdot w \cdot (1+r_{EK}^U)}{(r_{EK}^U - g) \cdot \left[r_{EK}^U + w - g \cdot (1-w)\right]}.$$

(5.30)

5.8 Würdigung

5.8.1 Ad-hoc-Anpassungen

Im Folgenden sollen die Argumente der Befürworter der Gleichungen (5.4) bis (5.9) diskutiert werden. Ein grundlegendes – vorwiegend aus der Bewertungspraxis und der Rechtsprechung stammendes – Argument besteht darin, dass Höhe und Zeitraum der Auswirkungen einer Insolvenz schwer prognostizierbar sind und eine Erfassung im Zähler des Kalküls vermieden werden muss.[680] Dieses Argument überzeugt nicht, wenn man einen methodischen Vergleich mit den vorgeschlagenen Alternativen vornimmt. Zum einen ist ein pauschaler Zuschlag auf den Diskontierungszinssatz oder ein pauschaler Abschlag auf den Barwert nur gerechtfertigt, wenn keine vollständige Verteilung der Cashflows vorliegt. Insofern verhindern pauschale Risikokorrekturen eine sachgerechte Erwartungswertbildung bei den Cashflow-Verteilungen und sind als methodisch unbefriedigend zu erachten.[681] Zum anderen lässt sich nicht sicherstellen, dass ein Fehler, der bei pauschalen Risikokorrekturen begangen wird, weniger schädlich ist als ein Schätzfehler bei der Erwartungswertbildung der Cashflows.

Die Gleichungen (5.4) bis (5.6) basieren auf der Intuition, den Unternehmenswert aufgrund von Insolvenzrisiken verringern zu müssen. Der Vorschlag, einen erhöhten Risikozuschlag, eine konservativ geschätzte Wachstumsrate der Cashflows oder einen pauschalen Wertabschlag anzusetzen, überzeugt allerdings nicht: Zum einen entbehrt diese Vorgehensweise jeder theoretischen Grundlage: Es bleibt unklar, wie die Modifikationen bemessen werden sollen. Zum anderen missachtet man bei Anwendung dieser Bewertungsgleichungen die Folgen einer Insolvenz: Bei dem Eintreten des Insolvenzszenarios handelt es sich zunächst nur um eine Cashflow-Realisation, die tendenziell im linken Bereich der Verteilungsfunktion liegt. In einem Einperiodenkontext sind keine weiteren Anpassungen erforderlich. Die Besonderheit des Insolvenzrisikos kommt erst im Mehrperiodenkontext zum Tragen: Neben direkten und indirekten Insolvenzkosten ist eine Insolvenz mit dem Risiko verbunden, dass das Unternehmen liquidiert wird und in den nachfolgenden

---

680   Für einen Überblick über Risikozuschläge in der Gerichtspraxis vgl. Seicht (2001), S. 22; Metz (2007), S. 92–99 und S. 146–149; Ballwieser/Hachmeister (2013), S. 130–136.
681   Vgl. hierzu die Ausführungen in Abschnitt 5.8.8.

Perioden keine Cashflows erzielt werden können. Dies ist kritisch, da bei einer Unternehmensbewertung typischerweise ein Unendlichkeitskalkül angesetzt wird und dieser einen Großteil des Unternehmenswerts ausmachen kann.[682] Insofern lassen sich Insolvenzrisiken nicht anhand einer pauschal verringerten Wachstumsrate, eines pauschal erhöhten Diskontierungszinssatzes oder eines pauschalen Wertabschlags abbilden; vielmehr ist zu berücksichtigen, dass – sofern die Insolvenz zur Liquidation führt – die Cashflows nur bei Abwendung der Insolvenzszenarien bis in die Unendlichkeit anfallen.

Wie die Gleichungen (5.11) bis (5.15) zeigen, ist in der Literatur regelmäßig der folgende Vorschlag anzutreffen: Zunächst wird der Unternehmenswert über einen sachgerechten Kalkül ermittelt. In einem zweiten Schritt modifiziert man einen konventionellen Modellparameter (Risikozuschlag, Diskontierungszinssatz, Wachstumsrate) oder man setzt einen Abschlag vom Barwert an, sodass der herkömmliche Bewertungskalkül zu demselben Unternehmenswert führt.[683] Diese Vorgehensweise kann jedoch nicht überzeugen: Freilich lassen sich modifizierte Modellparameter oder Wertabschläge ermitteln, um rechnerisch zu einem Unternehmenswert zu gelangen, bei dem das Insolvenzrisiko adäquat abgebildet wird. Allerdings handelt es sich hierbei um eine vordergründige Scheintransparenz: Eine Offenlegung des Bewertungskalküls setzt voraus, dass der Bewerter nicht nur das komplexe, aber sachgerechte Bewertungsmodell, sondern auch dessen Transformation in einen modifizierten Modellparameter oder in einen Wertabschlag erläutert. Die Absicht, Transparenz zu schaffen, wird daher durch die indirekte Ermittlung modifizierter Modellparameter oder Wertabschläge konterkariert: Vielmehr ist gerade diese Vorgehensweise intransparent und schwer kommunizierbar. Insofern können die Bewertungsgleichungen (5.4) bis (5.6) lediglich einen Umweg darstellen. Eine rechnerische Ergebnisidentität ist zudem nicht mit der Adäquanz des Bewertungskalküls zu verwechseln.

Die der Gleichung (5.7) zugrunde liegende Intention, künftige Cashflows mit der Überlebenswahrscheinlichkeit $(1 - w)$ zu gewichten, erscheint bei genauerer Betrachtung widersinnig. Diese Modellierung unterstellt, dass der Umweltzustand der Periode t stochastisch unabhängig vom Umweltzustand der Periode $t - 1$ ist. Abbildung 11 illustriert den Zustandsbaum, der durch Gleichung (5.7) impliziert wird.

---

682   Sind die Cashflows der Detailplanungsphase negativ, kann der Restwert sogar mehr als 100 % zum Unternehmenswert beisteuern.
683   Vgl. etwa Shaffer (2006), S. 75; Skogsvik (2006), S. 20–21; Saha/Malkiel (2012a), S. 3–4; Saha/Malkiel (2012b), S. 180–181; Jennergren (2014), S. 121–128.

Abbildung 11: Binomialmodell bei stochastischer Unabhängigkeit[684].

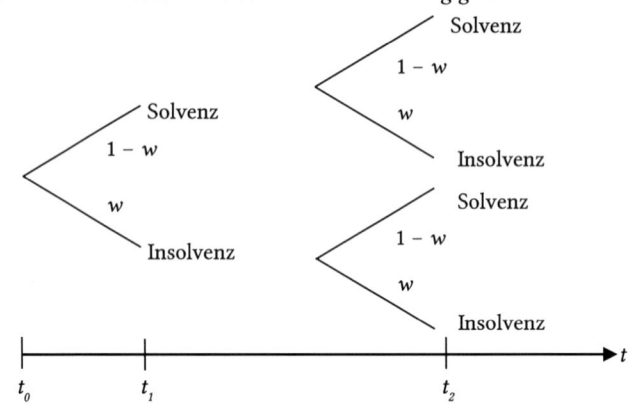

```
                                        Solvenz
                                   1 - w
                         Solvenz   
                              w
                    1 - w          Insolvenz
                                   Solvenz
                    w         1 - w
                         Insolvenz
                              w
                                   Insolvenz
├──────────────┼──────────────┼──────────────▶ t
t₀             t₁             t₂
```

Dies lässt sich auch anhand des folgenden numerischen Beispiels nachvollziehen.

Tabelle 15: Annahmen des numerischen Beispiels 10[685]

g	10 %
w	50 %
k	10 %
FCF_0	100

Abbildung 12: Ergebnisse des numerischen Beispiels 10.

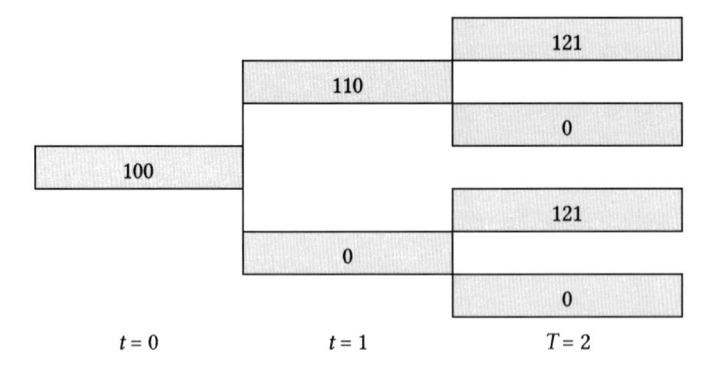

```
                                          121
                           110
                                          0
            100
                                          121
                           0
                                          0

           t = 0          t = 1          T = 2
```

---

684 Quelle: eigene Darstellung.
685 Quelle: eigene Darstellung.

Um V_0 zu ermitteln, kann man den Zustandsbaum mithilfe der allgemeingültigen Gleichung $\tilde{V}_{t-1} = \left[E\left(\widetilde{FCF}_t + \tilde{V}_t\right) \right] / (1+k)$ rekursiv lösen. Es ergibt sich ein Wert von $V_0 = 100$.[686] Derselbe Wert resultiert, wenn man Gleichung (5.7) anwendet.[687]

Unter realen Umständen kann bei der Bewertung insolvenzgefährdeter Unternehmen jedoch kein stochastisch unabhängiger Binomialprozess vorliegen, da das Eintreten der Insolvenz gerade nicht unabhängig vom Zustand der Vorperiode ist: Vielmehr ist der Zustandsbaum durch bedingte Wahrscheinlichkeiten und Pfadabhängigkeit gekennzeichnet;[688] er endet bei Insolvenzeintritt, wenn dieser zur Liquidation führt.

Gleichung (5.8) sieht vor, den Unternehmenswert zu ermitteln, indem der Fortführungs- und der Notverkaufswert mit den jeweiligen kumulativen Eintrittswahrscheinlichkeiten gewichtet und addiert werden. Dieser Ansatz erscheint methodisch nicht haltbar: Zum einen unterläuft der Versuch, die Mehrwertigkeit der Cashflow-Verteilung auf zwei Szenarien im Planungshorizont zu verkürzen, die realiter vorliegende Komplexität.[689] Zum anderen verbietet diese Dichotomisierung die Berücksichtigung indirekter Insolvenzkosten.[690] Offen bleibt auch die Frage nach den adäquaten Diskontierungszinssätzen des Fortführungs- und des Notverkaufswerts. Da weder der Fortführungswert noch der – im Gegensatz zum Notverkaufswert definierte und konkretisierbare – Liquidationswert methodisch korrekt ermittelt werden, verhindert dieses Verfahren nicht nur die Ermittlung des korrekten Unternehmenswertes, sondern auch die Überprüfung der Fortführungswürdigkeit des Unternehmens.

Auch die komponentenweise Bestimmung des Unternehmenswerts gemäß Gleichung (5.9) erscheint unvollständig: Zum einen bleibt offen, wie eine Cashflow-Prognose, die von Insolvenzkosten abstrahiert, vorzunehmen ist. Eine derartige Trennung ist nur denkbar, wenn die Insolvenzkosten von der Höhe der Cashflows unabhängig sind. Insbesondere bei indirekten Insolvenzkosten liegt diese Bedingung jedoch nicht vor. Zum anderen gilt es zu bedenken, dass es nicht sachgerecht ist, indirekte Insolvenzkosten mit der Insolvenzwahrscheinlichkeit zu gewichten. Hintergrund ist, dass indirekte Insolvenzkosten auch ohne Insolvenzeintritt anfallen können. Des Weiteren ist man wiederum mit der Problematik konfrontiert, dass sich bei Ausblendung von Insolvenzszenarien kein periodenspezifischer Erwartungswert bilden lässt. Unklar ist zudem, welcher Zinssatz zur Diskontierung der Insolvenzkosten heranzuziehen

---

686 $V_0 = \left[0{,}5 \cdot \left[110 + (0{,}5 \cdot 121 + 0{,}5 \cdot 0) / (1+10\,\%) \right] \right] / (1+10\,\%)$
$+ \left[0{,}5 \cdot \left[0 + (0{,}5 \cdot 121 + 0{,}5 \cdot 0) / (1+10\,\%) \right] \right] / (1+10\,\%) = 100$.

687 $V_0 = \sum_{t=1}^{T} \left[\left[FCF_0 \cdot (1+g)^t \cdot (1-w) \right] / \left[(1+k)^t \right] \right]$
$= \left[100 \cdot (1+10\,\%)^1 \cdot (1-50\,\%) \right] / \left[(1+10\,\%)^1 \right]$
$+ \left[100 \cdot (1+10\,\%)^2 \cdot (1-50\,\%) \right] / \left[(1+10\,\%)^2 \right] = 100$.

688 Vgl. Kruschwitz/Husmann (2012), S. 364–366.
689 Vgl. hierzu Drukarczyk/Schüler (2003), S. 61.
690 Indirekte Insolvenzkosten können unabhängig vom Insolvenzfall auftreten.

ist.[691] Darüber hinaus unterliegen auch die Steuervorteile Insolvenzrisiken; es bleibt bei diesem Ansatz offen, wie r_t^{TS} bestimmt werden muss, um dies zu berücksichtigen.

5.8.2 Stochastische Abhängigkeit

Die Bewertungsgleichung (5.10) ist in der Literatur regelmäßig (formal) fehlerhaft vorzufinden.[692] Des Weiteren fällt auf, dass die Autoren verbal eine stochastisch unabhängige und identisch verteilte Insolvenzwahrscheinlichkeit unterstellen.[693] Die Insolvenzwahrscheinlichkeit w soll demnach iid-Eigenschaften[694] aufweisen. Dieser Auffassung ist Folgendes entgegenzuhalten: Zum einen können grundsätzlich nur Folgen von Zufallsvariablen iid-Eigenschaften besitzen. Da die Insolvenzwahrscheinlichkeit als deterministische Größe erachtet wird, ist ein Verweis auf deren Verteilung fehlgeleitet. Gemeint sein kann nur, dass die Cashflows intertemporal stochastisch unabhängig voneinander sind und eine identische Verteilung aufweisen.

Zum anderen ist zu überprüfen, ob die Annahme identisch und stochastisch unabhängig verteilter Cashflows die Bewertungssituation insolvenzgefährdeter Unternehmen sachgerecht abbildet. Diese Annahme lässt sich vereinfachend anhand des folgenden Spiels veranschaulichen: Für ein bis zum Planungshorizont T existierendes Unternehmen wird T-mal ein Würfel geworfen, wobei die Augenzahlen die Cashflow-Realisationen kennzeichnen. Die Cashflows sind somit zufällig, aber diskret verteilt. Resultiert die Eins, kommt es zur Insolvenz. Die Insolvenzwahrscheinlichkeit ist demzufolge bei jedem Wurf t identisch und beträgt 1/6. Gleichzeitig beeinflusst das Ergebnis des Wurfs $t-1$ nicht das Ergebnis des Wurfs t. Auch wenn bei Wurf $t-1$ mit einer Sechs das beste Ergebnis erzielt wurde, kann bei Wurf

---

691 Bei Lee/Barker (1977), S. 1457–1463, findet sich der (fragwürdige) Vorschlag, bei der Bestimmung des Diskontierungszinssatzes der Insolvenzkosten ebenfalls auf das CAPM zu rekurrieren.

692 Shaffer (2006), S. 73 und S. 79, verwendet im Zähler den Term $(1 + k)$ statt $(1 + g)$. Zudem beginnt bei Shaffer der Summenoperator fälschlicherweise bei $t = 0$ statt $t = 1$. Gleißner verwendet irrigerweise als Startwert der Cashflow-Reihe FCF_0 statt $FCF_0 \cdot (1 + g)$. Zudem erachtet er irrtümlich den Cashflow im Zeitpunkt $t = 0$ als stochastische Größe. Vgl. Gleißner (2010), S. 736; Gleißner (2011), S. 247; Gleißner (2013b), S. 715. Die IACVA verwendet hinsichtlich der Cashflow-Reihe unzutreffenderweise den Ausdruck $E\left(\widetilde{FCF_t}\right) \cdot (1+g)^{t-1}$ statt den korrekten Darstellungen $FCF_1 \cdot (1+g)^{t-1}$ oder $FCF_0 \cdot (1+g)^t$. Vgl. IACVA (2011), S. 15.

693 „I assume that this probability is independent of t, so the risk of failure follows a stable distribution and the event of failure or survival is serially independent (…)." Shaffer (2006), S. 73. Auch Gleißner (2010), S. 736, Fn. 10: „Bei stochastischer Unabhängigkeit der Insolvenzwahrscheinlichkeiten." Vgl. auch Gleißner (2011), S. 46, Fn. 33; Dörschell/Franken/Schulte (2012), S. 335, Fn. 725; auch Saha/Malkiel (2012a), S. 3; Saha/Malkiel (2012b), S. 180.

694 iid steht für independent and identically distributed. Vgl. Spremann/Scheurle (2010), S. 131.

t eine Eins resultieren. Darüber hinaus wird unabhängig davon, ob bei Wurf t die Eins eingetreten ist, das Spiel mit $T-t$ weiteren Würfen bis zum Wurf T fortgesetzt.

Es wird deutlich, dass die Annahme identisch und stochastisch unabhängig verteilter Cashflows bei Insolvenzrisiko nicht sachgerecht ist; vielmehr ähnelt die Berücksichtigung von Insolvenzrisiken dem folgenden Spiel: Es wird maximal T-mal ein Gegenstand (Würfel oder Münze) geworfen, der zufällige, aber diskret verteilte Ergebnisse generiert. Der Wurf $t = 1$ erfolgt mit dem Würfel. Die Wahrscheinlichkeit einer Eins (Insolvenz) beträgt 1/6. Resultiert in der Periode t eine Eins, wird das Spiel vorzeitig beendet. Tritt in der Periode t eine Zwei (Insolvenzrisiko) ein, wirft man in der Periode $t + 1$ keinen Würfel, sondern eine Münze. Mit der Wahrscheinlichkeit 1/2 erscheint Kopf (Insolvenz); in diesem Fall wird das Spiel vorzeitig beendet. Erscheint dagegen Zahl (Solvenz), wirft man in der Periode $t + 2$ erneut den Würfel.

Zusammenfassend ist festzuhalten, dass die Cashflows insolvenzgefährdeter Unternehmen weder stochastisch unabhängig verteilt sind, noch eine identische Verteilung aufweisen müssen. Wird das Insolvenzszenario mit der Liquidation gleichgesetzt, kann die Cashflow-Verteilung nicht unabhängig sein. Des Weiteren erscheint eine identische Verteilung, unabhängig vom Ergebnis der Vorperiode, nicht realistisch. Die Wahrscheinlichkeit einer Insolvenz kann zeit- und zustandsabhängig variieren. Insofern sind beide Bestandteile der Annahme stochastisch unabhängig und identisch verteilter Cashflows für die Abbildung von Insolvenzrisiken unzweckmäßig. Stattdessen ist auf stochastisch abhängige Cashflow-Verteilungen und intertemporal variable Insolvenzwahrscheinlichkeiten zurückzugreifen, wie Abbildung 13 illustriert:

Abbildung 13: Binomialmodell bei stochastischer Abhängigkeit[695].

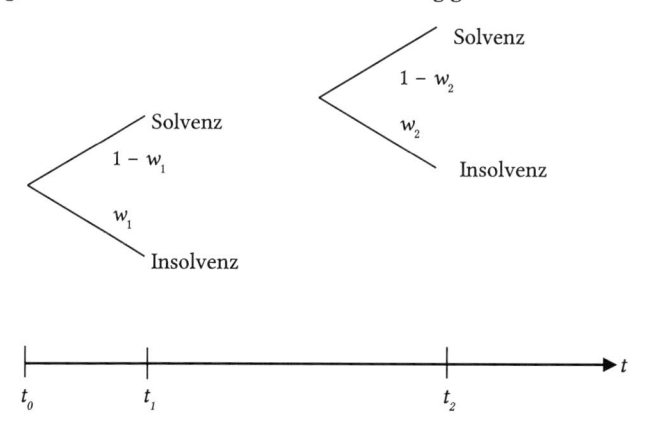

---

695 Quelle: eigene Darstellung.

Bei genauerer Betrachtung von Gleichung (5.10) zeigt sich, dass dieser Gleichung nicht – wie von den Autoren behauptet – eine stochastisch unabhängige (Cashflow-) Verteilung zugrunde liegt; vielmehr wird eine stochastische Abhängigkeit unterstellt. Dies lässt sich auch anhand des folgenden numerischen Beispiels nachvollziehen.

Tabelle 16: Annahmen des numerischen Beispiels 11

g	10 %
w	50 %
k	10 %
FCF_0	100

Abbildung 14: Ergebnisse des numerischen Beispiels 11.

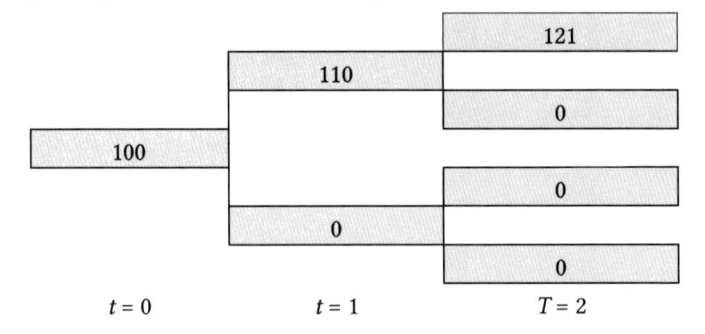

```
                                           121
                        110
                                           0
      100
                                           0
                        0
                                           0

      t = 0             t = 1              T = 2
```

Löst man den Zustandsbaum rekursiv über $\tilde{V}_{t-1} = \left[E\left(\widetilde{FCF}_t + \tilde{V}_t\right)\right]/(1+k)$ resultiert $V_0 = 75$.[696] Derselbe Wert ergibt sich, wenn man Gleichung (5.10) anwendet.[697]

Insofern weist die Bewertungsgleichung (5.10) eine Verbesserung gegenüber der Ad-hoc-Anpassung gemäß Gleichung (5.7) auf: Gleichung (5.10) impliziert eine stochastische Abhängigkeit der Cashflow-Verteilungen insolvenzgefährdeter

---

696 $V_0 = \left[0{,}5 \cdot \left[110 + (0{,}5 \cdot 121 + 0{,}5 \cdot 0)/(1+10\%)\right]\right]/(1+10\%)$
$\quad + \left[0{,}5 \cdot \left[0 + (0{,}5 \cdot 0 + 0{,}5 \cdot 0)/(1+10\%)\right]\right]/(1+10\%) = 75.$

697 $V_0 = \sum_{t=1}^{T}\left[\left[FCF_0 \cdot (1+g)^t \cdot (1-w)^t\right]/\left[(1+k)^t\right]\right]$
$\quad = \left[100 \cdot (1+10\%)^1 \cdot (1-50\%)^1\right]/\left[(1+10\%)^1\right]$
$\quad + \left[100 \cdot (1+10\%)^2 \cdot (1-50\%)^2\right]/\left[(1+10\%)^2\right] = 75.$

Unternehmen. Diese Modellierung bildet die Folgen einer Insolvenz – sofern man diese mit der Liquidation des Unternehmens gleichsetzt – sachgerecht ab. Auf mehrfache Weise falsch ist dagegen die Etikettierung des Modells durch die Autoren: Diese sprechen von einer stochastisch unabhängig und identisch verteilten Insolvenzwahrscheinlichkeit, meinen (und modellieren) aber stochastisch abhängige Cashflow-Verteilungen.

5.8.3 Variable Insolvenzwahrscheinlichkeit

Die Insolvenzwahrscheinlichkeit wird regelmäßig als intertemporal konstant erachtet. Diese Annahme ist realitätsfern, da Insolvenzwahrscheinlichkeiten sowohl von der Investitionspolitik als auch von der Finanzierungspolitik abhängen.[698] Ein intertemporal konstantes Insolvenzrisiko kann demzufolge nur erreicht werden, wenn die Korrelation der Zahlungsströme, die durch die Investitionsprogramme und Finanzierungstätigkeiten ausgelöst werden, intertemporal unverändert bleibt.[699] Dieser Zusammenhang wird sich nur zufällig einstellen. Mit anderen Worten: Die Höhe der Cashflows unterliegt intertemporalen Veränderungen; folglich wird auch die Insolvenzwahrscheinlichkeit im Zeitverlauf Schwankungen unterliegen. Das Argument, dass es sich bei w um eine durchschnittliche Insolvenzwahrscheinlichkeit handelt,[700] überzeugt nicht: Da ein Unternehmen nicht durchschnittlich insolvent werden kann, lässt sich eine Durchschnittsbildung der Insolvenzwahrscheinlichkeiten über mehrere Perioden ökonomisch nicht interpretieren. Statt einer Durchschnittsbildung ist periodisch zu untersuchen, ob das Insolvenz- oder das Fortführungsszenario eintritt.

Neben diesen konzeptionellen Einwänden ist die Annahme einer intertemporal konstanten Insolvenzwahrscheinlichkeit auch unter Heranziehung empirischer Daten im Allgemeinen als unrealistisch zu erachten. Die Insolvenzwahrscheinlichkeit verändert sich im Zeitverlauf bzw. in Abhängigkeit vom Alter des Unternehmens.[701]

Angesichts dieser Sachverhalte ist die Erweiterung auf eine variable Insolvenzwahrscheinlichkeit, wie sie in Gleichung (5.17) zum Ausdruck kommt, grundsätzlich begrüßenswert. Es verbleibt aber das Problem, dass die Insolvenzwahrscheinlichkeit einen exogenen Parameter darstellt und daher anderweitig ermittelbar sein muss.[702]

---

698 Zudem besitzen gesamtwirtschaftliche Faktoren Einfluss auf die Insolvenzwahrscheinlichkeit.
699 Vgl. Franke/Hax (2009), S. 522–523.
700 Folgt man Cohan (1978), S. 374, kann Gleichung (5.10) auch angewendet werden, wenn w dem geometrischen Mittelwert aller (intertemporal variablen) Ausfallwahrscheinlichkeiten entspricht.
701 Vgl. Saha/Malkiel (2012a), S. 9 und S. 12; Esty (1999), S. 18; Ballwieser (2012b), S. 57; Ballwieser/Hachmeister (2013), S. 121. Allerdings bestehen empirische Hinweise darauf, dass die Insolvenzwahrscheinlichkeit von Hedgefonds konstant ist. Vgl. Saha/Malkiel (2012a), S. 15.
702 Dies erkennen auch Saha/Malkiel (2012b), S. 182.

Für die Bestimmung des Funktionsverlaufs der intertemporalen Insolvenzwahrscheinlichkeiten steht keine Theorie zur Verfügung. Stattdessen werden regelmäßig empirische Daten herangezogen. Selbst Verfechter der in den Abschnitten 5.2 bis 5.6 dargestellten Bewertungsgleichungen räumen ein, dass bislang kein Verfahren existiert, das eine zuverlässige Bestimmung der Insolvenzwahrscheinlichkeit erlaubt.[703] Kann der Bewerter dennoch Kenntnis über die periodische Insolvenzwahrscheinlichkeit erlangen, wird er mit dem folgenden Problem konfrontiert: Warum sollte er die Insolvenzszenarien nicht bereits bei der Erwartungswertbildung der Cashflows berücksichtigen, wenn schon deren Eintrittswahrscheinlichkeiten bekannt sind?[704]

Auch wenn der zeitliche Verlauf der Insolvenzwahrscheinlichkeit beschrieben werden kann, lässt sich folgendes Problem nicht lösen: Die Insolvenzwahrscheinlichkeit bleibt deterministisch und mithin für sämtliche Zustände einer Periode identisch. Die Insolvenzwahrscheinlichkeit ändert sich also nicht in Abhängigkeit davon, ob in vorangegangenen Perioden eine positive oder negative Cashflow-Entwicklung vorlag.[705] Dies wird bei Polynomialmodellen sichtbar und steht im Widerspruch dazu, dass Insolvenzrisiken bei dauerhaftem Eintritt positiver Umweltzustände sinken.[706] Zudem ergibt sich bei einer exogenen Festlegung der Insolvenzwahrscheinlichkeit das Problem, dass Letztere nicht zwingend mit der Cashflow-Entwicklung, die im Bewertungsmodell abgebildet wird, konsistent ist.[707]

Fraglich bleibt auch, inwiefern Kenntnisse über die Insolvenzwahrscheinlichkeit für die Prognose indirekter Insolvenzkosten genutzt werden können. Diese fallen auch dann an, wenn die Anspruchsgruppen des Unternehmens einen Insolvenzeintritt nicht ausschließen (wollen).

Besser geeignet erscheint ein Modell, bei dem die Insolvenz endogen – etwa durch Insolvenzkriterien – modelliert wird. Auf diesem Weg lässt sich die Insolvenzwahrscheinlichkeit endogen sowie zeitpunkt- und zustandsabhängig berücksichtigen. Die problembehaftete Schätzung der exogenen Insolvenzwahrscheinlichkeit erübrigt sich.

5.8.4 Insolvenzwahrscheinlichkeit versus negative Wachstumsrate

Abstrahiert man in Gleichung (5.10) von einer Wachstumsrate der Cashflows, folgt:

$$V_0 = \sum_{t=1}^{\infty} \frac{FCF_0 \cdot (1-w)^t}{(1+k)^t} = \frac{FCF_0 \cdot (1-w)}{k+w}. \tag{5.31}$$

---

[703] Vgl. etwa Knabe (2012), S. 227.
[704] Vgl. auch Knoll/Tartler (2011), S. 411.
[705] Zu diesem Kritikpunkt vgl. auch Jennergren (2014), S. 129.
[706] Vgl. etwa Almeida/Philippon (2007), S. 2558; Liou/Smith (2007), S. 19 und S. 28; Almeida/Philippon (2008), S. 105.
[707] Diesen Kritikpunkt erkennt auch Gleißner (2010), S. 740.

Da diese Gleichung formal Gleichung (5.2) entspricht,[708] wird in der Literatur regelmäßig konstatiert, dass die Insolvenzwahrscheinlichkeit die Wirkung einer negativen Wachstumsrate entfaltet.[709] Dies gilt jedoch nur im Unendlichkeitskalkül ohne Wachstum mit konstanten Kapitalkosten, konstanter Insolvenzwahrscheinlichkeit und vollständiger Liquidation mit einem Liquidationswert in Höhe von Null.[710] Sind sowohl die Wachstumsrate als auch die Insolvenzwahrscheinlichkeit positiv, ist eine nicht-lineare Risikokorrektur vorzunehmen.[711] Dies ist anhand Gleichung (5.10) ersichtlich. Die Interpretation der Insolvenzwahrscheinlichkeit als negative Wachstumsrate der Cashflows ist demzufolge irreführend. Ebenso abwegig wäre es, die Wachstumsrate der Cashflows als negative Insolvenzwahrscheinlichkeit zu interpretieren, wenn in Gleichung (5.10) $w = 0$ gesetzt wird. Wachstumsrate und Insolvenzwahrscheinlichkeit hinterlassen unterschiedliche Wirkungen[712] auf den Unternehmenswert, sodass deren ökonomische Intuition nicht gleichgesetzt werden darf.

Des Weiteren muss Gleichung (5.31) von Gleichung (5.5), bei der das Insolvenzrisiko in Form einer negativen Wachstumsrate berücksichtigt werden soll, abgegrenzt werden. Die Verfechter von Gleichung (5.5) gehen explizit davon aus, dass man Insolvenzrisiken als negative Wachstumsrate im Bewertungskalkül berücksichtigen kann.[713] Dieser Ansatz ist jedoch nicht mit dem in Gleichung (5.31) zum Ausdruck kommenden Ansatz, bei dem zeitlich abhängige Cashflow-Verteilungen und explizit eine konstante Insolvenzwahrscheinlichkeit unterstellt werden, gleichzusetzen. Die Ähnlichkeit der Ansätze gilt nur vordergründig und nur, wenn $g = 0$ vorliegt.

---

708 Dies bedingt die Beziehung $g = -w$.
709 Vgl. hierzu Gleißner (2010), S. 735: „Die Wahrscheinlichkeit einer Insolvenz wirkt quasi wie eine ‚negative Wachstumsrate' der Cashflows." Auch Gleißner (2010), S. 737 und S. 743; Gleißner (2011), S. 247; IACVA (2011), S. 15; Dörschell/Franken/Schulte (2012), S. 335, Fn. 725; Gleißner/Ihlau (2012), S. 313–314 und S. 316–317; Knabe (2012), S. 91; Gleißner (2013a), S. 82 und S. 86; Gleißner (2013b), S. 716; Gleißner (2014), S. 158–159.
710 In der Literatur werden diese Annahmen nur teilweise offengelegt. Vgl. etwa Gleißner (2010), S. 736. Ausführlicher wird Esty (1999), S. 18 und S. 22.
711 Dies bedeutet, dass der Zuschlag für Insolvenzrisiken nicht durch einen pauschalen Zuschlag, der linear durch die Parameter g und w bestimmt wird, erfasst werden kann. Die Nichtlinearität der Risikokorrektur ist im Nenner von Gleichung (5.10) ersichtlich.
712 Die Wirkungen führen zwar in den Fällen $g = 0$ und $w = 0$ zu demselben Ergebnis; die Struktur einer Zahlungsreihe mit negativer Wachstumsrate und ohne Insolvenzrisiko unterscheidet sich jedoch von derjenigen eines Binomialmodells mit Insolvenzrisiko und ohne Wachstumsrate.
713 Vgl. Shaffer (2006), S. 71; Metz (2007), S. 101, Fn. 688; Zhang (2013), S. 17. Irreführend ist auch die Aussage bei Kehrel (2011), S. 375: „Ein Ansatz zur Berücksichtigung von Insolvenzwahrscheinlichkeiten liegt in deren Interpretation als negative Wachstumsrate." Ähnlich Weibrecht (2011), S. 27.

5.8.5 Unendlichkeitskalkül und Phasenmodell

Geht man von einem Unendlichkeitskalkül aus, wird der Bewerter eines insolvenzgefährdeten Unternehmens mit dem folgenden Problem konfrontiert: Es erscheint widersprüchlich, wenn innerhalb eines Kalküls gleichzeitig die Annahmen einer unendlichen Fortführungsphase und einer positiven Insolvenzwahrscheinlichkeit getroffen werden:[714] Letztere impliziert, dass die Insolvenz des Unternehmens sicher ist, wenn $T \rightarrow \infty$ läuft; lediglich der konkrete Zeitpunkt der Insolvenz ist unbestimmt.[715] Insofern schließen sich eine unendliche Fortführung und eine positive Insolvenzwahrscheinlichkeit aus, wenn die Insolvenz zur Liquidation des Unternehmens führt.

Darüber hinaus muss die Annahme hinterfragt werden, dass die Cashflows mit einer deterministischen Rate wachsen, wenn es nicht zur Insolvenz kommt. Die Annahme einer deterministischen Wachstumsrate stellt zwar keine Besonderheit dieses Ansatzes dar; dennoch erscheint sie besonders kritisch, wenn zugleich eine positive Insolvenzwahrscheinlichkeit angenommen wird. Wie kann das Wachstum der Cashflows eines Unternehmens sicher, das Fortbestehen des Unternehmens aber unsicher sein?

Knoll/Tartler verweisen darauf, dass das Problem der Bewertung von Cashflows mit einer unsicheren Laufzeit bereits in einem anderen Kontext gelöst wurde. Konkret rekurrieren sie auf die Bewertung von Pensionsrückstellungen im Rahmen der Rechnungslegung.[716] Hier wird auf Sterbetafeln mit den darin enthaltenen Lebenserwartungen der beiden Geschlechter – gestaffelt nach Lebensalter oder Geburtsjahrgang – zurückgegriffen. Ob es sich hierbei um eine konzeptionelle Lösung des Bewertungsproblems handelt, erscheint allerdings fragwürdig: Sterbetafeln sind nicht auf das betrachtete Bewertungsobjekt, also den individuellen Arbeitnehmer, bezogen. Sie enthalten Aussagen über die durchschnittliche erwartete Lebenserwartung und werden dementsprechend auch für alle Mitarbeiter des Unternehmens angewendet. Das Pendant dazu, also die durchschnittliche Lebenserwartung eines Unternehmens, soll dagegen für das singuläre Bewertungsobjekt angewendet werden.[717] Widersinnig erscheint auch, dass ausschließlich das Alter, nicht aber der finanzielle Zustand des Unternehmens berücksichtigt wird: Angesichts dessen, dass die ersten Jahre nach einer Unternehmensgründung eine erhöhte Liquidationswahrscheinlichkeit aufweisen,[718] erscheint das Alter als ein schlechter Indikator

---

714 Vgl. auch Ballwieser (2012b), S. 57; Ballwieser/Hachmeister (2013), S. 121.
715 Vgl. Bierman/Thomas (1972), S. 1366; Shaffer (2006), S. 71. Käfer (1972), S. 118, verweist darauf, dass die Unternehmensdauer regelmäßig zwar unbestimmt ist, dies aber nicht mit einer unbegrenzten Unternehmensdauer verwechselt werden darf.
716 Vgl. Knoll/Tartler (2011), S. 410–411.
717 Auch Frühling fordert, eine „plausible Verteilungskurve der durchschnittlichen Lebensdauer von Unternehmen" zu schätzen. Vgl. Frühling (2009), S. 212.
718 Vgl. etwa Frühling (2009), S. 202; Saha/Malkiel (2012a), S. 1–2 und S. 11–12, m.w.N.

für die Restlebensdauer des Unternehmens. Insofern überzeugt ein Rückgriff auf derartige Statistiken nicht, um den Planungshorizont eines insolvenzgefährdeten Unternehmens zu bestimmen.[719]

Der Versuch, neben der Fortführungsphase auch eine Detailplanungsphase zu berücksichtigen, ist grundsätzlich zu begrüßen. Allerdings weist die für das Phasenmodell entwickelte Gleichung (5.20) mehrere Inkonsistenzen auf: Der Ausgangspunkt für die Entwicklung des Phasenmodells besteht darin, dass in der Detailplanungsphase und Fortführungsphase zwei unterschiedliche Wachstumsraten g' und g mit $g' \neq g$ vorliegen.[720] Konsequenterweise müsste aber in der Detailplanungsphase eine periodenspezifische Wachstumsrate g_t in den Kalkül eingehen. Analog hierzu erscheint die Annahme einer intertemporal variablen Insolvenzwahrscheinlichkeit p_t zweckgerecht. In der Konsequenz wächst der Cashflow in der Rentenphase nicht beginnend vom Bewertungszeitpunkt $t = 0$, sondern erst vom Zeitpunkt T an mit der intertemporal konstanten Wachstumsrate g. Gleichung (5.20) ist zudem nur gültig, wenn sich die Kapitalkosten k im Zeitverlauf nicht verändern. Dies mag vertretbar erscheinen, wenn keine Insolvenzkosten vorliegen. Fallen aber Insolvenzkosten an,[721] können intertemporal variable Kapitalkosten resultieren. In diesem Fall wäre im Nenner des Kalküls der periodenspezifische Zinsfaktor $\prod_{s=1}^{t}(1+k_s)$ anzusetzen.

5.8.6 Partielle Liquidation versus positiver Liquidationswert

Gleichung (5.10) basiert auf der Annahme, dass das Unternehmen im Insolvenzfall vollständig liquidiert wird und ein Liquidationswert in Höhe von Null vorliegt. Beide Annahmen sind als eng zu erachten: Zum einen kann ein insolventes Unternehmen durch eine Übernahme, Verschmelzung, Reorganisation oder Zerschlagung (in Teilen) fortbestehen und künftige Cashflows generieren.[722] Zum anderen ist ein positiver Liquidationswert die Regel. Diese beiden Sachverhalte dürfen nicht miteinander verwechselt werden. Gleichung (5.21) bildet eine partielle Liquidation nach einer Insolvenz ab. Dies lässt sich anhand eines numerischen Beispiels veranschaulichen.

---

719 Diesen Ansatz empfiehlt Frühling (2009), S. 212.
720 Vgl. Saha/Malkiel (2012b), S. 181.
721 Bereits eine partielle Liquidation kann als Form von Insolvenzkosten erachtet werden.
722 Vgl. Fn. 11. Die Liquidationsannahme wird bisweilen als unwahrscheinlich erachtet. Vgl. Bierman/Chopra/Thomas (1975), S. 120 und S. 127; Molnár/Nyborg (2013), S. 420. Gemäß § 157 InsO obliegt die Entscheidung darüber, ob eine Liquidation, übertragende Sanierung oder Sanierung des Schuldners durchgeführt wird, den Fremdkapitalgebern. Vgl. auch Frieß (2004), S. 654.

Tabelle 17: Annahmen des numerischen Beispiels 12

π	30 %
g	10 %
w	50 %
k	10 %
FCF_0	100

Abbildung 15: Ergebnisse des numerischen Beispiels 12.

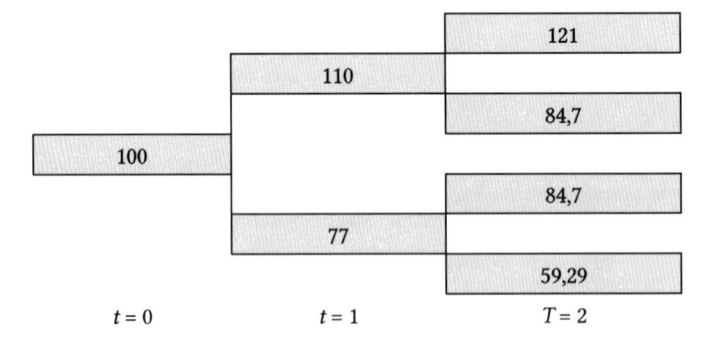

```
                                              121
                          110
                                              84,7
       100
                                              84,7
                           77
                                              59,29
       t = 0              t = 1               T = 2
```

Um V_0 zu ermitteln, kann man den Zustandsbaum wiederum mittels der Gleichung $\widetilde{V}_{t-1} = \left[E\left(\widetilde{FCF_t} + \widetilde{V}_t\right)\right]/(1+k)$ rekursiv lösen. Es ergibt sich ein Wert von $V_0 = 157{,}25$.[723] Derselbe Wert resultiert, wenn man Gleichung (5.21) anwendet.[724]

Anhand des numerischen Beispiels wird deutlich, dass die in Gleichung (5.21) abgebildete partielle Liquidation folgendermaßen zu verstehen ist: Im Insolvenzfall wird das Unternehmen nicht vollständig liquidiert; vielmehr sinkt der hypothetische Cashflow[725] dieser Zeit-Zustands-Kombination um die Rate $1 - \pi$ und das Unternehmen

---

[723] $V_0 = \left[0{,}5 \cdot \left[110 + (0{,}5 \cdot 121 + 0{,}5 \cdot 84{,}7)/(1+10\%)\right]\right]/(1+10\%)$
$+ \left[0{,}5 \cdot \left[77 + (0{,}5 \cdot 84{,}7 + 0{,}5 \cdot 59{,}29)/(1+10\%)\right]\right]/(1+10\%) = 157{,}25.$

[724] $V_0 = \sum_{t=1}^{T}\left[\left[FCF_0 \cdot \left[(1-w) + w \cdot (1-\pi)\right] \cdot (1+g)\right]^t / \left[(1+k)^t\right]\right]$
$= \left[100 \cdot \left[\left[(1-50\%) + 50\% \cdot (1-30\%)\right] \cdot (1+10\%)\right]^1 / \left[(1+10\%)^1\right]\right]$
$+ \left[100\left[\left[(1-50\%) + 50\% \cdot (1-30\%)\right] \cdot (1+10\%)\right]^2 / \left[(1+10\%)^2\right]\right] = 157{,}25.$

[725] Gemeint ist der Cashflow dieser Zeit-Zustands-Kombination, wenn keine Insolvenz eingetreten wäre. Das Wachstum gegenüber der Vorperiode wird also berücksichtigt.

existiert – mit dauerhaft verringerten Cashflows – fort: Der verringerte Cashflow bildet wiederum die Ausgangsbasis für nachfolgende Zeit-Zustands-Kombinationen. Kritisch anzumerken ist bei diesem Ansatz, dass eine Insolvenz stets dauerhafte Konsequenzen zur Folge hat; zahlungswirksame Nachholeffekte lassen sich nicht abbilden. Zu betonen ist, dass sich die in Gleichung (5.21) zum Ausdruck kommende Cashflow-Minderung nicht mit der bisweilen anzutreffenden Meinung, dass bei einer Liquidierung ein positiver Liquidationswert realisiert werden kann,[726] gleichsetzen lässt. Um einen Liquidationswert abzubilden, ist folgende Gleichung zu verwenden:

$$V_0 = \sum_{t=1}^{\infty} \frac{FCF_0 \cdot (1-w)^t \cdot (1+g)^t + w \cdot (1-w)^{t-1} \cdot FCF_t^{Liq}}{(1+k)^t}$$

$$= \frac{FCF_0 \cdot (1+g) \cdot (1-w)}{k+w-g \cdot (1-w)} + \frac{FCF_t^{Liq} \cdot w}{k+w}.$$

(5.32)

Diese Bewertungsgleichung wird an einem numerischen Beispiel veranschaulicht.

Tabelle 18: Annahmen des numerischen Beispiels 13

FCF_t^{Liq}	50
g	10 %
w	50 %
k	10 %
FCF_0	100

Abbildung 16: Ergebnisse des numerischen Beispiels 13.

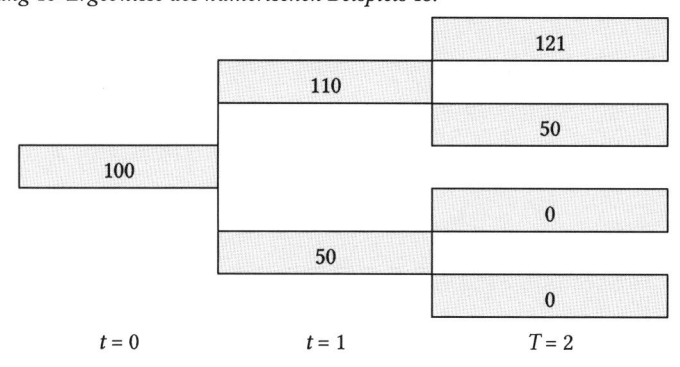

```
                                          121
                        110
                                          50
    100
                                          0
                        50
                                          0

   t = 0              t = 1             T = 2
```

---

[726] Vgl. etwa Shaffer (2006), S. 73; Gleißner (2010), S. 736, Fn. 11; Gleißner (2011), S. 247; IACVA (2011), S. 22, En. 8; Gleißner (2013b), S. 716. Die Restzahlung wird in der Literatur auch als Recovery Rate oder als Lump-Sum Liquidation Payment bezeichnet.

Erneut lässt sich V_0 mittels der Gleichung $\tilde{V}_{t-1} = \left[E\left(\widetilde{FCF}_t + \tilde{V}_t\right) \right] / (1+k)$ ermitteln, indem man den Zustandsbaum rekursiv löst. Es ergibt sich ein Wert in Höhe von $V_0 \approx 108{,}06$.[727] Derselbe Wert resultiert, wenn man Gleichung (5.32) anwendet.[728]

Alternativ kann man den Liquidationswert in relativer Höhe festlegen. Realisiert man nur den Anteil $1 - \varepsilon$ (mit $0 \leq \varepsilon \leq 1$) der Cashflows bei Fortführung, resultiert:

$$V_0 = \sum_{t=1}^{\infty} \frac{FCF_0 \cdot \left[(1-w)^t \cdot (1+g)^t + w \cdot (1-w)^{t-1} \cdot (1+g)^t \cdot (1-\varepsilon) \right]}{(1+k)^t}. \tag{5.33}$$

Dies lässt sich anhand des folgenden numerischen Beispiels veranschaulichen:

Tabelle 19: Annahmen des numerischen Beispiels 14

ε	30 %
g	10 %
w	50 %
k	10 %
FCF_0	100

Abbildung 17: Ergebnisse des numerischen Beispiels 14.

```
                          121
              110
                          84,7
  100
                          0
              77
                          0
  t = 0       t = 1       T = 2
```

---

727    $V_0 = \left[0{,}5 \cdot \left[110 + (0{,}5 \cdot 121 + 0{,}5 \cdot 50) / (1+10\%) \right] \right] / (1+10\%)$
$+ \left[0{,}5 \cdot \left[50 + (0{,}5 \cdot 0 + 0{,}5 \cdot 0) / (1+10\%) \right] \right] / (1+10\%) = 108{,}06$.

728    $V_0 = \sum_{t=1}^{T} \left[\left[FCF_0 \cdot (1-w)^t \cdot (1+g)^t + w \cdot (1-w)^{t-1} \cdot FCF_t^{Liq} \right] / \left[(1+k)^t \right] \right]$
$= \left[100 \cdot (1-50\%) \cdot (1+10\%) + 50\% \cdot (1-50\%)^0 \cdot 50 \right] / \left[(1+10\%)^1 \right]$
$+ \left[100 \cdot (1-50\%)^2 \cdot (1+10\%)^2 + 50\% \cdot (1-50\%)^1 \cdot 50 \right] / \left[(1+10\%)^2 \right] = 108{,}06$.

Um V_0 zu ermitteln, kann man wiederum den Zustandsbaum mittels der Gleichung $\tilde{V}_{t-1} = \left[E\left(\widetilde{FCF}_t + \tilde{V}_t\right)\right]/(1+k)$ rekursiv lösen. Es ergibt sich ein Wert in Höhe von $V_0 = 127{,}5$.[729] Derselbe Wert resultiert, wenn man Gleichung (5.33) anwendet.[730]

Zudem bleibt darauf hinzuweisen, dass Bewertungsgleichung (5.21) eine partielle Liquidation unterstellt, bei der die Liquidationsrate π zeitlich konstant bleibt. Eine Erweiterung auf zeitlich variable Liquidationsraten π_t ist aber problemlos möglich. Ist zugleich die Insolvenzwahrscheinlichkeit w_t variabel, resultiert die Gleichung:

$$V_0 = \sum_{t=1}^{\infty} \frac{FCF_0 \cdot \prod_{s=1}^{t}(1 - w_s \cdot \pi_s) \cdot (1+g)^t}{(1+k)^t}. \tag{5.34}$$

Das nachfolgende numerische Beispiel illustriert die konkrete Vorgehensweise.

Tabelle 20: Annahmen des numerischen Beispiels 15

π_1	30 %
π_2	70 %
g	10 %
w_1	50 %
w_2	70 %
k	10 %
FCF_0	100

---

[729] $V_0 = \left[0{,}5 \cdot \left[110 + (0{,}5 \cdot 121 + 0{,}5 \cdot 84{,}7)/(1+10\%)\right]\right]/(1+10\%)$
$+ \left[0{,}5 \cdot \left[77 + (0{,}5 \cdot 0 + 0{,}5 \cdot 0)/(1+10\%)\right]\right]/(1+10\%) = 127{,}5.$

[730] $V_0 = \sum_{t=1}^{T}\left[\left[FCF_0 \cdot \left[(1-w)^t \cdot (1+g)^t \cdot \left[1 + w \cdot (1-w)^{-1} \cdot (1-\varepsilon)\right]\right]\right]/\left[(1+k)^t\right]\right]$
$= \left[100 \cdot \left[\left[(1-50\%) \cdot (1+10\%)\right] \cdot \left[1 + 50\% \cdot (1-50\%)^{-1} \cdot (1-30\%)\right]\right]\right]/\left[(1+10\%)^1\right]$
$+ \left[100 \cdot \left[\left[(1-50\%)^2 \cdot (1+10\%)^2\right] \cdot \left[1 + 50\% \cdot (1-50\%)^{-1} \cdot (1-30\%)\right]\right]\right]/\left[(1+10\%)^2\right]$
$= 127{,}5.$

Abbildung 18: Ergebnisse des numerischen Beispiels 15.

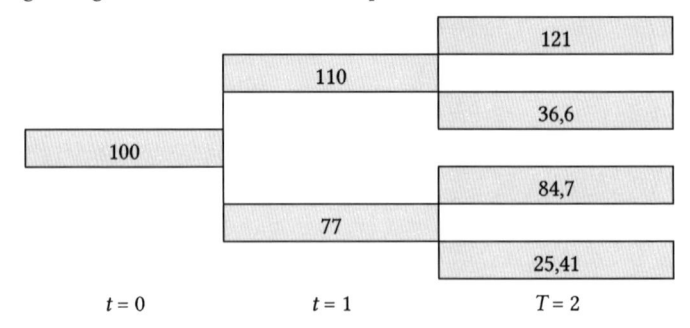

```
                                          ┌─────────┐
                                          │   121   │
                              ┌─────┐     ├─────────┤
                              │ 110 │     │  36,6   │
                  ┌─────┐     └─────┘     └─────────┘
                  │ 100 │                 ┌─────────┐
                  └─────┘                 │  84,7   │
                              ┌─────┐     ├─────────┤
                              │  77 │     └─────────┘
                              └─────┘     ┌─────────┐
                                          │  25,41  │
                                          └─────────┘
         t = 0             t = 1              T = 2
```

Wiederum kann man V_0 ermitteln, indem man den Zustandsbaum mittels der Gleichung $\tilde{V}_{t-1} = \left[E\left(\widetilde{FCF_t} + \tilde{V}_t\right) \right] / (1+k)$ rekursiv löst. Dabei resultiert der Wert $V_0 = 128{,}35$.[731] Derselbe Wert resultiert, wenn man Gleichung (5.34) anwendet.[732]

5.8.7 Polynomialmodelle

Ein Vorteil der Polynomialmodelle ist darin zu sehen, dass in jeder Zeit-Zustands-Kombination mehrere Szenarien abgebildet werden können, die zu einer Fortführung des Unternehmens führen. Die Modelle bieten also Raum dafür, auch im Fortführungsfall die Unsicherheit der Cashflows deutlich zu machen.[733] Insofern erscheint die Erweiterung auf Polynomialmodelle vorteilhaft, wenn die Insolvenzwahrscheinlichkeit exogen vorgegeben wird. Betrachtet man alternativ ein Modell, in dem die Insolvenzwahrscheinlichkeiten endogen bestimmt werden, erübrigt sich dieser Vorteil der Polynomialmodelle: Bestimmt nicht eine exogen gegebene Insolvenzwahrscheinlichkeiten, sondern ein Insolvenzkriterium über den Insolvenzeintritt, ist man selbst in einem Binomialmodell – ausgehend von einer Zeit-Zustands-Kombination – nicht nur auf ein Insolvenzszenario und ein Fortführungsszenario in der Folgeperiode beschränkt; vielmehr können auch zwei Fortführungs- oder Insolvenzszenarien auftreten. Zudem gelten die in den Abschnitten 5.8.1

---

731 $V_0 = \left[0{,}5 \cdot \left[110 + (0{,}3 \cdot 121 + 0{,}7 \cdot 36{,}6) / (1+10\%) \right] \right] / (1+10\%)$
$ + \left[0{,}5 \cdot \left[77 + (0{,}3 \cdot 84{,}7 + 0{,}7 \cdot 25{,}4) / (1+10\%) \right] \right] / (1+10\%) = 128{,}35.$

732 $V_0 = \sum_{t=1}^{T} \left[\left[FCF_0 \cdot \prod_{t=1}^{T} (1 - w_t \cdot \pi_t) \cdot (1+g)^t \right] / \left[(1+k)^t \right] \right]$
$ = \left[100 \cdot (1 - 50\% \cdot 30\%) \cdot (1+10\%) \right] / \left[(1+10\%)^1 \right]$
$ + \left[100 \cdot (1 - 50\% \cdot 30\%) \cdot (1 - 70\% \cdot 70\%) \cdot (1+10\%)^2 \right] / \left[(1+10\%)^2 \right] = 128{,}35.$

733 Auf diesen Vorteil verweist auch Jennergren (2014), S. 119.

bis 5.8.4 identifizierten Probleme auch für Polynomialmodelle: Die Insolvenzwahrscheinlichkeit ist exogen gegeben und deterministisch.[734] Entgegen der Intuition ändert sie sich nicht in Abhängigkeit davon, welche Umweltzustände sich in den jeweiligen Vorperioden realisiert haben.

5.8.8 Implikationen abgeschnittener Verteilungen

Die Verfechter von Gleichung (5.10) argumentieren, dass durch die explizite Berücksichtigung der Ausfallwahrscheinlichkeit im Bewertungskalkül Transparenz geschaffen wird.[735] Dieses Argument trifft ins Leere und ist als ungültig zu werten: Einem Bewerter, dem die Abbildung der Insolvenzwahrscheinlichkeit im Bewertungskalkül nicht ausreichend deutlich wird, sei angeraten, sich von der (offensichtlich für ihn unverständlichen) Schreibweise der herkömmlichen Bewertungsgleichungen unter Verwendung von Erwartungswerten zu lösen und sich der Erwartungswertbildung einer vollständigen, mehrwertigen Cashflow-Prognose zu widmen.

Die Fortführungsprämisse verliert ihre Gültigkeit, wenn der Liquidationswert den Fortführungswert übertrifft.[736] Um die Vorteilhaftigkeit des Fortführungswertes bestimmen zu können, sind alle potenziellen Zukunftsszenarien zu beschreiben und mit ihren jeweiligen Eintrittswahrscheinlichkeiten zu gewichten. Das Insolvenzszenario darf nicht vernachlässigt werden, sondern ist im Rahmen einer vollständigen Prognose analog zu den anderen Szenarien zu berücksichtigen.[737] Liegt eine vollständige Cashflow-Verteilung vor, spiegelt sich das Insolvenzrisiko in den Erwartungswerten wider. Sind die Investoren nicht risikoneutral, hat eine Risikokorrektur zur Herstellung der Unsicherheitsäquivalenz zu erfolgen. Diese kann im Zähler oder im Nenner des Kalküls vorgenommen werden, bezieht sich aber nur auf die Unsicherheit, die in der Cashflow-Verteilung zum Ausdruck kommt. Aus Gründen der Unsicherheitsäquivalenz darf weder im Zähler noch im Nenner des Kalküls ein zusätzlicher Insolvenzzuschlag oder -abschlag angesetzt werden.[738] Mögliche negative Abweichungen vom Erwartungswert der Cashflows werden durch mögliche positive Abweichungen kompensiert. Aus diesem Blickwinkel kann man Knoll/Tartler, die die Berücksichtigung von Insolvenzrisiken im Bewertungskalkül

---

734 Vgl. Jennergren (2014), S. 97 und S. 129.
735 Vgl. Gleißner (2010), S. 743; Gleißner (2011), S. 251; auch Shaffer (2006), S. 78.
736 Vgl. Fn. 26.
737 Vgl. Knoll/Tartler (2011), S. 409; Ballwieser (2012a), S. 38; Ballwieser (2012b), S. 58; Ballwieser/Hachmeister (2013), S. 122. Eine ähnliche Sichtweise impliziert Richter mit der Aussage, dass die Erwartungswerte der Cashflows auch Cashflow-Ausprägungen umfassen können, die zu negativen Unternehmenswerten führen. Vgl. Richter (2002b), S. 288–289.
738 Vgl. auch Skogsvik (2006), S. 17; Knoll/Tartler (2011), S. 409–410.

als ein „konzeptionell nur bedingt existierende[s] Problem"[739] erachten, (bedingt[740]) zustimmen. Mit dieser Sichtweise sind zwar grundsätzlich auch Bewertungspraktiker einverstanden; sie argumentieren aber, dass in praxi Insolvenzszenarien bei der Prognose der künftigen Cashflows entweder nicht berücksichtigt oder nicht ausreichend transparent gemacht werden.[741]

Folgt man Bewertungsgleichung (5.10) und den darauf basierenden, modifizierten Bewertungsgleichungen, darf man das Insolvenzrisiko nicht im Cashflow erfassen;[742] vielmehr ist es über die Insolvenzwahrscheinlichkeit w explizit im Kalkül zu berücksichtigen. Bei dieser Vorgehensweise erkauft sich der Bewerter die folgenden Probleme: Aus Vereinfachungsgründen wurde der Cashflow FCF_t als deterministisch angenommen; korrekterweise ist aber der erwartete Cashflow $E\left(\widetilde{FCF_t}\right)$ anzusetzen. Der Erwartungswert basiert hier auf einer Cashflow-Verteilung, die auf der linken Seite abgeschnitten wurde. Demzufolge müssen bei der Cashflow-Prognose bedingte Erwartungswerte geschätzt werden. Die Bedingung besteht darin, dass das Unternehmen bis zur betrachteten Periode nicht insolvent wurde. Insofern müssen alle Szenarien, in denen es zum Insolvenzeintritt kommt, bei der Erwartungswertbildung ausgeschlossen werden.[743] Folglich sind sowohl die Anzahl der verbleibenden Szenarien, als auch deren Eintrittswahrscheinlichkeiten zu modifizieren. Wie diese Aufgabe bewältigt werden soll, ist unklar. Ein Rückgriff auf heuristische Verfahren erscheint unausweichlich. Des Weiteren bleibt offen, welche Diskontierungszinssätze für die einseitig (links) abgeschnittenen Cashflow-Verteilungen angemessen sind.[744]

Zwar erachtet Knabe den Term $FCF_0 \cdot (1 + g)$ als Erwartungswert unter der Bedingung, dass keine Insolvenz eintritt, und somit den Term $FCF_0 \cdot (1 + g) \cdot (1-w)$ als unbedingten Erwartungswert der Cashflows.[745] Diese Einschätzung überzeugt aber nicht; vielmehr ist das Gegenteil der Fall: Bei letzterem Term wird die Bedingung, dass kein Insolvenzfall eintritt, mit dem Term $(1 - w)$ explizit deutlich gemacht.

Man kann festhalten, dass eine Anwendung der Gleichungen aus den Abschnitten 5.2 bis 5.6 vertretbar erscheint, wenn der Bewerter Kenntnis über die bedingt erwarteten Cashflows besitzt oder wenn er systematische Fehler bei der Schätzung

---

739 Knoll/Tartler (2011), S. 410; ähnlich Esty (1999), S. 18.
740 Im Mehrperiodenkontext verbleibt das Risiko, dass das Unternehmen liquidiert wird und künftige Cashflows nicht realisiert werden können.
741 Vgl. etwa Metz (2007), S. 98; Damodaran (2010), S. 384; Gleißner (2010), S. 735–737; Gleißner (2011), S. 244; Knabe (2012), S. 84–85 und S. 88.
742 Dies gilt auch für die erweiterten Bewertungsgleichungen aus den Abschnitten 5.3 bis 5.6.
743 Vgl. auch Skogsvik (2006), S. 16; Esty (1999), S. 18.
744 Vgl. Ballwieser (2012a), S. 38. Hurley/Fabozzi (1998), S. 122–124, empfehlen, auf Simulationsanalysen zurückzugreifen, um abgeschnittene Cashflow-Verteilungen zu bewerten.
745 Vgl. Knabe (2012), S. 96, Fn. 671.

der Erwartungswerte begeht, da er Insolvenzszenarien außer Acht lässt.[746] Ist dies nicht der Fall, erscheint es sinnvoll, der herkömmlichen Vorgehensweise zu folgen: Dabei sind periodische Erwartungswerte über alle möglichen Szenarien – unter Berücksichtigung von Insolvenzszenarien – zu bilden. Diese Erwartungswerte sind auf den Bewertungsstichtag zu diskontieren. Dabei ist zu beachten, dass über die Bildung von Sicherheitsäquivalenten oder Risikozuschlägen Unsicherheitsäquivalenz im Bewertungskalkül herzustellen ist, sofern der Bewerter risikoavers oder risikofreudig ist. Das Risiko, dass bei einer Liquidation die künftigen Cashflows nicht realisiert werden können, ist anhand von zeit- und zustandsabhängigen Cashflows zu erfassen.

5.8.9 Doppelerfassung systematischer Insolvenzrisiken

Bei der praktischen Anwendung von Gleichung (5.10) und den darauf aufbauenden Gleichungen ergibt sich das folgende Problem: Da Insolvenzrisiken separat über die Insolvenzwahrscheinlichkeit w erfasst werden, darf der Diskontierungszinssatz k keine Risikoprämie für Insolvenzrisiken beinhalten. In praxi wird der Diskontierungszinssatz jedoch regelmäßig empirisch – etwa über einen Rückgriff auf das CAPM – bestimmt. Bei dieser Vorgehensweise ist es unvermeidlich, dass in den Schätzwerten von k Insolvenzrisiken enthalten sind.[747] Dies gilt sowohl für die Schätzung des Betafaktors als auch für die Schätzung der Marktrisikoprämie. Eine zusätzliche Berücksichtigung von Insolvenzrisiken über w birgt demzufolge die Gefahr einer Doppelerfassung der systematischen Komponente des Insolvenzrisikos.[748]

Die in der Bewertungspraxis propagierte Bewertungsgleichung (5.10) ist nicht neu. Sie wurde – unter Vernachlässigung von Wachstum – vor geraumer Zeit bereits von Bierman/Hass im Rahmen der Bewertung ausfallgefährdeter Anleihen verwendet:[749]

$$FK_0 = \sum_{t=1}^{\infty} \frac{I_1 \cdot \overline{w}^t}{(1+k)^t} = \frac{I_1 \cdot \overline{w}}{1+k-\overline{w}}. \tag{5.35}$$

---

746 Von einer Kenntnis von w kann ohnehin nicht ausgegangen werden; vielmehr müssen die künftigen Insolvenzwahrscheinlichkeiten geschätzt werden. Vgl. Knoll/Tartler (2011), S. 411.
747 Vgl. hierzu die Aussage bei Chen (1978), S. 871: "Under the assumption that corporate securities are traded in an efficient and perfect capital market, the impact of future possible bankruptcy will be fully reflected in the security prices." Vgl. auch Ballwieser (2012b), S. 57–58; Ballwieser/Hachmeister (2013), S. 121. Auch Knabe (2012), S. 66, S. 79, S. 81 und S. 103–104. Dennoch fordert Knabe eine explizite Berücksichtigung des Insolvenzrisikos des Bewertungsobjekts im DCF-Kalkül. Vgl. Knabe (2012), S. 81 und S. 83–111.
748 Vgl. Ballwieser/Hachmeister (2013), S. 122; ein Hinweis auf diese Problematik findet sich auch bei Knabe (2012), S. 103–104 und S. 215.
749 Vgl. Bierman/Hass (1975), S. 758–759. Gemäß Yawitz (1977), S. 481, ist dies der erste systematische Ansatz zur Berücksichtigung von Insolvenzrisiken.

Dabei symbolisiert *FK0* den Barwert der Anleihe, *I* die periodischen Zinszahlungen und $\bar{w}$ die Gegenwahrscheinlichkeit des Fremdkapitalausfalls. Verwendet man anstelle von $\bar{w}$ die Insolvenzwahrscheinlichkeit *w*, resultiert die folgende Darstellung:

$$FK_0 = \sum_{t=1}^{\infty} \frac{I_1 \cdot (1-w)^t}{(1+w)^t} = \frac{I_1 \cdot (1-w)}{k+w}. \tag{5.36}$$

Diese Gleichung zur Bewertung ausfallgefährdeten Fremdkapitals entspricht formal Gleichung (5.10) zur Bewertung insolvenzgefährdeter Unternehmen ohne Wachstum. Im Gegensatz zu den meisten Verfechtern von Gleichung (5.10) sind sich Bierman/Hass allerdings der Anwendungsbedingungen von Gleichung (5.36) bewusst: Die Autoren weisen explizit darauf hin, dass *w* sowohl das systematische als auch das unsystematische Ausfallrisiko berücksichtigt.[750] Eine Kopplung der Bewertungsgleichung mit dem CAPM nehmen Bierman/Hass nicht vor. Dies erscheint auch unzulässig, da sie zu einer Doppelerfassung des systematischen Ausfallrisikos führt.

5.8.10 Konkretisierung des Basiskalküls für DCF-Verfahren

Die in Abschnitt 5.7 dargelegten (auf Knabe zurückgehenden) Gleichungen für die DCF-Verfahren basieren auf Annahmen, die Knabe nicht transparent macht. Zudem sind sowohl die Bewertungsgleichungen als auch deren Anwendungen mit mehreren Widersprüchen behaftet. Diese Sachverhalte sollen im Folgenden aufgezeigt werden. Grundsätzlich ist anzumerken, dass Knabes numerisches Beispiel missverständlich formuliert ist:[751] Erst bei Nachvollzug der Ergebnisse wird deutlich, dass Knabe den Wert des Cashflow der Periode *t* = 1 unter der Bedingung, dass keine Insolvenz eintritt, vorgibt.[752] Konventionsgemäß wird dagegen der Startwert FCF_0 vorgegeben. Eine weitere implizite Annahme besteht darin, dass die Steuervorteile im Insolvenzfall vollständig verloren gehen. Dies kommt beim TCF- und FTE-Verfahren im Zähler anhand des additiven Terms $TS_1 \cdot (1-w)$ zum Ausdruck. Beim FCF-Verfahren ist im Nenner der Term $w \cdot \tau \cdot FK/GK \cdot r^{FK}$ zu verwenden. Das APV-Verfahren erfasst den möglichen Verlust der Steuervorteile im Zähler des

---

750 Vgl. Bierman/Hass (1975), S. 757; auch Yawitz (1977), S. 482, Fn. 1. Cohan (1978), S. 372–373, kritisiert, dass die periodischen Wahrscheinlichkeitsverteilungen der Zinszahlungen bekannt sein müssen. Bierman/Hass (1978), S. 380–381, bestätigen, dass diese Annahme notwendig ist.
751 Vgl. Knabe (2012), S. 97.
752 Auf Knabes numerisches Beispiel bezogen, wächst nicht – wie von Knabe behauptet – der Cashflow in Höhe von 1000 mit der Wachstumsrate von 2%, sondern ein Cashflow in Höhe von 1000/(1 + 2 %) = 980,39. Knabe gibt also den bedingten Cashflow $FCF_{1,u}^{J}$ vor. Zudem behauptet Knabe fälschlicherweise, dass der Cashflow in Höhe von 1000 jährlich anfällt; der Cashflow wächst allerdings mit der zeitlich konstanten Wachstumsrate. Vgl. Knabe (2012), S. 97. Die Bewertungsgleichungen im Abschnitt 5.7 zeigen bereits die korrigierten Gleichungen Knabes.

zweiten Terms. Insofern beinhaltet der dritte Term von Gleichung (5.22) nicht alle Insolvenzkosten.[753]

Knabe verschweigt, dass er eine wertorientierte Finanzierungspolitik mit kontinuierlicher Anpassung der Fremdkapitalbestände unterstellt.[754] Eine Übertragung auf die wertorientierte Finanzierungspolitik mit periodischer Anpassung der Fremdkapitalbestände und auf die autonome Finanzierungspolitik ist jedoch unproblematisch. Mit dem APV-Verfahren als Referenzmodell gilt bei autonomer Finanzierungspolitik:

$$GK_0 = \frac{FCF_1}{r_{EK}^U - g} + \frac{TS_1 \cdot (1-w)}{r^{FK} + w - g \cdot (1-w)} \qquad (5.37)$$
$$- \frac{FCF_1 \cdot w \cdot \left(1 + r_{EK}^U\right)}{\left(r_{EK}^U - g\right) \cdot \left[r_{EK}^U + w - g \cdot (1-w)\right]}$$

bzw.

$$GK_0 = \frac{\left[FCF_0 + TS_0 \cdot \left[\dfrac{r_{EK}^U + w - g \cdot (1-w)}{r^{FK} + w - g \cdot (1-w)}\right]\right] \cdot [1+g] \cdot (1-w)}{r_{EK}^U + w - g \cdot (1-w)}. \qquad (5.38)$$

Diese Gleichung muss zu demselben Ergebnis führen wie die folgende Gleichung:

$$GK_0 = \frac{FCF_0 \cdot [1+g] \cdot (1-w)}{WACC^{FCF} + w - g \cdot (1-w)}. \qquad (5.39)$$

Gleichsetzen der beiden Gleichungen und Auflösen nach dem $WACC^{FCF}$ führt zu:

$$WACC^{FCF} = \frac{FCF_0 \cdot \left[r_{EK}^U + w - g \cdot (1-w)\right]}{FCF_0 + TS_0 \cdot \left[\dfrac{r_{EK}^U + w - g \cdot (1-w)}{r^{FK} + w - g \cdot (1-w)}\right] - w + g \cdot (1-w)}. \qquad (5.40)$$

Diese Gleichung muss wiederum der Textbook-$WACC^{FCF}$-Gleichung (4.3) entsprechen. Gleichsetzen und Auflösen nach den Kapitalkosten r_{EK}^L führt zu der Gleichung:

---

753 Dies ist nur implizit ersichtlich bei Knabe (2012), S. 101–102. Der gleiche Kritikpunkt gilt folglich auch für Gleichung (5.15).
754 Dies wird bei Knabe (2012), S. 101, nicht ausreichend deutlich gemacht.

$$r_{EK}^L = \frac{FCF_0 \cdot \left[r_{EK}^U + w - g \cdot (1-w)\right]}{FCF_0 + TS_0 \cdot \left[\dfrac{r_{EK}^U + w - g \cdot (1-w)}{r^{FK} + w - g \cdot (1-w)}\right] - w + g \cdot (1-w)} \cdot \frac{E(\widetilde{GK})}{E(\widetilde{EK})}$$

$$-\left[1 - \tau \cdot (1-w)\right] \cdot \frac{FK}{E(\widetilde{GK})} \cdot r^{FK} \cdot \frac{E(\widetilde{GK})}{E(\widetilde{EK})}.$$

(5.41)

Mithilfe dieser Gleichung lässt sich r_{EK}^L bestimmen.[755] Die Gleichungen (5.25), (5.27) und (5.29) bleiben auch bei autonomer Finanzierungspolitik gültig.

Bei wertorientierter Finanzierungspolitik mit periodischer Anpassung des Fremdkapitalbestands gilt unter Verwendung des APV-Verfahrens als Referenzmodell:

$$GK_0 = \frac{FCF_1}{r_{EK}^U - g} + \frac{TS_1 \cdot (1+r_{EK}^U) \cdot (1-w)}{\left[r_{EK}^U + w - g \cdot (1-w)\right] \cdot (1+r^{FK})}$$

$$- \frac{FCF_1 \cdot w \cdot (1+r_{EK}^U)}{(r_{EK}^U - g) \cdot \left[r_{EK}^U + w - g \cdot (1-w)\right]}$$

(5.42)

bzw.

$$GK_0 = \frac{\left[FCF_0 + TS_0 \cdot \left[\dfrac{1+r_{EK}^U}{1+r^{FK}}\right]\right] \cdot [1+g] \cdot (1-w)}{r_{EK}^U + w - g \cdot (1-w)}.$$

(5.43)

Diese Gleichung muss zu demselben Ergebnis führen wie die folgende Gleichung:

$$GK_0 = \frac{FCF_0 \cdot [1+g] \cdot (1-w)}{WACC^{FCF} + w - g \cdot (1-w)}.$$

(5.44)

Gleichsetzen der beiden Gleichungen und Auflösen nach dem $WACC^{FCF}$ führt zu:

$$WACC^{FCF} = \frac{FCF_0 \cdot \left[r_{EK}^U + w - g \cdot (1-w)\right]}{FCF_0 + TS_0 \cdot \left[\dfrac{1+r_{EK}^U}{1+r^{FK}}\right] - w + g \cdot (1-w)}.$$

(5.45)

Diese Gleichung muss wiederum der Textbook-$WACC^{FCF}$-Gleichung (4.3) entsprechen. Gleichsetzen und Auflösen nach den Kapitalkosten r_{EK}^L führt zu der Gleichung:

---

755 Diese tautologische Vorgehensweise kennzeichnet nur <u>einen</u> Weg zur Bestimmung von r_{EK}^L.

$$r_{EK}^L = \frac{FCF_0 \cdot \left[r_{EK}^U + w - g \cdot (1-w)\right]}{FCF_0 + TS_0 \cdot \left[\frac{1+r_{EK}^U}{1+r^{FK}}\right] - w + g \cdot (1-w)} \cdot \frac{E(\widetilde{GK})}{E(\widetilde{EK})}$$
$$-\left[1 - \tau \cdot (1-w)\right] \cdot \frac{E(\widetilde{FK})}{E(\widetilde{GK})} \cdot r^{FK} \cdot \frac{E(\widetilde{GK})}{E(\widetilde{EK})}.$$

(5.46)

Hierüber lässt sich r_{EK}^L bestimmen.[756] Die Gleichungen (5.25), (5.27) und (5.29) bleiben auch bei wertorientierter Finanzierungspolitik mit periodischer Anpassung des Fremdkapitalbestands gültig. Anhang 17 kann ein numerisches Beispiel entnommen werden. Es ist ersichtlich, dass alle vier DCF-Verfahren – bei identischer Annahme über die Finanzierungspolitik – zu denselben Ergebnissen führen. Insofern konnten die Ausführungen von Knabe, der ausschließlich die wertorientierte Finanzierungspolitik mit kontinuierlicher Anpassung des Fremdkapitalbestands betrachtet, auf die wertorientierte Finanzierungspolitik mit periodischer Anpassung des Fremdkapitalbestands sowie auf die autonome Finanzierungspolitik erweitert werden. Die in Abschnitt 5.8 angeführten Kritikpunkte haben allerdings weiterhin Bestand.

---

756 Diese tautologische Vorgehensweise kennzeichnet nur einen Weg zur Bestimmung von r_{EK}^L.

6. Abbildung des Insolvenzrisikos anhand von Binomialmodellen

6.1 Eigenschaften von Binomialmodellen

Binomialmodellen wird regelmäßig die Eigenschaft zugeschrieben, komplexe Bewertungsprobleme unter vereinfachenden Bedingungen abbilden zu können.[757] Vor diesem Hintergrund soll im Folgenden untersucht werden, inwiefern man Binomialmodelle für die Bewertung insolvenzgefährdeter Unternehmen heranziehen kann.

In der Entscheidungstheorie bildet man unsichere Cashflows dadurch ab, dass diese von dem Eintreten alternativer Umweltzustände abhängen. Die Umweltzustände sind aus Sicht des Bewertungszeitpunktes unsicher; es können lediglich deren Eintrittswahrscheinlichkeiten geschätzt werden. Die Cashflows lassen sich dadurch beschreiben, dass man für jeden möglichen Zustand eine Cashflow-Realisation prognostiziert.[758] Bei einer Unternehmensbewertung ist meist eine größere Anzahl an Perioden und Zuständen zu betrachten. Dies führt dazu, dass die Prognose der Zustände und die Spezifizierung der Cashflows zeitaufwendig sind.[759] Um diese Probleme zu bewältigen, trifft man vereinfachende Annahmen über die Cashflow-Entwicklung.[760]

Die einfachste Modellierung, bei der die Unsicherheit der Cashflow-Verteilung berücksichtigt wird, besteht in einem Binomialprozess.[761] Dabei wird der Planungshorizont T in n Zeitperioden unterteilt, die jeweils die Länge $\Delta t = T/n$ aufweisen.[762] Während der Cashflow der Periode $t = 0$ bekannt ist, gehorchen die künftigen Cashflows einem stochastischen Prozess. Letzterer ist dadurch gekennzeichnet, dass – ausgehend von einem Umweltzustand ω des Zustandsraums Ω in der Periode t – jeweils zwei Zustände in der Folgeperiode $t + 1$ eintreten.[763] Diese sind als positiver oder negativer Zustand hinsichtlich der Cashflow-Realisation zu interpretieren.

---

757 Vgl. etwa Spremann (2006), S. 173 und S. 181; Richter (2001), S. 176; Richter (2002a), S. 137; Casey (2004b), S. 90.
758 Vgl. etwa Spremann (2004a), S. 104; Ballwieser/Hachmeister (2013), S. 50–51.
759 Vgl. Kremer (2006), S. 229; ähnlich Knoll (2010), S. 615; Ballwieser/Hachmeister (2013), S. 50.
760 Die Ausführungen in Kapitel 6 entstammen (teilweise wörtlich) der unveröffentlichten wissenschaftlichen Arbeit des Verfassers zur Erlangung des Grades eines Master of Business Research. Diese wurde im März 2013 an der Ludwig-Maximilians-Universität München eingereicht.
761 Zu Binomialprozessen und deren Darstellung in Zustandsbäumen vgl. grundlegend Debreu (1959), S. 98–99; Cox/Ross/Rubinstein (1979), S. 232–241.
762 Vgl. Wallmeier (2003), S. 36; Kremer (2006), S. 229.
763 Vgl. Kremer (2006), S. 230; Franke/Hax (2009), S. 386; Kruschwitz/Husmann (2012), S. 283.

Während sich im positiven Zustand ein Cashflow des unverschuldeten Unternehmens $FCF_{t,u}^U$ einstellt, resultiert im negativen Zustand ein Cashflow des unverschuldeten Unternehmens $FCF_{t,d}^U$. Die Spanne zwischen den beiden Cashflow-Ausprägungen weist auf die Cashflow-Unsicherheit hin.[764] Um im Bewertungskalkül Unsicherheitsäquivalenz herzustellen, können Sicherheitsäquivalente gebildet, Risikozuschläge angesetzt oder risikoneutrale Wahrscheinlichkeiten verwendet werden. Hierfür sind die jeweiligen Eigenschaften des unterstellten Binomialprozesses zu untersuchen.[765]

Unsichere Cashflow-Folgen lassen sich nicht nur hinsichtlich ihrer periodenspezifischen (Marginal-)Verteilungen, sondern auch hinsichtlich ihrer intertemporalen Abhängigkeitsstruktur charakterisieren. Letztere bezieht sich auf die zeitlichen Korrelationen, die zwischen den periodenspezifischen stochastischen Cashflows bestehen.[766] Ein Binomialprozess kann eine stochastisch abhängige oder unabhängige Verknüpfung der Cashflow-Verteilungen aufweisen.[767] Beide Varianten lassen sich etwa anhand additiver oder multiplikativer Prozesse formulieren. In einem Modell mit multiplikativer Verknüpfung entwickeln sich die Cashflows unter Rückgriff auf die deterministischen Wachstumsfaktoren u_t und d_t. Bei additiver Verknüpfung wird die Entwicklung über die deterministischen Wachstumsterme u'_t und d'_t vorgegeben.[768]

Ist die intertemporale Verknüpfung der Cashflows stochastisch unabhängig, hat der eingetretene Umweltzustand der Vorperiode $t-1$ keinen Einfluss auf die Verteilung der Cashflows in der Periode t.[769] Demzufolge müssen die Cashflow-Ausprägungen der Periode t für alle (bedingten) Verteilungen dieser Periode identisch sein.[770]

Bei einer stochastisch abhängigen Verknüpfung sind die Cashflow-Verteilungen davon abhängig, welcher Zustand in der Vorperiode eingetreten ist.[771] Zudem kann zwischen rekombinierenden und nicht rekombinierenden Binomialmodellen

---

764 Vgl. Spremann (2011), S. 87. Je größer die Spanne, desto größer die Unsicherheit. Beträgt die Spanne Null (oder tritt ein Zustand mit der Wahrscheinlichkeit Eins ein), liegt Sicherheit vor.
765 Insbesondere ist die stochastische (Un-)Abhängigkeit der periodenspezifischen Cashflows zu untersuchen. Vgl. Ballwieser/Hachmeister (2013), S. 83–86 und S. 96; Hofherr (2012), S. 40.
766 Vgl. Bamberg/Dorfleitner/Krapp (2004), S. 101–102; Knoll (2010), S. 615.
767 Vgl. etwa Schwetzler (2000a), S. 472–485; Schwetzler (2000b), S. 483–487; Richter (2001), S. 178–185 und S. 193; Drukarczyk/Schüler (2009), S. 45–51.
768 Die Wachstumsparameter sollen aus Vereinfachungsgründen deterministisch sein.
769 Vgl. Rosarius (2007), S. 78–79. Historische Cashflows besitzen gegenüber dem aktuellen Cashflow keinen zusätzlichen Informationswert. Für einen Überblick über solche Markov-Ketten vgl. Wallmeier (2003), S. 8; Bamberg/Coenenberg/Krapp (2012), S. 236–237 und S. 245–251.
770 Vgl. Richter (2001), S. 193–194; Rosarius (2007), S. 79.
771 Vgl. etwa Schwetzler (2000b), S. 484; Drukarczyk/Schüler (2009), S. 46–50.

unterschieden werden. In ersterem Fall ist es für die Höhe des Cashflow unerheblich, ob – ausgehend von einer Zeit-Zustands-Kombination – ein Wertrückgang, gefolgt von einem Wertanstieg, oder ein Wertanstieg, gefolgt von einem Wertrückgang, eintritt. Insofern ist zwar die Anzahl der Auf- und Abwärtsbewegungen, nicht aber deren Reihenfolge von Bedeutung. Der Cashflow des unverschuldeten Unternehmens bei einer Abwärtsbewegung in Periode t nach einer Aufwärtsbewegung in der Vorperiode $FCF^U_{t,ud}$ entspricht dem Cashflow des unverschuldeten Unternehmens bei einer Aufwärtsbewegung in Periode t nach einer Abwärtsbewegung in der Vorperiode $FCF^U_{t,du}$. In einem n-periodigen, rekombinierenden Binomialmodell existieren 2^n Pfade, jedoch nur $n+1$ aggregierte Endzustände.[772] Ein Binomialmodell rekombiniert genau dann, wenn zustandsunabhängige und intertemporal konstante Wachstumsfaktoren bzw. -terme vorliegen.[773] Dies impliziert eine zeitlich konstante erwartete Wachstumsrate der Cashflows des unverschuldeten Unternehmens $E(\tilde{g})$.[774]

In einem nicht rekombinierenden Binomialmodell lässt sich jeder Endzustand exakt einem Pfad zuordnen; dieser wird anhand der Reihenfolge des Eintretens der Wachstumsfaktoren bzw. -terme eindeutig charakterisiert.[775] Ein n-periodiges, nicht rekombinierendes Binomialmodell besteht aus 2^n Endzuständen; demzufolge weist es 2^n verschiedene Pfade auf.[776] Während die Anzahl der Umweltzustände bei zunehmender Periodenzahl im rekombinierenden Binomialmodell linear ansteigt, wächst die Anzahl der Umweltzustände im nicht rekombinierenden Modell exponentiell.

Liegt eine stochastisch unabhängige Verknüpfung der Cashflows vor, kann die Bewertung pfadunabhängig erfolgen.[777] Bei einer stochastisch abhängigen Verknüpfung muss man mit zustandsabhängigen, bedingten Erwartungswerten rechnen.[778] Der Barwert der Cashflows lässt sich im Allgemeinen nur ermitteln, indem der Zustandsbaum für alle Zeit-Zustands-Kombinationen rekursiv gelöst wird.[779]

---

772 Vgl. Wallmeier (2003), S. 36–37; Kremer (2006), S. 234.
773 Vgl. hierzu die Ausführungen in Abschnitt 6.1.
774 In Anhang 18 bis Anhang 21 werden für verschiedene Binomialprozesse die Gleichungen zur Bestimmung der erwarteten Wachstumsrate $E(\tilde{g}_t)$ der Periode t aufgezeigt.
775 Vgl. Kremer (2006), S. 231; Trautmann (2007), S. 423.
776 Vgl. Cenci/Gheno (2005), S. 877, Fn. 5; Kremer (2006), S. 230 und S. 236.
777 Vgl. Fama (1977), S. 9; Ballwieser (1993), S. 157–158. Die Cashflows jeder Periode lassen sich in den jeweiligen Vorperioden mit dem risikolosen Zinssatz diskontieren. Vgl. etwa Schwetzler (2000a), S. 474–475; Obermaier (2004a), S. 334–341; Obermaier (2005), S. 41–45; Drukarczyk/Schüler (2009), S. 47; Ballwieser/Hachmeister (2013), S. 83–85.
778 Vgl. Obermaier (2004a), S. 342–347; Obermaier (2005), S. 45–50; Timmreck (2006), S. 78, Fn. 148; Drukarczyk/Schüler (2009), S. 64–67.
779 Vgl. etwa Schwetzler (2000a), S. 475–483; Wiese (2006), S. 37–38; Ballwieser/Hachmeister (2013), S. 76–79.

Geschlossene Bewertungsgleichungen können nur unter zusätzlichen Annahmen abgeleitet werden.

6.2 Replikationsansätze von Spremann

6.2.1 Theoretische Grundlagen

Nach Spremann müssen die Cashflows insolvenzgefährdeter Unternehmen anhand eines Replikationsansatzes bewertet werden.[780] Dies gilt insbesondere für das in Abschnitt 3.2.2.1 genannte Intervall, in dem die Risikozuschlagsmethode mit Problemen behaftet ist. Da man dieser Forderung in der Bewertungstheorie und -praxis kaum nachkommt, ist es notwendig, sich mit Spremanns Ansätzen auseinanderzusetzen. Konkret muss geklärt werden, inwiefern Spremann neue Erkenntnisse zur Bewertung anhand von Binomialmodellen gewinnt und ob bei der Bewertung insolvenzgefährdeter Unternehmen zwingend auf einen Replikationsansatz zurückzugreifen ist.

Ist ein Unternehmen insolvenzgefährdet, lassen sich dessen Cashflows $\widetilde{FCF}_t^j$ regelmäßig anhand von Verteilungen beschreiben, die einen niedrigen oder negativen Erwartungswert besitzen und gleichzeitig eine hohe Streuung ausweisen.[781] Spremann behauptet, dass Unternehmen mit diesen Cashflow-Eigenschaften zwingend durch Rückgriff auf einen Replikationsansatz bewertet werden müssen.[782] Neben der Modellierung der Cashflows anhand eines Binomialmodells konkretisiert er den Zusammenhang zwischen der Cashflow-Entwicklung und der Entwicklung der allgemeinen Wirtschaft. Letztere setzt Spremann faktisch mit dem Marktportfolio gleich.[783] Im Folgenden werden die Ansätze von Spremann vorgestellt und diskutiert.

Folgt man Spremann, lässt sich die Annahme normalverteilter Cashflows und normalverteilter Renditen des Marktportfolios nur für unmittelbar bevorstehende Perioden rechtfertigen. Wird dagegen – wie es eine Unternehmensbewertung regelmäßig erfordert – ein langer Zeitraum betrachtet, sind multiplikative Effekte zu beobachten, die sich durch die Annahme lognormalverteilter Cashflows und lognormalverteilter Renditen bei mehrperiodigen Investitionen in das Marktportfolio

---

780 Vgl. Spremann (2002), S. 318–319; Spremann (2004a), S. 122 und S. 256–259; Spremann (2006), S. 167; auch Spremann/Ernst (2011), S. 181.

781 Diese Einschätzung findet sich bei Spremann (2006), S. 167, S. 170–172 und S. 183–184; auch Gleißner (2005), S. 227–228.

782 Vgl. Spremann (2002), S. 318–319; Spremann (2004a), S. 122 und S. 256–259; Spremann (2006), S. 167; Spremann/Ernst (2011), S. 181. Spremann (2006), S. 176, führt aus: „Bei den Unternehmen im Distress (…) [wird der] eingegangene Bewertungsfehler so groß (…), dass die klassische Bewertung für keinen Praxisfall mehr taugt."

783 Spremann setzt sein Kapitalmarktmodell nicht zwangsläufig mit dem CAPM gleich. Vgl. Spremann (2004b), S. 113, Fn. 12. Gleichzeitig greift er aber auf dieselben Begriffe und Annahmen zurück. Vgl. Spremann (2004a), S. 264; Spremann (2004b), S. 115; Spremann (2006), S. 174.

besser beschreiben lassen.⁷⁸⁴ Gemäß Spremann muss bei diesen Verteilungsannahmen auf den zeitstetigen risikolosen Zinssatz r_f^* und auf die zeitstetigen Marktrenditen $\tilde{r}_t^{M*}$ zurückgegriffen werden.⁷⁸⁵ Dabei sind $\tilde{r}_t^{M*}$ annahmegemäß seriell unabhängig voneinander und folgen einer Brownschen Bewegung.⁷⁸⁶ Das Marktportfolio wird durch einen Index repräsentiert, der auf der normalverteilten Log-Indikator-Variable $ln(\tilde{X}_t)$ basiert.

Anstatt die Cashflow-Verteilungen durch deren Erwartungswerte und Standardabweichungen vorzugeben, können sie auch anhand von zwei Ausprägungen und deren subjektiven Eintrittswahrscheinlichkeiten beschrieben werden.⁷⁸⁷ Sich selbst verstärkende Effekte bei einer positiven oder negativen Entwicklung sind annahmegemäß bereits in diesen dichotomen Zahlungen berücksichtigt. Die dichotomen Cashflows lassen sich dabei über digitale Optionen replizieren und bewerten.⁷⁸⁸ Die mathematische Formulierung der Replikation kann über eine stochastische Differentialgleichung (z.B. über den Brownschen Prozess im Black/Scholes-Modell) oder über eine diskrete Approximation (z.B. über ein Binomialmodell) erfolgen. In beiden Fällen lässt sich der Erwartungswert der Cashflows mithilfe risikoneutraler Wahrscheinlichkeiten bilden.⁷⁸⁹ Beide Vorgehensweisen sollen im Folgenden vorgestellt werden.

6.2.2 Bewertung über stochastische Differentialgleichungen

Der Replikationsansatz besteht darin, den zu diskontierenden Cashflow $\widetilde{FCF_t^j}$ hinsichtlich seiner wertrelevanten Merkmale⁷⁹⁰ anhand von Wertpapieren mit bekannten Marktpreisen nachzubilden.⁷⁹¹ Beschreibt man den Cashflow durch zwei Ausprägungen, ist die Zahlung im negativen Zustand als Minimum zu erachten. Zusätzlich erfolgt eine Zahlung in Höhe der Spanne $FCF_{t,u}^j - FCF_{t,d}^j$, wenn der positive

---

784 Vgl. Spremann (2004a), S. 279; Spremann (2004b), S. 115–116. Die Lognormalverteilung ist nicht symmetrisch, sondern rechtsschief; der Erwartungswert liegt über dem Median der Verteilung. Anstelle des Erwartungswerts gewinnt somit der Median der Verteilung an Bedeutung.
785 Vgl. Spremann (2004a), S. 279–281.
786 Vgl. Spremann (2004a), S. 290; Spremann (2004b), S. 115.
787 Vgl. Spremann (2011), S. 87–88 und S. 89–92.
788 Vgl. Spremann (2004a), S. 289; Spremann (2006), S. 167; Spremann (2010), S. 300; Spremann (2011), S. 87.
789 Vgl. Spremann (2011), S. 89.
790 Als wertrelevant werden der Erwartungswert und das systematische Risiko des Cashflow erachtet. Vgl. Markowitz (1952), S. 77; Spremann (2004a), S. 263; Spremann/Ernst (2011), S. 186. Allerdings müssen Cashflows mit identischem Erwartungswert und identischer Varianz weder bei diskreten noch bei stetigen Wahrscheinlichkeitsverteilungen denselben Barwert besitzen. Vgl. Kruschwitz/Löffler (2014), S. 264–265.
791 Vgl. grundlegend Brennan (1973), S. 661–671; Ross (1976), S. 341–356; Rubinstein (1976), S. 407–420; Stapleton/Subrahmanyam (1978), S. 1077–1092.

Zustand eintritt. Bei der zusätzlichen Zahlung handelt es sich um eine bedingte Zahlung, die sich mittels einer digitalen Option replizieren lässt. Die Besonderheit digitaler Optionen besteht darin, dass der Optionswert auf eine Geldeinheit normiert ist. Um den Wert der Spanne $FCF_{t,u}^{j} - FCF_{t,d}^{j}$ zu ermitteln, muss diese mit dem Optionswert multipliziert werden.[792] Der Optionswert entspricht der risikoneutralen Wahrscheinlichkeit des positiven Zustands. Bei Ausüben der Option erhält der Inhaber eine Geldeinheit, bei deren Verfall erfolgt keine (zusätzliche) Zahlung.[793] Die risikoneutralen Wahrscheinlichkeiten werden über Gleichung (4.34) ermittelt. Dabei gibt der Ausdruck $N(D_2)$ die risikoneutrale Wahrscheinlichkeit q_t dafür an, dass sich die digitale Option im Fälligkeitszeitpunkt im Geld befindet.[794] Über $N(D_2)$ findet die stochastische Differentialgleichung für den Brownschen Prozess des Basisobjekts Eingang.

Die Cashflow-Entwicklung soll von der Entwicklung des Marktportfolios abhängen. Der Inhaber der Option wird diese ausüben, wenn der Index des Marktportfolios über dem Ausübungspreis B_t liegt. Letzterer bemisst sich dergestalt, dass die subjektive Wahrscheinlichkeit dafür, dass der Index den Ausübungspreis übertrifft, mit der subjektiven Wahrscheinlichkeit des positiven Umweltzustands übereinstimmt.[795] Liegen gleichwahrscheinliche Zustände vor, tritt der positive Zustand ein, wenn die Rendite des Marktportfolios ihren Median übertrifft: $\tilde{r}_t^{M^*} > Med(\tilde{r}_t^{M^*})$. Im Grenzfall entspricht der Ausübungspreis dem Median der Indikator-Variable.[796] Zwischen dem Startpreis des Marktportfolios S_0 und dem Ausübungspreis B_t gilt die Relation $S_0 / B_t = -E(\tilde{r}_t^{M^*}) \cdot t$.[797] Analog Gleichung (4.36) ergibt sich der Zusammenhang:[798]

$$q_t = N\left[\left[\frac{-E(\tilde{r}_t^{M^*}) + r_f^*}{std(\tilde{r}_t^{M^*})} - \frac{std(\tilde{r}_t^{M^*})}{2}\right] \cdot \sqrt{t}\right]. \tag{6.1}$$

Der Barwert V_0^j des zu bewertenden Unternehmens resultiert, wenn man den Barwert des minimalen Cashflow bei negativer Wirtschaftsentwicklung und den

---

792 Vgl. Jarrow/Turnbull (1996), S. 598–599; Spremann (2006), S. 178–179.
793 Vgl. Spremann (2006), S. 178.
794 Vgl. Wallmeier (2003), S. 18. Insofern bezeichnet q_t die risikoneutrale Wahrscheinlichkeit dafür, dass der Marktindex in einer Periode über seinem Median abschneidet.
795 Vgl. Spremann (2011), S. 91.
796 Vgl. Spremann (2011), S. 89. Sind die Umweltzustände nicht gleichwahrscheinlich, muss der Ausübungspreis mit dem Quantil übereinstimmen, das mit der Wahrscheinlichkeit des Eintretens des positiven Umweltzustands korrespondiert. Vgl. hierzu Spremann (2011), S. 91–92.
797 Da die Indikator-Variable annahmegemäß normalverteilt ist, gilt nach Spremann (2011), S. 90, die Beziehung: $S_0 / B_t = ln\left[X_0 / Med(\tilde{X}_t)\right] = ln(X_0) - \left[ln(X_0) + t \cdot E(\tilde{r}_t^{M^*})\right] = -E(\tilde{r}_t^{M^*}) \cdot t$.
798 Unter Verwendung anderer als der hier vorgestellten Annahmen gelangt zu dieser Gleichung auch Spremann (2006), S. 181. Die Gleichungen bei Spremann (2011), S. 90, sind fehlerhaft.

Barwert einer digitalen Option – multipliziert mit der Spanne $FCF_{t,u}^j - FCF_{t,d}^j$ – addiert:[799]

$$V_0^j = \sum_{t=1}^{T} \left[\frac{FCF_{t,d}^j}{(1+r_f)^t} + q_t \cdot \frac{FCF_{t,u}^j - FCF_{t,d}^j}{(1+r_f)^t} \right]. \tag{6.2}$$

Zu beachten ist, dass zur Diskontierung der risikolose Zinssatz in diskreter Zeit heranzuziehen ist. Da mit q_t und $(1-q_t)$ die risikoneutralen Wahrscheinlichkeiten des positiven und des negativen Umweltzustands bekannt sind, kann man den Wert der dichotomen Cashflows ohne explizite Bewertung der digitalen Option bestimmen:[800]

$$V_0^j = \sum_{t=1}^{T} \left[\frac{1}{(1+r_f)^t} \cdot \left[(1-q_t) \cdot FCF_{t,d}^j + q_t \cdot FCF_{t,u}^j \right] \right]. \tag{6.3}$$

6.2.3 Bewertung über diskrete Approximationen

Die in Abschnitt 6.2.1 angeführte Normalverteilung der Logarithmen der Preise des Marktportfolios kann durch eine Binomialverteilung angenähert werden.[801] Um auf die in Binomialmodellen gültige Rechentechnik zurückgreifen zu können, sind sowohl der Wertebereich der Realisationen der Indikator-Variable als auch der Zeitraum zu diskretisieren.[802] Die Cashflow-Verteilungen sollen durch periodenspezifische obere und untere Werte als jeweilige Grenzen des einfachen Sigma-Bandes beschrieben werden.[803] Die Wahrscheinlichkeit, dass eine normalverteilte Zufallsvariable einen Wert außerhalb des Sigma-Bandes annimmt, beträgt $N(-1) \approx 15{,}86\ \%$.[804] Es resultieren dichotome Cashflows, die ein Binomialmodell bilden[805] und unter der Verwendung digitaler Optionen repliziert und bewertet werden können.[806] Der Cashflow lässt sich nachbilden, indem man einen Teilbetrag a zum zeitstetigen risikolosen Zinssatz r_f^* anlegt und den Teilbetrag b in das Marktportfolio investiert,

---

799 Eine äquivalente Gleichung für den Einperiodenfall findet sich bei Spremann (2006), S. 180.
800 Vgl. Spremann (2006), S. 183.
801 Vgl. Spremann (2008), S. 536.
802 Vgl. Spremann (2011), S. 89.
803 Vgl. Spremann (2004a), S. 253 und S. 278. Das Sigma-Band reicht von $E(\tilde{X}) - std(\tilde{X})$ bis $E(\tilde{X}) + std(\tilde{X})$. Vgl. Spremann (2002), S. 335; Spremann (2004a), S. 102 und S. 268–269.
804 Vgl. Spremann (2004a), S. 102–103; Spremann (2004b), S. 117.
805 Vgl. Spremann (2004b), S. 120.
806 Vgl. Spremann (2004a), S. 289; Spremann (2006), S. 167; Spremann (2010), S. 300; Spremann (2011), S. 87.

bei dem die zeitstetige unsichere Rendite $\tilde{r}_t^{M^*}$ erzielt wird.[807] Dabei muss stets erfüllt sein:[808]

$$E\left(\widetilde{FCF}_t^j\right) = a \cdot e^{r_f^* \cdot t} + b \cdot e^{E\left(\tilde{r}_t^{M^*}\right) \cdot t}. \tag{6.4}$$

Die deterministische obere Grenze $FCF_{t,u}^j$ und die deterministische untere Grenze $FCF_{t,d}^j$ des Sigma-Bandes des lognormalverteilten Cashflow müssen mit den Grenzen des Sigma-Bandes des Replikationsportfolios im Zeitpunkt t übereinstimmen:[809]

$$FCF_{t,u}^j = a \cdot e^{r_f^* \cdot t} + b \cdot e^{E\left(\tilde{r}_t^{M^*}\right) \cdot t + std\left(\tilde{r}_t^{M^*}\right) \cdot \sqrt{t}}, \tag{6.5}$$

$$FCF_{t,d}^j = a \cdot e^{r_f^* \cdot t} + b \cdot e^{E\left(\tilde{r}_t^{M^*}\right) \cdot t - std\left(\tilde{r}_t^{M^*}\right) \cdot \sqrt{t}}. \tag{6.6}$$

Aus Vereinfachungsgründen werden die Faktoren $u_t := e^{E\left(\tilde{r}_t^{M^*}\right) \cdot t + std\left(\tilde{r}_t^{M^*}\right) \cdot \sqrt{t}}$ und $d_t := e^{E\left(\tilde{r}_t^{M^*}\right) \cdot t - std\left(\tilde{r}_t^{M^*}\right) \cdot \sqrt{t}}$ eingeführt.[810] Der zeitstetige Zinsfaktor der risikolosen Anlagemöglichkeit wird mit $RF_t^* := e^{r_f^* \cdot t}$ abgekürzt.[811] Umformungen führen zu:[812]

$$V_0^j = \left[\frac{u_t - RF_t^*}{RF_t^* \cdot (u_t - d_t)}\right] \cdot FCF_{t,d}^j + \left[\frac{RF_t^* - d_t}{RF_t^* \cdot (u_t - d_t)}\right] \cdot FCF_{t,u}^j. \tag{6.7}$$

Da die risikolosen Wahrscheinlichkeiten durch $q_t := \left(RF_t^* - d_t\right) / (u_t - d_t)$ und $(1 - q_t) := \left[u_t - RF_t^*\right] / (u_t - d_t)$ definiert werden,[813] resultiert die Gleichung:[814]

---

807 Vgl. Spremann (2004a), S. 281; Spremann (2004b), S. 118. Die Anteile a und b sind deterministisch, da sie sich ausschließlich über deterministische Größen bestimmen. Siehe Anhang 22.
808 Vgl. Spremann (2004a), S. 281.
809 Vgl. Spremann (2004b), S. 118. Trotz des eigenen Hinweises bei Spremann (2004a), S. 278, wird bei Spremann (2004a), S. 283, in Gleichung (14–9) missachtet, dass die Standardabweichung des lognormalverteilten Cashflow proportional zu $\sqrt{t}$ und nicht proportional zu t ist. Vgl. auch Hull (2012), S. 369. Die Gleichungen, Beispielrechnungen und Zahlentabellen bei Spremann (2004a), S. 283–287, sind infolgedessen fehlerhaft.
810 Die bei Spremann (2004b), S. 118, gewählte Definition ist fehlerhaft und inkonsistent.
811 Unter Missachtung der Zeitabhängigkeit der Parameter vgl. auch Spremann (2004b), S. 118.
812 Zur Herleitung dieser Gleichung siehe Anhang 22.
813 Vgl. etwa Cox/Ross/Rubinstein (1979), S. 234; Steffens (2003), S. 151; Ernst/Haug/Schmidt (2004), S. 406; Kruschwitz (2011), S. 400–401; Kruschwitz/Husmann (2012), S. 326.
814 Vgl. äquivalent hierzu Spremann (2004b), S. 119.

$$V_0^j = \sum_{t=1}^{T}\left[\frac{1}{RF_t^{*t}} \cdot \left[(1-q_t)\cdot FCF_{t,d}^j + q_t \cdot FCF_{t,u}^j\right]\right]. \tag{6.8}$$

Es wird deutlich, dass der risikoneutrale Erwartungswert mittels risikoneutraler Wahrscheinlichkeiten gebildet und mit dem risikolosen Zinsfaktor RF_t^* diskontiert wird. Gleichung (6.3) und Gleichung (6.8) führen zu identischen Ergebnissen.[815]

6.2.4 Annahmen zur Pfadabhängigkeit

Für das Eintreten des positiven oder negativen Umweltzustands, basierend auf der Entwicklung des Index, sind verschiedene Abhängigkeitsstrukturen denkbar. Den Bewertungsgleichungen (6.3) und (6.8) der Abschnitte 6.2.2 und 6.2.3 liegt die Annahme einer „natürlichen Pfadabhängigkeit"[816] zugrunde. Dabei erachtet man das gesamte Zeitintervall [0; t] als eine einzige Zeitstufe, in der nur eine Aufwärts- oder Abwärtsbewegung möglich ist.[817] Liegt die Gesamtrendite des Marktportfolios im Zeitintervall [0; t] über (unter) dem Median der stetigen Rendite des Marktportfolios, tritt der positive (negative) Umweltzustand ein und es wird der Cashflow $FCF_{t,u}^j$ ($FCF_{t,d}^j$) realisiert.[818] Insofern liegt sowohl für den Index als auch für den unsicheren Cashflow eine Reifezeit vor, die sich über das Zeitintervall [0; t] erstreckt. Diese Annahme impliziert jedoch nicht, dass die Cashflows stochastisch unabhängig vom Umweltzustand der jeweiligen Vorperiode sind; vielmehr ist von einer tendenziell positiven Korrelation von Cashflows, die zeitlich aufeinanderfolgen, auszugehen: Über- oder unterdurchschnittliche[819] Entwicklungen der Gesamtrendite des Marktportfolios im Zeitintervall [0; t−1] beeinflussen maßgeblich den Wert der Gesamtrendite im Intervall [0; t].[820] Dies gilt insbesondere für lange Reifephasen ($t \rightarrow \infty$).

Eine Alternative zur natürlichen Pfadabhängigkeit besteht in der Annahme, dass das Eintreten des Umweltzustands in der Periode t ausschließlich von der Rendite des Marktportfolios der Periode t abhängt. Entwicklungen in vorhergehenden Perioden sind irrelevant. Hierdurch wird ein stochastisch unabhängiger Prozess beschrieben. Spremann spricht bei dieser Modellierung von „keiner Pfadabhängigkeit"[821] und

---

815 Während die über das Black/Scholes-Modell abgeleitete Gleichung (6.3) auf den risikolosen Zinssatz in diskreter Zeit zurückgreift, benötigt die diskrete Approximierung über Gleichung (6.8) den risikolosen Zinsfaktor in stetiger Zeit. Vgl. hierzu Kruschwitz/Schöbel (1984), S. 172.
816 Spremann (2006), S. 186.
817 Vgl. Spremann (2006), S. 185–186; ähnlich Spremann (2004b), S. 120.
818 Vgl. Spremann (2006), S. 177–178.
819 Die Begriffe „überdurchschnittlich" bzw. „unterdurchschnittlich" sind nicht in ihrer mathematischen Bedeutung zu verstehen. Gemeint ist, dass die Gesamtrendite – aufgrund der Schiefe der Verteilung – ihren Median übertrifft bzw. untertrifft.
820 Vgl. Spremann (2006), S. 185–186.
821 Spremann (2006), S. 186.

misst ihr eine geringe praktische Bedeutung bei.[822] Da sich die Reifephase der Rendite des Marktportfolios stets auf eine Periode bezieht, ist q_1 statt q_2 anzusetzen:[823]

$$V_0^j = \sum_{t=1}^{T}\left[\frac{1}{\left(1+r_f\right)^t}\cdot\left[(1-q_1)\cdot FCF_{t,d}^j + q_1\cdot FCF_{t,u}^j\right]\right]. \tag{6.9}$$

Eine dritte alternative Annahme hinsichtlich der Abhängigkeitsstruktur der Cashflows besteht in der aus Abschnitt 6.1 bekannten stochastischen Abhängigkeit.[824]

6.3 Würdigung

6.3.1 Zweckgerechtigkeit von Binomialmodellen

Binomialmodelle erleichtern die mathematische Handhabung des Bewertungsproblems. Insbesondere Bewertungspraktiker präferieren häufig Modelle, die in diskreter anstatt in kontinuierlicher Zeit formuliert sind.[825] In der Literatur existieren verschiedene Ansichten über die Verwendbarkeit von Binomialmodellen bei der Unternehmensbewertung. Teilweise wird argumentiert, dass sich anhand dieser Modelle die in der Realität zu beobachtende Unsicherheit in einfacher und in praxi anwendbarer Form erfassen lässt.[826] Eine Mindermeinung ist darin zu sehen, dass bereits einfache Binomialmodelle mit einem analytischen und prognostischen Aufwand verbunden sind, der in realen Bewertungssituationen kaum vertretbar ist.[827] Folgt man Kruschwitz/Löffler, lässt sich jede beliebige Cashflow-Entwicklung anhand eines Binomialmodells abbilden.[828] Demzufolge kann man den Rückgriff auf ein Binomialmodell zur Beschreibung der Entwicklung der Cashflows als angemessen erachten.

Da in der Literatur regelmäßig nur ausgewählte Binomialmodelle charakterisiert werden, befindet sich in Anhang 18 bis Anhang 21 eine systematische Übersicht über stochastisch abhängige und unabhängige Binomialprozesse und ausgewählte Spezialfälle. Die Antwort auf die Frage, welche stochastische Verknüpfung der

---

822 Nach ihm ist diese Annahme nur bei Handels- und Dienstleistungsunternehmen relevant. Vgl. Spremann (2006), S. 186.
823 Spremann formuliert diese Gleichung nur für einen Cashflow. Vgl. Spremann (2006), S. 187.
824 Spremann (2006), S. 189, bezeichnet dies als „Zustandsabhängigkeit". Analog zum Modell ohne Pfadabhängigkeit sind hier die einperiodigen risikoneutralen Wahrscheinlichkeiten q_1 relevant.
825 Vgl. Kruschwitz/Löffler (2005a), S. 22; Kruschwitz/Löffler (2006), S. 8.
826 Vgl. Spremann (2006), S. 173 und S. 181; Richter (2001), S. 176; Richter (2002a), S. 137; Kruschwitz (2011), S. 397–398.
827 Vgl. Bamberg/Dorfleitner/Krapp (2004), S. 111.
828 Vgl. Kruschwitz/Löffler (2005a), S. 31; Kruschwitz/Löffler (2006), S. 36. Die Cashflows müssen einem schwach autoregressiven Prozess folgen. Dies wird in Abschnitt 7.1.1 aufgegriffen.

beobachtbaren Cashflow-Entwicklung am nächsten kommt, ist komplex. In der praxisnahen Literatur wird häufig davon ausgegangen, dass die Entwicklung der Cashflows von Werttreibern abhängt, die wiederum von der Entwicklung in Vorperioden beeinflusst werden.[829] Insofern stellen Vorjahresgrößen eine gute Ausgangsbasis für die Prognose künftiger Größen dar, wenn zeitliche Abhängigkeiten zugrunde liegen. Unterstellt man, dass hinter den Cashflows zeitlich stabile Werttreiber stehen, erscheint die Annahme, dass stochastisch unabhängige Cashflows vorliegen, wenig realistisch.[830]

Weitere Argumente sprechen für die Annahme stochastisch abhängiger Cashflows: Zum einen lässt sich durch diese Verknüpfung ein breiteres Spektrum an Zahlungen modellieren.[831] Hierzu gehören auch Cashflows, die zeitlich positiv miteinander korrelieren. Diese Entwicklung wird in der Realität als Standardfall erachtet.[832] Zum anderen erscheint die Modellierung einer stochastischen Abhängigkeit vor dem Hintergrund sinnvoll, dass hierdurch Insolvenzszenarien realitätsnah abgebildet werden können. Der Insolvenzeintritt sowie der Anfall direkter und indirekter Insolvenzkosten sind von der Höhe der zeit- und zustandsabhängigen Cashflows abhängig. Dies gilt – in Abhängigkeit von den Annahmen hinsichtlich der Insolvenz – auch für die Aufteilung der Cashflows an die Eigentümer, die Gläubiger und den Fiskus. Insofern sind insbesondere insolvenzgefährdete Unternehmen pfadabhängig zu bewerten.[833]

Ein anwendungsbezogener Nachteil der Annahme stochastisch abhängiger Cashflows besteht darin, dass man das Binomialmodell im Allgemeinen rekursiv lösen muss. Dieses Vorgehen kann in realen Bewertungssituationen unhandlich werden; allerdings ist es theoretisch korrekt. Die Frage, ob der damit verbundene Rechenaufwand in praxi vertretbar ist, wird kontrovers diskutiert. Eine Mindermeinung besteht darin, dass rekursive Verfahren für reale Bewertungssituationen zu komplex

---

829 Zu Werttreibern und dem Schaffen von Wettbewerbsvorteilen vgl. Rappaport (1999), S. 71–86; Schüler (2010), S. 490–491. Folgt man Homburg/Lorenz/Sievers (2011), S. 125–126, stellt die Adjustierung von Vorjahreswerten die in praxi am häufigsten verwendete Prognosemethode dar.
830 Dieses Fazit teilen Richter/Helmis (2001), S. 2 und S. 8; Van Horne (2002), S. 171; Bamberg/Papatrifon (2008), S. 181; Eisenführ/Weber/Langer (2010), S. 25; Hofherr (2012), S. 199. Jennergren (2014), S. 96 und S. 100, führt die Pfadabhängigkeit auf die Langlebigkeit des Sachanlagevermögens zurück. Eine gegensätzliche Meinung vertritt Streitferdt (2004a), S. 46–49.
831 Anders als bei einem Binomialprozess mit stochastisch unabhängiger Verknüpfung lassen sich bei einem Binomialprozess mit stochastisch abhängiger Verknüpfung in jeder Periode $t \geq 2$ mehr als zwei Cashflow-Ausprägungen berücksichtigen.
832 Vgl. Bamberg/Dorfleitner/Krapp (2004), S. 104; auch Moser/Schieszl (2001), S. 536.
833 Diese Einschätzung teilen auch Uhrig-Homburg (2002), S. 27–31; Hofherr (2012), S. 195–196.

werden.[834] Dem wird entgegengehalten, dass die Operationalisierung – insbesondere bei einem Rückgriff auf Tabellenkalkulationsprogramme – unproblematisch ist.[835]

In der Literatur wird bisweilen behauptet, dass ein Binomialprozess nur rekombiniert, wenn die Eintrittswahrscheinlichkeiten der Umweltzustände jeweils 50 Prozent betragen.[836] Diese Behauptung ist falsch.[837] Ebenso unzutreffend ist die Annahme, dass die Wachstumsfaktoren u und d in einem multiplikativen, rekombinierenden Binomialmodell zeitabhängig sein können.[838] Des Weiteren muss man – entgegen häufig anzutreffender Behauptungen in der Literatur[839] – keine reziproken Wachstumsfaktoren unterstellen, um eine Rekombination zu gewährleisten. Eine hinreichende Annahme für eine Rekombination besteht darin, dass die Wachstumsparameter zeitlich konstant sind. Die Prämissen reziproker Wachstumsfaktoren $u = 1/d$, betragsmäßig identischer Wachstumsterme $u' = -d'$ oder gleichwahrscheinlicher Umweltzustände vereinfachen zusätzlich die Rechenschritte.[840] Unter diesen Annahmen kann man die zustandsunabhängigen und zeitlich konstanten Wachstumsfaktoren bestimmen, wenn eine erwartete Wachstumsrate $E(\tilde{g})$ vorgegeben wird.[841]

Es lässt sich zeigen, dass der Rechenaufwand in erheblichem Maße davon abhängig ist, ob ein rekombinierendes oder nicht rekombinierendes Modell aufgespannt wird. In einem nicht rekombinierenden Binomialmodell mit $n = 10$ Perioden existieren $2^n = 1.024$ Endzustände. Das Modell weist insgesamt $\sum_{n=0}^{10} 2^n = 2.047$ Zeit-Zustands-Kombinationen auf. Durch die vereinfachende Annahme eines rekombinierenden Binomialmodells lässt sich das Modell auf $n + 1 = 11$ Endzustände und $\sum_{n=0}^{10} (n+1) = 66$ Zeit-Zustands-Kombinationen reduzieren. Für jede einzelne

---

834 Vgl. Schildbach (2000), S. 708.
835 Vgl. bereits Myers (1974), S. 19–21; auch Husmann/Kruschwitz/Löffler (2001), S. 279; Wallmeier (2001), S. 287, Fn. 17.
836 Vgl. Büch (2006), S. 782.
837 Vgl. beispielsweise die rekombinierenden Binomialmodelle ohne gleiche Eintrittswahrscheinlichkeiten der Auf- und Abwärtsbewegungen bei Cox/Ross/Rubinstein (1979), S. 241–242.
838 Die fehlerhafte Annahme, dass auch zeitlich variable Wachstumsfaktoren eine Rekombination erlauben, findet sich bei Richter (2004), S. 370. Vgl. auch Richter (2003), S. 63.
839 Vgl. Richter/Helmis (2001), S. 81–82; Herrmann/Richter (2003), S. 197; Richter (2003), S. 63; Richter (2004), S. 370 und S. 372; Timmreck (2006), S. 100; auch Richter (2001), S. 179.
840 Gemäß Büch (2009), S. 56–57, besteht ein weiterer Vorteil reziproker Wachstumsfaktoren darin, dass die logarithmierten Änderungen der Cashflows symmetrisch sind.
841 Siehe Abschnitt 7.1.1 für eine Definition der erwarteten Wachstumsrate im Binomialmodell sowie Anhang 20 und Anhang 21 für Gleichungen zur Bestimmung der erwarteten Cashflows und der Wachstumsparameter in ausgewählten Spezialfällen symmetrischer Binomialmodelle.

Zeit-Zustands-Kombination sind die zustandsabhängigen Werte der Cashflows sowie – in Abhängigkeit von dem gewählten Verfahren zur Explikation der Unsicherheit – deren Sicherheitsäquivalente, Diskontierungszinssätze, risikolose Wahrscheinlichkeiten oder Kurse der (für eine Replikation herangezogenen) Wertpapiere zu bestimmen.

In der Literatur werden rekombinierende Binomialmodelle regelmäßig als unrealistisch erachtet.[842] Nur eine Mindermeinung besteht darin, dass bei der Modellierung eines nicht rekombinierenden Modells Zustände auftreten, die als künstlich anzusehen sind.[843] Bei vorliegender Problemstellung erfahren die Annahmen über die Konsequenzen einer Insolvenz eine besondere Bedeutung: Wenn eine Insolvenz mit der Liquidation des Unternehmens gleichgesetzt wird oder wenn Insolvenzkosten anfallen, ist der Insolvenzeintritt gerade nicht unabhängig vom Zustand der Vorperiode. Vielmehr ist der Zustandsbaum durch bedingte Wahrscheinlichkeiten und Pfadabhängigkeit gekennzeichnet;[844] er endet annahmegemäß bei Eintreten des Insolvenzszenarios. Darüber hinaus kann bei einer Berücksichtigung von direkten und indirekten Insolvenzkosten kein rekombinierender Binomialprozess unterstellt werden.[845]

Schließlich bleibt zu untersuchen, ob ein additiv oder ein multiplikativ verknüpfter Cashflow-Prozess reale Bewertungssituationen besser widerspiegelt. Der Rückgriff auf eine additive Verknüpfung der Cashflows bietet zwar den Vorteil, dass negative Cashflows problemlos modelliert werden können; gleichzeitig wird aber der Bewerter vor die Aufgabe gestellt, absolute Veränderungen der Cashflows zu prognostizieren. Diese Aufgabe erscheint – insbesondere für entfernt liegende Perioden – ungleich schwieriger als eine Prognose relativer Veränderungen anhand von Wachstumsfaktoren. Zudem resultieren bei additiver Verknüpfung Bewertungsgleichungen, die im Vergleich zur multiplikativen Verknüpfung als unhandlich zu erachten sind.

Für einen multiplikativen Prozess spricht, dass sich insbesondere bei einem längeren Planungshorizont die Unsicherheit der Cashflows meist besser als Produkt von Zufallseinflüssen und nicht als deren Summe beschreiben lässt.[846] Nachteilig am multiplikativen Prozess ist, dass einschränkende Annahmen hinsichtlich des Cashflow FCF_0^U und hinsichtlich der Wachstumsfaktoren u_t und d_t zu treffen sind. Um eine realistische Entwicklung der Cashflows zu gewährleisten, darf – ausgehend von einem positiven FCF_0^U – kein negativer Wachstumsfaktor vorliegen.

---

842 Hintergrund ist, dass die dadurch implizierten Varianzen der Cashflow-Verteilungen unrealistisch hohe Werte annehmen. Vgl. Rosarius (2007), S. 95; Bark (2011), S. 51.
843 Vgl. Steffens (2003), S. 177–179.
844 Vgl. Kruschwitz/Husmann (2012), S. 364–366.
845 Ein rekombinierendes Modell ist nur unter den rigiden Annahmen möglich, dass das Unternehmen auch bei Eintreten des Insolvenzfalls fortgeführt wird und keine Insolvenzkosten auftreten.
846 Vgl. Spremann (2004a), S. 279.

Die alternative Annahme, bei der $u_t > 0$ und $d_t < 0$ zugelassen wird, führt dazu, dass die Cashflows Vorzeichen annehmen, die kontraintuitiv sind.[847] Warum sollte – ausgehend von $FCF^U_{1,d}$ – bei negativer Entwicklung ein positiver Cashflow $FCF^U_{2,dd}$ auftreten, wohingegen bei positiver Entwicklung ein negativer Cashflow $FCF^U_{2,du}$ resultiert?

Vor diesem Hintergrund erscheint es sinnvoll, einen positiven Startwert des Cashflow in der Periode $t = 0$ sowie positive Wachstumsfaktoren u_t und d_t vorauszusetzen. Diese Annahmen führen zwangsläufig dazu, dass die Cashflows in keiner Zeit-Zustands-Kombination negative Werte annehmen können. Dies scheint zunächst eine restriktive Prämisse zu sein, die das Bewertungsproblem – vor allem im Hinblick auf die Bewertung insolvenzgefährdeter Unternehmen – stark beschneidet. Die Annahme ist aber als vertretbar zu erachten, wenn man bedenkt, dass hinsichtlich der Definition der Erfolgsgröße, die sich anhand des Binomialmodells entwickeln soll, Spielraum besteht. Werden etwa künftige Umsätze modelliert, sind ausschließlich positive Werte sinnvoll. Im vorliegenden Fall sollen Cashflows des unverschuldeten Unternehmens $\widetilde{FCF}^U_t$ modelliert werden. Da diese im positiven Wertebereich liegen, wird ein Unternehmen betrachtet, das operativ erfolgreich ist. Gleichzeitig postuliert man eine Ertragsschwäche, die mit Insolvenzrisiken verbunden sein kann. Um von $\widetilde{FCF}^U_t$ zu den Cashflows des verschuldeten Unternehmens $\widetilde{FCF}^L_t$ zu gelangen, sind Fremdfinanzierungseffekte zu berücksichtigen. Insofern lassen sich Insolvenzszenarien auch dann modellieren, wenn die Cashflows des unverschuldeten Unternehmens ausschließlich positive Werte besitzen. Hierfür sind Insolvenzkriterien zu definieren.

Es lässt sich festhalten, dass ein nicht rekombinierendes Modell mit stochastisch abhängigen Cashflows der Realität am nächsten kommt. Dieses Ergebnis überrascht nicht: Je vielseitiger das Modell und die dadurch abbildbaren Prozesse, desto größer wird dessen Vereinbarkeit mit der Realität. Angesichts der Tatsache, dass mithilfe von Tabellenkalkulationsprogrammen Rechenschritte automatisiert werden können, soll dem Kriterium des Zeit-, Speicher- und Rechenaufwandes keine große Bedeutung beigemessen werden.[848] Richtig bleibt, dass die Kommunizierbarkeit der Ergebnisse durch die Verwendung komplexer Modelle beeinträchtigt wird. Dem kann jedoch entgegengehalten werden, dass durch die Annahme eines Binomialmodells ohnehin eine deutliche Vereinfachung der Realität vorgenommen wird. Insofern lässt sich ein nicht rekombinierendes Modell mit multiplikativ verknüpften, stochastisch abhängigen Cashflows als angemessene Form der Komplexitätsreduktion erachten. Im Folgenden ist zu klären, ob die Bewertung der unsicheren Cashflows über einen konventionellen Kapitalwertkalkül oder über einen Replikationsansatz erfolgen soll.

---

847 Siehe Anhang 23 für einen nicht rekombinierenden Binomialprozess mit $u_t > 0$ und $d_t < 0$. Ein rekombinierender Binomialprozess führt zu demselben Problem.
848 Diese Meinung vertritt auch Esty (1999), S. 22.

6.3.2 Theoretische Konsistenz der Replikationsansätze

Spremann verfängt sich sowohl bei der Herleitung der Gleichungen zur Bewertung digitaler Optionen als auch bei deren Anwendung in numerischen Beispielen in mehreren Fehlern. Die Gleichungen wurden in den Abschnitten 6.2.2 und 6.2.3 bereits berichtigt.[849] Im Folgenden wird auf weitere Unzulänglichkeiten eingegangen.[850]
Wie Abschnitt 3.2.2.1 zeigt, benötigt Spremann für die Herleitung der Beziehung (3.41) die Annahme, dass $E\left(\widetilde{FCF}_t^j\right) > 0$ gilt. Angesichts dessen ist fraglich, inwiefern die Spremannsche Bedingung für eine Anwendung der Risikozuschlagsmethode auf insolvenzgefährdete Unternehmen „mit geringen oder negativen Zahlungsüberschüssen"[851] anwendbar ist. Des Weiteren weichen Spremanns Gleichungen zur Bestimmung von q_t vo$_n$ Gleichung (6.1) ab.[852] Aufgrund dieser fehlerhaften Spezifikationen sind auch die Ergebnisse der numerischen Beispiele falsch.[853]
Spremann konstatiert, dass man den Wert insolvenzgefährdeter Unternehmen annähernd mit dem Cashflow-Barwert bei negativer Entwicklung gleichsetzen kann.[854] Ursächlich hierfür ist, dass gemäß Gleichung (6.1) die risikoneutralen Wahrscheinlichkeiten – bei unterstellter natürlicher Pfadabhängigkeit – mit zunehmendem t sinken.[855] Diese Schlussfolgerung ist aus mehreren Gründen abzulehnen. Zum einen träfe diese Aussage – sofern sie korrekt begründet wäre – für jedes Unternehmen, für das eine Folge von dichotomen Cashflows prognostiziert wird, zu. Es ist unzulässig, das Ergebnis auf die Charakteristika insolvenzgefährdeter Unternehmen zurückzuführen. Zum anderen sind aufgrund von Formel- und Rechenfehlern die von Spremann berechneten Werte der risikoneutralen Wahrscheinlichkeiten falsch. Bei korrekter Rechnung nimmt die Bedeutung der Cashflows bei positiver Entwicklung langsamer ab, als dies Spremann behauptet.[856]

---

849 Siehe hierzu Fn. 798, Fn. 809, Fn. 810 und Fn. 811.
850 Kritische Anmerkungen zu Spremanns Replikationsansatz finden sich auch bei Kruschwitz/Löffler (2014), S. 265–267.
851 Spremann (2006), S. 172. Vgl. auch Spremann (2004b), S. 126; Spremann (2011), S. 91.
852 Spremanns Fehler entsteht bei der Faktorisierung in seiner Gleichung (8). Vgl. Spremann (2011), S. 90. Seine darauf aufbauenden Bewertungsgleichungen (8), (9), (15) und (16) sind sowohl für das Modell mit gleichen subjektiven Eintrittswahrscheinlichkeiten der Zustände als auch für das Model mit allgemein diskret verteilten Zahlungsüberschüssen fehlerhaft.
853 Konkret weisen die Gleichungen (9), (10) und (16) bei Spremann (2011), S. 90–92, Fehler auf. In der Folge sind auch seine Tabellen (1) und (2) fehlerhaft.
854 Vgl. Spremann (2006), S. 167, S. 180 und S. 183; Spremann (2011), S. 90–91.
855 Die risikoneutrale Wahrscheinlichkeit des positiven Zustands sinkt, wenn $E\left(\tilde{r}_t^{M^*}\right) > r_f^*$ vorliegt. Die Aussage bei Spremann (2006), S. 182, dass $E\left(\tilde{r}_t^{M^*}\right) < r_f^*$ gelten müsse, ist falsch.
856 Die von Spremann ermittelten Werte für q_t und $1-q_t$ sowie die Werte bei korrekter Rechnung werden in Anhang 24 gegenübergestellt.

Zudem ist zu berücksichtigen, dass der mit steigendem t stark sinkende Wertbeitrag der positiven Cashflows nur bei natürlicher Pfadabhängigkeit vorliegt.[857] Unterstellt man einen alternativen Prozess, ist die risikoneutrale Wahrscheinlichkeit des positiven Szenarios deutlich größer; dessen Wertbeitrag nimmt mit zunehmendem t – wie auch bei der Diskontierung mit der Sicherheitsäquivalent- oder Risikozuschlagsmethode – ausschließlich aufgrund der Tatsache, dass über einen längeren Zeitraum diskontiert werden muss,[858] ab.

Die von Spremann angeführte Variation der Reifephase lässt sich verallgemeinern: Umfasst der Zeitraum, der für die Realisation des jeweiligen Zustands maßgeblich ist, m Perioden (mit $1 \leq m \leq t$), resultiert die folgende Bewertungsgleichung:[859]

$$V_0^j = \sum_{t=1}^{T} \left[\frac{1}{\left(1+r_f\right)^t} \cdot \left[\left(1-q_m\right) \cdot FCF_{t,d}^j + q_m \cdot FCF_{t,u}^j \right] \right]. \tag{6.10}$$

Da mit steigender Periodenzahl q_t sinkt (d.h. es gilt $q_t < q_{t-1}$), erhöht eine Verkürzung der Reifephase der Rendite des Marktportfolios den Barwert des Cashflow.[860]

Insgesamt sind die von Spremann vorgeschlagenen Annahmen zur Pfadabhängigkeit als Konkretisierung der in Abschnitt 6.1 vorgestellten Annahmen der stochastischen (Un-)Abhängigkeit zu werten.[861] Spremanns Zustandsabhängigkeit ist mit der stochastischen Abhängigkeit gleichzusetzen. Die Annahme keiner Pfadabhängigkeit ($m = 1$) entspricht der stochastischen Unabhängigkeit. Einzig die Annahme einer natürlichen Pfadabhängigkeit ($m = t$) stellt eine gewisse Erweiterung der stochastischen Unabhängigkeit dar, indem die Länge der Reifephase von einer Periode auf t Perioden erweitert wurde. Spremanns Behauptung, dass letztere Modellierung eine „Selbstverständlichkeit"[862] sei, überzeugt jedoch nicht: Warum sollte ein Unternehmen, das sich nach einer Phase positiver gesamtwirtschaftlicher Entwicklung in einem gesamtwirtschaftlichen[863] Abschwung befindet, das positive Cashflow-Szenario erzielen, weil der Marktindex aufgrund der Erfolge vergangener Perioden über seinem Median liegt? Die natürliche Pfadabhängigkeit ist bei

---

857 Spremann scheint dies bewusst zu sein. Vgl. Spremann (2006), S. 188. Er unterschätzt aber die praktische Bedeutung der Markov-Kette und weist nicht auf die Vorbehalte des Ergebnisses hin.
858 Aufgrund der Diskontierung über einen längeren Zeitraum leisten Cashflows in weit entfernten Perioden einen geringeren Wertbeitrag als Cashflows in unmittelbar bevorstehenden Perioden.
859 Diese Gleichung ist bei Spremann nicht zu finden; nur implizit bei Spremann (2004b), S. 116.
860 Vgl. Spremann (2004b), S. 116, Fn. 16; Spremann (2006), S. 187.
861 Die Konkretisierung ist darin zu sehen, dass der Eintritt des Umweltzustands durch die Entwicklung der Rendite des Marktportfolios determiniert wird.
862 Spremann (2006), S. 186.
863 Unternehmensindividuelle Krisen können bei der Spremannschen Modellierung nicht auftreten.

genauerer Betrachtung weder als allgemeingültiger Prozess, noch als Form der stochastischen Abhängigkeit zu erachten; insofern ist seine Bezeichnung in zweifacher Hinsicht irreführend.

Das von Spremann angeführte Modell, bei dem die Cashflow-Ausprägungen die Grenzen des Sigma-Bandes markieren sollen, stellt eine spezielle Form des Binomialmodells dar. Dieses ist aufgrund der fest vorgegebenen Eintrittswahrscheinlichkeit der Cashflows mit Nachteilen verbunden. Es bleibt unklar, wie die Cashflows an den Grenzen des Sigma-Bandes bestimmt werden sollen. Spremann erachtet die beiden Grenzen als positives und negatives Szenario.[864] Eine Interpretation als Best Case und Worst Case ist jedoch nicht korrekt, da letztere Szenarien nicht die Grenzen des Sigma-Bandes, sondern die absoluten Grenzen der Cashflow-Verteilung bezeichnen. Die Aufgabe des Bewerters bei der Cashflow-Prognose besteht also darin, Cashflows zu schätzen, die mit der Wahrscheinlichkeit $N(-1)$ über- bzw. untertroffen werden. Dies ist als Einschränkung gegenüber dem allgemeinen Binomialmodell zu werten.

Es lässt sich festhalten, dass Spremanns Ansatz, die Cashflows insolvenzgefährdeter Unternehmen zu replizieren, nicht überzeugt. Infolgedessen sind die Cashflows in dem zu entwickelnden Binomialmodell über einen Kapitalwertkalkül zu bewerten.

---

[864] Vgl. Spremann (2006), S. 173.

7. Entwicklung eines binomialprozessbasierten Bewertungsmodells

7.1 Annahmen des Modells

7.1.1 Binomialprozess

Im Folgenden soll anhand eines Binomialmodells gezeigt werden, wie sich ein insolvenzgefährdetes Unternehmen unter Rückgriff auf einen Kapitalwertkalkül bewerten lässt.[865] Diese Modellierung kann man auf drei Überlegungen zurückführen: Zum einen eignen sich Binomialmodelle dazu, das unsichere Fortbestehen des Unternehmens sowie die zustandsabhängigen Insolvenzkosten explizit zu erfassen. Zum anderen kann das problembehaftete periodische Unlevering und Relevering der Eigenkapitalkosten entfallen;[866] stattdessen ist das Konzept risikoneutraler Wahrscheinlichkeiten nutzbar. Drittens können die vertraglichen Fremdkapitalzinssätze zeit- und zustandsabhängig formuliert und somit Insolvenzrisiken berücksichtigt werden.

Das Modell basiert auf den folgenden Annahmen: Es wird ein arbitragefreier Kapitalmarkt mit Spanning-Eigenschaften unterstellt.[867] Zwar sollen Unternehmenssteuern und Insolvenzkosten zugelassen werden; von weiteren Marktfriktionen wie Handelsbeschränkungen oder Transaktionskosten wird aber abstrahiert. Die Kapitalmarktteilnehmer sind risikoavers und haben homogene Erwartungen hinsichtlich der künftigen Cashflows des unverschuldeten Unternehmens und der Insolvenzkosten. Auf Unternehmensebene existiert ein deterministischer und zeitlich konstanter Steuersatz τ.[868] Der Planungshorizont wird durch T begrenzt; es existieren $n = 0,...,T$ äquidistante Zeitpunkte. Am Ende der Periode T wird das Unternehmen liquidiert, wobei der Liquidationswert Null beträgt. Kommt es zum Insolvenzeintritt, wird das Unternehmen liquidiert und der Planungshorizont endet vorzeitig; insofern

---

865   Die Ausführungen in den Abschnitten 7.1, 7.2, 7.4.1 und 7.4.4 wurden (teilweise wörtlich) der unveröffentlichten wissenschaftlichen Arbeit des Verfassers zur Erlangung des Grades eines Master of Business Research entnommen. Diese wurde im März 2013 an der Ludwig-Maximilians-Universität München eingereicht.
866   Es wird entweder q oder r_{EK}^U benötigt. Unterstellt man, dass r_{EK}^U zeitlich konstant ist, ist ein einmaliges Unlevering notwendig; das Relevering entfällt gänzlich.
867   Ein arbitragefreier Kapitalmarkt ist immer vollkommen, jedoch nicht zwangsläufig vollständig. Liegen Vollständigkeit und Vollkommenheit vor, ist auch Spanning gegeben. Vgl. Abschnitt 2.1.
868   Die Steuer τ wird als intertemporal konstant angenommen. Weitere Steuerarten und -ebenen werden aus Vereinfachungsgründen ausgeblendet.

müssen zunächst keine Annahmen über die Folgen des Insolvenzeintritts getroffen werden.[869]

Der Cashflow $\widetilde{FCF}_t^U$ stellt eine diskret definierte Zufallsvariable dar. Diese soll sich, bei bekanntem Startwert FCF_0^U, anhand eines multiplikativen Binomialprozesses entwickeln. Der Startwert FCF_0^U dient als Basiswert für die Entwicklung der künftigen Cashflows und wird bei der Ermittlung des Unternehmenswertes nicht berücksichtigt. Die subjektiven Wahrscheinlichkeiten p_t und $1 - p_t$ des positiven respektive negativen Zustands sowie die Faktoren u_t und d_t dürfen intertemporal variabel, aber nicht zustandsabhängig sein; es muss kein rekombinierendes Binomialmodell vorliegen. Am Ende jeder Periode wird der Cashflow – unter Berücksichtigung von Zins- und Tilgungszahlungen, Steuervorteilen aus Fremdfinanzierung und Insolvenzkosten – an die Eigenkapitalgeber ausgeschüttet. Der Erwartungswert der bedingten Cashflow-Verteilungen in der Periode t ergibt sich in Abhängigkeit vom Cashflow $FCF_{t-1,\omega}^U$, der im Zustand ω in der Vorperiode $t-1$ realisiert wurde:[870]

$$E\left(\widetilde{FCF}_t^U \,\middle|\, \mathcal{F}_{t-1,\omega}\right) = p_t \cdot u_t \cdot FCF_{t-1,\omega}^U + (1 - p_t) \cdot d_t \cdot FCF_{t-1,\omega}^U \tag{7.1}$$

bzw.

$$E\left(\widetilde{FCF}_t^U \,\middle|\, \mathcal{F}_{t-1,\omega}\right) = \left[1 + E(\tilde{g}_t)\right] \cdot FCF_{t-1,\omega}^U \tag{7.2}$$

mit

$$E(\tilde{g}_t) = p_t \cdot u_t - p_t \cdot d_t + d_t - 1. \tag{7.3}$$

Die Erwartungsbildung erfolgt auf Basis der Informationsmenge $\mathcal{F}_{t-1,\omega}$,[871] die alle Cashflows umfasst, die bis zum Zustand ω im Zeitpunkt $t-1$ angefallen sind; es ist mit bedingten Erwartungen zu rechnen. Da die stochastische Struktur der Cashflows bekannt ist, lässt sich das Konzept der risikoneutralen Wahrscheinlichkeiten nutzen, um den Wert der Cashflows zu bestimmen.[872] Hierbei wird der Erwartungswert nicht

---

869 Beispielsweise muss keine Annahme darüber getroffen werden, ob das Unternehmen nach Eintritt der Insolvenz (etwa von den Fremdkapitalgebern) fortgeführt oder liquidiert wird.

870 Vgl. Rosarius (2007), S. 73. Hinter dieser Annahme steht das Konzept schwach autoregressiver Cashflows. Vgl. Ohlson (1979), S. 319; Garman/Ohlson (1980), S. 422–424; auch Richter (2001), S. 189; Kruschwitz/Löffler (2004b), S. 1187; Kruschwitz/Löffler (2006), S. 34; Laitenberger/Löffler (2006), S. 295–298; Lodowicks (2007), S. 22; Mai (2008), S. 39; Scholze (2009), S. 157–158. Vgl. auch Fn. 828.

871 Der Rückgriff auf die Informationsmenge $\mathcal{F}_{t-1,\omega}$ ist in einem Binomialmodell notwendig, um die Zeit-Zustands-Kombination, in der der Erwartungswert gebildet wird, eindeutig zu bestimmen. Vgl. auch Timmreck (2006), S. 78, Fn. 148; Drukarczyk/Schüler (2009), S. 64–67.

872 Vgl. Cox/Ross/Rubinstein (1979), S. 235–236; auch Ballwieser/Hachmeister (2013), S. 95.

unter dem subjektiven Wahrscheinlichkeitsmaß P des jeweiligen Investors, sondern unter dem risikoneutralen Wahrscheinlichkeitsmaß Q gebildet. Dieses berücksichtigt die Risikoeinstellung aller Investoren am Kapitalmarkt.[873] Die risikoneutralen Wahrscheinlichkeiten bestimmen sich dergestalt, dass Wertäquivalenz herrscht:[874]

$$V_0^U = \sum_{t=1}^{T} \frac{E\left(\widetilde{FCF}_t^U \mid \mathcal{F}_{t-1,\omega}\right)}{\left(1+r_{EK}^U\right)^t} = \sum_{t=1}^{T} \frac{E_Q\left(\widetilde{FCF}_t^U \mid \mathcal{F}_{t-1,\omega}\right)}{\left(1+r_f\right)^t} \qquad (7.4)$$

mit

$$E_Q\left(\widetilde{FCF}_t^U \mid \mathcal{F}_{t-1,\omega}\right) = q_t \cdot u_t \cdot FCF_{t-1,\omega}^U + \left(1-q_t\right) \cdot d_t \cdot FCF_{t-1,\omega}^U. \qquad (7.5)$$

Dabei soll r_{EK}^U exogen gegeben, zustandsunabhängig und zeitlich konstant sein.[875] In einem Modell mit unsicheren Cashflows können u_t und d_t nicht willkürlich gewählt werden, wenn r_{EK}^U vorgegeben ist. Gemäß Gleichung (7.3) bestimmt sich p_t durch:

$$p_t = \frac{1+E(\tilde{g}_t)-d_t}{u_t-d_t}. \qquad (7.6)$$

Insofern muss zur Erfüllung der Bedingung $p_t \in [0;1]$ folgende Beziehung gelten:[876]

$$d_t < 1+E(\tilde{g}_t) < u_t. \qquad (7.7)$$

Unter Rückgriff auf die Gleichungen (7.2), (7.3), (7.4) und (7.5) folgt analog für q_t:

$$q_t = \frac{\dfrac{\left(1+r_f\right)\cdot\left[1+E(\tilde{g}_t)\right]}{1+r_{EK}^U} - d_t}{u_t - d_t}. \qquad (7.8)$$

Um risikoneutrale Wahrscheinlichkeiten $q_t \in [0;1]$ sicherzustellen, muss gelten:[877]

$$d_t < \frac{\left(1+r_f\right)\cdot\left[1+E(\tilde{g}_t)\right]}{1+r_{EK}^U} < u_t. \qquad (7.9)$$

---

873 Vgl. grundlegend Cox/Ross (1976), S. 151–155; Cox/Ross/Rubinstein (1979), S. 235–236; Harrison/Kreps (1979), S. 381–405; auch Richter (2004), S. 369; Kruschwitz/Löffler (2006), S. 26–28.
874 Für einen Beweis dieser Wertäquivalenz vgl. Kruschwitz/Löffler (2006), S. 39.
875 Anstatt r_{EK}^U exogen vorzugeben, können auch die risikoneutralen Wahrscheinlichkeiten exogen vorgegeben werden. Richter (2002a), S. 140–142, entwickelt einen Ansatz, der eine endogene Bestimmung von r_{EK}^U erlaubt. Dies soll im Rahmen dieser Arbeit nicht weiter verfolgt werden.
876 Vgl. Lodowicks (2007), S. 90.
877 Vgl. Lodowicks (2007), S. 90.

Auch r_f soll exogen vorgegeben und zeitlich konstant sein. Es wird vorausgesetzt:[878]

$$d_t < 1 + r_f < u_t. \qquad (7.10)$$

In einem vollständigen und arbitragefreien Kapitalmarkt muss diese Bedingung erfüllt sein.[879] Unter den getroffenen Annahmen sind sowohl die Faktoren u_t und d_t als auch die erwartete Wachstumsrate der Cashflows $E(\tilde{g}_t)$ zustandsunabhängig.

7.1.2 Eintritt und Auswirkungen einer Insolvenz

Die Investitionspolitik des Unternehmens soll sich trotz Insolvenzrisiko oder -eintritt nicht verändern. Diese Annahme wird durch rechtliche Vorgaben und empirische Ergebnisse gestützt:[880] Studien zeigen, dass sich das Investitionsverhalten insolvenzgefährdeter Unternehmen nicht verändert, solange das operative Ergebnis positiv ist.[881] Letzteres ist bei vorliegender Modellierung gewährleistet. Auch bei Insolvenzeintritt erscheint die Annahme einer unveränderten Investitionspolitik vertretbar: Insolvenzverwalter sind dazu angehalten, wie rationale Investoren zu entscheiden.[882]

Da sich die künftigen Cashflows anhand eines Binomialmodells entwickeln, ist eine zeit- und zustandsabhängige Untersuchung der Auswirkungen einer Insolvenz möglich. In einer Zeit-Zustands-Kombination der Periode t liegt annahmegemäß ein <u>Insolvenzrisiko</u> vor, wenn in einem der beiden Zustände der Folgeperiode $t + 1$ das Insolvenzkriterium ausgelöst wird. Der Eintritt einer <u>Insolvenz</u> soll mit dem Zustand einer Zahlungsunfähigkeit gleichgesetzt werden: Kann das Unternehmen seine Zins- und Tilgungszahlungen aus den Cashflows des unverschuldeten

---

878 Vgl. Cox/Ross/Rubinstein (1979), S. 232; Cox/Rubinstein (1985), S. 171; Kruschwitz/Löffler (2004b), S. 1178; Shreve (2004), S. 2 und S. 18; Timmreck (2006), S. 79, Fn. 150. Hintergrund ist, dass $d_t - 1$ und $u_t - 1$ unsichere einperiodige Renditen repräsentieren. Vgl. Steffens (2003), S. 144. Die Aussage bei Steffens (2003), S. 193, dass $u_t < 1 + r_f < d_t$ gelten müsse, ist falsch.

879 Vgl. Cox/Ross/Rubinstein (1979), S. 240; Cox/Rubinstein (1985), S. 171; auch Keiber (2004), S. 425; Steffens (2003), S. 144. Anderenfalls könnte eine Anlage zum risikolosen Zinssatz die risikobehaftete Investition in das Unternehmen dominieren bzw. von Letzterer dominiert werden. Vgl. Cox/Ross/Rubinstein (1979), S. 232; Kremer (2006), S. 231; Spremann (2010), S. 327.

880 Allerdings gelangen Glaser/Lopez-de-Silanes/Sautner (2013), S. 1582–1621, zu dem Ergebnis, dass die Investitionspolitik von den persönlichen Eigenschaften der Geschäftsbereichsleiter beeinflusst werden kann.

881 Vgl. Bhagat/Moyen/Suh (2005), S. 450; Lodowicks (2007), S. 45. Demgegenüber gelangt Eisdorfer (2008), S. 612–632, zu dem Ergebnis, dass insolvenzgefährdete Unternehmen ihr Investitionsverhalten ändern. Vgl. in diesem Zusammenhang die Ausführungen zu Insolvenzkosten und den Eigenkapitalkosten des unverschuldeten Unternehmens in den Abschnitten 4.3.5 und 4.4.3.

882 Vgl. Drukarczyk (2002b), S. 454.

Unternehmens zuzüglich der Steuervorteile aus Fremdfinanzierung nicht leisten, tritt Insolvenz ein.

Die Fremdkapitalkontrakte werden jeweils für eine Periode vereinbart.[883] Ist FK_t niedriger als der Fremdkapitalbestand der Vorperiode FK_{t-1}, liegt eine Netto-Tilgung vor. Übertrifft dagegen FK_t den Vorperiodenwert FK_{t-1}, ist dies als Netto-Kreditaufnahme zu verstehen.[884] Der Zinssatz des Fremdkapitals $r_{t,\omega}^{FK}$ wird zustandsabhängig festgelegt. In allen Zeit-Zustands-Kombinationen $K_{t,\omega}$, in denen ein Insolvenzeintritt in der Folgeperiode ausgeschlossen ist, werden die Kredite zum risikolosen Zinssatz r_f vergeben. Nur wenn in der Folgeperiode einer Zeit-Zustands-Kombination $K_{t,\omega}$ eine Insolvenz möglich ist, lassen sich die Fremdkapitalgeber die Kredite mit dem vertraglichen Fremdkapitalzinssatz $r_{t,\omega}^{FK,V}$ verzinsen.[885] Es gilt:[886]

$$r_{t,\omega}^{FK} = \begin{cases} r_{t,\omega}^{FK,V} & \text{bei Insolvenzrisiko in } K_{t,\omega}, \\ r_f & \text{sonst.} \end{cases} \quad (7.11)$$

Der Fremdkapitalzinssatz lässt sich für jede Zeit-Zustands-Kombination ermitteln. Wird von einer Pari-Begebung ausgegangen, muss gelten: $r_{t,\omega}^{FK,V} > r_f$.[887] Im Rahmen dieses Modells wird das Insolvenzszenario zuerst im untersten Ast des Zustandsbaums, d.h. bei ausschließlicher Abwärtsbewegung der Cashflows, eintreten. Während es – ausgehend von einer Zeit-Zustands-Kombination mit <u>Insolvenzrisiko</u> in der Periode t – bei einer negativen Entwicklung in $t + 1$ zum <u>Insolvenzeintritt</u> kommt, kann bei einer positiven Entwicklung in $t + 1$ die <u>Insolvenz abgewendet</u> werden.

Ausgehend von den Cashflows des unverschuldeten Unternehmens ist der Wert eines verschuldeten Unternehmens zu ermitteln. Hierfür sind die gegenläufigen Werteffekte der Fremdfinanzierung zu berücksichtigen. Während die Steuervorteile aus Fremdfinanzierung einen positiven Effekt auf den Unternehmenswert ausüben, führen Insolvenzkosten zu einem negativen Wertbeitrag. Beide Werteffekte stellen in dem betrachteten Modell deterministische Größen dar, wie im Folgenden gezeigt wird.

---

883 Es wird angenommen, dass sich das Fremdkapital lediglich aus Kreditverbindlichkeiten zusammensetzt. Rückstellungen werden nicht betrachtet. Für die Berücksichtigung von (Pensions-) Rückstellungen in der Unternehmensbewertung vgl. etwa Drukarczyk (2002a), S. 32–51; Husmann (2008), S. 160–175; Drukarczyk/Schüler (2009), S. 331–368.

884 Vgl. Homburg/Stephan/Weiß (2004), S. 293, En. 16.

885 Die Fremdkapitalgeber erzielen nur dann eine Rendite in Höhe von $r_{t,\omega}^{FK,V}$, wenn die Insolvenz abgewendet werden kann.

886 Die Fremdkapitalzinsen $r_{t,\omega}^{FK}$ werden mit dem Index t versehen, obwohl sie die Verzinsung in der Periode $t + 1$ determinieren. Hintergrund ist, dass sie am Ende der Vorperiode t auf Basis des Informationsstands $\mathcal{F}_{t,\omega}$ festgelegt werden.

887 Vgl. etwa Stiglitz (1969), S. 785, Fn. 4; Weiss (1990), S. 299; Uhrig-Homburg (2001), S. 106. Bei einer Pari-Begebung erhält der Fremdkapitalnehmer den Nominalbetrag des Kredits.

Es wird eine lineare Gewinnsteuer τ berücksichtigt. Steuervorteile TS_t können in der Periode t nur erzielt werden, wenn in der Vorperiode $t-1$ ein positiver Fremdkapitalbestand vorliegt. Dies wird durch die Annahme $FK_t > 0$ für alle Perioden $t \neq T$ sichergestellt. Ist in der Periode t die steuerliche Bemessungsgrundlage negativ, erhält das Unternehmen vom Fiskus eine Verlustausgleichszahlung in Periode t.[888] Für den Insolvenzfall sind Annahmen über die Rangfolge der Zahlungen an die externen Anspruchsgruppen (Fremdkapitalgeber und Fiskus) zu treffen.[889] Im vorliegenden Modell wird angenommen, dass der Fiskus stets vorrangig zu bedienen ist.[890] Darüber hinaus soll der Cashflow $\widetilde{FCF}_t^U$ in jeder Zeit-Zustands-Kombination ausreichend hoch sein, um die Zinszahlungen in voller Höhe leisten zu können.[891] Mit dem verbleibenden Teil des Cashflow $\widetilde{FCF}_t^U$ werden (anteilig) Tilgungszahlungen geleistet.[892] Die Zinsen sollen in jedem Zustand in voller Höhe steuerlich abzugsfähig sein. Können die Tilgungszahlungen in einer Zeit-Zustands-Kombination nicht in voller Höhe geleistet werden, kommt es zu einem Schuldenerlass. Dieser ist als Insolvenzgewinn, der per Annahme in voller Höhe besteuert werden soll, zu erachten.[893]

Dem positiven Effekt einer Verschuldung in Form von Steuervorteilen wirken direkte und indirekte Insolvenzkosten entgegen. Direkte Insolvenzkosten $BC_{t,\omega}^D$ fallen einmalig bei Eintreten der Insolvenz an. Sie werden durch Vorgabe des Parameters α mit $\alpha \geq 0$ modelliert. Dieser beschreibt die Beziehung zwischen $BC_{t,\omega}^D$ und FCF_0^U:[894]

---

888 Die vereinfachende Annahme eines simultanen und vollständigen Verlustausgleichs wird in der Literatur regelmäßig getroffen. Vgl. Modigliani/Miller (1963), S. 435, Fn. 5; Kruschwitz/Löffler (2006), S. 48 und S. 149; Rapp (2006), S. 776–777; Lodowicks (2007), S. 28.

889 Eine alternative Annahme besteht in der quotalen Befriedigung der Gläubiger. Vgl. hierzu Homburg/Stephan/Weiß (2004), S. 280, und Stephan (2006), S. 94–96, mit Verweis auf das Gebot der Gleichbehandlung ranggleicher Insolvenzgläubiger gemäß § 39 Abs. 1 InsO. Dieses halten die Autoren aber nicht durchgehend ein. Vgl. Kruschwitz/Lodowicks/Löffler (2005), S. 227.

890 Der Cashflow des unverschuldeten Unternehmens resultiert nach Abzug von Steuern bei reiner Eigenfinanzierung. Dies impliziert den Vorrang des Fiskus gegenüber Gläubigern.

891 Diese Annahme treffen auch Kruschwitz/Lodowicks/Löffler (2005), S. 227.

892 Dieses Vorgehen ist konform mit § 366 BGB, wonach der Schuldner darüber entscheiden darf, ob es sich bei Teilleistungen von Forderungen um Zins- oder Tilgungszahlungen handelt.

893 Dies entspricht nicht zwangsläufig der Rechtslage in Deutschland. Vgl. hierzu Abschnitt 4.4.2.

894 Der Parameter α kann anhand empirischer Untersuchungen geschätzt werden. Eine Übersicht über empirische Werte von direkten Insolvenzkosten findet sich bei Lodowicks (2007), S. 39. Hintergrund des Bezugs auf FCF_0^U ist, dass direkte Insolvenzkosten unabhängig von der Entwicklung eines Unternehmens sind. Allerdings können sie in Abhängigkeit von der Unternehmensgröße variieren. FCF_0^U wird als Stellvertretergröße für die Unternehmensgröße erachtet.

$$BC_{t,\omega}^{D} = \begin{cases} \alpha \cdot FCF_0^U & \text{bei Insolvenz in } K_{t,\omega}, \\ 0 & \text{sonst.} \end{cases} \quad (7.12)$$

Besteht in einem Zustand am Ende der Periode t ein Insolvenzrisiko, fallen in beiden Zuständen der Folgeperiode $t + 1$ indirekte Insolvenzkosten an. Sie entstehen unabhängig davon, ob tatsächlich Insolvenz eintritt (negative Entwicklung in $t + 1$) oder ob diese abgewendet wird (positive Entwicklung in $t + 1$). In dem vorliegenden Modell werden indirekte Insolvenzkosten $BC_{t,\omega}^{I}$ in Relation zum Cashflow der jeweiligen Vorperiode $FCF_{t-1,\omega}^U$ unter Verwendung des Parameters γ mit $\gamma \geq 0$ modelliert.[895] Wird die Insolvenz abgewendet und besteht kein erneutes Insolvenzrisiko, sind in der Folgeperiode keine neuerlichen indirekten Insolvenzkosten anzusetzen:

$$BC_{t,\omega}^{I} = \begin{cases} \gamma \cdot FCF_{t-1,\omega}^U & \text{bei Insolvenzrisiko in } K_{t,\omega}, \\ 0 & \text{sonst.} \end{cases} \quad (7.13)$$

Es wird unterstellt, dass sich in Folge der Insolvenzkosten nur die Höhe der Cashflows, nicht aber deren Verteilung verändert. Unter diesen Annahmen lässt sich das Kriterium für den Insolvenzeintritt des Bewertungsobjekts wie folgt formulieren:

$$FCF_{t,\omega}^U + \tau \cdot r_{t-1,\omega}^{FK} \cdot FK_{t-1} < r_{t-1,\omega}^{FK} \cdot FK_{t-1} + FK_{t-1} - FK_t. \quad (7.14)$$

In einer Zeit-Zustands-Kombination tritt Insolvenz ein, wenn die Cashflows des unverschuldeten Unternehmens zuzüglich der Steuervorteile die vertraglich vereinbarten Zins- und Tilgungszahlungen unterschreiten. Die Eigenkapitalgeber besitzen in diesem Fall negative Zahlungsansprüche. Im Folgenden soll eine Kapitalgesellschaft betrachtet werden. Die Eigenkapitalgeber unterliegen keiner Nachschusspflicht.

Des Weiteren ist eine Annahme über die Finanzierungspolitik zu treffen. Im Rahmen dieses Modells sollen die Bewertungsgleichungen für eine autonome Finanzierungspolitik und für eine wertorientierte Finanzierungspolitik mit periodischer Anpassung des Fremdkapitalbestands hergeleitet werden. Die wertorientierte Finanzierungspolitik mit kontinuierlicher Anpassung des Fremdkapitalbestands wird aufgrund der in den Abschnitten 4.1.5.1 und 4.1.5.2 identifizierten Schwächen nicht diskutiert.

---

895 Der Parameter γ ist anhand empirischer Untersuchungen zu schätzen. Eine Übersicht über empirische Werte von indirekten Insolvenzkosten findet sich bei Lodowicks (2007), S. 43. Durch die Orientierung am Cashflow der Vorperiode t vermeidet man das Problem, dass die indirekten Insolvenzkosten bei positiver Entwicklung niedriger ausfallen als bei negativer Entwicklung.

7.2 Autonome Finanzierungspolitik

7.2.1 Herleitung der Bewertungsgleichungen

Bei der autonomen Finanzierungspolitik sind die Fremdkapitalgeber annahmegemäß dazu bereit, die in $t = 0$ für alle Perioden festgelegten Fremdkapitalbestände zur Verfügung zu stellen, wenn sie für die Übernahme des Ausfallrisikos in Form von das Ausfallrisiko kompensierenden Fremdkapitalzinsen entlohnt werden. Maßnahmen zur Abwendung der Insolvenz (z.B. Aufschub von Investitionsauszahlungen, Einräumung von Moratorien oder Kapitalerhöhungen) werden ausgeschlossen.[896]

Der Unternehmenswert soll über das APV-Verfahren ermittelt werden. Da die Eigenkapitalkosten des unverschuldeten Unternehmens als bekannt vorausgesetzt werden, können die risikoneutralen Wahrscheinlichkeiten $q_{t,\omega}$ der Umweltzustände bestimmt werden. Zwischen den beiden Größen gilt der folgende Zusammenhang:[897]

$$q_{t,\omega} = \frac{(1+r_f) \cdot \dfrac{E\left(\widetilde{FCF}_t^U \mid \mathcal{F}_{t-1,\omega}\right)}{1+r_{EK}^U} - FCF_{t,d}^U}{FCF_{t,u}^U - FCF_{t,d}^U} \qquad (7.15)$$

bzw.

$$q_{t,\omega} = \frac{(1+r_f) \cdot \dfrac{1+E\left(\tilde{g}_t \mid \mathcal{F}_{t-1,\omega}\right)}{1+r_{EK}^U} - d_t}{u_t - d_t}. \qquad (7.16)$$

Die Zahlungsansprüche der Eigenkapitalgeber $FCF_{t,\omega}^{EK}$ lassen sich für jede Zeit-Zustands-Kombination bestimmen. Sie ergeben sich aus $FCF_{t,\omega}^U$ (verringert um etwaige Insolvenzkosten) zuzüglich des Steuervorteils TS_t und abzüglich der Zinszahlung $r_{t,\omega}^{FK} \cdot FK_{t-1}$, der vertraglichen Tilgungszahlung $FK_{t-1} - FK_t$ und der Steuerzahlung auf eventuell anfallende Insolvenzgewinne $\tau \cdot (FK_{t-1} - FK_t - R_{t,\omega})$. Der Insolvenzgewinn resultiert aus der vertraglichen Tilgungszahlung abzüglich der tatsächlich geleisteten Tilgungszahlung $R_{t,\omega}$. Demzufolge gilt in formaler Schreibweise:

$$\begin{aligned}FCF_{t,\omega}^{EK} &= FCF_{t,\omega}^U - \gamma \cdot FCF_{t-1,\omega}^U - \alpha \cdot FCF_0^U + \tau \cdot r_{t-1,\omega}^{FK} \cdot FK_{t-1} \\ &\quad - r_{t-1,\omega}^{FK} \cdot FK_{t-1} - FK_{t-1} + FK_t - \tau \cdot (FK_{t-1} - FK_t - R_{t,\omega}).\end{aligned} \qquad (7.17)$$

Die tatsächlich geleisteten Zahlungen an die Fremdkapitalgeber setzen sich aus der annahmegemäß sicheren Zinszahlung $r_{t-1,\omega}^{FK} \cdot FK_{t-1}$ und der zeit- und zustandsabhängigen tatsächlichen Tilgungszahlung $R_{t,\omega}$ zusammen. Liegt in einem Zustand der Periode $t - 1$ kein Insolvenzrisiko vor, entspricht $R_{t,\omega}$ in beiden Umweltzuständen

---

[896] Dies stellt eine Einschränkung dar. Vgl. Scott (1976), S. 37; Shapiro/Titman (1986), S. 222–224.
[897] Diese Darstellung ist äquivalent zu Gleichung (7.8).

der Folgeperiode t der vertraglich vereinbarten Tilgungszahlung $FK_{t-1}-FK_t$. In der Konsequenz ergibt sich die gesamte Zahlung an die Fremdkapitalgeber über:[898]

$$R_{t,\omega} + r^{FK}_{t-1,\omega} \cdot FK_{t-1} = \left(1+r_f\right) \cdot FK_{t-1} - FK_t. \tag{7.18}$$

Liegt in einem Zustand der Periode $t-1$ ein Insolvenzrisiko vor, sind für die beiden Zustände der Folgeperiode t abweichende Gleichungen anzuwenden. Wenn der Insolvenzeintritt in t abgewendet werden kann, resultiert die folgende Beziehung:[899]

$$R_{t,\omega} + r^{FK}_{t-1,\omega} \cdot FK_{t-1} = \frac{\left(1+r_f\right) \cdot FK_{t-1} - \left(FCF^L_{t,d} + FK_t\right) \cdot \left(1-q_{t,\omega}\right)}{q_{t,\omega}} - FK_t. \tag{7.19}$$

Kommt es in Periode t zur Insolvenz, erleiden die Fremdkapitalgeber einen Verlust in Höhe der erwarteten Tilgungszahlung $FK_{t-1} - FK_t$ abzüglich der tatsächlich geleisteten Tilgungszahlung $R_{t,\omega}$. Die Zahlung an die Fremdkapitalgeber ist in diesem Fall auf den Cashflow des verschuldeten Unternehmens $FCF^L_{t,\omega}$ beschränkt:[900]

$$R_{t,\omega} + r^{FK}_{t-1,\omega} \cdot FK_{t-1} = FCF^L_{t,\omega}. \tag{7.20}$$

Droht in der Periode t eine Insolvenz, lassen sich die Fremdkapitalgeber für die Übernahme des Ausfallrisikos der Tilgungszahlungen entlohnen:[901] Sie fixieren am Ende der Periode $t-1$ den vertraglichen Fremdkapitalzinssatz $r^{FK,V}_{t-1,\omega}$ dergestalt, dass sie neben der risikolosen Verzinsung den Schuldenerlass im Insolvenzfall erhalten:[902]

$$r^{FK,V}_{t-1,\omega} \cdot FK_{t-1} = r_f \cdot FK_{t-1} + \left(1-q_{t,\omega}\right) \cdot \left(FK_{t-1} - FK_t - R_{t,d}\right). \tag{7.21}$$

Der Cashflow des verschuldeten Unternehmens $FCF^L_{t,\omega}$ ist ebenfalls zustandsabhängig. Liegt in einem Zustand der Vorperiode $t-1$ kein Insolvenzrisiko vor, bestimmt sich $FCF^L_{t,\omega}$ in den beiden Zuständen der Folgeperiode t über die Gleichung:[903]

---

898 Die hiervon abweichende Gleichung bei Kruschwitz/Löffler (2006), S. 58, ist nur anwendbar, wenn $FK_T = 0$ vorliegt. Dies nehmen die Autoren in ihrem Rechenbeispiel an.
899 Siehe Anhang 25 für eine Herleitung von Gleichung (7.19).
900 Vgl. Kruschwitz/Löffler (2006), S. 58–59.
901 Diese Antizipation des Ausfallrisikos modellieren auch Homburg/Stephan/Weiß (2004), S. 277–278; Kruschwitz/Lodowicks/Löffler (2005), S. 232–233; Kruschwitz/Löffler (2006), S. 58–59; Blaufus/Hundsdoerfer (2008), S. 169; Drukarczyk/Schüler (2009), S. 397.
902 Da eine autonome Finanzierungspolitik unterstellt wird, sind die Gläubiger auch bei Eintreten des Insolvenzszenarios dazu verpflichtet, den vereinbarten Fremdkapitalbestand bereitzustellen.
903 Vgl. Kruschwitz/Löffler (2006), S. 55.

$$FCF_{t,\omega}^L = FCF_{t,\omega}^U + \tau \cdot r_f \cdot FK_{t-1}. \tag{7.22}$$

Liegt dagegen in der Vorperiode $t-1$ ein Insolvenzrisiko vor und kann die Insolvenz in Periode t abgewendet werden, sind $BC_{t,\omega}^I$ und $r_{t-1,\omega}^{FK,V}$ zu berücksichtigen:

$$FCF_{t,du}^L = FCF_{t,du}^U - \gamma \cdot FCF_{t-1,\omega}^U + \tau \cdot r_{t-1,\omega}^{FK,V} \cdot FK_{t-1}. \tag{7.23}$$

Kommt es in einer Zeit-Zustands-Kombination zum Insolvenzeintritt, fallen zusätzlich $BC_{t,\omega}^D$ sowie Steuerzahlungen auf den Insolvenzgewinn an. Insgesamt resultiert:

$$\begin{aligned}FCF_{t,dd}^L = FCF_{t,dd}^U &+ \tau \cdot \left(r_{t-1,\omega}^{FK} \cdot FK_{t-1} - FK_{t-1} + FK_t + R_{t,d}\right) \\ &- \gamma \cdot FCF_{t-1,\omega}^U - \alpha \cdot FCF_0^U.\end{aligned} \tag{7.24}$$

Einsetzen von Gleichung (7.20) in Gleichung (7.24) und Umformungen führen zu:

$$FCF_{t,dd}^L = \frac{1}{1-\tau} \cdot \left[FCF_{t,dd}^U + \tau \cdot \left(FK_t - FK_{t-1}\right) - \gamma \cdot FCF_{t-1,\omega}^U - \alpha \cdot FCF_0^U\right]. \tag{7.25}$$

Werden von den Steuervorteilen etwaige Steuern auf Insolvenzgewinne abgezogen, resultiert eine Größe, die als Netto-Steuervorteil NTS_t bezeichnet werden soll. Es lässt sich zeigen, dass der unter risikoneutralen Wahrscheinlichkeiten gebildete Erwartungswert der Netto-Steuervorteile unter den getroffenen Annahmen stets dem Term $\tau \cdot r_f \cdot FK_{t-1}$ entspricht.[904] Folglich ist NTS_t sicher und mit r_f zu diskontieren:

$$V_0^{NTS} = \sum_{t=1}^T \frac{\tau \cdot r_f \cdot FK_{t-1}}{\left(1+r_f\right)^t}. \tag{7.26}$$

Der Barwert des verschuldeten Unternehmens V_0^L setzt sich bei Anwendung des APV-Verfahrens aus dem Wert des unverschuldeten Unternehmens abzüglich der Insolvenzkosten $V_0^{U,BC}$ und dem Wert der Netto-Steuervorteile zusammen. Es gilt:

$$V_0^L = V_0^{U,BC} + V_0^{NTS}. \tag{7.27}$$

Die implizite Annahme, dass Insolvenzkosten die operativen Cashflows verändern, ist vertretbar.[905] Wird von Insolvenzkosten abstrahiert ($\alpha = \gamma = 0$), liegt eine zustandsunabhängige erwartete Wachstumsrate $E(\tilde{g}_t)$ vor und der Wert des unverschuldeten Unternehmens kann analog Gleichung (7.4) mittels risikoneutraler Wahrscheinlichkeiten oder mittels der Eigenkapitalkosten des unverschuldeten

---

904 Für einen Beweis dieses Ergebnisses siehe Anhang 27.
905 Vgl. Fn. 566. Dies entspricht auch der in Kapitel 1 getroffenen Definition der Insolvenzkosten.

Unternehmens bestimmt werden.[906] Hierfür können entweder r_{EK}^U oder die risikoneutralen Wahrscheinlichkeiten als bekannt angenommen werden. Die jeweils andere Größe lässt sich über Gleichung (7.15) bestimmen. Fallen in einer Periode Insolvenzkosten an, sind diese in den betreffenden Pfaden von den Cashflows des unverschuldeten Unternehmens abzuziehen. Dies entfaltet denselben Effekt, der auch bei zustandsabhängigen Wachstumsfaktoren zu beobachten ist: In den einzelnen Pfaden des Binomialprozesses liegen unterschiedliche Wachstumsraten der Cashflows nach Berücksichtigung von Insolvenzkosten vor. In dem vorliegenden Modell werden die Eigenkapitalkosten des unverschuldeten Unternehmens als deterministisch und intertemporal konstant angenommen. Insofern bietet es sich an, $V_0^{U,BC}$ anhand des ersten Bewertungskalküls aus Gleichung (7.4) – unter Berücksichtigung von Insolvenzkosten – zu ermitteln. Mithin gilt die Gleichung
$V_0^{U,BC} = \sum_{t=1}^{T} \left[E\left(\widetilde{FCF}_t^{U,BC} | \mathcal{F}_{t-1}\right) / \left(1 + r_{EK}^U\right)^t \right]$.

7.2.2 Numerisches Beispiel

Es wird ein Modell mit zwei Perioden betrachtet. Tritt in der Periode $t = 1$ der negative Zustand ein, liegt in dieser Zeit-Zustands-Kombination ein Insolvenzrisiko vor. Tritt in der Periode $T = 2$ erneut der negative Zustand ein, kommt es zur Insolvenz. Der Cashflow $\widetilde{FCF}_t^U$ weist einen Startwert FCF_0^U in Höhe von 100 auf und entwickelt sich anhand eines nicht rekombinierenden Binomialprozesses; die Wachstumsfaktoren und die subjektiven Eintrittswahrscheinlichkeiten der Umweltzustände sind zeit- und zustandsabhängig. Der Fremdkapitalbestand in Höhe von 100 in der Periode $t = 0$ soll auf 70 in der Periode $t = 1$ und auf 0 in der Periode $T = 2$ verringert werden. Die direkten und indirekten Insolvenzkosten bestimmen sich durch die Parameter $\alpha = 5\,\%$ und $\gamma = 5\,\%$. Zudem sind $\tau = 35\,\%$, $r_{EK}^U = 15\,\%$ und $r_f = 10\,\%$ gegeben. Tabelle 21 bündelt die Annahmen hinsichtlich des Binomialprozesses, des Steuerregimes, der Finanzierungspolitik sowie der Kapital- und Insolvenzkosten.

Tabelle 21: Annahmen des numerischen Beispiels 16

Parameter \ t	$t = 0$	$t = 1$	$T = 2$
u_t		1,2	1,4
d_t		0,8	0,9
p_t		50 %	60 %
$1 - p_t$		50 %	40 %
$E(\tilde{g}_t)$		0 %	20 %
FK_t	100	70	0

---

906 Liegen keine Insolvenzkosten vor, ist $V_0^{U,BC}$ mit V_0^U identisch.

Parameter \ t	$t=0$	$t=1$	$T=2$
$FK_{t-1} - FK_t$		30	70
$FCF^U_{t,\omega}$	100		

Parameter \ t	$t=0, \ldots, T$
τ	35 %
r^U_{EK}	15 %
r_f	10 %
α	5 %
γ	5 %

Unter diesen Annahmen resultiert der in Abbildung 19 dargestellte Binomialprozess.

Abbildung 19: Cashflows des unverschuldeten Unternehmens in Beispiel 16.

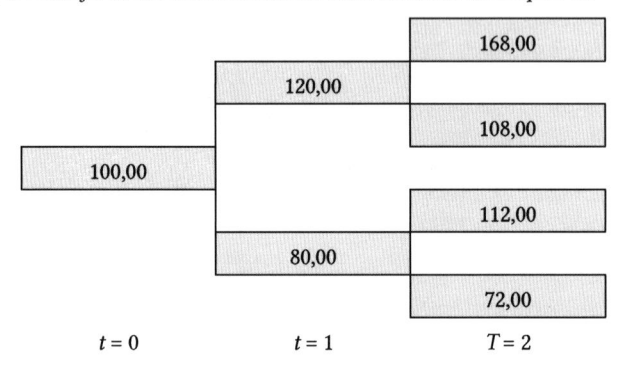

```
                              ┌─── 168,00
                    ┌─ 120,00 ┤
                    │         └─── 108,00
          100,00 ───┤
                    │         ┌─── 112,00
                    └─  80,00 ┤
                              └─── 72,00

          t = 0       t = 1         T = 2
```

Das Insolvenzkriterium aus Gleichung (7.14) ist für jede Zeit-Zustands-Kombination zu prüfen. Im Insolvenzfall sind die Zahlungsansprüche der Eigentümer negativ. In den Zuständen der Insolvenz und abgewendeten Insolvenz fallen Insolvenzkosten an.

Abbildung 20: Prüfung des Insolvenzkriteriums in Beispiel 16[907].

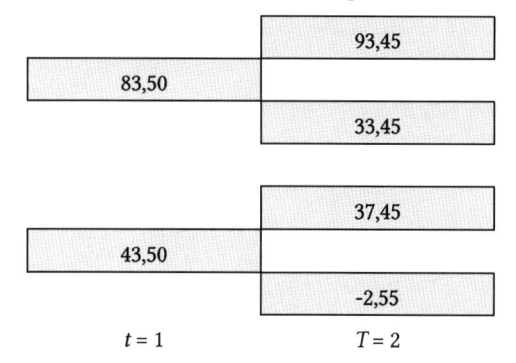

```
                             |  93,45  |
              |  83,50  |
                             |  33,45  |


                             |  37,45  |
              |  43,50  |
                             |  -2,55  |

                t = 1           T = 2
```

Die um Insolvenzkosten verringerten Cashflows sind Abbildung 21 zu entnehmen.

Abbildung 21: Cashflows nach Insolvenzkosten in Beispiel 16.

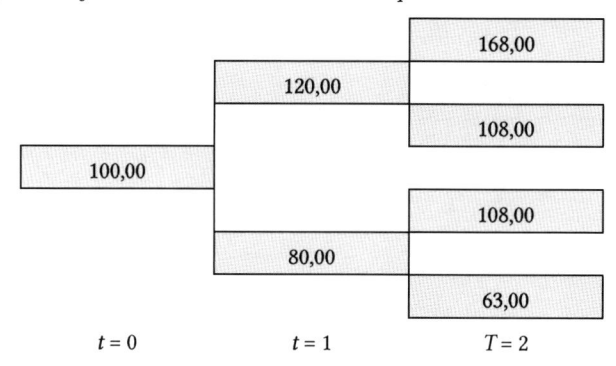

```
                                        | 168,00 |
                     | 120,00 |
                                        | 108,00 |
       | 100,00 |
                                        | 108,00 |
                     |  80,00 |
                                        |  63,00 |

         t = 0         t = 1              T = 2
```

Ist r_{EK}^{U} bekannt, lassen sich unter Verwendung von Gleichung (7.8) die risikoneutralen Wahrscheinlichkeiten q_t ermitteln. Diese werden in Abbildung 22 dargestellt.

---

907 Die Werte entsprechen den Zahlungsansprüchen der Eigenkapitalgeber ohne die Berücksichtigung negativer Auswirkungen einer Insolvenz, d.h. ohne Insolvenzkosten oder erhöhte Fremdkapitalzinsen. Diese Zahlungsansprüche lassen sich aus dem Insolvenzkriterium ermitteln, wenn alle Terme auf der rechten Seite von Gleichung (7.14) auf die linke Seite gebracht werden.

Abbildung 22: Risikoneutrale Wahrscheinlichkeiten in Beispiel 16.

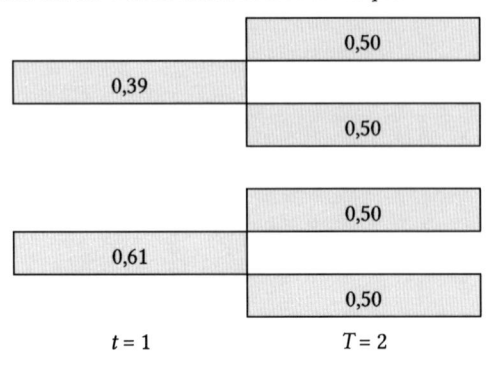

```
                         ┌──────────────┐
                         │    0,50      │
         ┌──────────┐    ├──────────────┤
         │  0,39    │    │    0,50      │
         └──────────┘    └──────────────┘

                         ┌──────────────┐
                         │    0,50      │
         ┌──────────┐    ├──────────────┤
         │  0,61    │    │    0,50      │
         └──────────┘    └──────────────┘
            t = 1              T = 2
```

Unter Verwendung der Gleichungen (7.18) bis (7.20) lassen sich die Zins- und die tatsächlichen Tilgungszahlungen an die Fremdkapitalgeber bestimmen. Im Insolvenzfall liegen Letztere unter den im Finanzierungsvertrag festgelegten Zahlungen.

Abbildung 23: Zins- und Tilgungszahlungen in Beispiel 16.

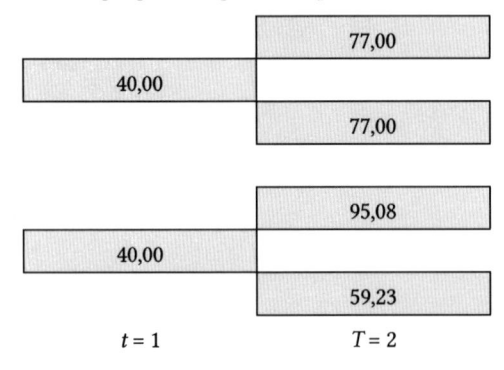

```
                         ┌──────────────┐
                         │   77,00      │
         ┌──────────┐    ├──────────────┤
         │  40,00   │    │   77,00      │
         └──────────┘    └──────────────┘

                         ┌──────────────┐
                         │   95,08      │
         ┌──────────┐    ├──────────────┤
         │  40,00   │    │   59,23      │
         └──────────┘    └──────────────┘
            t = 1              T = 2
```

Der Differenzbetrag zwischen den Zins- und Tilgungszahlungen bei Insolvenz und abgewendeter Insolvenz in Höhe von 35,85 kennzeichnet den Insolvenzgewinn. Er wird per Annahme versteuert, wodurch die Steuerzahlung bei Insolvenz um den Betrag 12,55 steigt. In den Zeit-Zustands-Kombinationen der Insolvenz und abgewendeten Insolvenz erhöhen sich die Steuervorteile, da diese mittels der vertraglichen Fremdkapitalkosten $r_{t,d}^{FK,V}$ zu bilden sind. Gemäß Gleichung (7.21) belaufen sich Letztere auf 35,83 %. Die Netto-Steuervorteile sind Abbildung 24 zu entnehmen.

Abbildung 24: Netto-Steuervorteile in Beispiel 16.

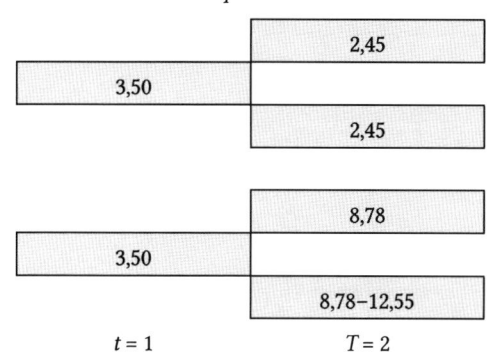

```
                    |  2,45      |
       | 3,50 |
                    |  2,45      |

                    |  8,78      |
       | 3,50 |
                    | 8,78–12,55 |

        t = 1            T = 2
```

Da stochastisch abhängige Cashflow-Verknüpfungen vorliegen, ist V_0^L anhand eines rekursiven Verfahrens zu ermitteln. In Zeit-Zustands-Kombinationen, in denen ein Insolvenzrisiko besteht und die Insolvenz abgewendet wird, sind bei der Ermittlung der Cashflows des verschuldeten Unternehmens indirekte Insolvenzkosten und erhöhte Steuervorteile zu berücksichtigen. In Zeit-Zustands-Kombinationen einer Insolvenz fallen zudem direkte Insolvenzkosten und Steuern auf Insolvenzgewinne an.

Abbildung 25: Cashflows des verschuldeten Unternehmens in Beispiel 16.

```
                    |  170,45  |
       | 123,50 |
                    |  110,45  |

                    |  116,35  |
       | 83,50 |
                    |  59,23   |

        t = 1          T = 2
```

Tabelle 22: Ergebnisse des numerischen Beispiels 16

Parameter	Wert
$r_{1,d}^{FK,V}$	35,83 %
$V_0^{U,BC}$	175,43
V_0^L	180,63

Die Ergebnisse des numerischen Beispiels werden in Tabelle 22 zusammengefasst. Der Wert des unverschuldeten Unternehmens unter Berücksichtigung von Insolvenzkosten $V_0^{U,BC}$ beläuft sich auf 175,43. Unter Verwendung von Gleichung (7.27) resultiert für V_0^L ein Wert von 180,63. Um den Einfluss der Insolvenzkosten beurteilen zu können, soll der Unternehmenswert ohne Insolvenzkosten, d.h. $\alpha = \gamma = 0$, ermittelt werden. Dabei sinkt $r_{t,d}^{FK,V}$ auf einen Wert in Höhe von 15,70 %. Gleichzeitig steigen die Unternehmenswerte: V_0^U beträgt 177,69 und V_0^L beläuft sich auf 182,90.[908] Es ist ersichtlich, dass – unter den gewählten Parametern – die positiven Wertbeiträge der Fremdfinanzierung höher sind als die negativen Wertbeiträge der Insolvenzkosten.

7.3 Wertorientierte Finanzierungspolitik

7.3.1 Herleitung der Bewertungsgleichungen

Nachfolgend soll gezeigt werden, wie ein insolvenzgefährdetes Unternehmen, das eine wertorientierte Finanzierungspolitik mit periodischer Anpassung des Fremdkapitalbestands verfolgt, unter Rückgriff auf das FCF-Verfahren bewertet werden kann. Letzteres bietet bei wertorientierter Finanzierungspolitik rechentechnische Vorteile. Annahmegemäß sind die Fremdkapitalgeber dazu bereit, die jeweils benötigten Fremdkapitalbestände bereitzustellen, um die in $t = 0$ festgelegte Fremdkapitalquote zu erzielen. Die Bedingung besteht darin, dass Fremdkapitalzinsen vereinbart werden, die die Fremdkapitalgeber für die Übernahme des Ausfallrisikos entlohnen.

Die Gleichungen (7.17) bis (7.25) gelten weiterhin; allerdings muss anstelle des deterministischen Fremdkapitalbestands FK_t der stochastische Fremdkapitalbestand $\widetilde{FK}_t$ verwendet werden.[909] Aufgrund der in Abschnitt 7.1 getroffenen Annahmen lassen sich die Kapitalkosten $WACC_t^{FCF}$ über die folgende Gleichung bestimmen.[910]

$$WACC_t^{FCF} = \left(1 + r_{EK}^U\right) \cdot \left[1 - \frac{\tau \cdot r_f \cdot FKQ_t}{1 + r_f}\right] - 1. \qquad (7.28)$$

---

908 Anhang 28 bündelt das numerische Beispiel für $\alpha = \gamma = 0$ bei autonomer Finanzierungspolitik.
909 Vgl. auch Kruschwitz/Löffler (2006), S. 58–59. Die von Gleichung (7.18) abweichende Gleichung bei Kruschwitz/Löffler (2006), S. 58, ist dagegen nur anwendbar, wenn $FK_T = 0$ vorliegt. Dies nehmen die Autoren in ihrem Rechenbeispiel an.
910 Für einen Beweis der Gültigkeit dieser Gleichung siehe Anhang 27.

Es ist ersichtlich, dass bei dieser Modellierung im Unterschied zu Gleichung (4.21) die Steuervorteile nicht mit $r_{t,\omega}^{FK}$, sondern mit r_f gebildet und diskontiert werden müssen. Der Barwert des verschuldeten Unternehmens V_0^L ergibt sich bei Anwendung des FCF-Verfahrens, indem man die künftigen Cashflows des unverschuldeten Unternehmens $FCF_{t,\omega}^{U,BC}$ – unter Berücksichtigung eventuell anfallender Insolvenzkosten – mit den deterministischen, zeitabhängigen Kapitalkosten $WACC_t^{FCF}$ diskontiert:

$$V_0^L = \sum_{t=1}^{T} \frac{FCF_{t,\omega}^{U,BC}}{\prod_{s=0}^{t-1}\left(1 + WACC_s^{FCF}\right)}. \tag{7.29}$$

7.3.2 Numerisches Beispiel

Die Annahmen des numerischen Beispiels aus Abschnitt 7.2.2 gelten weiterhin. Lediglich die Finanzierungspolitik ändert sich: Die Fremdkapitalquote in Höhe von ca. 57 % in der Periode $t = 0$ wird auf ca. 35 % in der Periode $t = 1$ und auf 0 % in der Periode $T = 2$ verringert.[911] Tabelle 23 bündelt sämtliche Annahmen des Beispiels.

Tabelle 23: *Annahmen des numerischen Beispiels 17*

Parameter \ t	$t = 0$	$t = 1$	$T = 2$
u_t		1,2	1,4
d_t		0,8	0,9
p_t		50 %	60 %
$1 - p_t$		50 %	40 %
$E(\tilde{g}_t)$		0 %	20 %
FKQ_t	57 %	35 %	0 %
$FCF_{t,\omega}^U$	100		

---

911 Die Fremdkapitalquoten wurden so bemessen, dass die gleichen Fremdkapitalbestände resultieren wie in dem numerischen Beispiel mit autonomer Finanzierungspolitik.

Parameter \ t	$t = 0, \ldots, T$
τ	35 %
r_{EK}^{U}	15 %
r_f	10 %
α	5 %
γ	5 %

Unter diesen Annahmen resultiert der in Abbildung 26 dargestellte Binomialprozess.

Abbildung 26: Cashflows des unverschuldeten Unternehmens in Beispiel 17.

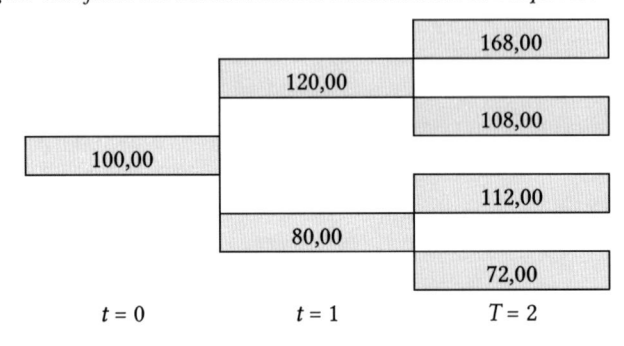

```
                                    168,00
                    120,00
                                    108,00
   100,00
                                    112,00
                    80,00
                                    72,00

   t = 0            t = 1           T = 2
```

Das Insolvenzkriterium aus Gleichung (7.14) ist für jede Zeit-Zustands-Kombination zu prüfen. Im Insolvenzfall sind die Zahlungsansprüche der Eigentümer negativ.

Abbildung 27: Prüfung des Insolvenzkriteriums in Beispiel 17.

```
                                    93,45
                    83,50
                                    33,45

                                    37,45
                    43,50
                                    -2,55

                    t = 1           T = 2
```

In den Zuständen der Insolvenz und der abgewendeten Insolvenz fallen Insolvenzkosten an. Abbildung 28 illustriert die Cashflows nach Insolvenzkosten $FCF_{t,\omega}^{U,BC}$.

Abbildung 28: Cashflows nach Insolvenzkosten in Beispiel 17.

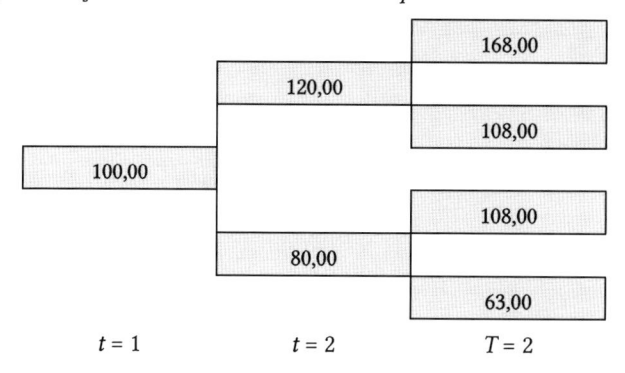

```
                                          | 168,00 |
                        | 120,00 |
                                          | 108,00 |
    | 100,00 |
                                          | 108,00 |
                        |  80,00 |
                                          |  63,00 |
      t = 1               t = 2             T = 2
```

Da zur Bestimmung des $WACC_t^{FCF}$ der Wert des Gesamtkapitals der Vorperiode bekannt sein muss, liegt Zirkularität vor. Der Wert V_0^L ist daher anhand eines rekursiven Verfahrens mit iterativer Berechnung zu ermitteln. Dies ist insbesondere unter Verwendung von Tabellenkalkulationsprogrammen unkritisch.[912] Abbildung 29 zeigt die periodenspezifischen durchschnittlichen gewichteten Kapitalkosten $WACC_t^{FCF}$.

Abbildung 29: Durchschnittliche gewichtete Kapitalkosten in Beispiel 17.

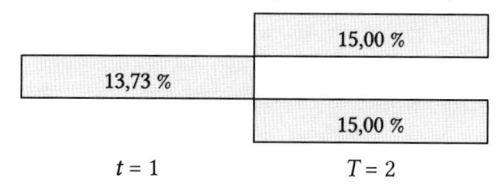

```
                           | 15,00 % |
          | 13,73 % |
                           | 15,00 % |
            t = 1             T = 2
```

Unter Verwendung von Gleichung (7.29) resultiert für V_0^L ein Wert in Höhe von 176,396. Die Ergebnisse des numerischen Beispiels werden in Tabelle 24 gebündelt.

---

912 Verwendet man MS Excel, muss die Option „Iterative Berechnung" aktiviert werden.

Tabelle 24: Ergebnisse des numerischen Beispiels 17

Parameter	Wert
$r_{1,d}^{FK,V}$	35,83 %
$WACC_1^{FCF}$	13,73 %
$WACC_2^{FCF}$	15,00 %
V_0^U	175,43
V_0^L	176,40

Um den Einfluss der Insolvenzkosten beurteilen zu können, ist der Unternehmenswert ohne die Berücksichtigung von Insolvenzkosten, d.h. $\alpha = \gamma = 0$, zu ermitteln. Dabei sinkt $r_{t,d}^{FK,V}$ auf einen Wert in Höhe von 17,76 %. Die Werte V_0^U und V_0^L steigen auf 177,69 respektive 178,67.[913] Insofern überwiegen – unter den gewählten Parametern – die positiven Wertbeiträge der Fremdfinanzierung den negativen Wertbeitrag der Insolvenzkosten. Letztere mindern den Unternehmenswert V_0^L nur anteilig.

7.4 Würdigung

7.4.1 Theoretische Konsistenz, Zweckgerechtigkeit und Realitätsnähe

Analytische Modelle müssen theoretisch konsistent sein und auf zweckgerechten Annahmen basieren.[914] Um praktische Relevanz zu sichern, sollen sie zudem anwendbar sein und die Realität bestmöglich abbilden.[915] Den theoretischen Ansprüchen an das Bewertungsmodell konnte durch das Offenlegen der Annahmen und durch das analytische Vorgehen Rechnung getragen werden. Ob auch Arbitragefreiheit vorliegt, soll in Abschnitt 7.4.2 separat untersucht werden. Das Argument der Zweckgerechtigkeit erfordert, Insolvenzrisiken zustandsgenau zu erfassen. Dem wurde durch die zeit- und zustandsabhängige Abbildung der Cashflows, Steuervorteile

---

913 Anhang 29 bündelt das Beispiel für $\alpha = \gamma = 0$ bei wertorientierter Finanzierungspolitik.
914 Vgl. Kruschwitz/Löffler (2006), S. XVIII. Gemäß dem Prinzip der Parsimonie ist zudem die Anzahl der Annahmen und Variablen auf das notwendige Maß zu begrenzen.
915 Vgl. Ballwieser (1990), S. 1.

und Diskontierungszinssätze nachgekommen.⁹¹⁶ Die Anwendbarkeit des Modells ist – bei einem Rückgriff auf Tabellenkalkulationsprogramme – gegeben;⁹¹⁷ allerdings gilt es zu prüfen, ob Probleme bei der Bestimmung der Modellparameter auftreten.⁹¹⁸ Im Hinblick auf das Kriterium der Realitätsnähe offenbart das Modell Verbesserungen gegenüber bestehenden Modellen mit vergleichbaren Problemstellungen. Die Annahmensetzung folgt zwar in Teilen existierenden Modellen;⁹¹⁹ es wird aber in mehreren Punkten über diese Modelle hinausgegangen: So erlaubt das im Rahmen dieser Arbeit entwickelte Modell zeitabhängige Wachstumsfaktoren u_t und d_t sowie zeitabhängige subjektive Eintrittswahrscheinlichkeiten der Zustände p_t und $1 - p_t$. Mithin wird auf die rigide Annahme rekombinierender Cashflows des unverschuldeten Unternehmens verzichtet.⁹²⁰ Zudem können in dem vorliegenden Modell sowohl direkte als auch indirekte Insolvenzkosten berücksichtigt werden.⁹²¹

Die meisten Modelle, die zur Untersuchung vergleichbarer Problemstellungen entwickelt wurden, gelangen zu dem Ergebnis, dass sich der Unternehmenswert durch die Berücksichtigung von Insolvenzszenarien nicht verändert⁹²² oder sogar erhöht.⁹²³ Dieses Ergebnis überrascht, da man insbesondere aus der Perspektive der Theorie der optimalen Kapitalstruktur einen sinkenden Unternehmenswert erwarten würde.⁹²⁴ Das vorliegende Modell zeigt, dass die Berücksichtigung von Insolvenzrisiken und

---

916 Die Cashflows werden nicht auf Basis ihrer Erwartungswerte und Standardabweichungen repliziert. Zu den Widersprüchen dieser Vorgehensweise vgl. Kruschwitz/Löffler (2014), S. 264–266.
917 Eine mangelnde Vertrautheit – etwa mit dem Konzept risikoneutraler Wahrscheinlichkeiten – ist nur als temporär gültiges Gegenargument zu erachten. Vgl. allgemein Myers (1974), S. 22.
918 Dem wird in Abschnitt 8 nachgekommen.
919 Hierzu zählen Kruschwitz/Lodowicks/Löffler (2005), S. 221–233; Kruschwitz/Löffler (2006), S. 52–79; Lodowicks (2007), S. 15–46 und S. 89–93; Drukarczyk/Schüler (2009), S. 397–403.
920 Drukarczyk/Schüler konstruieren nur ein einperiodiges Modell. Vgl. Drukarczyk/Schüler (2009), S. 387. Die anderen vergleichbaren Modelle greifen auf einen rekombinierenden Prozess zurück. Vgl. Kruschwitz/Lodowicks/Löffler (2005), S. 230–233; Lodowicks (2007), S. 89.
921 Indirekte Insolvenzkosten werden – mit abweichender Modellierung – nur bei Lodowicks (2007), S. 40–46, berücksichtigt. Direkte Insolvenzkosten zieht Lodowicks nicht in Betracht.
922 Zu diesem Ergebnis gelangen Sick (1990), S. 1447; Kruschwitz/Lodowicks/Löffler (2005), S. 229; Kruschwitz/Löffler (2006), S. 55.
923 Zu diesem Ergebnis gelangt Rapp (2006), S. 794–795. Gegenläufige Werteffekte ergeben sich bei Homburg/Stephan/Weiß (2004), S. 289–290; Lodowicks (2007), S. 126.
924 Vgl. Rudolph (2006), S. 114–115. Auf die hohe Bedeutung von Insolvenzkosten verweisen Baxter (1967), S. 398–402; Almeida/Philippon (2007), S. 2582. Anderer Meinung sind Haugen/Senbet (1978), S. 385; Miller (1977), S. 262; Miller (1988), S. 113.

-kosten zu einem niedrigeren Unternehmenswert führen kann. Das Insolvenzrisiko bewirkt, dass die Gläubiger einen erhöhten vertraglichen Fremdkapitalzinssatz $r_{t,\omega}^{FK,V}$ festsetzen. Dies führt zu steigenden Steuervorteilen. Gleichzeitig müssen Insolvenzgewinne versteuert werden. Der Wert der resultierenden Netto-Steuervorteile bleibt – wie auch die erwartete Rendite der Fremdkapitalgeber – unter den getroffenen Annahmen unverändert. Neben dem positiven Effekt, den Steuervorteile auf den Unternehmenswert ausüben, ist ein negativer Werteffekt zu beobachten, der durch die direkten und indirekten Insolvenzkosten ausgelöst wird. Die Richtung des Gesamteffektes ist insbesondere vom Steuersatz τ und den Parametern der Insolvenzkosten α und γ abhängig. Sind die Insolvenzkosten so hoch, dass sie den wertsteigernden Effekt der Steuervorteile überkompensieren, sinkt der Unternehmenswert.[925] Im Zahlenbeispiel führt die Berücksichtigung von Insolvenzkosten zu einem niedrigeren Unternehmenswert als es bei einer Rechnung ohne Insolvenzkosten der Fall wäre.

7.4.2 Arbitragefreiheit

Berücksichtigt man Insolvenzkosten, ergibt sich im Rahmen des betrachteten Binomialmodells folgendes Problem: Die Cashflows des unverschuldeten Unternehmens nach Insolvenzkosten $FCF_t^{U,BC}$ entwickeln sich nicht mehr anhand von zustandsunabhängigen Wachstumsfaktoren; vielmehr liegen modifizierte Wachstumsfaktoren vor, wenn in den vorhergehenden Zeit-Zustands-Kombinationen ein Insolvenzrisiko bestand. Unterstellt man die Gültigkeit von Gleichung (7.8), können die risikoneutralen Wahrscheinlichkeiten q_t und die Eigenkapitalkosten des unverschuldeten Unternehmens r_{EK}^U nicht gleichzeitig deterministisch sein, wenn zustandsabhängige Wachstumsfaktoren vorliegen: Vielmehr kann nur eine dieser Variablen als zustandsunabhängig angenommen werden; die jeweils andere Variable ist zustandsabhängig zu bestimmen. Allerdings können unterschiedliche Unternehmenswerte in Abhängigkeit davon resultieren, ob r_{EK}^U oder q_t als deterministisch angenommen werden. Daher stellt sich die Frage, welche Variable festzulegen ist. In den Beispielen der Abschnitte 7.2.2 und 7.3.2 wurde r_{EK}^U als deterministisch erachtet. Der Grund hierfür ist, dass zeitlich konstante Eigenkapitalkosten des unverschuldeten Unternehmens eine Standardannahme in der Unternehmensbewertung darstellen.[926] Demgegenüber gilt es zu bedenken, dass q_t nicht nur für die Cashflows des Bewertungsobjekts gelten, sondern für alle Wertpapiere, deren Wertentwicklung zustandsabhängig ist: Analog zu den Preisen von Arrow/Debreu-Wertpapieren können q_t zwar zustandsabhängig sein, jedoch nicht von den Zahlungen abhängen, die ein Investor in den jeweiligen Umweltzuständen erwartet. Insolvenzkosten können demnach keine Änderung von q_t bewirken. Insofern erscheint es sinnvoll, q_t als

---

[925] Insofern ist das Ergebnis des Modells konsistent mit der Theorie der optimalen Kapitalstruktur.
[926] Vgl. hierzu die Ausführungen in Abschnitt 4.3.3.

zahlungsunabhängig anzunehmen. Bei unterstellter gleichzeitiger Gültigkeit von Gleichung (7.8) lässt sich die Annahme zustandsunabhängiger r_{EK}^U nicht zwangsläufig aufrechterhalten.[927]

In Abhängigkeit davon, ob man r_{EK}^U oder q_t als deterministisch unterstellt, können bei positiven Insolvenzkosten unterschiedliche Unternehmenswerte resultieren. Wie bereits in Abschnitt 2.5 konstatiert, gilt es in diesen Fällen zu prüfen, ob Arbitragemöglichkeiten existieren und somit ein Verstoß gegen die Annahme arbitragefreier Kapitalmärkte vorliegt. Dies soll exemplarisch für das FCF-Verfahren bei wertorientierter Finanzierungspolitik mit periodischer Anpassung des Fremdkapitalbestands anhand eines numerischen Beispiels untersucht werden.[928] Um den $WACC_t^{FCF}$ gemäß Gleichung (7.29) anwenden zu dürfen, müssen die künftigen Unternehmenswerte die gleiche Unsicherheit aufweisen wie die künftigen Cashflows.[929] Hintergrund ist, dass sich bei wertorientierter Finanzierungspolitik folgende Gleichung herleiten lässt:[930]

$$\widetilde{GK}_{T-1} = \tilde{V}_{T-1}^U \cdot \frac{1}{\left(1 - \dfrac{\tau \cdot r_f \cdot FKQ_{T-1}}{1+r_f}\right)}. \tag{7.30}$$

Da die Variablen τ, r_f, und FKQ_{T-1} deterministische Größen darstellen, müssen die Ausprägungen der Zufallsgrößen für $\widetilde{GK}_{T-1}$ und $\tilde{V}_{T-1}^U$ vollständig positiv miteinander korrelieren. In der Literatur konnte gezeigt werden, dass diese Eigenschaft vorliegt, wenn die sogenannte Fundamentalannahme erfüllt ist. Diese ist definiert als:[931]

$$E\left(\widetilde{FCF}_t^{U,BC} \mid \mathcal{F}_{t-1}\right) = \left[1 + E(\tilde{g}_t)\right] \cdot FCF_{t-1}^{U,BC} \tag{7.31}$$

bzw.

$$E\left(\widetilde{FCF}_t^{U,BC} \mid \mathcal{F}_{t-1}\right) = \left[p_t \cdot u_t + (1-p_t) \cdot d_t\right] \cdot FCF_{t-1}^{U,BC}. \tag{7.32}$$

---

[927] Auch Schwetzler/Rapp (2002), S. 504, und Rapp (2006), S. 791–792, unterstellen deterministische (bedingte) risikoneutrale Wahrscheinlichkeiten, die wiederum zu zustandsabhängigen Eigenkapitalkosten des unverschuldeten Unternehmens führen. Bei Schwetzler/Rapp (2002), S. 504, ist dies nicht unmittelbar ersichtlich, da die Autoren die unbedingten Wahrscheinlichkeiten anstelle der bedingten Wahrscheinlichkeiten angeben.

[928] Unterstellt man eine autonome Finanzierungspolitik und Insolvenzkosten, resultieren bei Anwendung des APV-Verfahrens oder bei der Verwendung von q_t im Allgemeinen keine Arbitragemöglichkeiten.

[929] Vgl. Miles/Ezzell (1980), S. 724–725; Streitferdt (2004a), S. 44.

[930] Vgl. Miles/Ezzell (1980), S. 725.

[931] Vgl. Löffler (2001), S. 8; Richter (2001), S. 178; Laitenberger/Löffler (2002), S. 7; Schwetzler/Rapp (2002), S. 505; Löffler (2002b), S. 509. Meitner/Streitferdt bezweifeln, dass die Fundamentalannahme vorliegen muss. Vgl. Meitner/Streitferdt (2014b), S. 534.

Dies bedeutet, dass die erwartete Wachstumsrate $E(\tilde{g}_t)$ zwar intertemporal variieren darf, jedoch für jede Zeit-Zustands-Kombination einer Periode identisch sein muss. Diese Annahme ist für die Entwicklung von $\widetilde{FCF}_t^U$ erfüllt. Treten jedoch – wie im vorliegenden Beispiel – in einzelnen Zeit-Zustands-Kombinationen einer Periode Insolvenzkosten auf, wird die Fundamentalannahme für $\widetilde{FCF}_t^{U,BC}$ durchbrochen. In diesem Fall führt eine Ermittlung des Unternehmenswerts über die risikoneutralen Wahrscheinlichkeiten oder über den $WACC_t^{FCF}$ nicht zwangsläufig zu demselben Ergebnis. Anhand eines numerischen Beispiels soll aufgezeigt werden, dass die Berücksichtigung von Insolvenzkosten zu Arbitragemöglichkeiten führen kann:

Tabelle 25: Annahmen des numerischen Beispiels 18

Parameter \ t	$t = 0$	$t = 1$	$T = 2$
u_t		1,2	1,4
d_t		0,8	0,9
p_t		50 %	60 %
$1 - p_t$		50 %	40 %
$E(\tilde{g}_t)$		0 %	20 %
FKQ_t	50 %	50 %	
$FCF_{t,\omega}^U$	100		

Parameter \ t	$t = 0, \ldots, T$
τ	25 %
r_{EK}^U	10 %
r_f	5 %
α	5 %
γ	5 %

Unter diesen Annahmen resultiert der in Abbildung 30 dargestellte Binomialprozess der Cashflows des unverschuldeten Unternehmens nach etwaigen Insolvenzkosten.

Abbildung 30: Cashflows nach Insolvenzkosten in Beispiel 18.

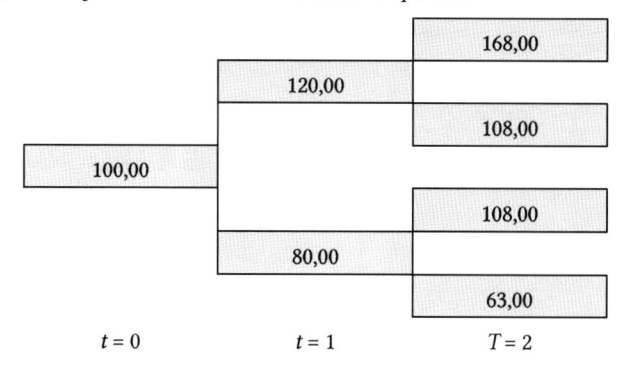

```
                              168,00
                   120,00
                              108,00
       100,00
                              108,00
                    80,00
                               63,00

       t = 0        t = 1      T = 2
```

Es soll die Bewertungsgleichung (4.21) nach Miles/Ezzell herangezogen werden:

$$WACC_t^{FCF} = r_{EK}^U - \left(1+r_{EK}^U\right) \cdot \frac{r^{FK} \cdot \tau}{1+r^{FK}} \cdot \frac{E\left(\widetilde{FK}_{t-1}\right)}{E\left(\widetilde{GK}_{t-1}\right)}. \tag{7.33}$$

Hierdurch ergeben sich die in Tabelle 26 abgebildeten Ergebnisse.

Tabelle 26: Ergebnisse des numerischen Beispiels 18

V_0^U	187,60
$E(\tilde{V}_1^U)$	106,36
$WACC^{FCF}$	9,35 %
V_0^L	189,31
$E(\tilde{V}_1^L)$	107,00

Aus Tabelle 27 geht hervor, dass sich bei Gültigkeit dieser Ergebnisse Arbitragemöglichkeiten konstruieren lassen: Ein Arbitrageur erwirbt in $t = 0$ das verschuldete Unternehmen und verkauft zugleich das unverschuldete Unternehmen; die Differenz nimmt er zum risikolosen Zinssatz r_f für eine Periode am Kapitalmarkt auf. In der Periode $t = 1$ erhält er die Steuervorteile des verschuldeten Unternehmens, die er – neben einer weiteren Geldaufnahme zum risikolosen Zinssatz am Kapitalmarkt – dafür verwendet, die Zins- und Tilgungszahlungen aus der Fremdkapitalaufnahme zu leisten. In der Periode $T = 2$ erhält der Arbitrageur Steuervorteile, die seine Zins- und Tilgungszahlungen übertreffen. Er realisiert einen Gewinn in Höhe von 0,03.

Tabelle 27: Arbitragemöglichkeiten im numerischen Beispiel 18

	$t = 0$	$t = 1$	$T = 2$
Kauf V_0^L	-189,31		
Verkauf V_0^U	187,60		
Steuervorteile		1,18	0,67
Geldaufnahme	1,71	0,61	0,00
Zins und Tilgung		-1,79	-0,64
Summe	0,00	0,00	0,03

Ermittelt man den Wert des verschuldeten Unternehmens alternativ über das APV-Verfahren nach den Gleichungen (7.26) und (7.27), resultiert für V_0^L ein Wert in Höhe von 189,34 und es bestehen keine Arbitragemöglichkeiten am Kapitalmarkt:

Tabelle 28: Arbitragefreiheit im numerischen Beispiel 18

	$t = 0$	$t = 1$	$T = 2$
Kauf V_0^L	-189,34		
Verkauf V_0^U	187,60		
Steuervorteile		1,18	0,67
Geldaufnahme	1,73	0,64	0,00
Zins und Tilgung		-1,82	-0,67
Summe	0,00	0,00	0,00

Das Problem der Arbitragemöglichkeiten erübrigt sich auch, wenn man postuliert, dass eine konstante Fremdkapitalquote vorliegt und der adäquate Zinssatz r_t' zur Diskontierung des künftigen Unternehmenswerts[932] gegeben ist. Unter diesen Annahmen lässt sich der Unternehmenswert über die folgende Gleichung ermitteln:[933]

---

[932] Abzüglich des Cashflow der jeweiligen Periode. Letzterer ist einmalig mit r_{EK}^U zu diskontieren.
[933] Vgl. für die Herleitung dieser Gleichung Streitferdt (2004a), S. 47.

$$V_0^U = \sum_{t=1}^{T} \frac{E\left(\widetilde{FCF}_t\right)}{\left(1+r_{EK}^U\right) \cdot \left[1 - \frac{r^{FK} \cdot \tau}{1+r^{FK}} \cdot \frac{E\left(\widetilde{FK}_{t-1}\right)}{E\left(\widetilde{GK}_{t-1}\right)}\right]^t \cdot \prod_{i=1}^{t}\left(1+r'_{t-1}\right)}. \tag{7.34}$$

Anhand eines numerischen Beispiels soll verdeutlicht werden, dass in diesem Fall keine Arbitragemöglichkeiten existieren. Tabelle 29 bündelt dessen Annahmen.

Tabelle 29: Annahmen des numerischen Beispiels 19

Parameter \ t	$t = 0$	$t = 1$	$T = 2$
u_t		1,2	1,4
d_t		0,8	0,9
p_t		50 %	60 %
$1 - p_t$		50 %	40 %
$E(\tilde{g}_t)$		0 %	20 %
FKQ_t	50 %	50 %	
$FCF_{t,\omega}^U$	100		

Parameter \ t	$t = 0, ..., T$
τ	25 %
r_{EK}^U	10 %
r_f	5 %
α	5 %
γ	5 %

Unter diesen Annahmen resultiert der in Abbildung 31 dargestellte Binomialprozess der Cashflows des unverschuldeten Unternehmens nach Insolvenzkosten.

Abbildung 31: Cashflows nach Insolvenzkosten in Beispiel 19.

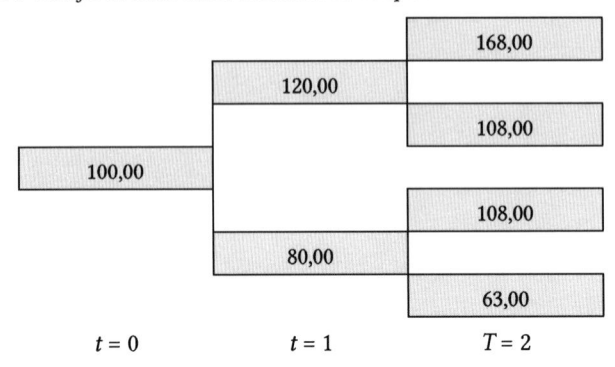

```
                                    | 168,00 |
                    | 120,00 |
                                    | 108,00 |
| 100,00 |
                                    | 108,00 |
                    |  80,00 |
                                    |  63,00 |

    t = 0              t = 1            T = 2
```

Eine Bewertung über Gleichung (7.34) führt zu den folgenden Ergebnissen:

Tabelle 30: Ergebnisse des numerischen Beispiels 19

V_0^U	192,21
$E(\tilde{V}_1^U)$	106,36
$WACC_1^{FCF}$	14,13 %
$WACC_2^{FCF}$	9,35 %
V_0^L	193,97
$E(\tilde{V}_1^L)$	107,00

Das APV- und FCF-Verfahren führen unter diesen Annahmen zu denselben Unternehmenswerten. Tabelle 31 zeigt, dass keine Arbitragemöglichkeiten existieren.

Tabelle 31: Arbitragefreiheit im numerischen Beispiel 19

	$t = 0$	$t = 1$	$T = 2$
Kauf V_0^L	-193,07		
Verkauf V_0^U	192,21		
Steuervorteile		1,21	0,67
Geldaufnahme	1,76	0,64	0,00
Zins und Tilgung		-1,85	-0,67
Summe	0,00	0,00	0,00

Anhand des numerischen Beispiels ist ersichtlich, dass die Cashflows nicht stochastisch unabhängig voneinander verteilt sein müssen, um Gleichung (7.34) anwenden zu können.[934] Die Annahme einer wertorientierten Finanzierungspolitik mit intertemporal konstantem Verschuldungsgrad erscheint allerdings nicht realitätsnah.

Eine weitere Möglichkeit zur Vermeidung von Arbitragemöglichkeiten besteht darin, die künftigen Cashflows in einperiodige Investitionsprojekte mit jeweils einem Cashflow zu unterteilen, und diese mit den zeit- und zustandsabhängigen $WACC_{t,\omega}^{FCF}$ zu diskontieren.[935] Bei diesem Ansatz können die modifizierten Wachstumsfaktoren (nach Berücksichtigung von Insolvenzkosten) zustandsabhängig sein; die Verhältnisse der Wachsumsfaktoren der jeweiligen Äste des Binomialmodells müssen jedoch identisch bleiben: Die Cashflows eines Astes sind also um denselben Prozentsatz zu modifizieren. Insofern können nur indirekte Insolvenzkosten, aber keine direkten Insolvenzkosten berücksichtigt werden. Tabelle 32 lassen sich die Annahmen des numerischen Beispiels entnehmen. Da die risikoneutralen Wahrscheinlichkeiten vorgegeben werden, kann man die Eigenkapitalkosten des unverschuldeten Unternehmens über Gleichung (7.15) ermitteln. Dabei symbolisiert man mit $r_{EK,1,2}^{U}$ den Zinssatz, mit dem Cashflows der Periode $T = 2$ in $t = 1$ diskontiert werden müssen.[936]

Tabelle 32: Annahmen des numerischen Beispiels 20[937]

Parameter \ t	t = 0	t = 1	T = 2
u_t		1,2	1,4
d_t		0,8	0,9
p_t		50 %	60 %
$1 - p_t$		50 %	40 %
$E(\tilde{g}_t)$		0 %	20 %
FKQ_t	70 %	90 %	
$FCF_{t,\omega}^{U}$	100		

---

934 Bei Streitferdt (2004a), S. 47–49, ergibt sich der Eindruck, dass die Cashflows stochastisch unabhängig voneinander sein müssen.
935 Diesen Ansatz verfolgt Rapp (2006), S. 779–788.
936 Über $r_{EK,t}^{U} = \left[\left(1+r_f\right) \cdot E\left(\widetilde{FCF}_t^{U}\right)\right] / \left[q_t \cdot \left(FCF_{t,u}^{U} - FCF_{t,d}^{U}\right) + FCF_{t,d}^{U}\right] - 1$ lässt sich $r_{EK,1,2}^{U}$ bestimmen. Diese Gleichung lässt sich aus Gleichung (7.8) herleiten. Vgl. Rapp (2006), S. 795.
937 Der Fremdkapitalzinssatz r^{FK} wurde so bestimmt, dass der Wert der Ein- und Auszahlungen der Fremdkapitalgeber dem Wert ihrer Ansprüche entspricht. Vgl. ausführlich Rapp (2006), S. 802.

Parameter \ t	$t = 0, ..., T$
τ	25 %
q_1	40 %
q_2	35 %
r_f	5 %
r^{FK}	7,36 %
γ	10 %

Unter diesen Annahmen resultiert der in Abbildung 31 dargestellte Binomialprozess der Cashflows des unverschuldeten Unternehmens nach Insolvenzkosten.

Abbildung 32: Cashflows nach Insolvenzkosten in Beispiel 20.

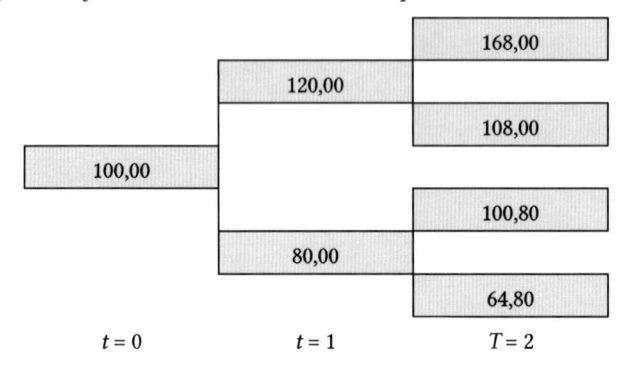

```
                              168,00
                120,00
                              108,00
100,00
                              100,80
                80,00
                              64,80

 t = 0         t = 1         T = 2
```

Eine Bewertung über Gleichung (7.34) führt zu den folgenden Ergebnissen:

Tabelle 33: Ergebnisse des numerischen Beispiels 20

V_0^U	180,35
$E(\tilde{V}_1^U)$	106,36
$r_{EK,1}^U$	9,38 %
$r_{EK,2}^U$	17,21 %
$r_{EK,1,2}^U$	10,53 %
$WACC_1^{FCF}$	8,03 %

$WACC_{2,u}^{FCF}$	15,36 %
$WACC_{2,d}^{FCF}$	9,17 %
V_0^L	184,04

Es zeigt sich, dass eine Ermittlung über q_t zu demselben Unternehmenswert führt wie eine Ermittlung über die APV- oder FCF-Verfahren. Wie aus Tabelle 34 hervorgeht, lässt sich bei diesen Ergebnissen keine Arbitragemöglichkeit konstruieren.[938]

Tabelle 34: Arbitragefreiheit im numerischen Beispiel 20

	$t = 0$	$t = 1$	$T = 2$
Kauf V_0^L	-184,04		
Verkauf V_0^U	180,35		
Steuervorteile		2,37	1,57
Geldaufnahme	3,68	1,50	0,00
Zins und Tilgung		-3,87	-1,57
Summe	0,00	0,00	0,00

Zusammenfassend kann Folgendes festgehalten werden: Die in den Abschnitten 7.2 und 7.3 hergeleiteten Bewertungsgleichungen sind problemlos anwendbar, wenn man von Insolvenzkosten abstrahiert. Unterstellt man positive Werte für α und γ, können die Bewertungsverfahren trotz identischer Finanzierungspolitik zu unterschiedlichen Werten führen; es ist nicht irrelevant, ob r_{EK}^U oder q_t als deterministisch unterstellt werden. In diesen Fällen können Arbitragemöglichkeiten am Kapitalmarkt auftreten.[939] Da aber die Arbitragefreiheit eine grundlegende Prämisse des Modells darstellt, liegt ein logischer Widerspruch vor. In der Konsequenz muss von den Bewertungsverfahren abgerückt werden.[940] Abstrahiert man von Insolvenzkosten ($\alpha = \gamma = 0$), wird zumindest eine (indirekte) Form von Insolvenzkosten berücksichtigt: Auch erhöhte Fremdkapitalzinsen lassen sich als Insolvenzkosten auffassen.[941]

---

938 Dies gilt auch bei autonomer Finanzierungspolitik. Allerdings gelten die Annahmen des Modells von Rapp (2006), S. 774–781.
939 Vgl. hierzu ausführlich Löffler (2002a), S. 298–300; Löffler (2002b), S. 508–509; Streitferdt (2004a), S. 45–48.
940 Vgl. Rapp (2006), S. 795; Blaufus et al. (2009), S. 465. Siehe hierzu Abschnitt 7.1.
941 Vgl. etwa Stiglitz (1974), S. 865, Fn. 21; Fite/Pfleiderer (1995), S. 167, En. 15.

7.4.3 Verlängerung des Planungshorizontes

Das in den Abschnitten 7.1 bis 7.3 entwickelte Bewertungsmodell umfasst lediglich zwei Perioden. Um es auf reale Bewertungssituationen übertragen zu können, muss der Planungshorizont T verlängert werden. Hierbei stellt sich die Frage, ob man auf ein Phasenmodell zurückgreifen soll, bei dem ein Unendlichkeitskalkül angesetzt wird, sobald sich das Unternehmen in einem eingeschwungenen Zustand befindet.

Die Annahme, dass Cashflows mit unendlich langer Laufzeit anfallen, lässt sich für den Fall insolvenzgefährdeter Unternehmen nicht notwendigerweise aufrechterhalten. Frühling lehnt den Ansatz eines Unendlichkeitskalküls ab, mit der Begründung, dass hierdurch Bewertungsfehler entstehen: Diese können dem Autor zufolge nur dann vernachlässigt werden, wenn das Bewertungsobjekt eine verbleibende Lebensdauer aufweist, die über empirisch beobachtbaren Lebensdauern liegen.[942] Demgegenüber vertreten Lobe/Hölzl die Ansicht, dass die Annahme einer ewigen Rente empirisch begründbar ist und keinen Widerspruch zur endlichen Lebensdauer eines Unternehmens darstellt. Nur im Fall der Bewertung eines Unternehmens, das akutem Insolvenzrisiko ausgesetzt ist, müsse die Annahme einer ewigen Rente aufgegeben werden.[943] Knoll ist der Meinung, dass eine fortgesetzte Detailplanungsphase Vorteile gegenüber dem Ansatz eines Unendlichkeitskalküls aufweist. Hierdurch lässt sich das Problem, dass das Unternehmen nicht in einen eingeschwungenen Zustand gelangt, umgehen. Er konstatiert, dass der resultierende Bewertungskalkül zwar nicht zwangsläufig realitätsnah ist; jedoch kann man ihn als widerspruchsfrei erachten.[944]

Letzteres Argument ist für das betrachtete Bewertungsmodell von besonderer Relevanz: Die Frage, ob ein eingeschwungener Zustand erreicht werden kann, hängt maßgeblich von den Parametern des Binomialprozesses und der Finanzierungspolitik des Unternehmens ab. Insofern erscheint es sinnvoll, die Periodenzahl auf einen langen, aber endlichen Planungshorizont T zu erweitern. Hierfür sind Annahmen über die Folgen einer Insolvenz (Liquidation oder (partielle) Fortführung) zu treffen.[945] Man kann zeigen, dass es nicht notwendig ist, einen unendlichen Planungshorizont mit $T \to \infty$ zu untersuchen. Zwar können sich Pfade des Binomialmodells bis in die Unendlichkeit erstrecken; deren Eintrittswahrscheinlichkeiten konvergieren jedoch gegen Null. Hinzu kommt, dass weit in der Zukunft liegende Cashflows aufgrund des Diskontierungseffektes nur einen geringen Wertbeitrag leisten. Da der Unternehmenswert bei hinreichend hoher Periodenzahl gegen einen Grenzwert konvergiert, ist es ausreichend, eine Detailplanungsphase mit hoher Periodenzahl zu betrachten. Die Periodenzahl ist dann als hinreichend hoch anzusehen,

---

942 Vgl. Frühling (2009), S. 201; auch Stubbart/Knight (2006), S. 83–91.
943 Vgl. Lobe/Hölzl (2011), S. 256–257.
944 Vgl. Knoll (2014), S. 5–6.
945 Denkbar ist etwa, dass die Fremdkapitalgeber das Unternehmen übernehmen und mit veränderter Finanzierungspolitik fortführen. Diese Annahme trifft Lodowicks (2007), S. 31.

wenn die Wertänderung bei Betrachtung einer zusätzlichen Periode marginal ist. Der Ansatz einer langen Detailplanungsphase ist bei dem vorliegenden Binomialmodell mit deterministischen Wachstumsfaktoren sowohl aus Planungsperspektive als auch aus Rechenperspektive unproblematisch, wenn auf ein Tabellenkalkulationsprogramm zurückgegriffen wird.

Insofern schwindet bei Ansatz einer Detailplanungsphase mit ausreichend hoher Periodenzahl die Notwendigkeit für ein Unendlichkeitskalkül mit einer geschlossenen Bewertungsgleichung. Gleichzeitig kann man mit dem Verzicht auf ein Unendlichkeitskalkül den möglichen Einwand ausräumen, eine ewige Unternehmensexistenz anzunehmen und zugleich eine positive Insolvenzwahrscheinlichkeit zuzulassen.[946]

7.4.4 Erweiterungsmöglichkeiten

Mit dem vorliegenden Modell wird versucht, die tatsächliche Wirkungsweise von Insolvenzrisiken und -kosten abzubilden. Dem Anspruch einer realitätsnahen Modellierung der Situation insolvenzgefährdeter Unternehmen konnte allerdings nicht vollends nachgekommen werden; es verbleiben zahlreiche Erweiterungsmöglichkeiten. Zum einen bildet die Behandlung der Steuervorteile nicht die Realität ab: Da sich die Steuervorteile aufgrund der Annahmensetzung sicher vereinnahmen lassen, können in einer Zeit-Zustands-Kombination mit Insolvenzrisiko höhere Steuervorteile realisiert werden als in einer Zeit-Zustands-Kombination ohne Insolvenzrisiko. Eine Abschwächung der Annahmen ist aber möglich, da das Modell nicht in das Korsett der Rekombination gezwängt wird. In einem nicht rekombinierenden Modell ist eine Erweiterung auf eine zustandsabhängige Bewertung der Steuervorteile darstellbar.

Des Weiteren sind die Annahmen über die Rangfolge der Zahlungsansprüche und die Nutzungsmöglichkeit von Steuervorteilen zu modifizieren, sodass weitgehend die deutsche Rechtslage abgebildet wird. Gemäß § 39 Abs. 1 InsO ist von einer quotalen Befriedigung gleichrangiger Anspruchsgruppen auszugehen; demnach erscheint eine vorrangige Behandlung des Fiskus nicht sachgerecht.[947] Zudem ist nach mehrheitlicher Rechtsauffassung nur im Liquidationsfall von einer Besteuerung der Insolvenzgewinne auszugehen; im Sanierungsfall ist es möglich, einen Steuererlass auf Insolvenzgewinne zu erwirken.[948] Drittens gilt es den möglichen Verlust von Steuervorteilen bei Insolvenz zu berücksichtigen: Im deutschen Steuerrecht ist kein unbeschränkter Verlustrücktrag möglich.[949] Insofern lässt sich in

---

946 Vgl. hierzu Abschnitt 5.8.5.
947 Dies war gemäß § 61 KO möglich. Die Konkursordnung trat aber zum 31.12.1998 außer Kraft.
948 Vgl. Abschnitt 4.4.3.
949 Die Nutzungsmöglichkeit von Verlustvorträgen wird etwa nach § 8c KStG, § 10 d Abs. 2 EStG und § 10a Satz 10 GewStG eingeschränkt. Vgl. auch König/Wosnitza (2004), S. 91.

den getroffenen Annahmen ein Widerspruch zu der einschlägigen Gesetzgebung und Rechtsprechung erkennen.

Auch die Finanzierungspolitik kann modifiziert werden: Denkbar ist etwa ein cashflow- oder buchwertorientiertes Finanzierungsregime.[950] In dem vorliegenden Bewertungsmodell wird zudem unterstellt, dass das Fremdkapital für jeweils eine Periode überlassen wird. Dies lässt sich als rollierende Finanzplanung interpretieren: Die Fremdkapitalbestände und -zinssätze werden periodisch angepasst.[951] Einperiodige Kredite mit permanenter Neuverschuldung sind in praxi allerdings unüblich.[952] Die Annahme variabler Fremdkapitallaufzeiten stellt eine sinnvolle Erweiterung dar.[953]

Die Fremdkapitalgeber können nur dann ex ante über vertragliche Fremdkapitalzinssätze für die Übernahme des Ausfallrisikos entschädigt werden, wenn homogene Erwartungen vorliegen. Diese Annahme lässt sich aber modifizieren:[954] Eine Möglichkeit besteht darin, den Eigenkapitalgebern einen Informationsvorsprung gegenüber externen Anspruchsgruppen einzuräumen. Zudem ist die Annahme, dass indirekte Insolvenzkosten einen nachhaltigen Einfluss auf $\widetilde{FCF}_t^U$ ausüben, modifizierbar: Den Zeitraum, in dem indirekte Insolvenzkosten – bei Insolvenzrisiko in Periode t – einen Einfluss entfalten, kann man auf H Perioden mit $1 \leq H \leq T - t$ begrenzen.

Die Annahme stochastisch abhängiger Cashflows, die sich anhand eines multiplikativen Binomialprozesses entwickeln, erlaubt, das einperiodige CAPM gemäß Fama wiederholt anzuwenden.[955] Insofern könnten die Kapitalkosten – insbesondere angesichts der in Abschnitt 6.3.2 dargelegten Probleme des Replikationsansatzes – über das CAPM abgeleitet werden. Hierfür sind zusätzliche Annahmen hinsichtlich der Kapitalmarkteigenschaften und der Entwicklung der Marktrendite notwendig.[956]

---

950 Richter/Drukarczyk (2001), S. 635, favorisieren eine buchwertorientierte Finanzierungspolitik, wenn es darum geht, Insolvenzrisiken im Bewertungskalkül zu berücksichtigen.

951 Gegebenenfalls findet eine Verrechnung mit den Fremdkapitalbeständen und -zinszahlungen der Folgeperiode statt. Vgl. auch Ruback (1986), S. 326.

952 Vgl. etwa Fischer (1999a), S. 31; Diedrich/Dierkes (2015), S. 307.

953 Ein entsprechendes Vorgehen findet man bei Arnold/Lahmann/Schwetzler (2012a), S. 7–25.

954 Erlaubt man heterogene Erwartungen, bricht man aber mit einer Prämisse des vollkommenen Kapitalmarkts. Dies ist zweifelhaft, da die neoklassische Kapitalmarkttheorie ein probater Rahmen zur Beschreibung zeitloser Wirkungszusammenhänge ist. Vgl. auch Casey (2006), S. 196.

955 In vorliegendem Modell sind der risikolose Zinssatz, die Standardabweichung der Cashflows und die erwartete Wachstumsrate der Cashflows für alle Perioden bereits im Bewertungszeitpunkt $t = 0$ bekannt. Wird zusätzlich der Marktpreis des Risikos als bekannt vorausgesetzt, sind die Bedingungen nach Fama (1977), S. 14–16, erfüllt. Vgl. auch Rosarius (2007), S. 85–86.

956 Vgl. etwa Black (1988), S. 9; Richter (2001), S. 185; Helmis/Timmreck/Richter (2002), S. 304–305; Rosarius (2007), S. 72–97; Hofherr (2012), S. 86–88. Einen Zusammenhang zwischen den Cashflows und der Rendite des Marktportfolios modelliert bereits Ross (1978), S. 458–471.

8. Konkretisierung des binomialprozessbasierten Bewertungsmodells

8.1 Kalibrierung des Binomialprozesses

Risikoneutrale Wahrscheinlichkeiten stellen ein zentrales Element des in Kapitel 7 entwickelten Bewertungsmodells dar. In der Literatur wird bisweilen darauf hingewiesen, dass dieses Konzept keine Relevanz in der Praxis der Unternehmensbewertung aufweist, da es nicht operationalisierbar sei.[957] In Kapitel 8 soll untersucht werden, inwiefern diese Einwände berechtigt sind und die Bestimmung der risikoneutralen Wahrscheinlichkeiten sowie der weiteren Modellparameter in realitätsnahen Bewertungssituationen gelingen kann. Konkret sind die folgenden Parameter zu bestimmen: Der Startwert der Cashflows FCF_0^U, die erwarteten Wachstumsraten der Cashflows $E(\tilde{g}_t)$ sowie die subjektiven Eintrittswahrscheinlichkeiten p_t oder alternativ die risikoneutralen Eintrittswahrscheinlichkeiten q_t.[958] Im Rahmen der bisherigen Rechenbeispiele wurden diese Parameter per Annahme festgelegt. Im Folgenden wird aufgezeigt, wie die benötigten Modellparameter geschätzt werden können.

Der Startwert FCF_0^U und die erwarteten Wachstumsraten $E(\tilde{g}_t)$ sind so festzulegen, dass der resultierende Cashflow-Prozess die prognostizierten Cashflows abbildet. Über die Cashflow-Prognose oder über (Analysten-)Schätzungen für das Dividendenwachstum des Bewertungsobjekts lässt sich $E(\tilde{g}_t)$ näherungsweise bestimmen.[959] Für jede beliebige Wachstumsrate kann man ein Binomialmodell mit entsprechenden Wachstumsfaktoren und Eintrittswahrscheinlichkeiten konstruieren.[960] Bei der Festlegung der Wachstumsfaktoren und der Wahrscheinlichkeiten der Auf- und Abwärtsbewegung wird die Unsicherheit der prognostizierten Cashflows zum Ausdruck gebracht. Die Spezifikation der Wachstumsfaktoren und deren Eintrittswahrscheinlichkeiten kann über zwei Wege erfolgen: Entweder wählt man eine allgemeine und dadurch variable Form eines Binomialmodells; in diesem Fall sind zusätzliche Informationen über die Standardabweichung der Wachstumsrate der Cashflows sowie über die Eintrittswahrscheinlichkeit p erforderlich. Die

---

957 Vgl. Kruschwitz/Löffler (2006), S. 37; Wiese (2006), S. 48–49; Bark (2011), S. 53; Ballwieser/Hachmeister (2013), S. 95.
958 Alternativ zu $E(\tilde{g}_t)$ können die Wachstumsfaktoren u_t und d_t bestimmt werden.
959 Vgl. Richter (2003), S. 63–64. Dividenden stellen zwar aufgrund der Möglichkeit von Kapitalerhöhungen oder Aktienrückkäufen keine perfekte Stellvertretergröße für das Wachstum der Cashflows dar; Richter zufolge können sie aber als Annäherung erachtet werden.
960 Vgl. Richter (2003), S. 63.

Bestimmung dieser Parameter wird nicht ohne Subjektivismen gelingen. Der zweite Weg besteht darin, spezielle Formen von Binomialmodellen (z.B. reziproke und intertemporal konstante Wachstumsfaktoren oder gleichwahrscheinliche Auf- und Abwärtsbewegungen) zu betrachten. In diesem Fall schwindet der Spielraum für Subjektivismen; gleichzeitig stellt jedoch der Binomialprozess an sich bereits eine beträchtliche Einschränkung dar.

8.2 Logische Wertgrenzen

In Abschnitt 7.1.1 wurde darauf hingewiesen, dass bestimmte Annahmen hinsichtlich der Modellparameter erfüllt sein müssen, um logische Widersprüche zu vermeiden. Diese Annahmen sollen im Folgenden expliziert werden. Konkret unterliegen die (subjektiven) Wahrscheinlichkeiten p_t, die risikoneutralen Wahrscheinlichkeiten q_t, die erwarteten Wachstumsraten $E(\tilde{g}_t)$, der risikolose Zinssatz r_f sowie die Kapitalkosten des unverschuldeten Unternehmens r_{EK}^U logischen Wertgrenzen. Die subjektiven Wahrscheinlichkeiten p_t bestimmen sich gemäß Gleichung (7.6) durch:[961]

$$p_t = \frac{1 + E(\tilde{g}_t) - d_t}{u_t - d_t}. \tag{8.1}$$

Zur Erfüllung der Bedingung $p_t \in [0;1]$ muss die folgende Beziehung gelten:[962]

$$d_t < 1 + E(\tilde{g}_t) < u_t. \tag{8.2}$$

Unter der Annahme periodenspezifischer Kapitalkosten und periodenspezifischer risikoneutraler Wahrscheinlichkeiten muss der folgende Zusammenhang gelten, wenn man die Cashflows eines unverschuldeten Unternehmens betrachtet:[963]

$$\frac{E_Q\left(\widetilde{FCF}_t^U \big| \mathcal{F}_{t-1}\right)}{1 + r_f} = \frac{E\left(\widetilde{FCF}_t^U \big| \mathcal{F}_{t-1}\right)}{1 + r_{EK}^U}. \tag{8.3}$$

Unter Verwendung der risikoneutralen erwarteten Wachstumsrate $E_Q(\tilde{g}_t)$ mit[964]

$$E_Q(\tilde{g}_t) = q_t \cdot u_t + (1 - q_t) \cdot d_t - 1 \tag{8.4}$$

kann Gleichung (8.3) folgendermaßen formuliert werden:

$$\frac{\left[q_t \cdot u_t + (1 - q_t) \cdot d_t\right] \cdot FCF_{t-1,\omega}^U}{1 + r_f} = \frac{\left[1 + E(\tilde{g}_t)\right] \cdot FCF_{t-1,\omega}^U}{1 + r_{EK}^U}. \tag{8.5}$$

---

961 Vgl. Lodowicks (2007), S. 90.
962 Vgl. Lodowicks (2007), S. 90.
963 Vgl. Kelleners (2004), S. 111–112; Lodowicks (2007), S. 90.
964 Vgl. Richter (2003), S. 63; Timmreck (2006), S. 90.

Auflösen nach q_t führt zu der folgenden Bestimmungsgleichung:[965]

$$q_t = \frac{\frac{(1+r_f)\cdot[1+E(\tilde{g}_t)]}{1+r_{EK}^U} - d_t}{u_t - d_t}. \tag{8.6}$$

Somit muss zur Erfüllung der Bedingung $q_t \in [0;1]$ folgende Beziehung gelten:[966]

$$d_t < \frac{(1+r_f)\cdot[1+E(\tilde{g}_t)]}{1+r_{EK}^U} < u_t. \tag{8.7}$$

Unterstellt man risikoaverse Investoren und eine positive Korrelation der Renditen des Investitionsprojekts und des Marktportfolios,[967] lässt sich konkretisieren:[968]

$$d_t < 1 + E_Q(\tilde{g}_t) < 1 + E(\tilde{g}_t) < u_t. \tag{8.8}$$

Hinsichtlich r_f wird der folgende Zusammenhang vorausgesetzt:[969]

$$d_t < 1 + r_f < u_t. \tag{8.9}$$

Das Intervall für den Wertebereich von r_{EK}^U wurde in Abschnitt 4.1.5.3 anhand von logischen Wertgrenzen festgelegt. Kennt man r_{EK}^U sowie die weiteren Modellparameter, sind auch die risikoneutralen Wahrscheinlichkeiten determiniert. Gleichzeitig lässt sich der Wertebereich von q_t anhand von logischen Wertgrenzen einschränken: Zum einen darf q_t keine negativen Werte annehmen, wenn $p_t > 0$ gilt und Q ein äquivalentes Wahrscheinlichkeitsmaß zu P sein soll. Zum anderen muss $q_t < p_t$ gelten, wenn man risikoaverse Investoren unterstellt.[970] Demzufolge gilt $0 < q_t < p_t$.[971]

Anhang 32 bündelt die Bandbreiten der Parameter und Variablen. Anhand dieser Wertgrenzen lassen sich unplausible Parameter-Konstellationen identifizieren und widersprüchliche Unternehmenswerte ausschließen. Allgemeingültige Aussagen über den Einfluss der Parameter auf den Unternehmenswert sind nicht möglich;

---

[965] Vgl. Lodowicks (2007), S. 90.
[966] Vgl. Lodowicks (2007), S. 90.
[967] Die Annahme einer positiven Korrelation wird in der Literatur häufig vernachlässigt, ist aber zwingend. Vgl. Wilhelm (2002), S. 2 und S. 11; Richter (2003), S. 61, Fn. 5; Wilhelm (2005), S. 639. Liegen eine negative Korrelation und Risikoaversion vor, gilt $E(\tilde{g}_t) < E_Q(\tilde{g}_t)$. Sind die Wachstumsfaktoren der Renditen des Investitionsobjekts und des Marktportfolios unabhängig voneinander, gilt unabhängig von der Risikoeinstellung des Investors $E_Q(\tilde{g}_t) = E(\tilde{g}_t)$. Vgl. Richter (2003), S. 71. Siehe hierzu auch Anhang 30 und Anhang 31.
[968] Vgl. Kelleners (2004), S. 115–116.
[969] Vgl. Fn. 878.
[970] Vgl. Dybvig/Ross (1989), S. 47; Richter (2003), S. 65.
[971] Vgl. Richter (2003), S. 65; Kelleners (2004), S. 115; Timmreck (2006), S. 97–98.

vielmehr ist die jeweilige Datenbasis zu berücksichtigen.[972] Zudem kann man die Bandbreite der Unternehmenswerte nur dann auf eine Punktschätzung verdichten, wenn es gelingt, q_t zu fixieren.[973] Dies erscheint angesichts der Spielräume bei der Festlegung der Modellparameter und Variablen unrealistisch. Die in Abschnitt 8.3 skizzierten Verfahren eignen sich allerdings dazu, den Wertebereich von q_t einzugrenzen.[974]

8.3 Bestimmung der risikoneutralen Wahrscheinlichkeiten

8.3.1 Ableitung über die Eigenkapitalkosten

In der Literatur sind verschiedene Gleichungen zur Bestimmung der risikoneutralen Wahrscheinlichkeiten q_t vorzufinden. Diese werden im Folgenden in Beziehung zueinander gesetzt. Folgender Zusammenhang zeigt die Bestimmungsgleichung von q_t für den Fall, dass die Cashflows des unverschuldeten Unternehmens bekannt sind:[975]

$$q_t = \frac{\frac{(1+r_f) \cdot [1 + E(\tilde{g}_t)]}{1 + r_{EK}^U} - d_t}{u_t - d_t}. \tag{8.10}$$

Dies lässt sich über Gleichung (8.5) auch folgendermaßen formulieren:[976]

$$q_t = \frac{1 + E_Q(\tilde{g}_t) - d_t}{u_t - d_t}. \tag{8.11}$$

In einem rekombinierenden Binomialmodell, das sich durch intertemporal konstante Wachstumsfaktoren u und d auszeichnet, bestimmt sich q über die Gleichung:[977]

$$q = \frac{1 + r_f - d}{u - d}. \tag{8.12}$$

Es zeigt sich, dass r_f in Gleichung (8.12) eingeht und in Gleichung (8.11) durch $E_Q(\tilde{g}_t)$ substituiert wird. Die beiden Gleichungen stimmen nur dann überein, wenn $r_f = E_Q(\tilde{g}_t)$ gilt. Betrachtet man den Cashflow eines unverschuldeten Unternehmens,

---

972   Vgl. Steffens (2003), S. 196.
973   Vgl. Richter (2003), S. 67.
974   Vgl. Kelleners (2004), S. 118.
975   Vgl. Fn. 965.
976   Vgl. Richter (2003), S. 67; Kelleners (2004), S. 116.
977   Hierfür finden sich verschiedene Herleitungen in der Literatur. Vgl. etwa Cox/Ross/Rubinstein (1979), S. 234; Steffens (2003), S. 151; Ernst/Haug/Schmidt (2004), S. 406; Kruschwitz (2011), S. 400–401; Kruschwitz/Husmann (2012), S. 326; Kelleners (2004), S. 77 und S. 96.

muss $r_{EK}^U = E(\tilde{g}_t)$ gelten, damit die risikoneutralen Wahrscheinlichkeiten im rekombinierenden und nicht rekombinierenden Binomialmodell übereinstimmen.[978]

8.3.2 Ableitung über die erwartete Fremdkapitalrendite

Eine weitere Möglichkeit zur Bestimmung der risikoneutralen Wahrscheinlichkeiten bietet sich, wenn der Bewerter auf Informationen über die erwartete Fremdkapitalrendite zurückgreifen kann. Als Ausgangspunkt dient der folgende Zusammenhang:

$$\tilde{V}_{t-1}(\widetilde{FTD}_t) = \frac{E(\widetilde{FTD}_t)}{1+E(\tilde{r}_t^{FK})} = \frac{p_t \cdot FTD_{t,u} + (1-p_t) \cdot FTD_{t,d}}{1+E(\tilde{r}_t^{FK})} \qquad (8.13)$$

bzw.

$$\tilde{V}_{t-1}(\widetilde{FTD}_t) = \frac{E_Q(\widetilde{FTD}_t)}{1+r_f} = \frac{q_t \cdot FTD_{t,u} + (1-q_t) \cdot FTD_{t,d}}{1+r_f}. \qquad (8.14)$$

Dabei bezeichnen $FTD_{t,u}$ und $FTD_{t,d}$ die Zahlungen an die Fremdkapitalgeber im positiven respektive negativen Zustand. Auflösen nach q_t führt zu der Gleichung:

$$q_t = \frac{\dfrac{E(\widetilde{FTD}_t) \cdot (1+r_f)}{1+E(\tilde{r}_t^{FK})} - FTD_{t,d}}{FTD_{t,u} - FTD_{t,d}}. \qquad (8.15)$$

Zur Bestimmung des vertraglichen Fremdkapitalzinssatzes benötigen die Fremdkapitalgeber Informationen über die Zins- und Tilgungszahlungen bei Eintreten des positiven Umweltzustands sowie bei Eintreten des negativen Umweltzustands in der jeweiligen Folgeperiode. Angesichts dessen erscheint die Annahme, dass die für Gleichung (8.15) benötigten Parameter ermittelbar sind, nicht vollkommen realitätsfern.

8.3.3 Ableitung über das erwartete Wachstum des Gesamtmarkts

Auch Kapitalmarktdaten liefern Hinweise auf realistische Werte von q_t. Ausgangspunkt ist die Überlegung, dass die Risikozuschlagsmethode und das Konzept risikoneutraler Wahrscheinlichkeiten unabhängig vom betrachteten Investitionsprojekt zu demselben Ergebnis führen. Unter der Annahme periodenspezifischer Kapitalkosten und risikoneutraler Wahrscheinlichkeiten muss die folgende Gleichung erfüllt sein:[979]

$$\frac{E_Q(\widetilde{FCF}_t^j)}{1+r_f} = \frac{E(\widetilde{FCF}_t^j)}{1+r_t^j}, \qquad (8.16)$$

---

978 Dies ergibt sich aus Gleichung (8.6).
979 Siehe hierzu Gleichung (8.3). Vgl. auch Timmreck (2006), S. 99.

wobei mit $\widetilde{FCF}_t^j$ der Cashflow und mit r_t^j der periodenspezifische risikoäquivalente Diskontierungszinssatz des betrachteten Bewertungsobjekts j symbolisiert wird. Annahmegemäß soll dieser Zusammenhang für einzelne Investitionsprojekte, Kombinationen von Investitionsobjekten sowie für das gesamte Marktportfolio M gelten:[980]

$$\frac{E_Q\left(\widetilde{FCF}_t^M\right)}{1+r_f} = \frac{E\left(\widetilde{FCF}_t^M\right)}{1+r_t^M}. \tag{8.17}$$

Unter Verwendung der Gleichungen (8.1), (8.4) und (8.17), resultiert für q_t:[981]

$$q_t = \frac{\frac{(1+r_f)\cdot\left[1+E\left(\tilde{g}_t^M\right)\right]}{1+E\left(\tilde{r}_t^M\right)} - d_t^M}{u_t^M - d_t^M}. \tag{8.18}$$

Dabei lässt sich $E\left(\tilde{g}_t^M\right)$ als erwartete Wachstumsrate des Gesamtmarkts interpretieren; d_t^M und u_t^M symbolisieren die periodischen Wachstumsfaktoren des Marktportfolios. Über Gleichung (8.18) lassen sich Schätzwerte für q_t erzeugen, wenn man auf realistische Ausprägungen der Marktparameter $E\left(\tilde{r}_t^M\right)$, $E\left(\tilde{g}_t^M\right)$ und r_f zurückgreift.

Im Folgenden soll q_t unter Variation der Marktrisikoprämie und der erwarteten Wachstumsrate des Gesamtmarkts geschätzt werden. Hierfür wird auf ein Binomialmodell zurückgegriffen, das vereinfachend folgendermaßen spezifiziert wird: Die Cashflows des Marktportfolios sollen stochastisch abhängig voneinander sein und einem multiplikativen Prozess unterliegen, wobei von zeitlich konstanten und reziproken Wachstumsfaktoren $u^M = 1/d^M$ sowie zeitlich konstanten und identischen subjektiven Wahrscheinlichkeiten $p = 1 - p = 0{,}5$ ausgegangen wird. Es gelten:[982]

$$E\left(\widetilde{FCF}_t^M \mid \mathcal{F}_{t-1,\omega}\right) = \frac{FCF_{t-1,\omega}^M \cdot \left(u^M + \frac{1}{u^M}\right)}{2}, \tag{8.19}$$

$$E\left(\tilde{g}^M\right) = \frac{u^M + \frac{1}{u^M}}{2} - 1, \tag{8.20}$$

$$Var\left(\tilde{g}^M\right) = \frac{1}{2}\cdot\left[\left[u^M - 1 - E\left(\tilde{g}^M\right)\right]^2 + \left[\frac{1}{u^M} - 1 - E\left(\tilde{g}^M\right)\right]^2\right], \tag{8.21}$$

---

980 Vgl. Richter (2003), S. 64; Timmreck (2006), S. 100.
981 Vgl. Richter (2003), S. 67; Kelleners (2004), S. 116; Timmreck (2006), S. 101.
982 Zu den mathematischen Zusammenhängen dieses Modells vgl. Abschnitt 7.1.1.

$$u^M = 1 + E\left(\tilde{g}^M\right) + \sqrt{\left[1 + E\left(\tilde{g}^M\right)\right]^2 - 1}.\tag{8.22}$$

Neben r_f müssen $E\left(\tilde{r}^M\right)$ und $E\left(\tilde{g}^M\right)$ vorgegeben werden, um q_t bestimmen zu können.[983] Während r_f vereinfachend auf 2 % festgelegt wird, sollen hinsichtlich $E\left(\tilde{r}^M\right)$ und $E\left(\tilde{g}^M\right)$ Sensitivitätsanalysen durchgeführt werden. Anhang 33 bündelt die Ausprägungen der Parameter u^M, d^M und $Var\left(\tilde{g}^M\right)$ für erwartete Wachstumsraten des Gesamtmarkts im Intervall zwischen 1 % und 10 %. Gleichzeitig soll die Marktrisikoprämie im Wertebereich zwischen 0 % und 6 % liegen. Anhang 34 bündelt die resultierenden Schätzungen für q_t. Es zeigt sich, dass q_t Werte zwischen 30,2 % und 50,0 % annimmt. Die Extremwerte werden bei Konstellationen der Marktparameter erzielt, die unrealistisch erscheinen. Das arithmetische Mittel (44,8 %) und der Median (45,3 %) liegen nahe beieinander. Beträgt die Marktrisikoprämie Null, entspricht q_t unabhängig von der erwarteten Wachstumsrate des Gesamtmarkts der subjektiven Wahrscheinlichkeit p_t.[984] Niedrige Marktrisikoprämien und hohe erwartete Wachstumsraten des Gesamtmarkts erhöhen q_t und somit den Unternehmenswert. Betrachtet man das Marktportfolio, ergibt sich gemäß der Gleichungen (8.11) bis (8.12) unabhängig davon, ob der Binomialprozess rekombiniert oder nicht rekombiniert, dieselbe risikoneutrale Wahrscheinlichkeit, wenn $E\left(\tilde{r}_t^M\right) = E\left(\tilde{g}_t^M\right)$ vorliegt.[985]

8.3.4 Ableitung über die Sharpe-Ratio

Der Marktpreis des Risikos und die Sharpe-Ratio stellen vergleichbare Maße dar.[986] Der Unterschied besteht darin, dass bei der Sharpe-Ratio χ_t nicht die Varianz, sondern die Standardabweichung der Marktrendite $std\left(\tilde{r}_t^M\right)$ im Nenner steht:[987]

$$\chi_t = \frac{E\left(\tilde{r}_t^M\right) - r_f}{std\left(\tilde{r}_t^M\right)}.\tag{8.23}$$

Die Sharpe-Ratio kann wiederum genutzt werden, um Werte für q_t zu bestimmen: Auf einem arbitragefreien Kapitalmarkt muss die unter risikoneutralen Wahrscheinlichkeiten gebildete erwartete Rendite eines Investitionsprojekts dem Zinssatz r_f entsprechen. Dies gilt auch für die erwartete Rendite des Marktportfolios. Gleichzeitig soll sich $E\left(\tilde{r}_t^M\right)$ anhand des folgenden additiven Binomialmodells entwickeln:[988]

---

983 Siehe hierzu Gleichung (8.18).
984 Letzteres Ergebnis ist aus Arbitragefreiheitsüberlegungen zwingend, wenn die erwartete Marktrendite dem risikolosen Zinssatz entspricht. Vgl. Timmreck (2006), S. 100 und S. 102–103.
985 Dies ergibt sich aus Gleichung (8.18).
986 Die Sharpe-Ratio misst die Steigung der Kapitalmarktlinie. Vgl. Spremann (1997), S. 877.
987 Vgl. Sharpe (1966), S. 122–123; Sharpe (1994), S. 50.
988 Diese Annahme treffen auch Richter (2001), S. 179; Helmis/Timmreck/Richter (2002), S. 305; Timmreck (2006), S. 103.

$$E_Q\left(\tilde{r}_t^M\right) = q_t \cdot \left[E\left(\tilde{r}_t^M\right) + std\left(\tilde{r}_t^M\right) \right] + \left(1 - q_t\right) \cdot \left[E\left(\tilde{r}_t^M\right) - std\left(\tilde{r}_t^M\right) \right]. \tag{8.24}$$

Die Realisierungen von $\tilde{r}_t^M$ steigen dabei bei einer Aufwärtsbewegung um die Standardabweichung der Rendite des Marktportfolios $std\left(\tilde{r}_t^M\right)$; bei einer Abwärtsbewegung sinkt die Rendite des Marktportfolios dagegen um ihre Standardabweichung. Nach Gleichsetzen von Gleichung (8.24) mit r_f und Auflösen nach q_t folgt:[989]

$$q_t = \frac{1 - \chi_t}{2}. \tag{8.25}$$

Im Rahmen dieses additiven Binomialmodells ist es somit ausreichend, Schätzungen für die erwartete Rendite des Marktportfolios sowie dessen Standardabweichung zu generieren, um die risikoneutrale Wahrscheinlichkeit q_t bestimmen zu können. Anhang 35 zeigt eine Sensitivitätsanalyse von q_t bei Variation der Marktrisikoprämie und der Standardabweichung der Rendite des Marktportfolios. Das arithmetische Mittel (42,0 %) und der Median (46,3 %) differieren leicht von den Werten aus Abschnitt 8.3.3. Die Tabelle offenbart weitere bemerkenswerte Ergebnisse: Da mit steigender Standardabweichung der Rendite des Marktportfolios c.p. die risikoneutrale Wahrscheinlichkeit einer Aufwärtsbewegung q_t größer wird, erhöht zunehmende Unsicherheit über die Entwicklung der Rendite des Marktportfolios den Wert des Unternehmens. Ist dagegen die erwartete Rendite des Marktportfolios gut bestimmbar, d.h. $std\left(\tilde{r}_t^M\right) \to 0$, konvergiert q_t bei positiver Marktrisikoprämie gegen Null. Beträgt die Marktrisikoprämie Null, entspricht q_t unabhängig von der Standardabweichung der Rendite des Marktportfolios der subjektiven Wahrscheinlichkeit p_t.[990]

8.3.5 Ableitung über die CAPM-Parameter

Eine weitere Möglichkeit zur Bestimmung der risikoneutralen Wahrscheinlichkeiten besteht darin, die subjektiven Wahrscheinlichkeiten der Zustände über das CAPM zu modifizieren. Dies ist möglich, wenn für sämtliche Umweltzustände sowohl die erwarteten Renditen des Marktportfolios als auch die Cashflow-Realisationen bekannt sind.[991] Vereinfachend wird davon ausgegangen, dass der risikolose Zinssatz sowie der Marktpreis des Risikos zeit- und zustandsunabhängig sind. Die erwartete Rendite des Marktportfolios $E\left(\tilde{r}_t^M\right)$ folgt in allen Perioden einer diskreten Verteilung und entwickelt sich mit den Cashflows des Bewertungsobjekts in

---

[989] Vgl. Richter/Helmis (2001), S. 10; Helmis/Timmreck/Richter (2002), S. 306; Timmreck (2006), S. 103.
[990] Vgl. hierzu Fn. 984.
[991] Diesen Ansatz verfolgen etwa Ross (1978), S. 458–471; Black (1988), S. 9; Richter (2001), S. 185; Richter/Drukarczyk (2001), S. 629; Helmis/Timmreck/Richter (2002), S. 304–305; Tebroke/Rathgeber (2003), S. 145–153; Rosarius (2007), S. 72–97; Hofherr (2012), S. 86–88.

einem gemeinsamen Binomialmodell.[992] Unter diesen Annahmen gilt der folgende Zusammenhang:[993]

$$q_{t,\omega} = p_{t,\omega} \cdot \left[1 - \lambda_t \cdot \left[r_{t,\omega}^M - E\left(\tilde{r}_t^M\right)\right]\right]. \tag{8.26}$$

8.3.6 Fazit

In Abschnitt 8.3 wurde gezeigt, dass man für q_t logische Bandbreiten zwischen 0 % und p_t fixieren kann. Diese lassen sich verengen, wenn man (Analysten-)Schätzungen von Kapitalmarktdaten heranzieht. Timmreck empfiehlt die Heuristik, für q_t einen Wert von ca. 40 % anzusetzen, wenn p_t = 50 % vorliegt. Dies begründet er mittels logischer Wertgrenzen, mittels Modellen mit exogener Vorgabe von $E\left(\tilde{r}_t^M\right)$ und $E\left(\tilde{g}_t^M\right)$, mittels Modellen mit exogener Vorgabe von $E\left(\tilde{r}_t^M\right)$ und $std\left(\tilde{r}_t^M\right)$ sowie mittels impliziter Werte auf Basis von Marktpreisen.[994] Von einer unreflektierten Anwendung dieser Heuristik ist allerdings abzuraten: Zum einen kann sich die Risikopräferenz der Investoren im Zeitverlauf verändern.[995] Zum anderen können Schätzfehler von q_t erhebliche Effekte auf den Unternehmenswert bewirken.[996]

Im Allgemeinen kann man keine konkreten Aussagen hinsichtlich des Wertes von q_t treffen. Da aber über die Gleichungen (8.18), (8.15) und (8.25) formale Zusammenhänge zwischen q_t und greifbareren (und insofern mutmaßlich besser prognostizierbaren) Größen hergestellt werden, lassen sich Schätzungen von q_t vornehmen. Unabhängig von der konkreten Ausgestaltung des Binomialmodells muss die Unsicherheit der Cashflows – repräsentiert durch die Faktoren u_t und d_t – spezifiziert werden. In einem rekombinierenden Modell ist eine zusätzliche Annahme über r_f ausreichend. Wird ein nicht rekombinierendes Modell unterstellt, müssen darüber hinaus r_{EK}^U und $E(\tilde{g}_t)$ bekannt sein. Alternativ können $E\left(\tilde{g}_t^M\right)$ sowie $E\left(\tilde{r}_t^M\right)$ vorgegeben werden oder Informationen über die erwartete Fremdkapitalrendite genutzt werden. Ein Vorteil dieses Ansatzes ist, dass sich die Unsicherheitskorrektur zukunftsgerichtet durch einen Rückgriff auf (Analysten-)Prognosen vornehmen lässt.[997] Fraglich bleibt freilich, ob Analysten bei ihren Schätzungen

---

992 Zu dieser Annahme vgl. Richter (2001), S. 179 und S. 185–186. Dies bedeutet jedoch nicht, dass beide Größen dem gleichen stochastischen Prozess unterliegen müssen.
993 Vgl. Tebroke/Rathgeber (2003), S. 150–151.
994 Vgl. Timmreck (2006), S. 97–130.
995 Wird etwa abnehmende absolute Risikoaversion unterstellt, ändert sich die Risikoaversion in Abhängigkeit des Vermögens. Zudem sind auch die Parameter, durch die q_t definiert ist, im Allgemeinen intertemporal variabel. Dies gilt auch für die Sharpe-Ratio. Vgl. Sharpe (1994), S. 51.
996 Eine detaillierte Untersuchung der Werteffekte von q_t erfolgt in Abschnitt 8.4.
997 Gleichzeitig ist man bei einem Rückgriff auf die risikoneutralen Wahrscheinlichkeiten des in Abschnitt 3.2 diskutierten Problems des Definitionslückens des Bewertungskalküls ledig. Schwierigkeiten entstehen nur, wenn der risikolose Zinssatz -100 % beträgt. Diesem (in praxi unwahrscheinlichen) Problem ist allerdings auch die Sicherheitsäquivalentmethode ausgesetzt.

wiederum auf Vergangenheitsdaten rekurrieren; in diesem Fall wird das Argument der Zukunftsbezogenheit ungültig.

Im Allgemeinen ist es nicht möglich, die Parameter des Bewertungsmodells mit Sicherheit bestimmen zu können. Daher erscheint es sinnvoll, die Parameter zu variieren und die resultierenden Auswirkungen auf den Unternehmenswert zu untersuchen. Werden Sensitivitätsanalysen oder Simulationen durchgeführt, muss man die in Anhang 32 ersichtlichen Bandbreiten berücksichtigen. In realistischen Bewertungssituationen kann dennoch der Fall eintreten, dass sich die Unternehmenswerte nicht auf eine hinreichend enge Bandbreite oder gar auf eine Punktschätzung eingrenzen lassen. In diesen Fällen erscheint ein Rückgriff auf Simulationsanalysen sinnvoll.

8.4 Wertrelevanz von Schätzfehlern

Da alternativ q_t oder r_{EK}^U festgelegt werden können und die Bestimmung von r_{EK}^U ebenfalls keine triviale Aufgabe darstellt, werden Schätzungen beider Variablen zwangsläufig mit Schätzfehlern verbunden sein. Vor diesem Hintergrund stellt sich die Frage, ob der Unternehmenswert sensibler auf Änderungen von q_t oder auf Änderungen von r_{EK}^U reagiert. Zu diesem Zweck sind für die Bewertungsgleichungen

$$\tilde{V}_{t-1}\left(\widetilde{FCF}_t^U\right) = \frac{\left[q_t \cdot u_t + (1-q_t) \cdot d_t\right] \cdot FCF_{t-1}^U}{1 + r_f} \tag{8.27}$$

und

$$\tilde{V}_{t-1}\left(\widetilde{FCF}_t^U\right) = \frac{\left[p_t \cdot u_t + (1-p_t) \cdot d_t\right] \cdot FCF_{t-1}^U}{1 + r_{EK}^U} \tag{8.28}$$

die jeweiligen partiellen Differentialgleichungen zu bilden. Es resultieren:

$$\frac{\partial \tilde{V}_{t-1}\left(\widetilde{FCF}_t^U\right)}{\partial q_t} = \frac{(u_t - d_t) \cdot FCF_{t-1}^U}{(1 + r_f)} \tag{8.29}$$

respektive

$$\frac{\partial \tilde{V}_{t-1}\left(\widetilde{FCF}_t^U\right)}{\partial r_{EK}^U} = -\frac{\left[p_t \cdot (u_t - d_t) + d_t\right] \cdot FCF_{t-1}^U}{\left(1 + r_{EK}^U\right)^2}. \tag{8.30}$$

Der Nenner der rechten Seite von Gleichung (8.30) übertrifft stets den Nenner der rechten Seite von Gleichung (8.29). Ob der Zähler von Gleichung (8.29) größer als der Zähler von Gleichung (8.30) ist, hängt von d_t ab. Setzt man beide Gleichungen gleich und löst nach d_t auf, erhält man den kritischen Wert d_t^{Krit} und die Bedingung dafür, dass q_t und r_{EK}^U betragsmäßig identische Effekte auf $\tilde{V}_{t-1}\left(\widetilde{FCF}_t^U\right)$ ausüben:[998]

---

998 Siehe Anhang 36 für eine Herleitung von Gleichung (8.31).

$$d_t^{Krit} = \frac{u_t \cdot \left[\left(1+r_{EK}^U\right)^2 - p_t \cdot \left(1+r_f\right)\right]}{1+r_f + \left(1+r_{EK}^U\right)^2 - p_t \cdot \left(1+r_f\right)}. \tag{8.31}$$

Es zeigt sich, dass die Konstellation der Parameter u_t, p_t, r_f, r_{EK}^U und d_t entscheidend dafür ist, ob ein Schätzfehler von q_t oder von r_{EK}^U einen größeren Effekt auf den Unternehmenswert ausübt. Übertrifft d_t den Ausdruck auf der rechten Seite von Gleichung (8.31), führt ein Schätzfehler von r_{EK}^U zu einem höheren Schätzfehler des Unternehmenswerts als dies bei einem Schätzfehler von q_t der Fall ist. Setzt man realistische Werte für die betroffenen Variablen und Modellparameter ein, zeigt sich, dass in rekombinierenden Binomialmodellen mit reziproken Wachstumsfaktoren $d_t < d_t^{Krit}$ erst zu erwarten ist, wenn $u_t > 1{,}5$ bzw. $d_t < 0{,}67$ gilt.[999] Derart hohe Wachstums- bzw. niedrige Schrumpfungsfaktoren und Varianzen der erwarteten Wachstumsrate erscheinen zumindest für reife Unternehmen unrealistisch. In realitätsnahen Bewertungssituationen dürfte d_t über dem kritischen Wert d_t^{Krit} liegen. In diesen Fällen sind Schätzfehler von q_t weniger schädlich als Schätzfehler von r_{EK}^U.

Es lassen sich die folgenden Ergebnisse festhalten: Die konventionelle Vorgehensweise zur Herstellung der Unsicherheitsäquivalenz besteht darin, die Eigenkapitalkosten über das CAPM zu schätzen, mittels Unlevering und Relevering an den jeweiligen Verschuldungsgrad anzupassen und schließlich die Risikozuschlagsmethode durchzuführen. Die obige Analyse zeigt, dass eine Schätzung von q_t Vorteile gegenüber dieser konventionellen Vorgehensweise bietet: Zum einen bewirken Schätzfehler von q_t einen geringeren Werteffekt als Schätzfehler von r_{EK}^U. Zum anderen kann sich das problembehaftete Unlevering und Relevering der Kapitalkosten erübrigen.

8.5 Würdigung

Folgt man Rubinstein, ist die Qualität einer Schätzung impliziter Parameter aus Marktdaten an vier Bedingungen gebunden: Zum einen ist ein theoretisch fundiertes Modell zu entwickeln, in dem Preise und implizite Informationen zueinander in Beziehung gesetzt werden. Zum anderen muss dieses Modell mit angemessenem Aufwand operationalisierbar sein. Drittens sind die benötigten exogenen Eingangsparameter sorgfältig zu spezifizieren. Viertens müssen die Kapitalmärkte informationseffizient sein.[1000] Bei Vorliegen dieser Bedingungen erachtet Rubinstein die implizite Schätzung der gesuchten Parameter aus Marktdaten als überzeugenden Ansatz.[1001]

---

999 Siehe Anhang 37.
1000 Die Annahme vollkommener Kapitalmärkte ist hinreichend, aber nicht notwendig für Informationseffizienz. Vgl. Fama (1970), S. 387–388, der zwischen schwacher, mittelstrenger und strenger Informationseffizienz differenziert.
1001 Vgl. Rubinstein (1994), S. 771–772; auch Kelleners (2004), S. 224, Fn. 550.

Legt man Rubinsteins vier Bedingungen zur Beurteilung des im Rahmen dieser Arbeit entwickelten Bewertungsmodells zugrunde, lässt sich Folgendes festhalten: Das Modell basiert auf den engen, aber üblichen Annahmen hinsichtlich der Kapitalmarkt-Eigenschaften. Die Annahmen hinsichtlich des Binomialprozesses sowie des Eintritts und der Auswirkungen einer Insolvenz sind widerspruchsfrei und werden transparent gemacht. Von daher kann das Bewertungsmodell als theoretisch fundiert erachtet werden. Die Anwendbarkeit des Modells wird dadurch erschwert, dass das Binomialmodell bei einem langen Planungshorizont T unübersichtlich wird und zudem rekursiv gelöst werden muss. Diese Probleme schwinden jedoch, wenn man auf ein Tabellenkalkulationsprogramm zurückgreift. In der Literatur werden regelmäßig Bedenken hinsichtlich der Bestimmbarkeit von q_t artikuliert; in Abschnitt 8.3 konnte aber gezeigt werden, dass diese Zweifel teilweise unbegründet sind. Die weiteren exogenen Modellparameter stellen Standardgrößen in der analytischen und empirischen Kapitalmarktforschung dar und dürften somit als gut spezifiziert und messbar gelten. Folglich ist der Wert des Modells maßgeblich davon abhängig, inwiefern in realen Bewertungssituationen eine Kapitalmarkteffizienz unterstellt werden kann.

Bei der Kalibrierung des Binomialprozesses lassen sich Bandbreiten für die Modellparameter formulieren. Diese sind auf logische Wertgrenzen, bedingt durch Interdependenzen zwischen den Modellparametern, zurückzuführen. Daher müssen die Parameter integriert festgelegt werden. Bei der Bestimmung der risikoneutralen Wahrscheinlichkeiten erhält der Bewerter wertvolle Hinweise über Wertgrenzen, wenn er auf Schätzungen der Kapitalkosten sowie auf Kapitalmarktdaten zurückgreift. Da etwa auf (Analysten-)Prognosen zurückgegriffen werden kann, ist die Verwendung historischer Daten nicht zwingend. Ein Vorteil des vorliegenden Bewertungsmodells ist folglich in der zukunftsgerichteten Bestimmung der Kapitalkosten zu sehen; Vergangenheitsdaten finden keinen Eingang, dienen aber für Plausibilitätsüberlegungen.

Insgesamt weist das entwickelte Bewertungsmodell den Vorzug auf, dass die Cashflows in Relation zu dem Gesamtmarkt prognostiziert, deren Unsicherheitsstrukturen offengelegt und Risikoanpassungen zukunftsgerichtet bestimmt werden.[1002] Es bietet daher die Möglichkeit, die Interdependenzen zwischen den Parametern und Variablen sowie das Kapitalmarktumfeld am Bewertungsstichtag zu berücksichtigen.[1003] Einschränkend muss darauf hingewiesen werden, dass die Bewertung nicht ohne Subjektivismen erfolgen kann. Dies betrifft die Festlegung von Wachstumserwartungen oder die Ermessensspielräume bei der Verarbeitung von Analystenprognosen.[1004]

1002 Vgl. Kelleners (2004), S. 143.
1003 Kelleners (2004), S. 166, spricht von der „integrierten Kapitalmarktbetrachtung (...) unter Bezug auf das aktuelle Bewertungsniveau mit einer konsistenten Bestimmung aller Parameter".
1004 Vgl. Richter (2003), S. 69; Kelleners (2004), S. 124.

9. Thesenförmige Zusammenfassung

(1) Unternehmensbewertungen basieren regelmäßig auf der Annahme, dass die Zins- und Tilgungszahlungen an die Fremdkapitalgeber mit Sicherheit geleistet werden können. Dies erscheint unrealistisch, wenn das Bewertungsobjekt einem Insolvenzrisiko ausgesetzt ist. Für insolvenzgefährdete Unternehmen besteht eine Vielzahl an Anlässen, Bewertungen vorzunehmen. Daher stellt die Bewertung insolvenzgefährdeter Unternehmen eine praxisrelevante Problemstellung dar.

(2) In der Literatur zur Unternehmensbewertung existiert kein überzeugendes Modell zur Bewertung insolvenzgefährdeter Unternehmen. Regelmäßig herrscht Unsicherheit darüber, welcher Kalkül heranzuziehen ist und ob dieser modifiziert werden muss, um Insolvenzrisiken sowie -kosten zu erfassen. Während die theoretische Fundierung der in praxi verwendeten Verfahren ungeklärt ist, mangelt es in der Theorie an realitätsnahen und anwendbaren Lösungsvorschlägen.

(3) Das Ziel dieser Arbeit bestand darin, die bestehenden Ansätze zur Bewertung insolvenzgefährdeter Unternehmen zu systematisieren und kritisch zu diskutieren. Basierend auf diesen Erkenntnissen galt es, ein theoretisch konsistentes Modell zu entwickeln, das es erlaubt, den Fortführungswert eines operativ erfolgreichen und zugleich insolvenzgefährdeten Unternehmens zu ermitteln. Dabei sollte die Anwendbarkeit des Modells nicht außer Acht gelassen werden.

(4) In der vorliegenden Arbeit wird Insolvenz mit Zahlungsunfähigkeit gemäß § 17 InsO gleichgesetzt. Diese Vereinfachung erscheint zulässig, da Zahlungsunfähigkeit in Deutschland den dominierenden Insolvenzeröffnungsgrund darstellt.

(5) Empirische Untersuchungen zeigen, dass der Verschuldungsgrad, dem ein maßgeblicher Einfluss auf den Eintritt eines Fremdkapitalausfalls zugeschrieben wird, positive wie negative Werteffekte auslösen kann. Während die steuerliche Privilegierung des Fremdkapitals werterhöhend wirkt, steigt mit zunehmendem Verschuldungsgrad das Risiko von direkten und indirekten Insolvenzkosten.

(6) Verfolgt man eine kapitalmarktorientierte Unternehmensbewertung, muss im Allgemeinen ein arbitragefreier Kapitalmarkt mit Spanning-Eigenschaften unterstellt werden. Unter diesen Annahmen können auch Insolvenzrisiken diskutiert werden: Bei vollkommenen oder vollständigen Kapitalmärkten bleiben auch bei ausfallgefährdetem Fremdkapital die Modellwelten von Modigliani/Miller gültig. Von Insolvenzkosten muss allerdings abstrahiert werden. Ungeachtet dessen wird in der Literatur regelmäßig auch dann auf die neoklassische Kapitalmarkttheorie zurückgegriffen, wenn Kapitalmarktfriktionen wie Insolvenzkosten explizit zugelassen werden; dies kann aber zu logischen Widersprüchen führen.

(7) Empirische Untersuchungen zeigen, dass die Annahme positiver Überschussgrößen nicht den Regelfall darstellt. Insbesondere bei insolvenzgefährdeten

Unternehmen sind regelmäßig Cashflows mit negativem oder niedrigem positivem Erwartungswert zu diskontieren. Gleichzeitig unterliegen diese Cashflows einer hohen Unsicherheit. In der Literatur wird regelmäßig die Auffassung vertreten, dass diese Konstellation zu Problemen bei der Diskontierung führen kann.

(8) Die Literaturhinweise hinsichtlich der Diskontierung negativer Cashflows sind häufig apodiktisch: In der Bewertungspraxis wird – wenn überhaupt – nur die Vorgehensweise im subjektiven Kalkül zur Kenntnis genommen. Dies steht im Widerspruch zu dem hohen praktischen Stellenwert des CAPM in der Bewertungspraxis. Bei einem Rekurs auf das CAPM sind in der praxisorientierten wie theoretischen Bewertungsliteratur divergierende Vorschläge vorzufinden. Entgegen der häufig anzutreffenden Meinung entscheidet nicht das Vorzeichen von $Cov\left(\widetilde{FCF}_t^J + \tilde{V}_t^J, \tilde{r}_t^M\right)$ über das Vorzeichen des Risikozuschlags; vielmehr bestimmt sich dieses über das Vorzeichen von $Cov(\tilde{r}_t^J, \tilde{r}_t^M)$. Die Intervalle, in denen sich die jeweiligen Vorzeichen unterscheiden, wurden formal beschrieben.

(9) Meitner/Streitferdt, Spremann und Hull gelangen zu dem Ergebnis, dass die Risikozuschlagsmethode mit Problemen behaftet ist, wenn Cashflows mit einem Erwartungswert im niedrigen positiven oder negativen Wertebereich diskontiert werden müssen: Es resultiert ein hyperbolischer Funktionsverlauf des Diskontierungszinssatzes, der auf die Definitionslücken des Kalküls zurückzuführen ist. Im Rahmen dieser Arbeit wurde dargelegt, dass die Ansätze der Autoren ineinander überführbar und somit äquivalent zueinander sind. Zudem basieren die diskutierten Ansätze auf der Annahme, dass die $Cov\left(\widetilde{FCF}_t^J, \tilde{r}_t^M\right)$ unabhängig von der Höhe der erwarteten Cashflows ist. Dies erscheint unrealistisch: Da mit abnehmendem Erwartungswert der Cashflows das Insolvenzrisiko des Unternehmens steigt, können die damit verbundenen positiven und negativen Auswirkungen die Standardabweichung der Cashflows verändern. Demzufolge muss von der Annahme einer konstanten Kovarianz $Cov\left(\widetilde{FCF}_t^J, \tilde{r}_t^M\right)$ abstrahiert werden.

(10) Durch einen Rückgriff auf die Sicherheitsäquivalentmethode lassen sich die Probleme der Risikozuschlagsmethode vermeiden. Lediglich für einen erwarteten Cashflow in Höhe von $\lambda_t \cdot Cov\left(\widetilde{FCF}_t^J, \tilde{r}_t^M\right)$ resultiert hierbei die Konstellation, dass der Zähler des Kalküls und somit auch der Barwert des Cashflow einen Wert von Null annimmt. Die Risikozuschlagsmethode weist an dieser Stelle eine Polstelle des Diskontierungszinssatzes auf. Insofern ist die Risikozuschlagsmethode auch in diesem Fall der Sicherheitsäquivalentmethode nicht überlegen.

(11) Berücksichtigt man zusätzlich Finanzierungs- und Steuereffekte, lassen sich Bewertungsgleichungen für das APV-, FCF-, TCF- und FTE-Verfahren formulieren, die ausfallgefährdetes Fremdkapital über ein positives Fremdkapital-Beta berücksichtigen. Für die Anwendung dieser Gleichungen sind allerdings

Annahmen hinsichtlich der Finanzierungspolitik zu treffen. Die autonome Finanzierungspolitik und die wertorientierte Finanzierungspolitik mit periodischer Anpassung des Fremdkapitalbestands können als zweckmäßig erachtet werden.

(12) Mittels eines positiven Fremdkapital-Beta lässt sich zwar das Ausfallrisiko berücksichtigen; die herkömmlichen Bewertungsgleichungen basieren aber auf der Annahme, dass die Steuervorteile stets in voller Höhe realisiert werden können. Dies steht im Widerspruch zu der deutschen Gesetzgebung und Rechtsprechung. Für eine realitätsnahe Abbildung der Besteuerung im Insolvenzfall müssen Verlustvorträge, Rückstellungen sowie Zinsabzugsbeschränkungen erfasst werden. Das resultierende Komplexitätsniveau ist nicht nur in praxi kaum handhabbar.

(13) Abstrahiert man bei der Bestimmung der Eigenkapitalkosten des verschuldeten Unternehmens von Insolvenzkosten, resultiert kein innerer optimaler Verschuldungsgrad. Akzeptiert man das Argument, dass Insolvenzkosten die Varianz der erwarteten Cashflows erhöhen, erscheint die Berücksichtigung von Insolvenzkosten im Diskontierungszinssatz gerechtfertigt. Ein separater Risikozuschlag erübrigt sich aber, wenn man die $Cov(\tilde{r}_t^j, \tilde{r}_t^M)$ (sachgerecht) unter der Berücksichtigung von Insolvenzkosten bestimmt. Insofern ist es unvermeidbar, Insolvenzkosten in der Cashflow-Prognose zustandsabhängig zu berücksichtigen.

(14) Besteht ein Ausfallrisiko, fallen der risikolose Zinssatz, der vertragliche Fremdkapitalzinssatz und die erwartete Fremdkapitalrendite auseinander. Letztere ist für die Diskontierung erwarteter Cashflows an die Fremdkapitalgeber heranzuziehen. Die in der Literatur diskutierten Modelle zur Bestimmung der Fremdkapitalzinssätze lassen sich in direkte und indirekte Verfahren gliedern. Zu den indirekten Verfahren zählt insbesondere die Rating-Methode. Dieser Ansatz ist aber methodisch unbefriedigend und impliziert logische Widersprüche zu den neoklassischen Annahmen. Eine Verbindung mit dem CAPM ist fragwürdig.

(15) Bei den direkten Verfahren wird die erwartete Fremdkapitalrendite anhand von Marktdaten ermittelt, indem man etwa auf das CAPM oder das Optionspreismodell von Black/Scholes zurückgreift. Diese Vorgehensweise stellt aus theoretischen Überlegungen die zu präferierende Methode dar, mündet aber in Konsistenzproblemen: Die Modellannahmen sind im Allgemeinen nicht erfüllt. Ein alternativer Weg besteht darin, die erwartete Fremdkapitalrendite zu extrahieren, indem man den vertraglichen Fremdkapitalzinssatz oder die Rendite einer börsennotierten Anleihe spaltet. Dies ist aber ebenfalls nicht frei von Problemen: So kann etwa die Ausfallwahrscheinlichkeit des Fremdkapitals benötigt werden.

(16) Der risikolose Zinssatz, die Rendite des Marktportfolios und der Steuersatz werden für Zwecke der Unternehmensbewertung im Allgemeinen als zeitlich konstant angenommen. Eine Variabilisierung dieser Größen kann aber notwendig werden, wenn etwa die Daten am Bewertungsstichtag nicht die

künftig erwarteten Werte widerspiegeln; dies ist in der Detailplanungsphase unproblematisch.

(17) Die Annahme zeitlich konstanter Fremdkapitalzinssätze erscheint unrealistisch. Eine Variabilisierung ist erforderlich, wenn das Fremdkapital-Beta im Zeitverlauf schwankt. Hierfür konnten sich bislang keine Anpassungsgleichungen etablieren. Der von Haley/Schall formulierte Zusammenhang zwischen den Fremdkapitalzinssätzen und dem Verschuldungsgrad ist theorielos. Über den Ansatz von Galai/Masulis lassen sich keine Fremdkapitalrenditen in Höhe der Eigenkapitalkosten des unverschuldeten Unternehmens erklären. Dies wäre für vollständig fremdfinanzierte Unternehmen aus logischen Gründen aber zu erwarten.

(18) Das Geschäftsrisiko und somit auch r_{EK}^U werden im Allgemeinen als unabhängig vom Verschuldungsgrad des Unternehmens erachtet. Eine Anpassung ist notwendig, wenn sich der Operating Leverage oder die Cyclicality ändern. Allerdings beeinflussen auch Insolvenzkosten die erwarteten operativen Cashflows. Sie sind – idealerweise zustandsabhängig – im Bewertungskalkül zu erfassen.

(19) In der Literatur zur Unternehmensbewertung existieren zahlreiche Modifikationen des DCF-Kalküls zur expliziten Erfassung des Insolvenzrisikos. Das Basiskalkül lässt sich auf ein Polynomialmodell mit mehreren Phasen, zeitlich variablen Insolvenzwahrscheinlichkeiten, partieller Liquidation und positivem Liquidationswert erweitern. Bewertungsgleichungen unter Berücksichtigung von Finanzierungs- und Steuereffekten wurden allerdings bislang nur für die wertorientierte Finanzierungspolitik mit kontinuierlicher Anpassung des Fremdkapitalbestands entwickelt. Im Rahmen dieser Arbeit erfolgte erstmals eine Erweiterung auf die (realitätsnähere) wertorientierte Finanzierung mit periodischer Anpassung des Fremdkapitalbestands sowie auf die autonome Finanzierungspolitik.

(20) In der Literatur enthalten die Bewertungsgleichungen regelmäßig formale Fehler und der Begriff der stochastischen (Un-)Abhängigkeit wird inkorrekt verwendet. Zudem lassen sich theoretische Widersprüche, inkonsistente Annahmen und Operationalisierungsprobleme identifizieren. Die regelmäßig anzutreffende Behauptung, das Insolvenzrisiko entfalte die gleiche Wirkung wie eine negative Wachstumsrate, ist eine Fehlinterpretation der Wirkungsweise einer Insolvenz.

(21) Die Zielsetzung, mit diesen Modellen Konsistenz sowie Transparenz im Kalkül zu schaffen und Insolvenzrisiken realitätsnah abzubilden, ist als gescheitert zu erachten. Die Konsistenz ist nicht erfüllt, da die Gefahr einer Doppelerfassung systematischer Ausfallrisiken besteht und die inkompatiblen Annahmen einer deterministischen Insolvenzwahrscheinlichkeit und unendlichen Wachstumsrate getroffen werden. Die proklamierte Transparenz entpuppt sich als Scheintransparenz, da Schwierigkeiten bei der Erwartungswertbildung verdeckt werden.

(22) Die Insolvenzwahrscheinlichkeit wird als deterministisch und exogen gegeben unterstellt. Entgegen der Intuition kann sie nicht zustandsabhängig variieren. Zudem existiert bislang kein Verfahren, das eine zuverlässige Bestimmung der Insolvenzwahrscheinlichkeit erlaubt. Überzeugender erscheint es daher, die Insolvenzwahrscheinlichkeit in Abhängigkeit von der Cashflow-Entwicklung mittels Insolvenzkriterien zustandsabhängig und somit modellendogen abzubilden.

(23) In der Literatur werden die Eigenschaften eines Binomialprozesses – bestehend aus stochastischer (Un-)Abhängigkeit, additiver oder multiplikativer Verknüpfung und (Nicht-)Rekombination der Cashflows – bisweilen fehlerhaft beschrieben. In dieser Arbeit konnten die Begriffe voneinander abgegrenzt und die resultierenden Binomialprozesse, inklusive spezieller Konstellationen, die ein vereinfachtes Vorgehen ermöglichen, anhand von Gleichungen charakterisiert werden.

(24) Binomialmodelle sind als deutliche Vereinfachung der Realität zu werten, können aber ein wertvolles Grundgerüst darstellen, mit dem sich spezielle Bewertungsprobleme – wie die Auswirkungen einer Insolvenz – untersuchen lassen. Ein nicht rekombinierendes Modell mit multiplikativ verknüpften, stochastisch abhängigen Cashflows lässt sich, insbesondere zur Bewertung insolvenzgefährdeter Unternehmen, als angemessene Form der Komplexitätsreduktion erachten.

(25) Folgt man Spremann, kann man zustandsabhängige, dichotome Cashflows als digitale Optionen interpretieren und bewerten. Insbesondere bei insolvenzgefährdeten Unternehmen ist dem Autor zufolge ein Replikationsansatz heranzuziehen. Spremanns Bezeichnungen der Pfadabhängigkeiten sind jedoch irreführend und lassen sich als Formen der stochastischen (Un-)Abhängigkeit auffassen. Da sich Spremann bei der Herleitung der Gleichungen und deren Anwendung in zahlreichen Fehlern verstrickt, können seine Thesen nicht überzeugen.

(26) Das im Rahmen dieser Arbeit entwickelte Modell basiert auf einem nicht rekombinierenden Binomialprozess. Dies lässt sich auf drei Überlegungen zurückführen: Zum einen eignen sich Binomialmodelle dazu, das unsichere Fortbestehen des Unternehmens sowie die zustandsabhängigen Insolvenzkosten explizit zu erfassen. Zum anderen kann sich das problembehaftete Un- und Relevering der Eigenkapitalkosten erübrigen: Sind die stochastischen Abhängigkeiten des Cashflow-Prozesses bekannt, lässt sich das Konzept risikoneutraler Wahrscheinlichkeiten nutzen. Drittens können die Insolvenzwahrscheinlichkeit und die vertraglichen Fremdkapitalzinssätze endogen sowie zeit- und zustandsabhängig bestimmt werden. Die Fremdkapitalgeber lassen sich die Übernahme des Ausfallrisikos durch die vertragliche Festsetzung höherer Fremdkapitalzinsen entlohnen.

(27) Es wurden Bewertungsgleichungen für die autonome Finanzierungspolitik und für die wertorientierte Finanzierungspolitik mit periodischer Anpassung der Fremdkapitalbestände entwickelt. Unter den getroffenen Annahmen

hinsichtlich der Besteuerung im Insolvenzfall bewirken Insolvenzrisiken einen positiven Effekt auf den Unternehmenswert. Der Wert sinkt, wenn die Insolvenzkosten so hoch sind, dass sie den positiven Effekt der Steuervorteile mehr als ausgleichen.

(28) Das Bewertungsmodell dient dazu, sich der realen Bewertungssituation insolvenzgefährdeter Unternehmen anzunähern; zahlreiche Erweiterungsmöglichkeiten sind denkbar: Dies betrifft etwa die Annahmen hinsichtlich der Besteuerung und der Folgen (Liquidation oder (Teil-)Fortführung) einer Insolvenz. Eine Erweiterung des Modells auf ein Unendlichkeitskalkül ist nicht notwendig: Bei einer Ausdehnung der Detailplanungsphase auf eine ausreichend hohe Periodenzahl konvergiert der Unternehmenswert gegen einen Grenzwert. Greift man auf Tabellenkalkulationsprogramme zurück, ist diese Erweiterung unproblematisch.

(29) Für die Anwendung des Bewertungsmodells müssen entweder die Eigenkapitalkosten des unverschuldeten Unternehmens oder die risikoneutralen Wahrscheinlichkeiten vorgegeben werden. Allerdings lässt sich zeigen, dass eine Bewertung über die Eigenkapitalkosten des unverschuldeten Unternehmens oder über die risikoneutralen Wahrscheinlichkeiten nur zu demselben Ergebnis führt, wenn man von Insolvenzkosten abstrahiert. Berücksichtigt man Insolvenzkosten, können Arbitragemöglichkeiten auftreten. Dies stellt einen Widerspruch zu der grundlegenden Prämisse der Arbitragefreiheit des Kapitalmarkts dar. Es wurden erstmals Bedingungen aufgezeigt, unter denen eine arbitragefreie Bewertung gelingt. Abstrahiert man von der expliziten Berücksichtigung von Insolvenzkosten, wird zumindest eine indirekte Form von Insolvenzkosten berücksichtigt: Auch die erhöhten Fremdkapitalzinsen können als Insolvenzkosten aufgefasst werden.

(30) Das Konzept risikoneutraler Wahrscheinlichkeiten stellt in dem Bewertungsmodell ein zentrales Element zur Erfassung der Unsicherheit dar. Dessen Operationalisierbarkeit wird in der Literatur regelmäßig angezweifelt. Im Rahmen dieser Arbeit wurden Möglichkeiten zur Bestimmung der risikoneutralen Wahrscheinlichkeiten sowie der übrigen Parameter des Binomialmodells aufgezeigt. Unplausible Konstellationen der Modellparameter und Variablen lassen sich anhand logischer Wertgrenzen identifizieren. Hierdurch kann die Bandbreite der Unternehmenswerte eingegrenzt und auf Punktschätzungen verdichtet werden. Es ließ sich zeigen, dass der Unternehmenswert in realitätsnahen Bewertungssituationen sensibler auf Schätzfehler bei den Eigenkapitalkosten des unverschuldeten Unternehmens als bei den risikoneutralen Wahrscheinlichkeiten reagiert.

Anhang

Anhang 1: Anzahl der Unternehmensinsolvenzen in Deutschland[1005]

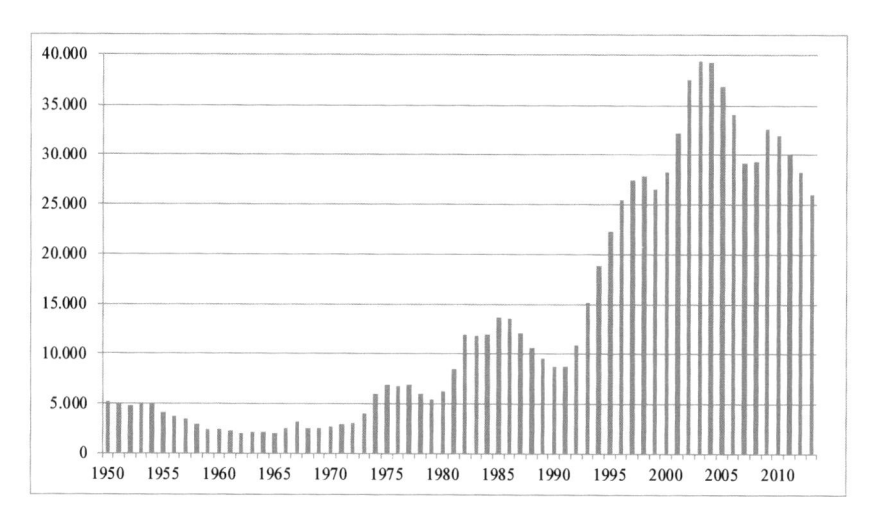

1005 Quelle: eigene Erstellung unter Verwendung der Daten des Statistischen Bundesamtes Deutschland, Fachserie 2, Reihe 4.1, Tabelle 1. Die Daten bis einschließlich 1990 beziehen sich ausschließlich auf das frühere Bundesgebiet. Bis 1998 basieren die Daten auf Konkursen und Vergleichsverfahren ohne Anschlusskonkurse, denen ein eröffnetes Vergleichsverfahren vorausgegangen ist. Seit 1999 dienen die angenommenen Schuldenbereinigungspläne als Referenzgröße.

Anhang 2: Insolvenzeröffnungsgründe in Deutschland[1006]

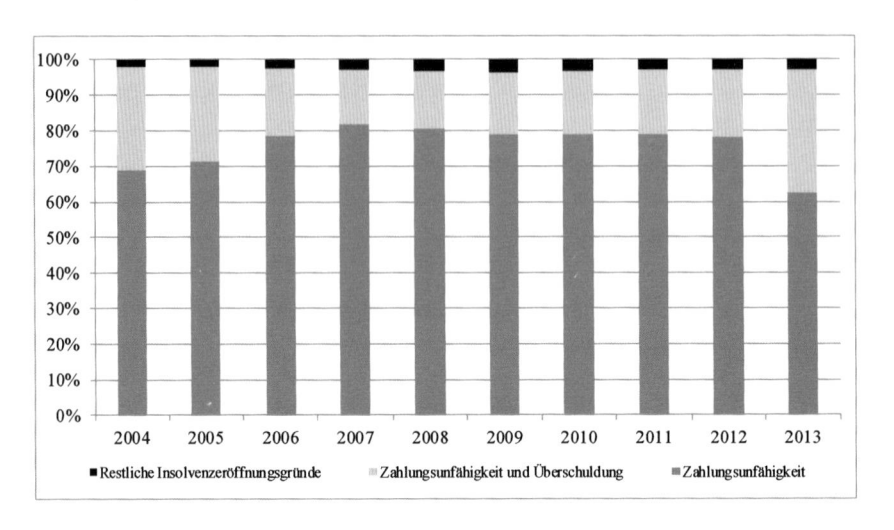

■ Restliche Insolvenzeröffnungsgründe   ■ Zahlungsunfähigkeit und Überschuldung   ■ Zahlungsunfähigkeit

---

1006 Quelle: eigene Erstellung unter Verwendung der Daten des Statistischen Bundesamtes Deutschland, Fachserie 2, Reihe 4.1, Tabelle 10. Unter den restlichen Insolvenzeröffnungsgründen werden die drei Kategorien Überschuldung, drohende Zahlungsunfähigkeit sowie drohende Zahlungsunfähigkeit und Überschuldung subsumiert.

Anhang 3: Herleitung von Gleichung (3.27)[1007]

Der Zusammenhang

$$\tilde{V}_t^{Not} = \tilde{V}_t^{Ges} - \tilde{V}_t^{Dif}$$

bzw.

$$\tilde{V}_t^{Dif} = \tilde{V}_t^{Ges} - \tilde{V}_t^{Not}$$

und somit

$$\tilde{V}_{t-1}^{Dif} = \frac{E\left(\widetilde{FCF}_t^{Ges}\right)}{1+r_t^{Ges}} - \frac{E\left(\widetilde{FCF}_t^{Not}\right)}{1+r_t^{Not}}$$

lässt sich umformulieren in:

$$\tilde{V}_{t-1}^{Dif} = \frac{E\left(\widetilde{FCF}_t^{Ges}\right) \cdot \left(1+r_t^{Not}\right) - E\left(\widetilde{FCF}_t^{Not}\right) \cdot \left(1+r_t^{Ges}\right)}{\left(1+r_t^{Ges}\right) \cdot \left(1+r_t^{Not}\right)}.$$

Annahmegemäß soll $E\left(\widetilde{FCF}_t^{Dif}\right)$ risikolos sein, sodass gilt:

$$\tilde{V}_{t-1}^{Dif} = \frac{E\left(\widetilde{FCF}_t^{Ges}\right) - E\left(\widetilde{FCF}_t^{Not}\right)}{1+r_f}.$$

Durch Gleichsetzen der beiden letzten Zusammenhänge folgt:

$$1+r_f = \frac{\left[E\left(\widetilde{FCF}_t^{Ges}\right) - E\left(\widetilde{FCF}_t^{Not}\right)\right] \cdot \left(1+r_t^{Ges}\right) \cdot \left(1+r_t^{Not}\right)}{E\left(\widetilde{FCF}_t^{Ges}\right) \cdot \left(1+r_t^{Not}\right) - E\left(\widetilde{FCF}_t^{Not}\right) \cdot \left(1+r_t^{Ges}\right)}$$

1007 Quelle: eigene Herleitung.

bzw.

$$r_f = \frac{\left[E\left(\widetilde{FCF}_t^{Ges}\right) - E\left(\widetilde{FCF}_t^{Not}\right)\right] \cdot \left(1 + r_t^{Ges}\right) \cdot \left(1 + r_t^{Not}\right)}{E\left(\widetilde{FCF}_t^{Ges}\right) \cdot \left(1 + r_t^{Not}\right) - E\left(\widetilde{FCF}_t^{Not}\right) \cdot \left(1 + r_t^{Ges}\right)}$$

$$+ \frac{-E\left(\widetilde{FCF}_t^{Ges}\right) \cdot \left(1 + r_t^{Not}\right) + E\left(\widetilde{FCF}_t^{Not}\right) \cdot \left(1 + r_t^{Ges}\right)}{E\left(\widetilde{FCF}_t^{Ges}\right) \cdot \left(1 + r_t^{Not}\right) - E\left(\widetilde{FCF}_t^{Not}\right) \cdot \left(1 + r_t^{Ges}\right)}.$$

Nach Ausmultiplizieren der Klammern und Kürzen folgt:

$$r_f = \frac{r_t^{Ges} \cdot E\left(\widetilde{FCF}_t^{Ges}\right) + r_t^{Ges} \cdot r_t^{Not} \cdot E\left(\widetilde{FCF}_t^{Ges}\right)}{E\left(\widetilde{FCF}_t^{Ges}\right) + r_t^{Not} \cdot E\left(\widetilde{FCF}_t^{Ges}\right) - E\left(\widetilde{FCF}_t^{Not}\right) - r_t^{Ges} \cdot E\left(\widetilde{FCF}_t^{Not}\right)}$$

$$+ \frac{-r_t^{Not} \cdot E\left(\widetilde{FCF}_t^{Not}\right) - r_t^{Ges} \cdot r_t^{Not} \cdot E\left(\widetilde{FCF}_t^{Not}\right)}{E\left(\widetilde{FCF}_t^{Ges}\right) + r_t^{Not} \cdot E\left(\widetilde{FCF}_t^{Ges}\right) - E\left(\widetilde{FCF}_t^{Not}\right) - r_t^{Ges} \cdot E\left(\widetilde{FCF}_t^{Not}\right)}.$$

Wird der Zähler um $r_t^{Ges} \cdot E\left(\widetilde{FCF}_t^{Not}\right) - r_t^{Ges} \cdot E\left(\widetilde{FCF}_t^{Not}\right)$ erweitert und der Nenner um $r_t^{Not} \cdot E\left(\widetilde{FCF}_t^{Not}\right) - r_t^{Not} \cdot E\left(\widetilde{FCF}_t^{Not}\right)$ ergänzt, resultiert folgende Gleichung:

$$r_f = \frac{r_t^{Ges} \cdot \left[E\left(\widetilde{FCF}_t^{Ges}\right) - E\left(\widetilde{FCF}_t^{Not}\right)\right] \cdot \left(1 + r_t^{Not}\right) - E\left(\widetilde{FCF}_t^{Not}\right) \cdot \left(r_t^{Not} - r_t^{Ges}\right)}{\left[E\left(\widetilde{FCF}_t^{Ges}\right) - E\left(\widetilde{FCF}_t^{Not}\right)\right] \cdot \left(1 + r_t^{Not}\right) + E\left(\widetilde{FCF}_t^{Not}\right) \cdot \left(r_t^{Not} - r_t^{Ges}\right)}.$$

Erweitert man den Kalkül um den Term $1 / \left[E\left(\widetilde{FCF}_t^{Not}\right) \cdot \left(r_t^{Not} - r_t^{Ges}\right)\right]$, folgt:

$$r_f = \frac{\dfrac{r_t^{Ges} \cdot \left[E\left(\widetilde{FCF}_t^{Ges}\right) - E\left(\widetilde{FCF}_t^{Not}\right)\right] \cdot \left(1 + r_t^{Not}\right) - E\left(\widetilde{FCF}_t^{Not}\right) \cdot \left(r_t^{Not} - r_t^{Ges}\right)}{E\left(\widetilde{FCF}_t^{Not}\right) \cdot \left(r_t^{Not} - r_t^{Ges}\right)}}{\dfrac{\left[E\left(\widetilde{FCF}_t^{Ges}\right) - E\left(\widetilde{FCF}_t^{Not}\right)\right] \cdot \left(1 + r_t^{Not}\right) + E\left(\widetilde{FCF}_t^{Not}\right) \cdot \left(r_t^{Not} - r_t^{Ges}\right)}{E\left(\widetilde{FCF}_t^{Not}\right) \cdot \left(r_t^{Not} - r_t^{Ges}\right)}}.$$

Weitere Umformungen führen zu:

$$1+r_f \cdot \left[1+ \frac{\left[E\left(\widetilde{FCF}_t^{Ges}\right) - E\left(\widetilde{FCF}_t^{Not}\right) \right] \cdot \left(1+r_t^{Not}\right)}{E\left(\widetilde{FCF}_t^{Not}\right) \cdot \left(r_t^{Not} - r_t^{Ges}\right)} \right]$$

$$= \frac{r_t^{Ges} \cdot \left[E\left(\widetilde{FCF}_t^{Ges}\right) - E\left(\widetilde{FCF}_t^{Not}\right) \right] \cdot \left(1+r_t^{Not}\right)}{E\left(\widetilde{FCF}_t^{Not}\right) \cdot \left(r_t^{Not} - r_t^{Ges}\right)}$$

bzw.

$$1+r_f + \frac{r_f \cdot \left[E\left(\widetilde{FCF}_t^{Ges}\right) - E\left(\widetilde{FCF}_t^{Not}\right) \right] \cdot \left(1+r_t^{Not}\right)}{E\left(\widetilde{FCF}_t^{Not}\right) \cdot \left(r_t^{Not} - r_t^{Ges}\right)}$$

$$= \frac{r_t^{Ges} \cdot \left[E\left(\widetilde{FCF}_t^{Ges}\right) - E\left(\widetilde{FCF}_t^{Not}\right) \right] \cdot \left(1+r_t^{Not}\right)}{E\left(\widetilde{FCF}_t^{Not}\right) \cdot \left(r_t^{Not} - r_t^{Ges}\right)}.$$

Umstellen führt zu:

$$1+r_f = \frac{\left(r_t^{Ges} - r_f\right) \cdot \left[E\left(\widetilde{FCF}_t^{Ges}\right) - E\left(\widetilde{FCF}_t^{Not}\right) \right] \cdot \left(1+r_t^{Not}\right)}{E\left(\widetilde{FCF}_t^{Not}\right) \cdot \left(r_t^{Not} - r_t^{Ges}\right)}.$$

Auflösen nach r_t^{Not} führt zu:

$$r_t^{Not} = r_t^{Ges} + \frac{\left(r_t^{Ges} - r_f\right) \cdot \left[E\left(\widetilde{FCF}_t^{Ges}\right) - E\left(\widetilde{FCF}_t^{Not}\right) \right] \cdot \left(1+r_t^{Not}\right)}{\left(1+r_f\right) \cdot E\left(\widetilde{FCF}_t^{Not}\right)}$$

bzw.

$$r_t^{Not} = r_t^{Ges} + \left(r_t^{Ges} - r_f\right) \cdot \frac{\dfrac{\left[E\left(\widetilde{FCF}_t^{Ges}\right) - E\left(\widetilde{FCF}_t^{Not}\right)\right]}{1+r_f}}{\dfrac{E\left(\widetilde{FCF}_t^{Not}\right)}{1+r_t^{Not}}}$$

und somit

$$r_t^{Not} = r_t^{Ges} + \left(r_t^{Ges} - r_f\right) \cdot \frac{\widetilde{V}_{t-1}^{Dif}}{\widetilde{V}_{t-1}^{Not}}.$$

Anhang 4: Herleitung von Gleichung (3.68)[1008]

Der Zusammenhang

$$\tilde{V}_t^{Not} = \tilde{V}_t^{Ges} - \tilde{V}_t^{Dif}$$

bzw.

$$\tilde{V}_t^{Dif} = \tilde{V}_t^{Ges} - \tilde{V}_t^{Not}$$

und somit

$$\tilde{V}_{t-1}^{Dif} = \frac{E\left(\widetilde{FCF}_t^{Ges}\right)}{1+r_t^{Ges}} - \frac{E\left(\widetilde{FCF}_t^{Not}\right)}{1+r_t^{Not}}$$

lässt sich umformulieren in:

$$\tilde{V}_{t-1}^{Dif} = \frac{E\left(\widetilde{FCF}_t^{Ges}\right)\cdot\left(1+r_t^{Not}\right) - E\left(\widetilde{FCF}_t^{Not}\right)\cdot\left(1+r_t^{Ges}\right)}{\left(1+r_t^{Ges}\right)\cdot\left(1+r_t^{Not}\right)}.$$

Im Unterschied zu Gleichung (3.27) soll $E\left(\widetilde{FCF}_t^{Dif}\right)$ nicht risikolos sein, sodass gilt:

$$\tilde{V}_{t-1}^{Dif} = \frac{\left[E\left(\widetilde{FCF}_t^{Ges}\right) - E\left(\widetilde{FCF}_t^{Not}\right)\right]}{1+r_t^{Dif}}.$$

Durch Gleichsetzen der beiden letzten Zusammenhänge folgt:

$$1+r_t^{Dif} = \frac{\left[E\left(\widetilde{FCF}_t^{Ges}\right) - E\left(\widetilde{FCF}_t^{Not}\right)\right]\cdot\left(1+r_t^{Ges}\right)\cdot\left(1+r_t^{Not}\right)}{E\left(\widetilde{FCF}_t^{Ges}\right)\cdot\left(1+r_t^{Not}\right) - E\left(\widetilde{FCF}_t^{Not}\right)\cdot\left(1+r_t^{Ges}\right)}$$

bzw.

$$r_t^{Dif} = \frac{\left[E\left(\widetilde{FCF}_t^{Ges}\right) - E\left(\widetilde{FCF}_t^{Not}\right)\right]\cdot\left(1+r_t^{Ges}\right)\cdot\left(1+r_t^{Not}\right)}{E\left(\widetilde{FCF}_t^{Ges}\right)\cdot\left(1+r_t^{Not}\right) - E\left(\widetilde{FCF}_t^{Not}\right)\cdot\left(1+r_t^{Ges}\right)}$$

1008 Quelle: eigene Herleitung.

$$+\frac{-E\left(\widetilde{FCF}_t^{Ges}\right)\cdot\left(1+r_t^{Not}\right)+E\left(\widetilde{FCF}_t^{Not}\right)\cdot\left(1+r_t^{Ges}\right)}{E\left(\widetilde{FCF}_t^{Ges}\right)\cdot\left(1+r_t^{Not}\right)-E\left(\widetilde{FCF}_t^{Not}\right)\cdot\left(1+r_t^{Ges}\right)}.$$

Nach Ausmultiplizieren der Klammern und Kürzen folgt:

$$r_t^{Dif}=\frac{r_t^{Ges}\cdot E\left(\widetilde{FCF}_t^{Ges}\right)+r_t^{Ges}\cdot r_t^{Not}\cdot E\left(\widetilde{FCF}_t^{Ges}\right)}{E\left(\widetilde{FCF}_t^{Ges}\right)+r_t^{Not}\cdot E\left(\widetilde{FCF}_t^{Ges}\right)-E\left(\widetilde{FCF}_t^{Not}\right)-r_t^{Ges}\cdot E\left(\widetilde{FCF}_t^{Not}\right)}$$

$$-\frac{r_t^{Not}\cdot E\left(\widetilde{FCF}_t^{Not}\right)+r_t^{Ges}\cdot r_t^{Not}\cdot E\left(\widetilde{FCF}_t^{Not}\right)}{E\left(\widetilde{FCF}_t^{Ges}\right)+r_t^{Not}\cdot E\left(\widetilde{FCF}_t^{Ges}\right)-E\left(\widetilde{FCF}_t^{Not}\right)-r_t^{Ges}\cdot E\left(\widetilde{FCF}_t^{Not}\right)}.$$

Wird der Zähler um $r_t^{Ges}\cdot E\left(\widetilde{FCF}_t^{Not}\right)-r_t^{Ges}\cdot E\left(\widetilde{FCF}_t^{Not}\right)$ erweitert und der Nenner um $r_t^{Not}\cdot E\left(\widetilde{FCF}_t^{Not}\right)-r_t^{Not}\cdot E\left(\widetilde{FCF}_t^{Not}\right)$ ergänzt, resultiert folgende Gleichung:

$$r_t^{Dif}=\frac{r_t^{Ges}\cdot\left[E\left(\widetilde{FCF}_t^{Ges}\right)-E\left(\widetilde{FCF}_t^{Not}\right)\right]\cdot\left(1+r_t^{Not}\right)}{\left[E\left(\widetilde{FCF}_t^{Ges}\right)-E\left(\widetilde{FCF}_t^{Not}\right)\right]\cdot\left(1+r_t^{Not}\right)+E\left(\widetilde{FCF}_t^{Not}\right)\cdot\left(r_t^{Not}-r_t^{Ges}\right)}$$

$$+\frac{-E\left(\widetilde{FCF}_t^{Not}\right)\cdot\left(r_t^{Not}-r_t^{Ges}\right)}{\left[E\left(\widetilde{FCF}_t^{Ges}\right)-E\left(\widetilde{FCF}_t^{Not}\right)\right]\cdot\left(1+r_t^{Not}\right)+E\left(\widetilde{FCF}_t^{Not}\right)\cdot\left(r_t^{Not}-r_t^{Ges}\right)}.$$

Erweitert man den Kalkül um den Term $1/\left[E\left(\widetilde{FCF}_t^{Not}\right)\cdot\left(r_t^{Not}-r_t^{Ges}\right)\right]$, folgt:

$$r_t^{Dif}=\frac{\dfrac{r_t^{Ges}\cdot\left[E\left(\widetilde{FCF}_t^{Ges}\right)-E\left(\widetilde{FCF}_t^{Not}\right)\right]\left(1+r_t^{Not}\right)-E\left(\widetilde{FCF}_t^{Not}\right)\cdot\left(r_t^{Not}-r_t^{Ges}\right)}{E\left(\widetilde{FCF}_t^{Not}\right)\cdot\left(r_t^{Not}-r_t^{Ges}\right)}}{\dfrac{\left[E\left(\widetilde{FCF}_t^{Ges}\right)-E\left(\widetilde{FCF}_t^{Not}\right)\right]\cdot\left(1+r_t^{Not}\right)+E\left(\widetilde{FCF}_t^{Not}\right)\cdot\left(r_t^{Not}-r_t^{Ges}\right)}{E\left(\widetilde{FCF}_t^{Not}\right)\cdot\left(r_t^{Not}-r_t^{Ges}\right)}}.$$

Weitere Umformungen führen zu:

$$1 + r_t^{Dif} \cdot \left[1 + \frac{\left[E\left(\widetilde{FCF}_t^{Ges}\right) - E\left(\widetilde{FCF}_t^{Not}\right) \right] \cdot \left(1 + r_t^{Not}\right)}{E\left(\widetilde{FCF}_t^{Not}\right) \cdot \left(r_t^{Not} - r_t^{Ges}\right)} \right]$$

$$= \frac{r_t^{Ges} \cdot \left[E\left(\widetilde{FCF}_t^{Ges}\right) - E\left(\widetilde{FCF}_t^{Not}\right) \right] \cdot \left(1 + r_t^{Not}\right)}{E\left(\widetilde{FCF}_t^{Not}\right) \cdot \left(r_t^{Not} - r_t^{Ges}\right)}$$

bzw.

$$1 + r_t^{Dif} + \frac{r_t^{Dif} \cdot \left[E\left(\widetilde{FCF}_t^{Ges}\right) - E\left(\widetilde{FCF}_t^{Not}\right) \right] \cdot \left(1 + r_t^{Not}\right)}{E\left(\widetilde{FCF}_t^{Not}\right) \cdot \left(r_t^{Not} - r_t^{Ges}\right)}$$

$$= \frac{r_t^{Ges} \cdot \left[E\left(\widetilde{FCF}_t^{Ges}\right) - E\left(\widetilde{FCF}_t^{Not}\right) \right] \cdot \left(1 + r_t^{Not}\right)}{E\left(\widetilde{FCF}_t^{Not}\right) \cdot \left(r_t^{Not} - r_t^{Ges}\right)}.$$

Umstellen führt zu:

$$1 + r_t^{Dif} = \frac{\left(r_t^{Ges} - r_t^{Dif}\right) \cdot \left[E\left(\widetilde{FCF}_t^{Ges}\right) - E\left(\widetilde{FCF}_t^{Not}\right) \right] \cdot \left(1 + r_t^{Not}\right)}{E\left(\widetilde{FCF}_t^{Not}\right) \cdot \left(r_t^{Not} - r_t^{Ges}\right)}.$$

Auflösen nach r_t^{Not} führt zu:

$$r_t^{Not} = r_t^{Ges} + \frac{\left(r_t^{Ges} - r_t^{Dif}\right) \cdot \left[E\left(\widetilde{FCF}_t^{Ges}\right) - E\left(\widetilde{FCF}_t^{Not}\right) \right] \cdot \left(1 + r_t^{Not}\right)}{\left(1 + r_t^{Dif}\right) \cdot E\left(\widetilde{FCF}_t^{Not}\right)}$$

bzw.

$$r_t^{Not} = r_t^{Ges} + \left(r_t^{Ges} - r_t^{Dif}\right) \cdot \frac{\dfrac{\left[E\left(\widetilde{FCF}_t^{Ges}\right) - E\left(\widetilde{FCF}_t^{Not}\right)\right]}{1+r_t^{Dif}}}{\dfrac{E\left(\widetilde{FCF}_t^{Not}\right)}{1+r_t^{Not}}}$$

und somit

$$r_t^{Not} = r_t^{Ges} + \left(r_t^{Ges} - r_t^{Dif}\right) \cdot \frac{\widetilde{V}_{t-1}^{Dif}}{\widetilde{V}_{t-1}^{Not}}.$$

Anhang 5: Übersicht über den Verlauf des Unternehmenswerts, der Kovarianz $Cov(\tilde{r}_t^j, \tilde{r}_t^M)$ und des Betafaktors in Abhängigkeit von $E(\widetilde{FCF}_t^j + \tilde{V}_t^j)$ und dem Vorzeichen von der Kovarianz $Cov(\widetilde{FCF}_t^j + \tilde{V}_t^j, \tilde{r}_t^M)$ [1009]

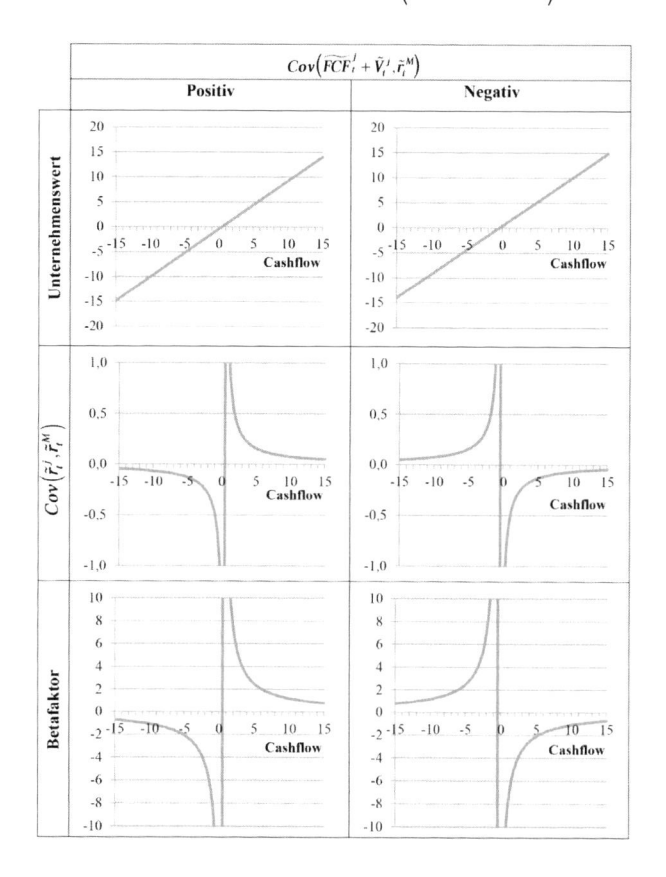

[1009] Quelle: eigene Berechnungen. Die Berechnungen basieren auf den Annahmen $r_f = 4\,\%$, $E(\tilde{r}^M) = 8\,\%$, $std(\tilde{r}^M) = 25\,\%$, $\lambda = 0{,}64$ und $Cov(\widetilde{FCF}^j + \tilde{V}^j, \tilde{r}^M) = 0{,}6818$ bzw. $Cov(\widetilde{FCF}^j + \tilde{V}^j, \tilde{r}^M) = -0{,}6818$. Veränderte Annahmen führend zu qualitativ identischen Ergebnissen. Es sollen hier keine Aussagen darüber getroffen werden, ob sämtliche hier dargestellte Konstellationen ökonomisch sinnvoll oder in realen Bewertungssituationen beobachtbar sind.

Anhang 6: Übersicht über den Verlauf der Risikoprämie, des Diskontierungszinssatzes und des Zinsfaktors in Abhängigkeit von $E\left(\widetilde{FCF}_t^j + \tilde{V}_t^j\right)$ und dem Vorzeichen von der Kovarianz $Cov\left(\widetilde{FCF}_t^j + \tilde{V}_t^j, \tilde{r}_t^M\right)$[1010]

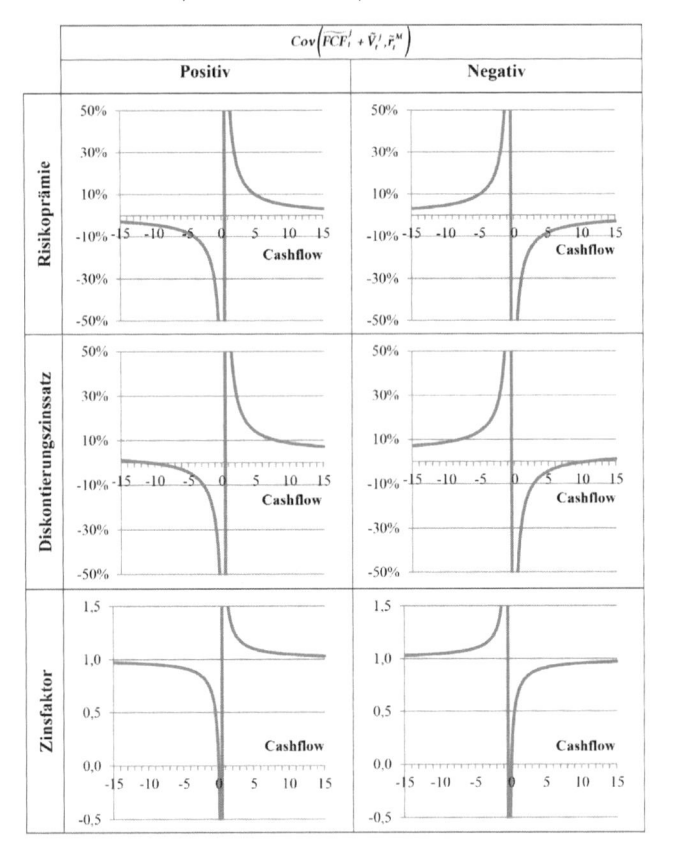

[1010] Quelle: eigene Berechnungen. Die Berechnungen basieren auf den Annahmen $r_f = 4\,\%$, $E(\tilde{r}^M) = 8\,\%$, $std(\tilde{r}^M) = 25\,\%$, $\lambda = 0{,}64$ und $Cov\left(\widetilde{FCF}^j + \tilde{V}^j, \tilde{r}^M\right) = 0{,}6818$ bzw. $Cov\left(\widetilde{FCF}^j + \tilde{V}^j, \tilde{r}^M\right) = -0{,}6818$. Veränderte Annahmen führend zu qualitativ identischen Ergebnissen. Es sollen hier keine Aussagen darüber getroffen werden, ob sämtliche hier dargestellte Konstellationen ökonomisch sinnvoll oder in realen Bewertungssituationen beobachtbar sind.

Anhang 7: Systematisierung der Nullstellen und Definitionslücken[1011]

	Risikozuschlagsmethode	Sicherheitsäquivalentmethode
$E(\widetilde{FCF}_t^j + \tilde{V}_t^j) = 0$	Zähler- und Nennerproblem Aber: Stetig behebbare Definitionslücke	$\tilde{V}_{t-1}^j = \dfrac{-\lambda_t \cdot Cov(\widetilde{FCF}_t^j + \tilde{V}_t^j, \tilde{r}_t^M)}{1+r_f}$
$E(\widetilde{FCF}_t^j + \tilde{V}_t^j) = \lambda_t \cdot Cov(\widetilde{FCF}_t^j + \tilde{V}_t^j, \tilde{r}_t^M)$	$\tilde{V}_{t-1}^j = \dfrac{\lambda_t \cdot Cov(\widetilde{FCF}_t^j + \tilde{V}_t^j, \tilde{r}_t^M)}{1+r_f + \lambda_t \cdot Cov(\tilde{r}_t^j, \tilde{r}_t^M)}$ Aber: Polstelle des Betafaktors und Diskontierungszinssatzes	Zählerproblem $\tilde{V}_{t-1}^j = 0$
$1+r_f = 0$	$\tilde{V}_{t-1}^j = \dfrac{E(\widetilde{FCF}_t^j + \tilde{V}_t^j)}{\lambda_t \cdot Cov(\tilde{r}_t^j, \tilde{r}_t^M)}$	Nennerproblem

---

1011 Quelle: eigene Berechnungen.

Anhang 8: DCF-Verfahren mit konstanten Eingangsparametern[1012]

Annahmen:

Parameter	Wert
r_f	4 %
r^{FK}	6 %
r^M	10 %
β_{EK}^U	1
g	3 %
τ	30 %
β^{FK}	0,33
r_{EK}^U	10 %

Phasenmodell bei wertorientierter Finanzierungspolitik
Kontinuierliche Anpassung des Fremdkapitalbestands (Harris/Pringle)

Periode	0	1	2	3	4	5 ff.
$E(\widetilde{FCF_t})$		1.000,00	1.100,00	1.300,00	1.400,00	1.442,00
FKQ_t	40 %	30 %	50 %	40 %	30 %	
l_t	67 %	43 %	100 %	67 %	43 %	
$r_{EK,t}^L$		12,67 %	11,71 %	14,00 %	12,67 %	11,71 %
$r_{EK,t}^L$ (über $\beta_{EK,t}^L$)		12,67 %	11,71 %	14,00 %	12,67 %	11,71 %
$\beta_{EK,t}^L$		1,44	1,29	1,67	1,44	1,29

1012 Quelle: eigene Berechnungen. Grau hinterlegte Felder kennzeichnen Annahmen.

TCF-Verfahren	0	1	2	3	4	5 ff.
$E(\widetilde{TCF_t})$		1.140,14	1.209,46	1.489,80	1.556,29	1.562,54
$WACC_t^{TCF}$		10,00 %	10,00 %	10,00 %	10,00 %	10,00 %
GK_0	19.464,54					

FCF-Verfahren	0	1	2	3	4	5 ff.
$E(\widetilde{FCF_t})$		1.000,00	1.100,00	1.300,00	1.400,00	1.442,00
$WACC_t^{FCF}$ (Textbook)		9,28 %	9,46 %	9,10 %	9,28 %	9,46 %
$WACC_t^{TCF}$		9,28 %	9,46 %	9,10 %	9,28 %	9,46 %
$E(\widetilde{GK_t})$	19.464,54	20.270,85	21.088,47	21.707,52	22.321,98	

FTE-Verfahren	0	1	2	3	4	5 ff.
$E(\widetilde{FTE_t})$		-1.031,57	5.307,57	-1.004,08	-951,10	1.361,64
$r_{EK,t}^L$		12,67 %	11,71 %	14,00 %	12,67 %	11,71 %
$E(\widetilde{FK_t})$	7.785,82	6.081,25	10.544,24	8.683,01	6.696,59	
$E(\widetilde{GK_t})$	19.464,54	20.270,85	21.088,47	21.707,52	22.321,98	

APV-Verfahren	0	1	2	3	4	5 ff.
$E(\widetilde{FCF_t})$		1.000,00	1.100,00	1.300,00	1.400,00	1.442,00
$E(\widetilde{TS_t})$		140,14	109,46	189,80	156,29	120,54
GK_0	19.464,54					

Phasenmodell bei wertorientierter Finanzierungspolitik
Periodische Anpassung des Fremdkapitalbestands (Miles/Ezzell)

Periode	0	1	2	3	4	5 ff.
$E(\widetilde{FCF_t})$		1.000,00	1.100,00	1.300,00	1.400,00	1.442,00
FKQ_t	40 %	30 %	50 %	40 %	30 %	
l_t	67 %	43 %	100 %	67 %	43 %	
$r^L_{EK,t}$		12,62 %	11,69 %	13,93 %	12,62 %	11,69 %
$r^L_{EK,t}$ (über $\beta^L_{EK,t}$)		12,62 %	11,69 %	13,93 %	12,62 %	11,69 %
$\beta^L_{EK,t}$		1,44	1,28	1,66	1,44	1,28

TCF-Verfahren	0	1	2	3	4	5 ff.
$E(\widetilde{TCF_t})$		1.140,63	1.209,83	1.490,43	1.556,80	1.562,92
$WACC^{TCF}_t$		9,97 %	9,98 %	9,97 %	9,97 %	9,98 %
GK_0	19.532,05					

FCF-Verfahren	0	1	2	3	4	5 ff.
$E(\widetilde{FCF_t})$		1.000,00	1.100,00	1.300,00	1.400,00	1.442,00
$WACC^{FCF}_t$ (Textbook)		9,25 %	9,44 %	9,07 %	9,25 %	9,44 %
$WACC^{TCF}_t$		9,25 %	9,44 %	9,07 %	9,25 %	9,44 %
$E(\widetilde{GK_t})$	19.532,05	20.339,31	21.159,27	21.777,57	22.392,62	

FTE-Verfahren	0	1	2	3	4	5 ff.
$E(\widetilde{FTE_t})$		-1039,16	5321,56	-1.012,95	-959,11	1.361,39
$r^L_{EK,t}$		12,62 %	11,69 %	13,93 %	12,62 %	11,69 %
$E(\widetilde{FK_t})$	7.812,82	6.101,79	10.579,63	8.711,03	6.717,78	
$E(\widetilde{GK_t})$	19.532,05	20.339,31	21.159,27	21.777,57	22.392,62	

APV-Verfahren	0	1	2	3	4	5 ff.
$E(\widetilde{FCF_t})$		1.000,00	1.100,00	1.300,00	1.400,00	1.442,00
$E(\widetilde{TS_t})$		140,63	109,83	190,43	156,80	120,92
$E(\widetilde{GK_t})$	19.532,05	20.339,31	21.159,27	21.777,57	22.392,62	
$E(\widetilde{EK_t})$	11.719,23	14.237,52	10.579,63	13.066,54	15.674,83	
$E(\widetilde{TS_t})$						1.792,62

Phasenmodell bei autonomer Finanzierungspolitik

Periode	0	1	2	3	4	5 ff.
$E(\widetilde{FCF_t})$		1.000,00	1.100,00	1.300,00	1.400,00	1.442,00
FK_t	7.785,00	6.081,00	10.544,00	8.683,00	6.696,00	
$E(\widetilde{l_t})$	56,70 %	37,31 %	82,94 %	56,92 %	37,36 %	
$r_{EK,t}^L$		11,19 %	10,57 %	12,09 %	11,24 %	10,60 %
$r_{EK,t}^L$ (über $\beta_{EK,t}^L$)		11,19 %	10,57 %	12,09 %	11,24 %	10,60 %
$\beta_{EK,t}^L$		1,20	1,09	1,35	1,21	1,10

TCF-Verfahren	0	1	2	3	4	5 ff.
$E(\widetilde{TCF_t})$		1.140,13	1.209,46	1.489,79	1.556,29	1.562,53
$WACC_t^{TCF}$		9,31 %	9,32 %	9,33 %	9,34 %	9,35 %
GK_0	21.516,27					

FCF-Verfahren	0	1	2	3	4	5 ff.
$E(\widetilde{FCF_t})$		1.000,00	1.100,00	1.300,00	1.400,00	1.442,00
$WACC_t^{FCF}$ (Textbook)		8,66 %	8,84 %	8,51 %	8,69 %	8,86 %
$WACC_t^{TCF}$		8,66 %	8,84 %	8,51 %	8,69 %	8,86 %
GK_0	21.516,27					
$E(\widetilde{V_t^U})$	17.821,19	18.603,31	19.363,64	20.000,00	20.600,00	

FTE-Verfahren	0	1	2	3	4	5 ff.
$E(\widetilde{FTE}_t)$		-1.030,97	5.307,60	-1.003,85	-951,69	1.361,65
$r^L_{EK,t}$		11,19 %	10,57 %	12,09 %	11,24 %	10,60 %
GK_0	21.516,27					

APV-Verfahren	0	1	2	3	4	5 ff.
$E(\widetilde{FCF}_t)$		1.000,00	1.100,00	1.300,00	1.400,00	1.442,00
TS_t		140,13	109,46	189,79	156,29	120,53
$E(\widetilde{GK}_t)$	21.516,27	22.379,96	23.257,44	23.937,64	24.617,60	
$E(\widetilde{EK}_t)$	13.731,27	16.298,96	12.713,44	15.254,64	17.921,60	

Anhang 9: DCF-Verfahren mit variablen Eingangsparametern[1013]

Annahmen:

Periode	0	1	2	3	4	5 ff.
Laufzeit T		10	8	12	11	10
$std(r_t^{FK})$		30,00 %	40,00 %	40,00 %	30,00 %	30,00 %
D_1		1,85	1,97	1,53	1,75	2,16
$N(D_1)$		0,03	0,02	0,06	0,04	0,02
r_t^{FK}		4,48 %	5,48 %	4,70 %	3,79 %	4,37 %
β_t^{FK}		0,08	0,12	0,18	0,13	0,06
$r_{EK,t}^{U}$		10,00 %	11,00 %	9,60 %	10,80 %	11,20 %
$\beta_{EK,t}^{U}$		1,00	1,50	1,40	1,30	1,20
τ		30,00 %	33,00 %	33,00 %	33,00 %	35,00 %
r_t^{M}		10,00 %	9,00 %	8,00 %	9,00 %	10,00 %
r_f		4,00 %	5,00 %	4,00 %	3,00 %	4,00 %
g						3 %

Phasenmodell bei wertorientierter Finanzierungspolitik
Kontinuierliche Anpassung des Fremdkapitalbestands (Harris/Pringle)

Periode	0	1	2	3	4	5 ff.
$E(\widetilde{FCF_t})$		1.000,00	1.100,00	1.300,00	1.400,00	1.442,00
FKQ_t	40 %	30 %	50 %	40 %	30 %	
l_t	67 %	43 %	100 %	67 %	43 %	
$r_{EK,t}^{L}$		13,68 %	13,36 %	14,50 %	15,47 %	14,13 %
$r_{EK,t}^{L}$ (über $\beta_{EK,t}^{L}$)		13,68 %	13,36 %	14,50 %	15,47 %	14,13 %
$\beta_{EK,t}^{L}$		1,61	2,09	2,62	2,08	1,69

1013 Quelle: eigene Berechnungen. Grau hinterlegte Felder kennzeichnen Annahmen.

DCF-Verfahren

TCF-Verfahren	0	1	2	3	4	5 ff.
$E(\widetilde{TCF_t})$		1.089,27	1.193,27	1.438,72	1.490,82	1.527,52
$WACC_t^{TCF}$		10,00 %	11,00 %	9,60 %	10,80 %	11,20 %
GK_0	16.611,48					

FCF-Verfahren	0	1	2	3	4	5 ff.
$E(\widetilde{FCF_t})$		1.000,00	1.100,00	1.300,00	1.400,00	1.442,00
$WACC_t^{FCF}$ (Textbook)		9,46 %	10,46 %	8,82 %	10,30 %	10,74 %
$WACC_t^{TCF}$		9,46 %	10,46 %	8,82 %	10,30 %	10,74 %
$E(\widetilde{GK_t})$	16.611,48	17.183,35	17.880,25	18.158,03	18.628,28	

FTE-Verfahren	0	1	2	3	4	5 ff.
$E(\widetilde{FTE_t})$		-697,89	4.695,75	-658,55	-459,13	1.450,83
$r_{EK,t}^L$		13,68 %	13,36 %	14,50 %	15,47 %	14,13 %
$E(\widetilde{FK_t})$	6.644,59	5.155,01	8.940,12	7.263,21	5.588,48	
$E(\widetilde{GK_t})$	16.611,48	17.183,35	17.880,25	18.158,03	18.628,28	

APV-Verfahren	0	1	2	3	4	5 ff.
$E(\widetilde{FCF_t})$		1.000,00	1.100,00	1.300,00	1.400,00	1.442,00
$E(\widetilde{TS_t})$		89,27	93,27	138,72	90,82	85,52
GK_0	16.611,48					

Phasenmodell bei wertorientierter Finanzierungspolitik
Periodische Anpassung des Fremdkapitalbestands (Miles/Ezzell)

Periode	0	1	2	3	4	5 ff.
$E(\widetilde{FCF_t})$		1.000,00	1.100,00	1.300,00	1.400,00	1.442,00
FKQ_t	40 %	30 %	50 %	40 %	30 %	
l_t	67 %	43 %	100 %	67 %	43 %	
$r_{EK,t}^L$		13,63 %	13,32 %	14,43 %	15,42 %	14,08 %
$r_{EK,t}^L$ (über $\beta_{EK,t}^L$)		13,63 %	13,32 %	14,43 %	15,42 %	14,08 %
$\beta_{EK,t}^L$		1,61	2,08	2,61	2,07	1,68

DCF-Verfahren

TCF-Verfahren	0	1	2	3	4	5 ff.
$E(\widetilde{TCF_t})$		1.089,64	1.193,65	1.439,27	1.491,18	1.527,85
$WACC_t^{TCF}$		9,97 %	10,97 %	9,56 %	10,77 %	11,17 %
GK_0	16.679,04					

FCF-Verfahren	0	1	2	3	4	5 ff.
$E(\widetilde{FCF_t})$		1.000,00	1.100,00	1.300,00	1.400,00	1.442,00
$WACC_t^{FCF}$ (Textbook)		9,43 %	10,43 %	8,79 %	10,27 %	10,71 %
$WACC_t^{TCF}$		9,43 %	10,43 %	8,79 %	10,27 %	10,71 %
$E(\widetilde{GK_t})$	16.679,04	17.252,57	17.951,81	18.229,40	18.700,83	

FTE-Verfahren	0	1	2	3	4	5 ff.
$E(\widetilde{FTE_t})$		−704,99	4710,00	−666,91	−466,63	1.450,87
$r_{EK,t}^L$		13,63 %	13,32 %	14,43 %	15,42 %	14,08 %
$E(\widetilde{FK_t})$	6.671,62	5.175,77	8.975,91	7.291,76	5.610,25	
$E(\widetilde{GK_t})$	16.679,04	17.252,57	17.951,81	18.229,40	18.700,83	

APV-Verfahren	0	1	2	3	4	5 ff.
$E(\widetilde{FCF_t})$		1.000,00	1.100,00	1.300,00	1.400,00	1.442,00
$E(\widetilde{TS_t})$		89,64	93,65	139,27	91,18	85,85
$E(\widetilde{GK_t})$	16.679,04	17.252,57	17.951,81	18.229,40	18.700,83	
$E(\widetilde{EK_t})$	10.007,43	12.076,80	8.975,91	10.937,64	13.090,58	
$E(\widetilde{TS_t})$					1.115,46	

Phasenmodell bei autonomer Finanzierungspolitik

Periode	0	1	2	3	4	5 ff.
$E(\widetilde{FCF_t})$		1.000,00	1.100,00	1.300,00	1.400,00	1.442,00
FK_t	7.785,00	6.081,00	10.544,00	8.683,00	6.696,00	
$E(\tilde{l}_t)$	52,88 %	35,39 %	77,11 %	54,16 %	35,92 %	
$r^L_{EK,t}$		10,33 %	10,66 %	10,74 %	11,29 %	10,81 %
$r^L_{EK,t}$ (über $\beta^L_{EK,t}$)		10,33 %	10,66 %	10,74 %	11,48 %	10,81 %
$\beta^L_{EK,t}$		1,05	1,42	1,68	1,41	1,13

DCF-Verfahren

TCF-Verfahren	0	1	2	3	4	5 ff.
$E(\widetilde{TCF_t})$		1.102,49	1.208,63	1.462,13	1.505,27	1.542,76
$WACC_t^{TCF}$		8,27 %	9,29 %	8,09 %	8,61 %	9,09 %
GK_0	22.505,64					

FCF-Verfahren	0	1	2	3	4	5 ff.
$E(\widetilde{FCF_t})$		1.000,00	1.100,00	1.300,00	1.400,00	1.442,00
$WACC_t^{FCF}$ (Textbook)		7,82 %	8,82 %	7,42 %	8,19 %	8,69 %
$WACC_t^{TCF}$		7,82 %	8,82 %	7,42 %	8,19 %	8,69 %
GK_0	22.505,64					
$E(\tilde{V}_t^U)$	15.585,65	16.144,22	16.820,08	17.134,81	18.487,18	

FTE-Verfahren	0	1	2	3	4	5 ff.
$E(\widetilde{FTE_t})$		-943,14	5.342,44	-890,17	-800,74	1.455,75
$r_{EK,t}^L$		10,33 %	10,66 %	10,74 %	11,29 %	10,81 %
GK_0	22.505,64					

APV-Verfahren	0	1	2	3	4	5 ff.
$E(\widetilde{FCF_t})$		1.000,00	1.100,00	1.300,00	1.400,00	1.442,00
TS_t		102,49	108,63	162,13	105,27	100,76
$E(\widetilde{GK_t})$	22.505,64	23.265,39	24.218,12	24.715,43	25.339,22	
$E(\widetilde{EK_t})$	14.720,64	17.184,39	13.674,12	16.032,43	18.643,22	

Anhang 10: Monte-Carlo-Simulation der Eingangsparameter am Beispiel des FCF-Verfahrens[1014]

Annahmen:
Anzahl der Ziehungen: 10.000

	Erwartungswert	Standardabweichung
$E(\tilde{g})$	3 %	1 %
β_{EK}^{U}	1,20	0,05
r_f	4 %	0,50 %
$E(\tilde{r}^M)$	10 %	1 %

Ergebnisse:

Erwartungswert in EUR	16.896,60
Anteil zwischen 14.500 EUR und 19.500 EUR	72,59 %
Anteil unter 0 EUR	0,00 %

Häufigkeitsverteilung des Gesamtkapitalwerts:

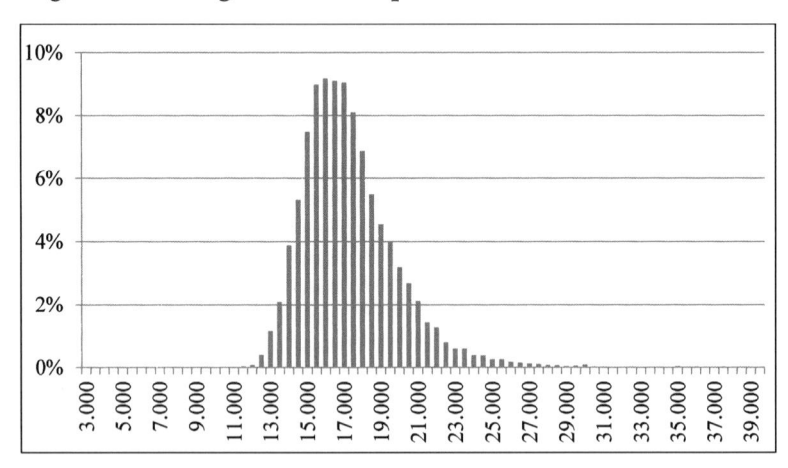

1014 Quelle: eigene Berechnungen. Es gelten die Annahmen des FCF-Verfahrens aus Anhang 9.

Anhang 11: Herleitung von Gleichung (5.10)[1015]

Gegeben ist die Gleichung

$$V_0 = \sum_{t=1}^{\infty} \frac{FCF_0 \cdot (1+g)^t \cdot (1-w)^t}{(1+k)^t}.$$

Demzufolge gilt

$$V_0 = \frac{FCF_0 \cdot (1+g) \cdot (1-w)}{1+k} + \frac{FCF_0 \cdot (1+g)^2 \cdot (1-w)^2}{(1+k)^2} + \cdots$$

Definiert man

$$a = \frac{FCF_0 \cdot (1+g) \cdot (1-w)}{1+k}$$

und

$$b = \frac{(1+g) \cdot (1-w)}{1+k},$$

dann folgt

$$V_0 = a + a \cdot b + a \cdot b^2 + \cdots$$

Multipliziert man diese Gleichung mit b, resultiert

$$V_0 \cdot b = a \cdot b + a \cdot b^2 + a \cdot b^3 + \cdots$$

Subtrahiert man die letzte Gleichung von der vorletzten Gleichung, folgt:

$$V_0 \cdot (1-b) = a$$

und somit

$$V_0 = \frac{a}{1-b}.$$

1015 Quelle: eigene Herleitung. Die Vorgehensweise entspricht derjenigen bei Ballwieser/Hachmeister (2013), S. 234. Die Herleitungen bei Shaffer (2006), S. 79, und Gleißner (2010), S. 736-737, sind unklar.

Durch Einsetzen der Definitionen für a und b resultiert

$$V_0 = \frac{\dfrac{FCF_0 \cdot (1+g) \cdot (1-w)}{1+k}}{1 - \dfrac{(1+g) \cdot (1-w)}{1+k}}$$

und somit

$$V_0 = \frac{FCF_0 \cdot (1-w) \cdot (1+g)}{k + w - g \cdot (1-w)}.$$

Anhang 12: Herleitung von Gleichung (5.17)[1016]

Gegeben ist die Gleichung

$$V_0 = \sum_{t=1}^{\infty} \frac{FCF_0 \cdot (1+g)^t \cdot \left(1-\psi_0 \cdot e^{-\psi \cdot t}\right)^t}{(1+k)^t}.$$

Diese Gleichung lässt sich auch folgendermaßen formulieren:

$$V_0 = \sum_{t=1}^{\infty} \frac{FCF_0 \cdot (1+g)^t}{(1+k)^t} - \sum_{t=1}^{\infty} \frac{FCF_0 \cdot (1+g)^t \cdot \psi_0 \cdot e^{-\psi \cdot t}}{(1+k)^t}$$

bzw.

$$V_0 = \frac{FCF_0 \cdot (1+g)}{k-g} - \sum_{t=1}^{\infty} \frac{FCF_0 \cdot (1+g)^t \cdot \psi_0 \cdot e^{-\psi \cdot t}}{(1+k)^t}.$$

Der zweite Term auf der rechten Seite soll als y bezeichnet werden. Für ihn gilt:

$$y = \frac{FCF_0 \cdot (1+g) \cdot \psi_0 \cdot e^{-\psi}}{(1+k)} + \frac{FCF_0 \cdot (1+g)^2 \cdot \psi_0 \cdot e^{-\psi \cdot 2}}{(1+k)^2} + \ldots$$

Definiert man

$$a = \frac{FCF_0 \cdot (1+g) \cdot \psi_0 \cdot e^{-\psi}}{(1+k)}$$

und

$$b = \frac{e^{-\psi} \cdot (1+g)}{(1+k)},$$

dann folgt für y:

$$y = a + a \cdot b + a \cdot b^2 + \cdots$$

Multipliziert man diese Gleichung mit b, resultiert

$$y \cdot b = a \cdot b + a \cdot b^2 + a \cdot b^3 + \cdots$$

1016 Quelle: eigene Herleitung. Die Vorgehensweise entspricht derjenigen bei Ballwieser/Hachmeister (2013), S. 234. Bei Saha/Malkiel (2012a) wird keine Herleitung der Gleichung geliefert.

Subtrahiert man die letzte Gleichung von der vorletzten Gleichung, folgt:

$y \cdot (1-b) = a$

und somit

$$y = \frac{a}{1-b}.$$

Durch Einsetzen der Definitionen für a und b resultiert

$$y = \frac{\frac{FCF_0 \cdot (1+g) \cdot \psi_0 \cdot e^{-\psi}}{(1+k)}}{1 - \frac{e^{-\psi} \cdot (1+g)}{(1+k)}} = \frac{FCF_0 \cdot (1+g) \cdot \psi_0 \cdot e^{-\psi}}{(1+k) - e^{-\psi} \cdot (1+g)}.$$

Unter Verwendung dieser Gleichung folgt für V_0:

$$V_0 = \frac{FCF_0 \cdot (1+g)}{k-g} - \frac{FCF_0 \cdot (1+g) \cdot \psi_0 \cdot e^{-\psi}}{(1+k) - e^{-\psi} \cdot (1+g)}$$

bzw.

$$V_0 = \frac{FCF_0 \cdot (1+g)}{k-g} - \frac{\frac{FCF_0 \cdot (1+g) \cdot \psi_0}{e^{\psi}}}{\frac{e^{\psi} \cdot (1+k) - (1+g)}{e^{\psi}}}$$

und somit

$$V_0 = \frac{FCF_0 \cdot (1+g)}{k-g} - \frac{FCF_0 \cdot (1+g) \cdot \psi_0}{e^{\psi} \cdot (1+k) - (1+g)}.$$

Umformungen führen zu

$$V_0 = \frac{FCF_0 \cdot (1+g) \cdot \left[e^{\psi} \cdot (1+k) - (1+g) \right] - FCF_0 \cdot (1+g) \cdot \psi_0 \cdot (k-g)}{(k-g) \cdot \left[e^{\psi} \cdot (1+k) - (1+g) \right]}$$

bzw.

$$V_0 = \frac{FCF_0 \cdot (1+g) \cdot \left[e^{\psi} \cdot (1+k) - (1+g) - \psi_0 \cdot (k-g) \right]}{(k-g) \cdot \left[e^{\psi} \cdot (1+k) - (1+g) \right]}$$

und somit

$$V_0 = \frac{FCF_0 \cdot (1+g) \cdot \left[1+g-e^{\psi}\cdot(1+k)+\psi_0\cdot(k-g)\right]}{(k-g)\cdot\left[1+g-e^{\psi}\cdot(1+k)\right]}.$$

Anhang 13: Herleitung von Gleichung (5.21)[1017]

Gegeben ist die Gleichung

$$V_0 = \sum_{t=1}^{\infty} \frac{FCF_0 \cdot \left[\left[(1-w) + w \cdot (1-\pi)\right] \cdot (1+g)\right]^t}{(1+k)^t}.$$

Für diese Gleichung gilt

$$V_0 = \frac{FCF_0 \cdot \left[\left[(1-w) + w \cdot (1-\pi)\right] \cdot (1+g)\right]}{1+k}$$

$$+ \frac{FCF_0 \cdot \left[\left[(1-w) + w \cdot (1-\pi)\right] \cdot (1+g)\right]^2}{(1+k)^2} + \ldots$$

Definiert man

$$a = \frac{FCF_0 \cdot \left[\left[(1-w) + w \cdot (1-\pi)\right] \cdot (1+g)\right]}{1+k}$$

und

$$b = \frac{\left[\left[(1-w) + w \cdot (1-\pi)\right] \cdot (1+g)\right]}{1+k},$$

dann folgt

$$V_0 = a + a \cdot b + a \cdot b^2 + \ldots$$

Multipliziert man diese Gleichung mit b, resultiert

$$V_0 \cdot b = a \cdot b + a \cdot b^2 + a \cdot b^3 + \ldots$$

Subtrahiert man die letzte Gleichung von der vorletzten Gleichung, folgt:

$$V_0 \cdot (1 - b) = a$$

und somit

$$V_0 = \frac{a}{1-b}.$$

1017 Quelle: eigene Herleitung. Die Vorgehensweise entspricht derjenigen bei Ballwieser/Hachmeister (2013), S. 234. Bei Saha/Malkiel (2012b) wird keine Herleitung geliefert.

Durch Einsetzen der Definitionen für a und b resultiert

$$V_0 = \frac{\dfrac{FCF_0 \cdot \left[\left[(1-w) + w \cdot (1-\pi)\right] \cdot (1+g)\right]}{1+k}}{1 - \dfrac{\left[\left[(1-w) + w \cdot (1-\pi)\right] \cdot (1+g)\right]}{1+k}}$$

und somit

$$V_0 = \frac{FCF_0 \cdot (1 - w \cdot \pi) \cdot (1+g)}{k - g + w \cdot \pi \cdot (1+g)}.$$

Anhang 14: Herleitung von Gleichung (5.22)[1018]

Es gelten die Zusammenhänge

$FCF_{t+1} = FCF_t \cdot (1+g)$ mit der Wahrscheinlichkeit p,

$FCF_{t+1} = FCF_t$ mit der Wahrscheinlichkeit $1 - p - w$,

$FCF_{t+1} = 0$ mit der Wahrscheinlichkeit w.

Hiermit lässt sich der folgende Zusammenhang formulieren:

$$V_0 = p \cdot \frac{FCF_0 \cdot (1+g) + V_0^{1+g}}{1+k}$$

$$+ (1-p-w) \cdot \frac{FCF_0 + V_0}{1+k}$$

$$+ w \cdot \frac{0}{1+k}$$

bzw.

$$V_0 = \frac{p \cdot G}{1+k} \cdot FCF_0 + \frac{p}{1+k} \cdot V_0^{1+g}$$

$$+ \frac{(1-p-w)}{1+k} \cdot FCF_0 + \frac{(1-p-w)}{1+k} \cdot V_0$$

$$+ \frac{w}{1+k} \cdot 0.$$

Dabei kennzeichnet V_0^{1+g} den Barwert der Cashflow-Reihe mit dem Startwert $FCF_0 \cdot (1+g)$. Der Faktor von V_0 beträgt:

$$1 - \frac{1-p-w}{1+k}$$

bzw.

$$\frac{k+p+w}{1+k}.$$

1018 Quelle: eigene Herleitung. Die Herleitung bei Fernández (2002), S. 127-128, ist nicht nachvollziehbar.

Der Faktor von FCF_0 beträgt:

$$\frac{p \cdot G}{1+k} + \frac{1-p-w}{1+k}$$

bzw. unter Verwendung der definitorischen Gleichung $G = 1 + g$

$$\frac{p \cdot (G-1) + 1 - w}{1+k}$$

und somit

$$\frac{p \cdot g + 1 - w}{1+k}.$$

Mithilfe dieser Ergebnisse lässt sich die Ausgangsgleichung neu formulieren:

$$\frac{k+p+w}{1+k} \cdot V_0 = \frac{p \cdot g + 1 - w}{1+k} \cdot FCF_0 + \frac{p}{1+k} \cdot V_0^{1+g}.$$

Nach Kürzen und Umstellen nach V_0 folgt:

$$V_0 = \frac{p \cdot g + 1 - w}{k+p+w} \cdot FCF_0 + \frac{p}{k+p+w} \cdot V_0^{1+g}.$$

Definiert man

$$a = \frac{p \cdot g + 1 - w}{k+p+w},$$

$$b = \frac{p}{k+p+w}$$

und

$x = FCF_0$,

dann folgt

$V_0 = a \cdot x + b \cdot V(G \cdot x)$.

Hierfür ist $V(x)$ zu bestimmen. Es gilt:

$V(x) = a \cdot x + b \cdot V(G \cdot x)$

mit

$V(G \cdot x) = a \cdot G \cdot x + b \cdot V(G^2 \cdot x)$.

Somit lässt sich der folgende Zusammenhang formulieren:

$V(x) = a \cdot x + a \cdot x \cdot b \cdot G + b^2 \cdot V(G^2 \cdot x)$.

Für $V(G^2 \cdot x)$ gilt wiederum:

$V(G^2 \cdot x) = a \cdot G^2 \cdot x + b \cdot V(G^3 \cdot x)$.

Folglich lässt sich $V(x)$ wie folgt formulieren:

$V(x) = a \cdot x + a \cdot x \cdot b \cdot G + b^2 \cdot [a \cdot x \cdot G^2 + b \cdot V(G^3 \cdot x)]$

bzw.

$V(x) = a \cdot x + a \cdot x \cdot b \cdot G + a \cdot x \cdot b^2 \cdot G^2 + b^3 \cdot V(G^3 \cdot x)$.

Im Grenzwert gilt:

$$V(x) = \frac{a}{1 - b \cdot G} \cdot x.$$

In der Konsequenz gilt für V_0:

$$V_0 = \frac{a}{1 - b \cdot G} \cdot FCF_0.$$

Mittels Einsetzen der Definitionen von a und b folgt der Zusammenhang:

$$V_0 = \frac{\frac{p \cdot g + 1 - w}{k + p + w}}{1 - \frac{p}{k + p + w} \cdot G} \cdot FCF_0.$$

Nach Umformungen und Kürzen resultiert:

$$V_0 = \frac{FCF_0 \cdot (p \cdot g + 1 - w)}{k + w - p \cdot g}.$$

Anhang 15: Herleitung von Gleichung (5.23)[1019]

Es gelten die Zusammenhänge

$FCF_{t+1} = FCF_t \cdot (1 + g)$ mit der Wahrscheinlichkeit p,

$FCF_{t+1} = FCF_t$ mit der Wahrscheinlichkeit $1 - p - o - w$,

$FCF_{t+1} = FCF_t \cdot (1 - g)$ mit der Wahrscheinlichkeit o,

$FCF_{t+1} = 0$ mit der Wahrscheinlichkeit w.

Hiermit lässt sich der folgende Zusammenhang formulieren:

$$V_0 = \frac{p \cdot (1+g)}{1+k} \cdot FCF_0 + \frac{p}{1+k} \cdot V_0^{1+g}$$
$$+ \frac{1-p-o-w}{1+k} \cdot FCF_0 + \frac{1-p-o-w}{1+k} \cdot V_0$$
$$+ \frac{o \cdot (1-g)}{1+k} \cdot FCF_0 + \frac{o}{1+k} \cdot V_0^{1-g}$$
$$+ \frac{w}{1+k} \cdot 0.$$

Dabei kennzeichnet V_0^{1-g} den Barwert der Cashflow-Reihe mit dem Startwert $FCF_0 \cdot (1 - g)$. Der Faktor von V_0 beträgt:

$$1 - \frac{1-p-o-w}{1+k}$$

bzw.

$$\frac{k+p+o+w}{1+k}.$$

Der Faktor von FCF_0 beträgt:

$$\frac{p \cdot (1+g)}{1+k} + \frac{1-p-o-w}{1+k} + \frac{o \cdot (1-g)}{1+k}$$

[1019] Quelle: eigene Herleitung. Die Herleitung bei Fernández (2002), S. 127-128, ist nicht nachvollziehbar.

bzw.

$$\frac{p \cdot g - o \cdot g - w + 1}{1+k}.$$

Mithilfe dieser Ergebnisse lässt sich die Ausgangsgleichung neu formulieren:

$$\frac{k+p+o+w}{1+k} \cdot V_0 = \frac{p \cdot g - o \cdot g - w + 1}{1+k} \cdot FCF_0$$

$$+ \frac{p}{1+k} \cdot V_0^{1+g}$$

$$+ \frac{o}{1+k} \cdot V_0^{1-g}.$$

Nach Kürzen und Umstellen nach V_0 folgt:

$$V_0 = \frac{p \cdot g - o \cdot g - w + 1}{k+p+o+w} \cdot FCF_0$$

$$+ \frac{p}{k+p+o+w} \cdot V_0^{1+g}$$

$$+ \frac{o}{k+p+o+w} \cdot V_0^{1-g}.$$

Definiert man

$$a = \frac{p \cdot g - o \cdot g - w + 1}{k+p+o+w},$$

$$b = \frac{p}{k+p+o+w},$$

und

$$x = \frac{o}{k+p+o+w},$$

dann folgt analog der Vorgehensweise in Anhang 14 für V_0:

$$V_0 = \frac{a}{1 - b \cdot (1+g) + x \cdot (1-g)} \cdot FCF_0.$$

Mittels Einsetzen der Definitionen von a, b und x folgt der Zusammenhang:

$$V_0 = \frac{\dfrac{p \cdot g - o \cdot g - w + 1}{k + p + o + w}}{1 - \dfrac{p + p \cdot g + o - o \cdot g}{k + p + o + w}} \cdot FCF_0.$$

Nach Umformungen und Kürzen resultiert:

$$V_0 = \frac{FCF_0 \cdot \left[1 - w + (p - o) \cdot g\right]}{k + w - (p - o) \cdot g}.$$

Anhang 16: Herleitung von Gleichung (5.24)[1020]

Es gelten die Zusammenhänge

$FCF_{t+1} = FCF_t \cdot (1+g)$ mit der Wahrscheinlichkeit $(1-w) \cdot p$,

$FCF_{t+1} = FCF_t$ mit der Wahrscheinlichkeit $(1-w) \cdot (1-p)$,

$V_{t+1}(FCF_{t+1}) = (1-\pi) \cdot V_t(FCF_t)$ mit der Wahrscheinlichkeit w.

Hiermit lässt sich der folgende Zusammenhang formulieren:

$$V_0 = (1-w) \cdot p \cdot \frac{FCF_0 \cdot (1+g) + V_0^{1+g}}{1+k}$$

$$+ (1-w) \cdot (1-p) \cdot \frac{FCF_0 + V_0}{1+k}$$

$$+ w \cdot \frac{(1-\pi) \cdot V_0}{1+k}$$

bzw.

$$V_0 = \frac{p \cdot (1-w) \cdot G}{1+k} \cdot FCF_0 + \frac{p \cdot (1-w)}{1+k} \cdot V_0^{1+g}$$

$$+ \frac{(1-w) \cdot (1-p)}{1+k} \cdot FCF_0 + \frac{(1-w) \cdot (1-p)}{1+k} \cdot V_0$$

$$+ \frac{w \cdot (1-\pi)}{1+k} \cdot V_0.$$

Dabei kennzeichnet V_0^{1+g} den Barwert der Cashflow-Reihe mit dem Startwert $FCF_0 \cdot (1+g)$. Der Faktor von V_0 beträgt:

$$1 - \frac{w \cdot (1-\pi)}{1+k} - \frac{(1-w) \cdot (1-p)}{1+k}$$

bzw.

$$\frac{k + \pi \cdot w + p \cdot (1-w)}{1+k}.$$

[1020] Quelle: eigene Herleitung. Ich danke William Hurley für wertvolle Hinweise.

Der Faktor von FCF_0 beträgt:

$$\frac{p\cdot(1-w)\cdot G}{1+k}+\frac{(1-w)\cdot(1-p)}{1+k}$$

bzw.

$$\frac{(1-w)}{1+k}\cdot\left[1+p\cdot(G-1)\right]$$

und unter Verwendung der definitorischen Gleichung $G = 1 + g$ somit

$$\frac{(1-w)}{1+k}\cdot(1+p\cdot g).$$

Mithilfe dieser Ergebnisse lässt sich die Ausgangsgleichung neu formulieren:

$$\frac{k+\pi\cdot w+p\cdot(1-w)}{1+k}\cdot V_0 = \frac{(1-w)}{1+k}\cdot(1+p\cdot g)\cdot FCF_0$$
$$+\frac{p\cdot(1-w)}{1+k}\cdot V_0^{1+g}$$

Nach Kürzen und Umstellen nach V_0 folgt:

$$V_0 = \frac{(1-w)\cdot(1+p\cdot g)\cdot FCF_0}{k+\pi\cdot w+p\cdot(1-w)}+\frac{p\cdot(1-w)\cdot V_0^{1+g}}{k+\pi\cdot w+p\cdot(1-w)}.$$

Definiert man

$$a = \frac{(1-w)\cdot(1+p\cdot g)}{k+\pi\cdot w+p\cdot(1-w)},$$

und

$$b = \frac{p\cdot(1-w)}{k+\pi\cdot w+p\cdot(1-w)},$$

dann folgt analog der Vorgehensweise in Anhang 14 für V_0:

$$V_0 = \frac{a}{1-b\cdot G}\cdot FCF_0.$$

Mittels Einsetzen der Definitionen von a und b folgt der Zusammenhang:

$$V_0 = \frac{\dfrac{(1-w)\cdot(1+p\cdot g)}{k+\pi\cdot w+p\cdot(1-w)}}{1-\dfrac{p\cdot(1-w)}{k+\pi\cdot w+p\cdot(1-w)}\cdot G}\cdot FCF_0.$$

Nach Umformungen und Kürzen resultiert:

$$V_0 = \frac{FCF_0\cdot(1-w)\cdot(1+p\cdot g)}{k+\pi\cdot w-(1-w)\cdot p\cdot g}.$$

Anhang 17: DCF-Verfahren mit deterministischer Ausfallwahrscheinlichkeit[1021]

Annahmen[1022]

FCF_0	1.000	β_{EK}^{U}	1
g	2 %	r_{EK}^{U}	10 %
w	2 %	β^{FK}	0,33
τ	30 %	r^{FK}	6 %
$E(\tilde{r}^M)$	10 %	FKQ	40 %
r_f	4 %	FK_0	4.200

Unendlichkeitskalkül bei wertorientierter Finanzierungspolitik mit kontinuierlicher Anpassung des Fremdkapitalbestands

Allgemein	l	0,67	$l = \dfrac{FKQ}{1-FKQ}$
	r_{EK}^{L}	12,67 %	$r_{EK}^{L} = r_{EK}^{U} + \left(r_{EK}^{U} - r^{FK}\right) \cdot \dfrac{FK}{EK}$
FCF-Verfahren	FCF_1	1.020,00	$FCF_1 = FCF_0 \cdot (1+g)$
	$WACC^{FCF}$	9,29 %	$WACC^{FCF} = \dfrac{EK}{GK} \cdot r_{EK}^{L} + \left[1 - \tau \cdot (1-w)\right] \cdot \dfrac{FK}{GK} \cdot r^{FK}$
	GK_0	10.708,78	$V_0(GK) = \dfrac{FCF_1 \cdot (1-w)}{WACC^{FCF} + p - g \cdot (1-w)}$

1021 Quelle: eigene Berechnungen. Das Kalkül bei wertorientierter Finanzierungspolitik mit kontinuierlicher Anpassung des Fremdkapitalbestands wurde Knabe (2012), S. 95-102, entnommen. Das Kalkül bei wertorientierter Finanzierungspolitik mit periodischer Anpassung des Fremdkapitalbestands sowie das Kalkül bei autonomer Finanzierungspolitik wurden selbst entwickelt.

1022 Die grau hinterlegten Felder stellen Annahmen dar. Während bei wertorientierter Finanzierungspolitik nur die Fremdkapitalquote vorgegeben wird, ist bei autonomer Finanzierungspolitik der Fremdkapitalbestand annahmegemäß bekannt.

TCF-Verfahren	TCF_1	1.097,10	$TCF_1 = FCF_1 + \tau \cdot r^{FK} \cdot FKQ \cdot GK_0$
	$WACC^{TCF}$	10,00 %	$WACC^{TCF} = \dfrac{EK}{GK} \cdot r_{EK}^L + \dfrac{FK}{GK} \cdot r^{FK}$
	GK_0	10.708,78	$V_0(GK) = \dfrac{TCF_1 \cdot (1-w)}{WACC^{TCF} + w - g \cdot (1-w)}$

FTE-Verfahren	FTE_1	816,44	$FTE_1 = TCF_1 \cdot (1-w)$ $-FK_0 \cdot \left(r^{FK} - g + w + g \cdot w\right)$
	FK_0	4.283,51	$FK_0 = GK_0 \cdot FKQ$
	GK_0	10.708,78	$V_0(EK) = \dfrac{FTE_1}{r_{EK}^L + w - g \cdot (1-w)}$

APV-Verfahren	$V_0(FCF)$	12.750,00	$V_0(FCF) = \dfrac{FCF_1}{r_{EK}^U - g}$
	TS_0	752,60	$TS_0 = \dfrac{TS_1 \cdot (1-w)}{r_{EK}^U + w - g \cdot (1-w)}$
	BC_0	2793,82	$BC_0 = \dfrac{FCF_1 \cdot w \cdot (1 + r_{EK}^U)}{(r_{EK}^U - g) \cdot \left[r_{EK}^U + w - g \cdot (1-w)\right]}$
	GK_0	10.708,78	$V_0(GK) = V_0(FCF) + TS_0 - BC_0$

Unendlichkeitskalkül bei wertorientierter Finanzierungspolitik mit periodischer Anpassung des Fremdkapitalbestands

Allgemein	l	0,67	$l = \dfrac{FKQ}{1 - FKQ}$
	r_{EK}^L	12,62 %	siehe Gleichung (5.46)

FCF-Verfahren	FCF_1	1.020,00	$FCF_1 = FCF_0 \cdot (1+g)$
	$WACC^{FCF}$	9,27 %	$WACC^{FCF} = \dfrac{EK}{GK} \cdot r_{EK}^L + \left[1 - \tau \cdot (1-w)\right] \cdot \dfrac{FK}{GK} \cdot r^{FK}$
	GK_0	10.739,41	$V_0(GK) = \dfrac{FCF_1 \cdot (1-w)}{WACC^{FCF} + w - g \cdot (1-w)}$

TCF-Verfahren	TCF_1	1.097,32	$TCF_1 = FCF_1 + \tau \cdot r_{FK} \cdot FKQ \cdot GK_0$
	$WACC^{TCF}$	9,97 %	$WACC^{TCF} = \dfrac{EK}{GK} \cdot r_{EK}^L + \dfrac{FK}{GK} \cdot r^{FK}$
	GK_0	10.739,41	$V_0(GK) = \dfrac{TCF_1 \cdot (1-w)}{WACC^{TCF} + w - g \cdot (1-w)}$

FTE-Verfahren	FTE_1	815,91	$FTE_1 = TCF_1 \cdot (1-w) - FK_0 \cdot (r^{FK} - g + w + g \cdot w)$
	FK_0	4.295,76	$FK_0 = GK_0 \cdot FKQ$
	GK_0	10.739,41	$V_0(EK) = \dfrac{FTE_1}{r_{EK}^L + w - g \cdot (1-w)}$

APV-Verfahren	$V_0(FCF)$	12,750,00	$V_0(FCF) = \dfrac{FCF_1}{r_{EK}^U - g}$
	TS_0	783,24	$TS_0 = \dfrac{TS_1 \cdot (1 + r_{EK}^U) \cdot (1-w)}{\left[r_{EK}^U + w - g \cdot (1-w)\right] \cdot (1 + r^{FK})}$
	BC_0	2793,82	$BC_0 = \dfrac{FCF_1 \cdot w \cdot (1 + r_{EK}^U)}{(r_{EK}^U - g) \cdot \left[r_{EK}^U + w - g \cdot (1-w)\right]}$
	GK_0	10.739,41	$V_0(GK) = V_0(FCF) + TS_0 - BC_0$

Unendlichkeitskalkül bei autonomer Finanzierungspolitik

Allgemein			
	$E(\tilde{l})$	0,44	$E(\tilde{l}) = \dfrac{E(\widetilde{FKQ})}{1 - E(\widetilde{FKQ})}$
	r_{EK}^{L}	11,70 %	siehe Gleichung (5.41)

FCF-Verfahren			
	FCF_1	1.020,00	$FCF_1 = FCF_0 \cdot (1+g)$
	$WACC^{FCF}$	8,90 %	$WACC^{FCF} = \dfrac{EK}{GK} \cdot r_{EK}^{L} + \left[1 - \tau \cdot (1-w)\right] \cdot \dfrac{FK}{GK} \cdot r^{FK}$
	GK_0	11.182,80	$V_0(GK) = \dfrac{FCF_1 \cdot (1-w)}{WACC^{FCF} + w - g \cdot (1-w)}$

TCF-Verfahren			
	TCF_1	1.095,60	$TCF_1 = FCF_1 + \tau \cdot r^{FK} \cdot = FK_0$
	$WACC^{TCF}$	9,56 %	$WACC^{TCF} = \dfrac{EK}{GK} \cdot r_{EK}^{L} + \dfrac{FK}{GK} \cdot r^{FK}$
	GK_0	11.182,80	$V_0(GK) = \dfrac{TCF_1 \cdot (1-w)}{WACC^{TCF} + w - g \cdot (1-w)}$

FTE-Verfahren			
	FTE_1	820,01	$FTE_1 = TCF_1 \cdot (1-w)$ $\quad - FK_0 \cdot \left(r^{FK} - g + w + g \cdot w\right)$
	EK_0	6.982,80	$EK_0 = GK_0 - FK_0$
	GK_0	11.182,80	$V_0(EK) = \dfrac{FTE_1}{r_{EK}^{L} + w - g \cdot (1-w)}$

APV-Verfahren	$V_0(FCF)$	12,750,00	$V_0(FCF) = \dfrac{FCF_1}{r_{EK}^U - g}$
	TS_0	1.226,62	$TS_0 = \dfrac{TS_1 \cdot (1-w)}{r^{FK} + w - g \cdot (1-w)}$
	BC_0	2793,82	$BC_0 = \dfrac{FCF_1 \cdot w \cdot \left(1 + r_{EK}^U\right)}{\left(r_{EK}^U - g\right) \cdot \left[r_{EK}^U + w - g \cdot (1-w)\right]}$
	GK_0	11.182,80	$V_0(GK) = V_0(FCF) + TS_0 - BC_0$

Anhang 18: Stochastisch abhängige Verknüpfungen im Binomialmodell[1023]

Multiplikativer Prozess
$E\left(\widetilde{FCF}_t^U \mid \mathcal{F}_{t-1,\omega}\right) = p \cdot FCF_{t-1,\omega}^U \cdot u_t + (1-p) \cdot FCF_{t-1,\omega}^U \cdot d_t$
$E(\tilde{g}_t) = p \cdot u_t + (1-p) \cdot d_t - 1$
$Var(\tilde{g}_t) = p \cdot \left[u_t - 1 - E(\tilde{g}_t)\right]^2 + (1-p) \cdot \left[d_t - 1 - E(\tilde{g}_t)\right]^2$
$u_t = \left[1 + E(\tilde{g}_t)\right] + std(\tilde{g}_t) \cdot \sqrt{\dfrac{(1-p)}{p}}$
$d_t = \left[1 + E(\tilde{g}_t)\right] - std(\tilde{g}_t) \cdot \sqrt{\dfrac{p}{(1-p)}}$

Additiver Prozess
$E\left(\widetilde{FCF}_t^U \mid \mathcal{F}_{t-1,\omega}\right) = p \cdot \left(FCF_{t-1,\omega}^U + u'_t\right) + (1-p) \cdot \left(FCF_{t-1,\omega}^U + d'_t\right)$
$E(\tilde{g}_t) = \dfrac{p \cdot u'_t + (1-p) \cdot d'_t}{E\left(\widetilde{FCF}_t^U \mid \mathcal{F}_{t-1,\omega}\right)}$

1023 Die Eintrittswahrscheinlichkeit des positiven Umweltzustands p wird vereinfachend als intertemporal konstant angenommen. Quelle: eigene Berechnungen mit teilweiser Anlehnung an Richter (2001), S. 178-182 und S. 190-192; Richter/Drukarczyk (2001), S. 629-630; Richter (2003), S. 63 und S. 71-72; Timmreck (2006), S. 83; Rosarius (2007), S. 72-78.

Additiver Prozess
$$Var(\tilde{g}_t) = p \cdot \left[\frac{u'_t}{E\left(\widetilde{FCF}_t^U \middle| \mathcal{F}_{t-1,\omega}\right)} - E(\tilde{g}_t) \right]^2$$ $$+ (1-p) \cdot \left[\frac{d'_t}{E\left(\widetilde{FCF}_t^U \middle| \mathcal{F}_{t-1,\omega}\right)} - E(\tilde{g}_t) \right]^2$$
$u'_t = FCF_{t+1,u}^U - FCF_{t,\omega}^U$
$d'_t = FCF_{t+1,d}^U - FCF_{t,\omega}^U$

Anhang 19: Stochastisch unabhängige Verknüpfungen im Binomialmodell[1024]

Multiplikativer Prozess
$E\left(\widetilde{FCF}_t^U\right) = p \cdot FCF_0^U \cdot u_{0,t} + (1-p) \cdot FCF_0^U \cdot d_{0,t}$
$E(\tilde{g}_{0,t}) = p \cdot u_{0,t} + (1-p) \cdot d_{0,t} - 1$
$Var(\tilde{g}_{0,t}) = p \cdot \left[u_{0,t} - 1 - E(\tilde{g}_{0,t})\right]^2 + (1-p) \cdot \left[d_{0,t} - 1 - E(\tilde{g}_{0,t})\right]^2$
$u_{0,t} = 1 + E(\tilde{g}_{0,t}) + std(\tilde{g}_{0,t}) \cdot \sqrt{\dfrac{(1-p)}{p}}$
$d_{0,t} = 1 + E(\tilde{g}_{0,t}) - std(\tilde{g}_{0,t}) \cdot \sqrt{\dfrac{p}{(1-p)}}$

Additiver Prozess
$E\left(\widetilde{FCF}_t^U\right) = p \cdot \left(FCF_0^U + u'_{0,t}\right) + (1-p) \cdot \left(FCF_0^U - d'_{0,t}\right)$
$E(\tilde{g}_{0,t}) = \dfrac{p \cdot u'_{0,t} + (1-p) \cdot d'_{0,t}}{FCF_0^U}$
$Var(\tilde{g}_{0,t}) = p \cdot \left[\dfrac{u'_{0,t}}{FCF_0^U} - E(\tilde{g}_{0,t})\right]^2 + (1-p) \cdot \left[\dfrac{d'_{0,t}}{FCF_0^U} - E(\tilde{g}_{0,t})\right]^2$
$u'_{0,t} = FCF_{t,u}^U - FCF_0^U$
$d'_{0,t} = FCF_{t,d}^U - FCF_0^U$

[1024] Die Eintrittswahrscheinlichkeit des positiven Umweltzustands wird vereinfachend als intertemporal konstant angenommen. Quelle: eigene Berechnungen mit teilweiser Anlehnung an Richter (2001), S. 193-194; Rosarius (2007), S. 78-81.

Anhang 20: Spezialfälle symmetrischer Binomialmodelle[1025]

Stochastische Abhängigkeit, multiplikativer Prozess, intertemporal konstante und reziproke Wachstumsfaktoren $u = 1/d$
$E\left(\widetilde{FCF}_t^U \mid \mathcal{F}_{t-1,\omega}\right) = p \cdot FCF_{t-1,\omega}^U \cdot u + (1-p) \cdot FCF_{t-1,\omega}^U \cdot \dfrac{1}{u}$
$E(\tilde{g}) = p \cdot u + (1-p) \cdot \dfrac{1}{u} - 1$
$Var(\tilde{g}) = p \cdot \left[u - 1 - E(\tilde{g})\right]^2 + (1-p) \cdot \left[\dfrac{1}{u} - 1 - E(\tilde{g})\right]^2$
$u = \dfrac{1 + E(\tilde{g})}{2 \cdot p} \pm \sqrt{\left[\dfrac{1 + E(\tilde{g})}{2 \cdot p}\right]^2 - \dfrac{1-p}{p}}$
$d = \dfrac{1}{u}$

Stochastische Abhängigkeit, additiver Prozess, intertemporal konstante und betragsmäßig identische Wachstumsterme $u' = -d'$
$E\left(\widetilde{FCF}_t^U \mid \mathcal{F}_{t-1,\omega}\right) = p \cdot \left(FCF_{t-1,\omega}^U + u'\right) + (1-p) \cdot \left(FCF_{t-1,\omega}^U - u'\right)$
$E(\tilde{g}) = \dfrac{p \cdot u' - (1-p) \cdot u'}{E\left(\widetilde{FCF}_t^U \mid \mathcal{F}_{t-1,\omega}\right)}$
$Var(\tilde{g}) = p \cdot \left[\dfrac{u'}{E\left(\widetilde{FCF}_t^U \mid \mathcal{F}_{t-1,\omega}\right)} - E(\tilde{g})\right]^2 - (1-p) \cdot \left[\dfrac{u'}{E\left(\widetilde{FCF}_t^U \mid \mathcal{F}_{t-1,\omega}\right)} - E(\tilde{g})\right]^2$
$u' = FCF_{t+1,u}^U - FCF_{t,\omega}^U$
$d' = -u'$

1025 Die Eintrittswahrscheinlichkeit des positiven Umweltzustands p wird vereinfachend als intertemporal konstant angenommen. Quelle: eigene Berechnungen mit teilweiser Anlehnung an Richter (2001), S. 178-182 und S. 190-192; Richter/Drukarczyk (2001), S. 629-630; Richter (2003), S. 63 und S. 71-72; Timmreck (2006), S. 83; Rosarius (2007), S. 72-78.

Anhang 21: Spezialfälle symmetrischer Binomialmodelle ($p = 1/2$) [1026]

Stochastische Abhängigkeit, multiplikativer Prozess, intertemporal konstante und reziproke Wachstumsfaktoren $u = 1/d$, $p = 1/2$
$E\left(\widetilde{FCF}_t^U \mid \mathcal{F}_{t-1,\omega}\right) = \dfrac{FCF_{t-1,\omega}^U \cdot \left(u + \dfrac{1}{u}\right)}{2}$
$E(\tilde{g}) = \dfrac{u + \dfrac{1}{u}}{2} - 1$
$Var(\tilde{g}) = \dfrac{1}{2} \cdot \left[\left[u - 1 - E(\tilde{g})\right]^2 + \left[\dfrac{1}{u} - 1 - E(\tilde{g})\right]^2\right]$
$u = 1 + E(\tilde{g}) + \sqrt{\left[1 + E(\tilde{g})\right]^2 - 1}$
$d = \dfrac{1}{u}$

Stochastische Abhängigkeit, additiver Prozess, intertemporal konstante und betragsmäßig identische Wachstumsterme $u' = -d'$, $p = 1/2$
$E\left(\widetilde{FCF}_t^U \mid \mathcal{F}_{t-1,\omega}\right) = FCF_{t-1,\omega}^U$
$E(\tilde{g}) = 0$
$Var(\tilde{g}) = 0$
$u' = FCF_{t+1,u}^U - FCF_{t,\omega}^U$
$d' = -u'$

1026 Quellen: eigene Berechnungen mit teilweiser Anlehnung an Richter (2001), S. 178-182 und S. 190-194; Richter/Drukarczyk (2001), S. 629-630; Richter (2003), S. 63 und S. 71-72; Timmreck (2006), S. 83; Rosarius (2007), S. 72-78.

Anhang 22: Herleitung von Gleichung (6.7)[1027]

Subtrahiert man Gleichung (6.6) von Gleichung (6.5), resultiert:

$$FCF_{t,u}^j - FCF_{t,d}^j = b \cdot (u_t - d_t),$$

$$b = \frac{FCF_{t,u}^j - FCF_{t,d}^j}{(u_t - d_t)} = \frac{RF_t^* \cdot FCF_{t,u}^j - RF_t^* \cdot FCF_{t,d}^j}{RF_t^* \cdot (u_t - d_t)}.$$

Wenn man Gleichung (6.5) mit $(-d)$ multipliziert und Gleichung (6.6) mit u multipliziert und in der Folge die beiden entstehenden Gleichungen addiert, resultiert:

$$-d_t \cdot FCF_{t,u}^j + u_t \cdot -FCF_{t,d}^j = a \cdot RF_t^* \cdot u_t - a \cdot RF_t^* \cdot d_t + b \cdot d_t \cdot u_t - b \cdot d_t \cdot u_t,$$

$$a = \frac{-d_t \cdot FCF_{t,u}^j + u_t \cdot FCF_{t,d}^j}{RF_t^* \cdot (u_t - d_t)}.$$

Unter Verwendung dieser Bestimmungsgleichungen für a und b folgt:

$$V_0^j = a + b = \left[\frac{u_t - RF_t^*}{RF_t^* \cdot (u_t - d_t)}\right] \cdot FCF_{t,d}^j + \left[\frac{RF_t^* - d_t}{RF_t^* \cdot (u_t - d_t)}\right] \cdot FCF_{t,u}^j.$$

1027 Quelle: eigene Herleitung in Anlehnung an die (teilweise fehlerhafte) Herleitung bei Spremann (2004b), S. 118-119.

Anhang 23: Nicht rekombinierender Binomialprozess mit $u_t > 0$ und $d_t < 0$[1028]

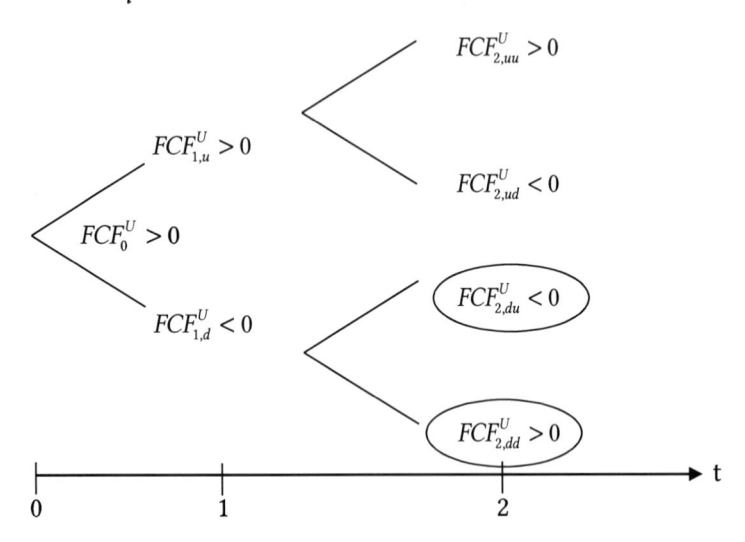

```
                                              FCF^U_{2,uu} > 0
                     FCF^U_{1,u} > 0
                                              FCF^U_{2,ud} < 0
  FCF^U_0 > 0
                                             (FCF^U_{2,du} < 0)
                     FCF^U_{1,d} < 0
                                             (FCF^U_{2,dd} > 0)
  ├──────────────────┼──────────────────────┼──────────────────► t
  0                  1                      2
```

1028 Quelle: eigene Darstellung.

Anhang 24: Risikoneutrale Wahrscheinlichkeiten q_t in Abhängigkeit von der subjektiven Wahrscheinlichkeit p und der Zeit t

Annahmen: $r_f^* = 4\,\%$, $E(\tilde{r}^{M*}) = 8\,\%$, $std(\tilde{r}^{M*}) = 20\,\%$,

Risikoneutrale Wahrscheinlichkeiten q_t bei korrekter Rechnung (in Prozent):[1029]

p \ t	1	2	3	4	5	6	7	8	9	10	15	20
10 %	5,7	4,4	3,6	3,0	2,5	2,2	1,9	1,7	1,5	1,3	0,7	0,4
20 %	12,7	10,3	8,7	7,5	6,5	5,7	5,1	4,5	4,1	3,7	2,3	1,5
30 %	20,5	17,1	14,8	13,0	11,6	10,4	9,4	8,5	7,7	7,0	4,6	3,1
40 %	29,0	24,9	22,0	19,7	17,8	16,2	14,8	13,5	12,4	11,5	7,8	5,5
50 %	38,2	33,6	30,2	27,4	25,1	23,1	21,4	19,8	18,4	17,1	12,3	9,0
60 %	48,1	43,2	39,5	36,4	33,8	31,5	29,4	27,6	25,9	24,3	18,2	13,8
70 %	58,9	54,0	50,2	47,0	44,2	41,7	39,4	37,3	35,4	33,6	26,2	20,7
80 %	70,6	66,2	62,6	59,5	56,8	54,3	51,9	49,7	47,7	45,7	37,4	30,9
90 %	83,7	80,4	77,7	75,2	72,9	70,8	68,7	66,8	64,9	63,0	54,8	47,6

[1029] Quelle: eigene Berechnungen. Gleichung (6.1) ist um den Term $-N^{-1}(1-p)$ zu ergänzen, um verschiedene subjektive Wahrscheinlichkeiten zuzulassen. Vgl. Spremann (2011), S. 91-92. Mithin gilt:

$$q_t = N\left[\left[\left(-E(\tilde{r}_t^{M*}) + r_f^*\right) / std(\tilde{r}_t^{M*}) - std(\tilde{r}_t^{M*})/2\right] \cdot \sqrt{t} - N^{-1}(1-p)\right].$$

Von Spremann ermittelte risikoneutrale Wahrscheinlichkeiten q_t (in Prozent):[1030]

$p \backslash t$	1	2	3	4	5	6	7	8	9	10	15	20
10 %	2,4	1,2	0,6	0,4	0,2	0,1	0,1	0,1	0,0	0,0	0,0	0,0
20 %	6,2	3,4	2,0	1,2	0,8	0,5	0,4	0,2	0,2	0,1	0,0	0,0
30 %	11,0	6,5	4,1	2,7	1,8	1,3	0,9	0,6	0,4	0,3	0,1	0,0
40 %	17,0	10,7	7,1	4,9	3,4	2,5	1,8	1,3	0,9	0,7	0,2	0,0
50 %	24,2	16,1	11,3	8,1	5,9	4,3	3,2	2,4	1,8	1,3	0,3	0,1
60 %	32,8	23,1	16,9	12,6	9,5	7,2	5,5	4,2	3,2	2,5	0,7	0,2
70 %	43,0	32,1	24,6	19,1	14,9	11,7	9,2	7,3	5,8	4,6	1,4	0,5
80 %	55,6	44,1	35,5	28,8	23,5	19,1	15,6	12,8	10,4	8,5	3,1	1,1
90 %	72,0	61,5	52,8	45,3	38,8	33,2	28,4	24,2	20,7	17,6	7,6	3,2

[1030] Quelle: Spremann (2011), S. 91. Spremann ermittelt diese Werte anhand der fehlerhaften Gleichung $q_t = N\left[\left[-\left(E\left(\tilde{r}_t^{M^*}\right)+r_f^*\right)/std\left(\tilde{r}_t^{M^*}\right)-std\left(\tilde{r}_t^{M^*}\right)/2\right]\cdot\sqrt{t}-N^{-1}(1-p)\right]$. Bei Spremann (2006), S. 181-182, wird zwar die korrekte Gleichung verwendet. Die Werte für qt sind jedoch erneut falsch. In der Folge sind (auch aufgrund zusätzlicher Fehler) die entsprechenden Ergebnisse des Rechenbeispiels bei Spremann (2006), S. 175, S. 187 und S. 189, fehlerhaft.

Anhang 25: Herleitung von Gleichung (7.19)[1031]

Liegt in Periode $t-1$ in einem Umweltzustand ein Insolvenzrisiko vor, gilt für den Marktwert des Fremdkapitalbestands FK_{t-1} der folgende Zusammenhang:[1032]

$$FK_{t-1} = \frac{E_Q\left(r_{t-1}^{FK,V} \cdot FK_{t-1} + \tilde{R}_t + FK_t \middle| \mathcal{F}_{t-1,\omega}\right)}{1+r_f}$$

bzw.

$$FK_{t-1} = \frac{\left(r_{t-1,\omega}^{FK,V} \cdot FK_{t-1} + R_{t,u} + FK_t\right) \cdot q_{t,\omega}}{1+r_f} + \frac{\left(r_{t-1,\omega}^{FK,V} \cdot FK_{t-1} + R_{t,d} + FK_t\right) \cdot \left(1-q_{t,\omega}\right)}{1+r_f}.$$

Da im Insolvenzfall die Zahlung an die Fremdkapitalgeber auf den Cashflow des verschuldeten Unternehmens begrenzt ist, gilt $r_{t-1,\omega}^{FK,V} \cdot FK_{t-1} + R_{t,d} = FCF_{t,d}^L$.[1033] Unter Rückgriff auf diesen Zusammenhang resultiert die folgende Gleichung:

$$FK_{t-1} = \frac{\left(r_{t-1,\omega}^{FK,V} \cdot FK_{t-1} + R_{t,u} + FK_t\right) \cdot q_{t,\omega} + \left(FCF_{t,d}^L + FK_t\right) \cdot \left(1-q_{t,\omega}\right)}{1+r_f}.$$

Folglich gilt für die Zins- und Tilgungszahlungen bei abgewendeter Insolvenz:

$$R_{t,u} + r_{t-1,\omega}^{FK,V} \cdot FK_{t-1} = \frac{(1+r_f) \cdot FK_{t-1} - \left(FCF_{t,d}^L + FK_t\right) \cdot \left(1-q_{t,\omega}\right)}{q_{t,\omega}} - FK_t.$$

1031 Quelle: eigene Herleitung in Anlehnung an Kruschwitz/Lodowicks/Löffler (2005), S. 232, die diesen Zusammenhang in einem rekombinierenden Binomialmodell herleiten. Die Autoren begehen dabei einen (folgenlosen) Fehler bei der Erwartungswertbildung unter Rückgriff auf $q_{t,\omega}$.

1032 Vgl. Kruschwitz/Lodowicks/Löffler (2005), S. 228; Kruschwitz/Löffler (2006), S. 55. Da eine autonome Finanzierungspolitik unterstellt wird, sind die Gläubiger auch bei Eintreten des Insolvenzszenarios dazu verpflichtet, den vereinbarten Fremdkapitalbestand bereitzustellen.

1033 Dieser Zusammenhang wird auch in Gleichung (7.20) beschrieben.

Anhang 26: Beweis von Gleichung (7.26)[1034]

Es soll gezeigt werden, dass der folgende Zusammenhang gilt:

$$\frac{\tau \cdot r_f \cdot FK_{t-1}}{1+r_f} = \frac{E_Q(NTS_t)}{1+r_f}.$$

Demzufolge muss gelten:

$$\tau \cdot r_f \cdot FK_{t-1} = q_{t,\omega} \cdot \left(\tau \cdot r_{t-1,\omega}^{FK,V} \cdot FK_{t-1}\right) + (1-q_{t,\omega})$$
$$\cdot \left[\tau \cdot r_{t-1,\omega}^{FK,V} \cdot FK_{t-1} - \tau \cdot \left(FK_{t-1} - FK_t - R_{t,\omega}\right)\right].$$

Nach Kürzen und Ausmultiplizieren resultiert:

$$r_f \cdot FK_{t-1} = r_{t-1,\omega}^{FK,V} \cdot FK_{t-1} + \left(FK_{t-1} - FK_t - R_{t,\omega}\right) \cdot (q_{t,\omega} - 1).$$

Auflösen nach $r_{t-1,\omega}^{FK,V}$ ergibt:

$$r_{t-1,\omega}^{FK,V} = \frac{r_f \cdot FK_{t-1} - \left(FK_{t-1} - FK_t - R_{t,\omega}\right) \cdot (q_{t,\omega} - 1)}{FK_{t-1}}.$$

Dies entspricht der Definition von $r_{t-1,\omega}^{FK,V}$ gemäß Gleichung (7.21).

1034 Quelle: eigene Herleitung.

Anhang 27: Beweis von Gleichung (7.28)[1035]

Hinsichtlich des Werts des verschuldeten Unternehmens gilt der Zusammenhang

$$\tilde{V}_t^L = \frac{E_Q\left[\tilde{V}_{t+1}^L + \widetilde{FCF}_{t+1}^U + \tau \cdot \left(r_t^{FK} \cdot \widetilde{FK}_t + \widetilde{FK}_{t+1} - \widetilde{FK}_t\right)\middle|\mathcal{F}_t\right]}{1+r_f}.$$

Da der Marktwert des Unternehmens zum Zeitpunkt t bekannt ist, gilt:

$$\tilde{V}_t^L = \frac{E_Q\left(\tilde{V}_{t+1}^L + \widetilde{FCF}_{t+1}^U\middle|\mathcal{F}_t\right)}{1+r_f} + \frac{\tau \cdot r_f}{1+r_f} \cdot \widetilde{FK}_t.$$

Unter Verwendung der Definition der Fremdkapitalquote lässt sich dieser Zusammenhang auch folgendermaßen darstellen:

$$\left(1 - \frac{\tau \cdot r_f}{1+r_f} \cdot FKQ_t\right) \cdot \tilde{V}_t^L = \frac{E_Q\left(\tilde{V}_{t+1}^L + \widetilde{FCF}_{t+1}^U\middle|\mathcal{F}_t\right)}{1+r_f}$$

oder

$$\tilde{V}_t^L = \frac{E_Q\left(\tilde{V}_{t+1}^L + \widetilde{FCF}_{t+1}^U\middle|\mathcal{F}_t\right)}{\left(1 - \frac{\tau \cdot r_f}{1+r_f} \cdot FKQ_t\right) \cdot (1+r_f)}.$$

Da hinsichtlich Gleichung (7.28) eine rekursive Beziehung gesucht ist, lässt sich folgender Zusammenhang für den Wert des verschuldeten Unternehmens formulieren:

$$\tilde{V}_t^L = \sum_{s=t+1}^{T} \frac{E_Q\left(\widetilde{FCF}_s^U\middle|\mathcal{F}_t\right)}{\left(1 - \frac{\tau \cdot r_f}{1+r_f} \cdot FKQ_{s-1}\right) \cdot \ldots \cdot \left(1 - \frac{\tau \cdot r_f}{1+r_f} \cdot FKQ_s\right) \cdot (1+r_f)^{s-t}}.$$

1035 Quelle: Kruschwitz/Löffler (2006), S. 72–74.

Dies lässt sich umformen in die folgende Darstellung:

$$\tilde{V}_t^L = \sum_{s=t+1}^{T} \frac{E_Q\left(\widetilde{FCF}_s^U | \mathcal{F}_t\right)}{\left(1 - \dfrac{\tau \cdot r_f \cdot FKQ_t}{1+r_f}\right)\left(1+r_{EK,t}^U\right) \cdot \ldots \cdot \left(1 - \dfrac{\tau \cdot r_f \cdot FKQ_{s-1}}{1+r_f}\right)\left(1+r_{EK,s-1}^U\right)}.$$

Hieraus folgt der gesuchte Zusammenhang aus Gleichung (7.28):

$$\tilde{V}_t^L = \frac{E_Q\left(\tilde{V}_{t+1}^L + \widetilde{FCF}_{t+1}^U | \mathcal{F}_t\right)}{\left(1 - \dfrac{\tau \cdot r_f}{1+r_f} \cdot FKQ_t\right) \cdot \left(1 + r_{EK,t}^U\right)}.$$

Anhang 28: Numerisches Beispiel bei autonomer Finanzierungspolitik und Vernachlässigung von Insolvenzkosten

Zinszahlungen und tatsächliche Tilgungszahlungen:

	$t=1$	$T=2$
		77,00
	40,00	
		77,00
		80,99
	40,00	
		73,08

Netto-Steuervorteile:

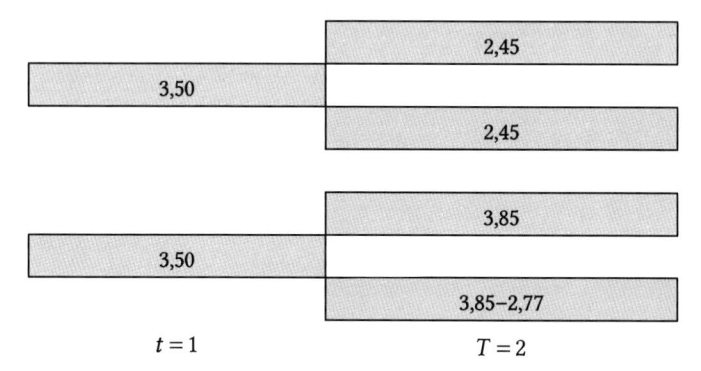

	$t=1$	$T=2$
		2,45
	3,50	
		2,45
		3,85
	3,50	
		3,85–2,77

291

Cashflows des verschuldeten Unternehmens:

```
                        ┌──────────────┐
                        │   170,45     │
        ┌──────────┐    ├──────────────┤
        │  123,50  │    │   110,45     │
        └──────────┘    └──────────────┘

                        ┌──────────────┐
                        │   115,85     │
        ┌──────────┐    ├──────────────┤
        │   83,50  │    │    73,08     │
        └──────────┘    └──────────────┘
           $t=1$              $T=2$
```

Ergebnisse des numerischen Beispiels:

Parameter	Wert
$r_{1,d}^{FK,V}$	15,70 %
V_0^U	177,69
V_0^L	182,90

Anhang 29: Numerisches Beispiel bei wertorientierter Finanzierungspolitik und Vernachlässigung von Insolvenzkosten

Zinszahlungen und tatsächliche Tilgungszahlungen:

	$t=1$	$T=2$
		78,00
	40,51	
		78,00
		83,50
	40,51	
		72,59

Netto-Steuervorteile:

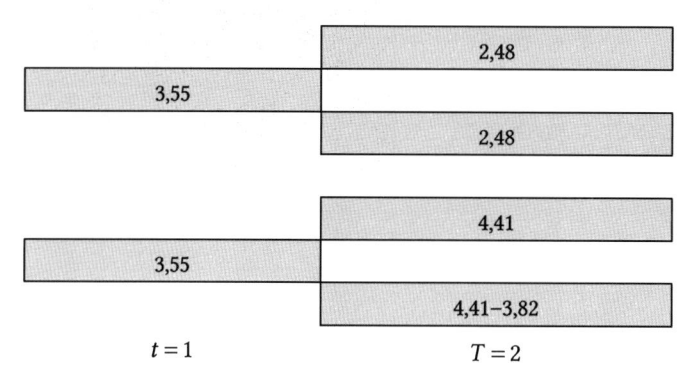

	$t=1$	$T=2$
		2,48
	3,55	
		2,48
		4,41
	3,55	
		4,41−3,82

Cashflows des verschuldeten Unternehmens:

```
                                    ┌─────────────┐
                                    │   170,48    │
                    ┌─────────────┐ └─────────────┘
                    │   123,55    │
                    └─────────────┘ ┌─────────────┐
                                    │   110,48    │
                                    └─────────────┘

                                    ┌─────────────┐
                                    │   116,41    │
                    ┌─────────────┐ └─────────────┘
                    │    83,55    │
                    └─────────────┘ ┌─────────────┐
                                    │    72,59    │
                                    └─────────────┘
                         t = 1            T = 2
```

Ergebnisse des numerischen Beispiels:

Parameter	Wert
$r_{1,d}^{FK,V}$	17,76 %
V_0^U	177,69
V_0^L	178,67

Anhang 30: Korrelation der Wachstumsfaktoren des Investitionsobjekts und des Marktportfolios[1036]

	$0 < d_t < u_t$	$0 < u_t < d_t$	$0 < d_t < u_t$ V $0 < u_t < d_t$
$0 < d_t^M < u_t^M$	$p > 0$	$p < 0$	$p \approx 0$
$0 < u_t^M < d_t^M$	$p < 0$	$p > 0$	$p \approx 0$
$0 < d_t^M < u_t^M$ V $0 < u_t^M < d_t^M$	$p \approx 0$	$p \approx 0$	$p = 0$

1036 Quelle: eigene Darstellung in teilweiser Anlehnung an Richter (2003), S. 71.

Anhang 31: Zusammenhang zwischen der Korrelation der Wachstumsfaktoren des Investitionsobjekts und des Marktportfolios, der Risikoeinstellung des Investors und dem Verhältnis der Erwartungswerte unter subjektiven und risikoneutralen Wahrscheinlichkeiten[1037]

	Risikoaversion $q < p$	Risikofreude $q > p$	Risikoneutralität $q = p$
Positive Korrelation $p > 0$	$E_Q\left(\widetilde{FCF}_t^i\right) < E\left(\widetilde{FCF}_t^i\right)$	$E_Q\left(\widetilde{FCF}_t^i\right) > E\left(\widetilde{FCF}_t^i\right)$	$E_Q\left(\widetilde{FCF}_t^i\right) = E\left(\widetilde{FCF}_t^i\right)$
Negative Korrelation $p < 0$	$E_Q\left(\widetilde{FCF}_t^i\right) > E\left(\widetilde{FCF}_t^i\right)$	$E_Q\left(\widetilde{FCF}_t^i\right) < E\left(\widetilde{FCF}_t^i\right)$	$E_Q\left(\widetilde{FCF}_t^i\right) = E\left(\widetilde{FCF}_t^i\right)$
Keine Korrelation[1025] $p = 0$	$E_Q\left(\widetilde{FCF}_t^i\right) = E\left(\widetilde{FCF}_t^i\right)$	$E_Q\left(\widetilde{FCF}_t^i\right) = E\left(\widetilde{FCF}_t^i\right)$	$E_Q\left(\widetilde{FCF}_t^i\right) = E\left(\widetilde{FCF}_t^i\right)$

1037 Quelle: eigene Darstellung.
1038 Richter (2003), S. 71, spricht von Unabhängigkeit, wenn $\rho = 0$ vorliegt. Unkorreliertheit und Unabhängigkeit sind aber nicht identisch: Während die Kovarianz nur den linearen Anteil einer Abhängigkeit misst, dürfen bei Unabhängigkeit auch die Funktionen der unkorrelierten Variablen nicht korrelieren. Vgl. Granger/Morgenstern (1970), S. 72; Kelleners (2004), S. 37, Fn. 126.

Anhang 32: Bandbreiten der Modellparameter und Variablen[1039]

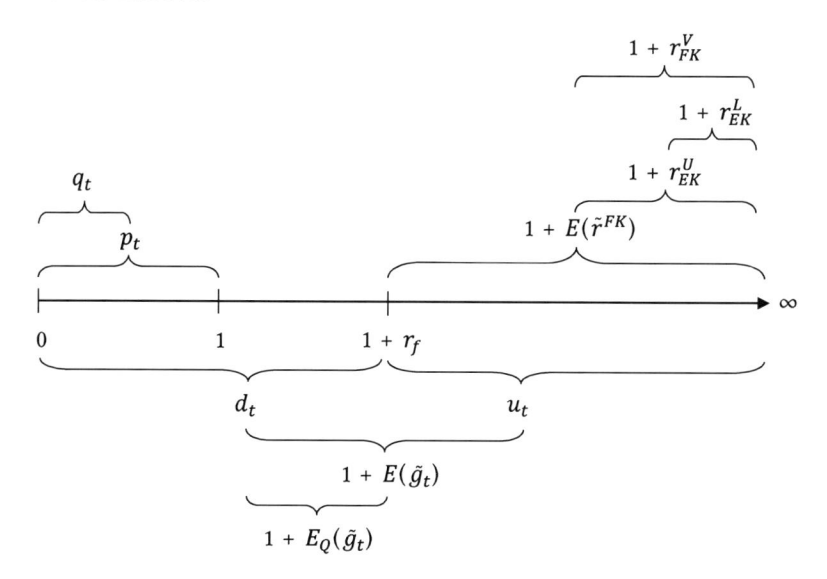

$$\begin{array}{c}
\overbrace{}^{q_t} \\
\overbrace{}^{p_t}
\end{array}
\quad
\begin{array}{c}
\overbrace{}^{1+r_{FK}^V} \\
\overbrace{}^{1+r_{EK}^L} \\
\overbrace{}^{1+r_{EK}^U} \\
\overbrace{}^{1+E(\tilde{r}^{FK})}
\end{array}$$

$$\begin{array}{c|c|c|c}
\;\;\;\;\;\;\;\; & \;\;\;\;\;\;\;\; & \;\;\;\;\;\;\;\;\;\;\; & \longrightarrow \infty\\
0 & 1 & 1+r_f & \\
& \underbrace{}_{d_t} & \underbrace{}_{u_t} & \\
& \underbrace{}_{1+E(\tilde{g}_t)} & & \\
& \underbrace{}_{1+E_Q(\tilde{g}_t)} & &
\end{array}$$

1039 Quelle: eigene Darstellung. Die Bedingung, dass d_t im positiven Wertebereich liegen muss, ist auf Plausibilitätsüberlegungen hinsichtlich des Cashflow-Prozesses zurückzuführen. Zudem darf $E(\tilde{g}_t)$ die Wachstumsrate des Gesamtmarkts nicht dauerhaft übertreffen. Vgl. Richter (2004), S. 373 und S. 380.

Anhang 33: Modellparameter u^m, d^m und $Var(\tilde{g}^M)$ in Abhängigkeit von der erwarteten Wachstumsrate des Gesamtmarkts[1040]

Annahmen:
Multiplikatives Binomialmodell
Konstante und reziproke Wachstumsfaktoren
Konstante und gleichwahrscheinliche subjektive Wahrscheinlichkeiten

	Erwartete Wachstumsrate des Gesamtmarkts									
	1 %	2 %	3 %	4 %	5 %	6 %	7 %	8 %	9 %	10 %
u^M	1,15	1,22	1,28	1,33	1,37	1,41	1,45	1,49	1,52	1,56
d^M	0,87	0,82	0,78	0,75	0,73	0,71	0,69	0,67	0,66	0,64
$Var(\tilde{g}^M)$	2 %	4 %	6 %	8 %	10 %	12 %	14 %	17 %	19 %	21 %

1040 Quelle: eigene Berechnungen.

Anhang 34: Sensitivitätsanalyse von q_t bei Variation der Marktrisikoprämie und des erwarteten Wachstums des Gesamtmarkts[1041]

Annahme: $r_f = 2\ \%$

	Erwartete Wachstumsrate des Gesamtmarkts									
Marktrisikoprämie	**1 %**	**2 %**	**3 %**	**4 %**	**5 %**	**6 %**	**7 %**	**8 %**	**9 %**	**10 %**
0,0 %	50,0 %	50,0 %	50,0 %	50,0 %	50,0 %	50,0 %	50,0 %	50,0 %	50,0 %	50,0 %
0,5 %	48,3 %	48,8 %	49,0 %	49,1 %	49,2 %	49,3 %	49,3 %	49,4 %	49,4 %	49,4 %
1,0 %	46,5 %	47,5 %	48,0 %	48,2 %	48,4 %	48,5 %	48,6 %	48,7 %	48,8 %	48,8 %
1,5 %	44,8 %	46,3 %	47,0 %	47,4 %	47,6 %	47,8 %	48,0 %	48,1 %	48,2 %	48,3 %
2,0 %	43,2 %	45,1 %	46,0 %	46,5 %	46,8 %	47,1 %	47,3 %	47,5 %	47,6 %	47,7 %
2,5 %	41,5 %	43,9 %	45,0 %	45,6 %	46,1 %	46,4 %	46,6 %	46,8 %	47,0 %	47,1 %
3,0 %	39,8 %	42,8 %	44,0 %	44,8 %	45,3 %	45,7 %	46,0 %	46,2 %	46,4 %	46,6 %
3,5 %	38,2 %	41,6 %	43,1 %	44,0 %	44,6 %	45,0 %	45,3 %	45,6 %	45,8 %	46,0 %
4,0 %	36,6 %	40,4 %	42,1 %	43,1 %	43,8 %	44,3 %	44,7 %	45,0 %	45,3 %	45,5 %
4,5 %	34,9 %	39,3 %	41,2 %	42,3 %	43,1 %	43,6 %	44,1 %	44,4 %	44,7 %	44,9 %
5,0 %	33,4 %	38,1 %	40,2 %	41,5 %	42,3 %	43,0 %	43,4 %	43,8 %	44,1 %	44,4 %
5,5 %	31,8 %	37,0 %	39,3 %	40,7 %	41,6 %	42,3 %	42,8 %	43,2 %	43,6 %	43,9 %
6,0 %	30,2 %	35,9 %	38,4 %	39,9 %	40,9 %	41,6 %	42,2 %	42,6 %	43,0 %	43,3 %

1041 Quelle: eigene Berechnungen. Die Modellspezifikation aus Anhang 33 ist weiterhin gültig. Grau hinterlegte Felder kennzeichnen Extremwerte. Für eine ähnliche Übersicht, allerdings mit erwarteten Marktrenditen statt erwarteten Marktrisikoprämien, vgl. Timmreck (2006), S. 102.

Anhang 35: Sensitivitätsanalyse von q_t bei Variation der Marktrisikoprämie und der Standardabweichung der Rendite des Marktportfolios[1042]

		Standardabweichung der Rendite des Marktportfolios								
		5 %	10 %	15 %	20 %	25 %	30 %	35 %	40 %	45 %	50 %
Marktrisikoprämie	0,0 %	50,0 %	50,0 %	50,0 %	50,0 %	50,0 %	50,0 %	50,0 %	50,0 %	50,0 %	50,0 %
	0,5 %	45,0 %	47,5 %	48,3 %	48,8 %	49,0 %	49,2 %	49,3 %	49,4 %	49,4 %	49,5 %
	1,0 %	40,0 %	45,0 %	46,7 %	47,5 %	48,0 %	48,3 %	48,6 %	48,8 %	48,9 %	49,0 %
	1,5 %	35,0 %	42,5 %	45,0 %	46,3 %	47,0 %	47,5 %	47,9 %	48,1 %	48,3 %	48,5 %
	2,0 %	30,0 %	40,0 %	43,3 %	45,0 %	46,0 %	46,7 %	47,1 %	47,5 %	47,8 %	48,0 %
	2,5 %	25,0 %	37,5 %	41,7 %	43,8 %	45,0 %	45,8 %	46,4 %	46,9 %	47,2 %	47,5 %
	3,0 %	20,0 %	35,0 %	40,0 %	42,5 %	44,0 %	45,0 %	45,7 %	46,3 %	46,7 %	47,0 %
	3,5 %	15,0 %	32,5 %	38,3 %	41,3 %	43,0 %	44,2 %	45,0 %	45,6 %	46,1 %	46,5 %
	4,0 %	10,0 %	30,0 %	36,7 %	40,0 %	42,0 %	43,3 %	44,3 %	45,0 %	45,6 %	46,0 %
	4,5 %	5,0 %	27,5 %	35,0 %	38,8 %	41,0 %	42,5 %	43,6 %	44,4 %	45,0 %	45,5 %
	5,0 %	0,0 %	25,0 %	33,3 %	37,5 %	40,0 %	41,7 %	42,9 %	43,8 %	44,4 %	45,0 %
	5,5 %	-5,0 %	22,5 %	31,7 %	36,3 %	39,0 %	40,8 %	42,1 %	43,1 %	43,9 %	44,5 %
	6,0 %	-10,0 %	20,0 %	30,0 %	35,0 %	38,0 %	40,0 %	41,4 %	42,5 %	43,3 %	44,0 %

[1042] Quelle: eigene Berechnungen. Die Modellspezifikation aus Anhang 33 ist weiterhin gültig. Grau hinterlegte Felder kennzeichnen (unrealistische) Extremwerte. Für eine ähnliche Übersicht, allerdings mit erwarteten Marktrenditen statt erwarteten Marktrisikoprämien, vgl. Timmreck (2006), S. 102.

Anhang 36: Herleitung von Gleichung (8.31)[1043]

Durch Gleichsetzen der Gleichungen (8.29) und (8.30) ergibt sich:[1044]

$$\frac{u_t - d_t}{1 + r_f} = \frac{p_t \cdot (u_t - d_t) + d_t}{\left(1 + r_{EK}^U\right)^2}.$$

Durch die folgenden Umformungsschritte lässt sich d_t^{Krit} bestimmen:

$$\frac{p_t \cdot (u_t - d_t) + d_t}{u_t - d_t} = \frac{\left(1 + r_{EK}^U\right)^2}{1 + r_f},$$

$$p_t + \frac{d_t}{u_t - d_t} = \frac{\left(1 + r_{EK}^U\right)^2}{1 + r_f},$$

$$\frac{d_t}{u_t - d_t} = \frac{\left(1 + r_{EK}^U\right)^2 - p_t \cdot (1 + r_f)}{1 + r_f},$$

$$\frac{u_t - d_t}{d_t} = \frac{1 + r_f}{\left(1 + r_{EK}^U\right)^2 - p_t \cdot (1 + r_f)},$$

$$\frac{u_t}{d_t} - 1 = \frac{1 + r_f}{\left(1 + r_{EK}^U\right)^2 - p_t \cdot (1 + r_f)},$$

$$\frac{u_t}{d_t} = \frac{1 + r_f + \left(1 + r_{EK}^U\right)^2 - p_t \cdot (1 + r_f)}{\left(1 + r_{EK}^U\right)^2 - p_t \cdot (1 + r_f)},$$

$$d_t = \frac{u_t \cdot \left[\left(1 + r_{EK}^U\right)^2 - p_t \cdot (1 + r_f)\right]}{1 + r_f + \left(1 + r_{EK}^U\right)^2 - p_t \cdot (1 + r_f)} = d_t^{Krit}.$$

1043 Quelle: eigene Herleitung.
1044 Das Minuszeichen auf der rechten Seite von Gleichung (8.30) kann vernachlässigt werden, da die Höhe des Werteffektes, nicht aber dessen Richtung von Interesse ist.

Anhang 37: Kritische Werte d^{Krit} für den Wachstumsfaktor d bei Variation des Wachstumsfaktors u und der Eigenkapitalkosten des unverschuldeten Unternehmens r_{EK}^U [1045]

Annahmen: $r_f = 2\,\%$ und $p = 0{,}5$

		Wachstumsfaktor u									
		1,10	1,20	1,30	1,40	1,50	1,60	1,70	1,80	1,90	2,00
r_{EK}^U	3,0 %	0,39	0,42	0,46	0,49	0,53	0,56	0,60	0,63	0,67	0,70
	4,0 %	0,40	0,43	0,47	0,50	0,54	0,57	0,61	0,65	0,68	0,72
	5,0 %	0,40	0,44	0,48	0,51	0,55	0,59	0,62	0,66	0,70	0,73
	6,0 %	0,41	0,45	0,49	0,53	0,56	0,60	0,64	0,68	0,71	0,75
	7,0 %	0,42	0,46	0,50	0,54	0,58	0,61	0,65	0,69	0,73	0,77
	8,0 %	0,43	0,47	0,51	0,55	0,59	0,63	0,67	0,70	0,74	0,78
	9,0 %	0,44	0,48	0,52	0,56	0,60	0,64	0,68	0,72	0,76	0,80
	10,0 %	0,45	0,49	0,53	0,57	0,61	0,65	0,69	0,73	0,77	0,81
	11,0 %	0,46	0,50	0,54	0,58	0,62	0,66	0,70	0,75	0,79	0,83
	12,0 %	0,46	0,51	0,55	0,59	0,63	0,68	0,72	0,76	0,80	0,84
	13,0 %	0,47	0,52	0,56	0,60	0,64	0,69	0,73	0,77	0,82	0,86
	14,0 %	0,48	0,52	0,57	0,61	0,65	0,70	0,74	0,79	0,83	0,87
	15,0 %	0,49	0,53	0,58	0,62	0,67	0,71	0,75	0,80	0,84	0,89
		0,91	0,83	0,77	0,71	0,67	0,63	0,59	0,56	0,53	0,50
		Wachstumsfaktor d									

[1045] Quelle: eigene Berechnung. Die Modellspezifikation aus Anhang 33 ist weiterhin gültig. Änderungen des risikolosen Zinssatzes r_f und der Wahrscheinlichkeit p haben nur marginale Änderungen der Ergebnisse zur Folge. Die grau hinterlegten Felder kennzeichnen Konstellationen von u und r_{EK}^U, bei denen d unter dem jeweiligen kritischen Wert d^{Krit} liegt.

Literaturverzeichnis

Aders, Christian/Schröder, Jakob (2004): Konsistente Ermittlung des Fortführungswerts bei nominellem Wachstum, in: Richter, Frank/Timmreck, Christian (Hrsg.): Unternehmensbewertung – Moderne Instrumente und Lösungsansätze, Stuttgart, S. 99–116.

Aders, Christian/Wagner, Marc (2004): Kapitalkosten in der Bewertungspraxis: Zu hoch für die "New Economy" und zu niedrig für die "Old Economy", in: FB, 6. Jg., S. 30–42.

Alexander, Gordon J. (1980): Applying the Market Model to Long-Term Corporate Bonds, in: JFQA, Vol. 15, S. 1063–1080.

Allais, Maurice (1953): Le Comportement de l'Homme Rationnel devant le Risque: Critique des Postulats et Axioms de l'Ecole Americaine, in: Ec, Vol. 21, S. 503–546.

Almeida, Heitor/Philippon, Thomas (2008): Estimating Risk-Adjusted Costs of Financial Distress, in: JACF, Vol. 20, Nr. 4, S. 105–109.

Almeida, Heitor/Philippon, Thomas (2007): The Risk-Adjusted Cost of Financial Distress, in: JoF, Vol. 62, S. 2557–2586.

Altenburger, Otto A. (2012): Zur Bewertung von Unternehmen mit Auszahlungsüberschüssen: Fallstricke und kritische Analyse der berufsständischen Richtlinien zur Unternehmensbewertung, in: BFuP, 64. Jg., S. 262–269.

Altman, Edward I. (1984): A Further Empirical Investigation of the Bankruptcy Cost Question, in: JoF, Vol. 39, S. 1067–1089.

Amato, Jeffery D./Remolona, Eli M. (2003): The credit spread puzzle, in: BIS, 8. Jg., Nr. 4, S. 51–63.

Amit, Raphael/Wernerfelt, Birger (1990): Why Do Firms Reduce Business Risk?, in: AMJ, Vol. 33, S. 520–533.

Andrade, Gregor/Kaplan, Steven N. (1998): How Costly is Financial (not Economic) Distress? Evidence from Highly Leveraged Transactions that Became Distressed, in: JoF, Vol. 53, S. 1443–1493.

Ansay, Thomas (2010): Firm valuation: tax shields & discount rates, Arbeitspapier, Solvay Brussels School of Economics & Management, Version vom 20.05.2010, S. 1–125.

Arbel, Avner/Kolodny, Richard/Lakonishok, Josef (1977): The Relationship between Risk of Default and Return on Equity: An Empirical Investigation, in: JFQA, Vol. 12, S. 615–625.

Arditti, Fred D./Levy, Haim (1977): The Weighted Average Cost of Capital as a Cutoff Rate: A Critical Analysis of the Classical Textbook Weighted Average, in: FM, Vol. 6, Nr. 3, S. 24–34.

Aretz, Kevin/Bartram, Söhnke M. (2010): Corporate Hedging and Shareholder Value, in: JFR, Vol. 33, S. 317–371.

Ariel, Robert (1998): Risk adjusted discount rates and the present value of risky costs, in: FR, Vol. 33, S. 17–29.

Arnold, Sven/Lahmann, Alexander/Schwetzler, Bernhard (2012a): The Impact of Credit Rating and Frequent Refinancing on Firm Value, Arbeitspapier, Handelshochschule Leipzig, Version vom 05.12.2012, S. 1–49.

Arnold, Sven/Lahmann, Alexander/Schwetzler, Bernhard (2012b): Tax Shield, Insolvenzwahrscheinlichkeit und Zinsschranke – eine empirische Analyse, in: WPg, 65. Jg., S. 324–337.

Arnold, Sven/Lahmann, Alexander/Schwetzler, Bernhard (2011): Der Einfluss der „Zinsschranke" auf den Unternehmenswert, in: CFB, 2. Jg., S. 293–299.

Arrow, K[enneth] J. (1964): The Role of Securities in the Optimal Allocation of Risk-Bearing, in: RES, Vol. 31, S. 91–96.

Arzac, Enrique R./Glosten, Lawrence R. (2005): A Reconsideration of Tax Shield Valuation, in: EFM, Vol. 11, S. 453–461.

Asquith, Paul/Gertner, Robert/Scharfstein, David (1994): Anatomy of Financial Distress: An Examination of Junk-Bond Issuers, in: QJE, Vol. 109, S. 625–658.

Baecker, Philipp N./Hommel, Ulrich (2004): 25 Years Real Options Approach to Investment Valuation: Review and Assessment, in: ZfB, 74. Jg., Ergänzungsheft 3, S. 1–53.

Baetge, Jörg/Niemeyer, Kai/Kümmel, Jens/Schulz, Roland (2012): Darstellung der Discounted Cashflow-Verfahren (DCF-Verfahren) mit Beispiel, in: Peemöller, Volker H. (Hrsg.): Praxishandbuch der Unternehmensbewertung, 5. Aufl., Herne, S. 349–498.

Ballwieser, Wolfgang (2012a): Unternehmensbewertung zwischen Fakten und Fiktionen, in: Abhandlungen der Bayerischen Akademie der Wissenschaften, Heft 3, München.

Ballwieser, Wolfgang (2012b): Risikoprämien in der Unternehmensbewertung ohne Ende?, in: Ballwieser, Wolfgang/Hippe, Alan (Hrsg.): Mergers & Acquisitions – 66. Deutscher Betriebswirtschafter-Tag 2012, Düsseldorf, S. 49–63.

Ballwieser, Wolfgang (2012c): Verbindungen von Ertragswert- und Discounted-Cashflow-Verfahren, in: Peemöller, Volker H. (Hrsg.): Praxishandbuch der Unternehmensbewertung, 5. Aufl., Herne, S. 499–510.

Ballwieser, Wolfgang (2010): Unternehmensbewertung zwischen Individual- und idealisiertem Marktkalkül, in: Königsmaier, Heinz/Rabel, Klaus (Hrsg.): Unternehmensbewertung – Theoretische Grundlagen – Praktische Anwendung, FS Mandl, Wien, S. 63–81.

Ballwieser, Wolfgang (2002a): Unternehmensbewertung und Optionspreistheorie, in: DBW, 62. Jg., S. 184–201.

Ballwieser, Wolfgang (2002b): Der Kalkulationszinsfuß in der Unternehmensbewertung: Komponenten und Ermittlungsprobleme, in: WPg, 55. Jg., S. 736–743.

Ballwieser, Wolfgang (2001a): Unternehmensbewertung, Marktorientierung und Ertragswertverfahren, in: Wagner, Udo (Hrsg.): Zum Erkenntnisstand der Betriebswirtschaftslehre am Beginn des 21. Jahrhunderts, FS Loitlsberger, Berlin, S. 17–31.

Ballwieser, Wolfgang (2001b): Unternehmensbewertung, in: Gerke, Wolfgang/Steiner, Manfred (Hrsg.): Enzyklopädie der Betriebswirtschaftslehre, Bd. VI: Handwörterbuch des Bank- und Finanzwesens, 3. Aufl., Stuttgart, Sp. 2082–2095.

Ballwieser, Wolfgang (1999): Stand und Entwicklung der Unternehmensbewertung in Deutschland, in: Egger, Anton (Hrsg.): Unternehmensbewertung – quo vadis?, Wien, S. 21–40.

Ballwieser, Wolfgang (1998): Unternehmensbewertung mit Discounted Cash Flow-Verfahren, in: WPg, 51. Jg., S. 81–92.

Ballwieser, Wolfgang (1995): Unternehmensbewertung und Steuern, in: Elschen, Rainer/Siegel, Theodor/Wagner, Franz W. (Hrsg.): Unternehmenstheorie und Besteuerung, FS Schneider, Wiesbaden, S. 15–37.

Ballwieser, Wolfgang (1993): Methoden der Unternehmensbewertung, in: Gebhardt, Günther/Gerke, Wolfgang/Steiner, Manfred (Hrsg.): Handbuch des Finanzmanagements – Instrumente und Märkte der Unternehmensfinanzierung, München, S. 151–176.

Ballwieser, Wolfgang (1990): Unternehmensbewertung und Komplexitätsreduktion, 3. Aufl., Wiesbaden.

Ballwieser, Wolfgang/Coenenberg, Adolf G./Schultze, Wolfgang (2002): Unternehmensbewertung, erfolgsorientierte, in: Ballwieser, Wolfgang/Coenenberg, Adolf G./Wysocki, Klaus v. (Hrsg.): Handwörterbuch der Rechnungslegung und Prüfung, 3. Aufl., Stuttgart, Sp. 2412–2432.

Ballwieser, Wolfgang/Hachmeister, Dirk (2013): Unternehmensbewertung – Prozess, Methoden und Probleme, 4. Aufl., Stuttgart.

Ballwieser, Wolfgang/Leuthier, Rainer (1986): Betriebswirtschaftliche Steuerberatung: Grundprinzipien, Verfahren und Probleme der Unternehmensbewertung (Teil II), in: DStR, 24. Jg., S. 604–610.

Bamberg, Günter/Coenenberg, Adolf G./Krapp, Michael (2012): Betriebswirtschaftliche Entscheidungslehre, 15. Aufl., München.

Bamberg, Günter/Dorfleitner, Gregor/Krapp, Michael (2006): Unternehmensbewertung unter Unsicherheit: Zur entscheidungstheoretischen Fundierung der Risikoanalyse, in: ZfB, 76. Jg., S. 287–307.

Bamberg, Günter/Dorfleitner, Gregor/Krapp, Michael (2004): Zur Bewertung risikobehafteter Zahlungsströme mit intertemporaler Abhängigkeitsstruktur, in: BFuP, 56. Jg., S. 101–118.

Bamberg, Günter/Papatrifon, Marco (2008): Der stochastische Kapitalwert bei autokorrelierten Cashflows, in: Laitenberger, Jörg/Löffler, Andreas (Hrsg.): Finanzierungstheorie auf vollkommenen Kapitalmärkten, FS Kruschwitz, München, S. 179–191.

Banz, Rolf W./Miller, Merton H. (1978): Prices for State-contingent Claims: Some Estimates and Applications, in: JoB, Vol. 51, S. 653–672.

Barbi, Massimiliano (2012): On the risk-neutral value of debt tax shields, in: AFE, Vol. 22, S. 251–258.

Bark, Christina (2011): Der Kapitalisierungszinssatz in der Unternehmensbewertung, Wiesbaden.

Baron, David P. (1976): Default Risk and the Modigliani-Miller Theorem: A Synthesis, in: AER, Vol. 66, S. 204–212.

Baron, David P. (1975): Firm Valuation, Corporate Taxes, and Default Risk, in: JoF, Vol. 30, S. 1251–1264.

Baron, David P. (1974): Default Risk, Homemade Leverage, and the Modigliani-Miller Theorem, in: AER, Vol. 64, S. 176–182.

Bar-Yosef, Sasson/Mesznik, Roger (1977): Notes on some Definitional Problems with the Method of Certainty Equivalents, in: JoF, Vol. 32, S. 1729–1737.

Bassemir, Moritz/Gebhardt, Günter/Ruffing, Patricia (2012): Zur Diskussion um die (Nicht-)Berücksichtigung der Finanz- und Schuldenkrise bei der Ermittlung der Kapitalkosten, in: WPg, 65. Jg., S. 882–892.

Baumol, William J./Malkiel, Burton G. (1967): The Firm's Optimal Debt-Equity Combination and the Cost of Capital, in: QJE, Vol. 81, S. 547–578.

Baxter, Nevins D. (1967): Leverage, Risk of Ruin and the Cost of Capital, in: JoF, Vol. 22, S. 395–403.

Beedles, William L. (1978): Evaluating Negative Benefits, in: JFQA, Vol. 13, S. 173–176.

Beedles, William L./Joy, Maurice O. (1982): Compounding Risk Over Time: A Note, in: JBFA, Vol. 9, S. 307–311.

Ben-Shahar, Haim (1968): The Capital Structure and the Cost of Capital: A Suggested Exposition, in: JoF, Vol. 23, S. 639–653.

Berry, R[obert] H./Dyson, R[obert] G. (1984): On The Negative Risk Premium For Risk Adjusted Discount Rates: A Reply And Extension, in: JBFA, Vol. 11, S. 263–268.

Berry, R[obert] H./Dyson, R[obert] G. (1980): On The Negative Risk Premium For Risk Adjusted Discount Rates, in: JBFA, Vol. 7, S. 427–436.

BFH (2012): Zum Steuererlass aus Billigkeitsgründen bei Sanierungsgewinnen, Beschluss vom 28.02.2012, Aktenzeichen VIII R 2/08 (NV), in: DStR, 50. Jg., S. 943–945.

BFH (2010): Billigkeitsmaßnahmen bei unternehmerbezogenen Sanierungen, BFH-Urteil vom 14.07.2010, Aktenzeichen X R 34/08, in: BMF (Hrsg.): Bundessteuerblatt Teil II, Berlin, S. 916–923.

Bhagat, Sanjai/Moyen, Nathalie/Suh, Inchul (2005): Investment and internal funds of distressed firms, in: JCF, Vol. 11, S. 449–472.

Bierman, Harold J. (1967): Capital Structure and Financial Decisions, in: Robichek, Alexander A. (Hrsg.): Financial Research and Management Decisions, New York (NY) u.a., S. 34–53.

Bierman, H[arold]/Chopra, K[anak]/Thomas, J[oseph] (1975): Ruin Considerations: Optimal Working Capital and Capital Structure, in: JFQA, Vol. 10, S. 119–128.

Bierman, Harold Jr./Hass, Jerome E. (1978): An Analytic Model of Bond Risk Differentials: A Reply, in: JFQA, Vol. 13, S. 379–381.

Bierman, Harold Jr./Hass, Jerome E. (1975): An Analytic Model of Bond Risk Differentials, in: JFQA, Vol. 10, S. 757–773.

Bierman, Harold Jr./Oldfield, George S. Jr. (1979): Corporate Debt and Corporate Taxes, in: JoF, Vol. 34, S. 951–956.

Bierman, Harold Jr./Thomas, Joseph L. (1972): Ruin Considerations and Debt Issuance, in: JFQA, Vol. 7, S. 1361–1378.

Black, Fischer (1988): A Simple Discounting Rule, in: FM, Vol. 17, Nr. 2, S. 7–11.

Black, Fischer (1972): Capital Market Equilibrium with Restricted Borrowing, in: JoB, Vol. 45, S. 444–455.

Black, Fischer/Cox, John (1976): Valuing Corporate Securities: Some Effects of Bond Indenture Provisions, in: JoF, Vol. 31, S. 351–367.

Black, Fischer/Scholes, Myron (1973): The Pricing of Options and Corporate Liabilities, in: JPE, Vol. 81, S. 637–654.

Blaufus, Kay/Hundsdoerfer, Jochen (2008): Taxes and the choice between risky and risk-free debt: on the neutrality of credit default taxation, in: RMS, Vol. 2, S. 161–181.

Blaufus, Kay/Hundsdoerfer, Jochen/Kiesewetter, Dirk/König, Rolf J./Kruschwitz, Lutz/ Löffler, Andreas/Maiterth, Ralf/Müller, Heiko/Niemann, Rainer/Schanz, Deborah/ Sureth, Caren/Treisch, Corinna (2009): Versinkt die Kapitalmarkttheorie in logischen Widersprüchen, oder: Ist arqus e.V. aus dem Schneider?, in: zfbf, 61. Jg., S. 463–466.

Bleuel, Hans-H. (2006): Monte-Carlo-Analysen im Risikomanagement mittels Software-Erweiterungen zu MS-Excel, in: ZfC, 18. Jg., S. 371–378.

Blume, Marshall E./Friend, Irwin (1973): A New Look at the Capital Asset Pricing Model, in: JoF, Vol. 28, S. 19–33.

Blume, Marshall E./Keim, Donald B. (1987): Lower-Grade Bonds: Their Risks and Returns, in: FAJ, Vol. 43, Nr. 4, S. 26–33.

BMF (2003): Ertragsteuerliche Behandlung von Sanierungsgewinnen; Steuerstundung und Steuererlass aus sachlichen Billigkeitsgründen (§§ 163, 222, 227 AO), Mitteilung des BMF vom 27.03.2003, Aktenzeichen IV A 6 – S 2140 – 8/03, in: BMF (Hrsg.): Bundessteuerblatt Teil I, Berlin, S. 240–243.

Bodie, Zvi/Kane, Alex/Marcus, Alan J. (2014): Investments, 10. Aufl., New York (NY).

Bogue, Marcus C./Roll, Richard (1974): Capital Budgeting of Risky Projects with "Imperfect" Markets for Physical Capital, in: JoF, Vol. 29, S. 601–613.

Booth, Laurence [D.] (2007): Capital Cash Flows, APV and Valuation, in: EFM, Vol. 13, S. 29–48.

Booth, Laurence [D.] (2002): Finding Value Where None Exists: Pitfalls in Using Adjusted Present Value, in: JACF, Vol. 15, Nr. 1, S. 95–104.

Booth, Laurence D. (1983): On The Negative Risk Premium For Risk Adjusted Discount Rates: A Comment And Extension, in: JBFA, Vol. 10, S. 147–155.

Booth, Laurence D. (1982): Correct Procedures for the Evaluation of Risky Cash Outflows, in: JFQA, Vol. 17, S. 287–300.

Boquist, John A./Racette, George A./Schlarbaum, Gary G. (1975): Duration and Risk Assessment for Bonds and Common Stocks, in: JoF, Vol. 30, S. 1360–1365.

Born, Karl (2003): Unternehmensanalyse und Unternehmensbewertung, 2. Aufl., Stuttgart.

Boudreaux, Kenneth J./Long, Hugh W. (1979): The Weighted Average Cost of Capital as a Cutoff Rate: A Further Analysis, in: FM, Vol. 8, Nr. 2, S. 7–14.

Boudreaux, Kenneth J./Long, Hugh W. (1977): The Basic Theory of Corporate Finance, Englewood Cliffs (NJ).

Bower, Richard S./Lessard, Donald R. (1973): An Operational Approach to Risk-Screening, in: JoF, Vol. 28, S. 321–337.

Breitenbücher, Ulrich/Ernst, Dietmar (2004): Der Einfluss von Basel II auf die Unternehmensbewertung, in: Timmreck, Christian/Richter, Frank (Hrsg.): Unternehmensbewertung – Moderne Instrumente und Lösungsansätze, Stuttgart, S. 77–97.

Brennan, Michael J. (1973): An Approach to the Valuation of Uncertain Income Streams, in: JoF, Vol. 28, S. 661–674.

Brennan, M[ichael] J. (1971): Capital Market Equilibrium with Divergent Borrowing and Lending Rates, in: JFQA, Vol. 6, S. 1197–1205.

Brenner, Menachem/Smidt, Seymour (1978): Asset Characteristics and Systematic Risk, in: FM, Vol. 7, Nr. 4, S. 33–39.

Breuer, Wolfgang/Gürtler, Marc/Schuhmacher, Frank (2010): Portfoliomanagement I – Grundlagen, 3. Aufl., Wiesbaden.

Brühl, Volker (1999): Kreditrisiken in der Unternehmensbewertung, in: DBa, 7. Jg., S. 457–461.

Bruse, Helmut (1984): Das Unternehmensrisiko: Eine theoretische und empirische Untersuchung, in: ZfB, 54. Jg., S. 964–996.

Büch, Christiane (2009): Bewertung von Investitionen in der immobilienwirtschaftlichen Projektentwicklung anhand eines modularen Realoptionsmodells, Lohmar.

Büch, Christiane (2006): Bewertung von Immobilienprojekten mittels Realoptionsansatz, in: I&F, 22. Jg., S. 22–25.

Busch, Kai (2008): Unternehmensbewertung von kleinen und mittleren Unternehmen (KMU) – Theorie und Praxis, Göttingen.

Busse von Colbe, Walther (1984): Die Rechtsprechung zur Bewertung ertragsschwacher Unternehmen, in: BFuP, 36. Jg., S. 508–517.

Butler, Kirt C./Mohr, Rosanne M./Simonds, Richard R. (1991): The Hamada and Conine Leverage Adjustments and the Estimation of Systematic Risk for Multisegment Firms, in: JBFA, Vol. 18, S. 885–901.

Callahan, Carolyn M./Mohr, Rosanne M. (1989): The Determinants of Systematic Risk: A Synthesis, in: FR, Vol. 24, S. 157–181.

Campbell, John Y./Hilscher, Jens/Szilagyi, Jan (2008): In Search of Distress Risk, in: JoF, Vol. 63, S. 2899–2939.

Casey, Christopher (2012): Kapitalstrukturanalyse und Trade-Off-Theorie – Theoretische Überlegungen und branchenspezifische Reaktionsmuster der DAX-Gesellschaften, in: BFuP, 64. Jg., S. 163–189.

Casey, Christopher (2006): Kapitalmarkttheoretische Unternehmensbewertung – Theoretische Fundierung, Vorteilhaftigkeit der Methoden und ökonomische Würdigung, in: BFuP, 58. Jg., S. 180–198.

Casey, Christopher (2004a): Neue Aspekte des Roll-Back-Verfahrens in der Unternehmensbewertung, in: ZfB, 74. Jg., S. 139–163.

Casey, Christopher (2004b): Unternehmensbewertung anhand von Discounted Cash Flow-Modellen – Ein methodischer Vergleich der verschiedenen Verfahren, Habil. Wirtschaftsuniversität Wien.

Celec, Stephen E./Pettway, Richard H. (1979): Some Observations on Risk-Adjusted Discount Rates: A Comment, in: JoF, Vol. 34, S. 1061–1063.

Cenci, Marisa/Gheno, Andrea (2005): Equity and Debt Valuation with Default Risk: A Discrete Structural Model, in: AFE, Vol. 15, S. 875–881.

Chava, Sudheer/Purnanandam, Amiyatosh (2010): Is Default Risk Negatively Related to Stock Returns?, in: RFS, Vol. 23, S. 2523–2559.

Chen, Andrew H. (1978): Recent Developments in the Cost of Debt Capital, in: JoF, Vol. 33, S. 863–877.

Chen, Andrew H./Kim, Han E. (1979): Theories of Corporate Debt Policy: A Synthesis, in: JoF, Vol. 34, S. 371–384.

Chen, Andrew H./Merville, Larry J. (1999): An Analysis of the Underreported Magnitude of the Total Indirect Costs of Financial Distress, in: RQFA, Vol. 13, S. 277–293.

Chen, Houng-Yhi (1967): Valuation Under Uncertainty, in: JFQA, Vol. 2, S. 313–325.

Chen, K[uang] C. (1984): Systematic Risk and Market Imperfections, Arbeitspapier Nr. 1092, University of Illinois at Urbana-Champaign, Version vom November 1984, S. 1–12.

Chen, K[uang] C. (1982): Systematic Risk, Leverage, and Default Risk, Arbeitspapier Nr. 914, University of Illinois at Urbana-Champaign, Version vom November 1982, S. 1–18.

Cheng, Pao L. (1975): Default Risk, Scale, and the Homemade Leverage Theorem: Note, in: AER, Vol. 65, S. 768–773.

Choi, Jongmoo J./Fabozzi, Frank J./Yaari, Uzi (1989): Optimum Corporate Leverage with Risky Debt: A Demand Approach, in: JFR, Vol. 12, S. 129–142.

Chung, Kee H. (1989): The Impact of the Demand Volatility and Leverages on the Systematic Risk of Common Stocks, in: JBFA, Vol. 16, S. 343–360.

Clubb, Colin D. B./Doran, Paul (1995): Capital Budgeting, Debt Management and the APV Criterion, in: JBFA, Vol. 22, S. 681–694.

Cochrane, John H. (1999): New facts in finance, in: JEP, Vol. 23, S. 36–58.

Coenenberg, Adolf G. (1984): Entscheidungsorientierte Unternehmensbewertung und „Ertragsschwäche", in: BFuP, 36. Jg., S. 496–507.

Cohan, Avery B. (1978): An Analytical Model of Bond Risk Differentials: A Comment, in: JFQA, Vol. 13, S. 371–377.

Cohen, Ruben D. (2007): Incorporating Default Risk into Hamada's Equation for Application to Capital Structure, in: Wm, o.Jg., Nr. 20, S. 62–68.

Cohen, Ruben C. (2004): An Analytical Process for Generating the WACC Curve and Locating the Optimal Capital Structure, in: Wm, o.Jg., Nr. 14, S. 86–95.

Conine, Thomas E. Jr. (1982): On the Theoretical Relationship Between Business Risk and Systematic Risk, in: JBFA, Vol. 9, S. 199–205.

Conine, Thomas E. Jr. (1980a): Debt Capacity and the Capital Budgeting Decision: A Comment, in: FM, Vol. 9, Nr. 1, S. 20–22.

Conine, Thomas E. Jr. (1980b): Corporate Debt and Corporate Taxes: An Extension, in: JoF, Vol. 35, S. 1033–1037.

Conine, Thomas E. Jr./Tamarkin, Maurry (1985): Divisional Cost of Capital Estimation: Adjusting for Leverage, in: FM, Vol. 14, Nr. 1, S. 54–58.

Cooper, Ian A./Davydenko, Sergei A. (2007): Estimating the Cost of Risky Debt, in: JACF, Vol. 19, Nr. 3, S. 90–95.

Cooper, Ian A./Nyborg, Kjell G. (2008): Tax-Adjusted Discount Rates with Investor Taxes and Risky Debt, in: FM, Vol. 37, S. 365–379.

Cooper, Ian A./Nyborg, Kjell G. (2007): Valuing the Debt Tax Shield, in: JACF, Vol. 19, Nr. 2, S. 50–59.

Cooper, Ian A./Nyborg, Kjell G. (2006): The value of tax shields IS equal to the present value of tax shields, in: JFE, Vol. 81, S. 215–225.

Copeland, Thomas E./Weston, Fred J./Shastri, Kuldeep (2008): Finanzierungstheorie und Unternehmenspolitik, 4. Aufl., München u.a.

Cornell, Bradford/Green, Kevin (1991): The Investment Performance of Low-grade Bond Funds, in: JoF, Vol. 46, S. 29–48.

Couch, Robert/Dothan, Michael/Wu, Wei (2012): Interest Tax Shields: A Barrier Options Approach, in: RQFA, Vol. 39, S. 123–146.

Cox, John C./Ross, Stephen A. (1976): The Valuation of Options for Alternative Stochastic Processes, in: JFE, Vol. 3, S. 145–166.

Cox, John C./Ross, Stephen A./Rubinstein, Mark (1979): Option Pricing: A Simplified Approach, in: JFE, Vol. 7, S. 229–263.

Cox, John C./Rubinstein, Mark (1985): Option Markets, Englewood Cliffs (NJ).

Damodaran, Aswath (2010): The Dark Side of Valuation: Valuing Young, Distressed, and Complex Businesses, 2. Aufl., Upper Saddle River (NJ).

DeAngelo, Harry (1981): Competition and Unanimity, in: AER, Vol. 71, S. 18–27.

Debreu, Gérard (1959): Theory of Value – An Axiomatic Analysis of Economic Equilibrium, New York (NY) u.a.

Dempsey, Mike (2013): Consistent Cash Flow Valuation with Tax-Deductible Debt: a Clarification, in: EFM, Vol. 19, S. 830–836.

Denis, David J./Denis, Diane K. (1995): Causes of financial distress following leveraged recapitalizations, in: JFE, Vol. 37, S. 129–157.

Dichev, Ilia D. (1998): Is the Risk of Bankruptcy a Systematic Risk?, in: JoF, Vol. 53, S. 1131–1147.

Diedrich, Ralf (2003): Die Sicherheitsäquivalentmethode der Unternehmensbewertung: Ein (auch) entscheidungstheoretisch wohlbegründetes Verfahren, in: zfbf, 55. Jg., S. 281–286.

Diedrich, Ralf/Dierkes, Stefan (2015): Kapitalmarktorientierte Unternehmensbewertung, Stuttgart.

Dionne, Georges/Gauthier, Geneviève/Hammami, Khemais/Maurice, Mathieu/Simonato, Jean-Guy (2010): Default Risk in Corporate Yield Spreads, in: FM, Vol. 39, S. 707–731.

Dirrigl, Hans (1994): Konzepte, Anwendungsbereiche und Grenzen einer strategischen Unternehmensbewertung, in: BFuP, 46. Jg, S. 409–433.

Donaldson, Gordon (1969): Strategy for financial emergencies, in: HBR, Vol. 47, Nr. 6, S. 67–79.

Dörschell, Andreas/Franken, Lars/Schulte, Jörn (2012): Der Kapitalisierungszinssatz in der Unternehmensbewertung, 2. Aufl., Düsseldorf.

Driessen, Joost (2005): Is Default Event Risk Priced in Corporate Bonds?, in: RFS, Vol. 18, S. 165–195.

Drukarczyk, Jochen (2002a): Unternehmensbewertung und Rückstellungen, in: Heintzen, Markus/Kruschwitz, Lutz (Hrsg.): Unternehmen bewerten, Berlin, S. 31–52.

Drukarczyk, Jochen (2002b): Die Insolvenzordnung als Versuch der Anreizentfaltung und -dämpfung, in: Auer-Rizzi, Werner/Szabo, Erna/Innreiter-Moser, Cäcilia (Hrsg.): Management in einer Welt der Globalisierung und Diversität, FS Reber, Stuttgart, S. 443–482.

Drukarczyk, Jochen (1996): Unternehmensbewertung, 6. Aufl., München.

Drukarczyk, Jochen (1995): Verwertungsformen und Kosten der Insolvenz, in: BFuP, 47. Jg., S. 40–58.

Drukarczyk, Jochen (1993): Theorie und Politik der Finanzierung, 2. Aufl., München.

Drukarczyk, Jochen (1981): Verschuldung, Konkursrisiko, Kreditverträge und Marktwert von Aktiengesellschaften, in: KUK, 14. Jg., S. 287–319.

Drukarczyk, Jochen/Lobe, Sebastian (2015): Finanzierung, 11. Aufl., München.

Drukarczyk, Jochen/Schüler, Andreas (2009): Unternehmensbewertung, 6. Aufl., München.

Drukarczyk, Jochen/Schüler, Andreas (2006): Bewertung sanierungsbedürftiger Kapitalgesellschaften, in: Hommel, Ulrich/Knecht, Thomas/Wohlenberg, Holger (Hrsg.): Handbuch Unternehmensrestrukturierung: Grundlagen, Konzepte, Maßnahmen, Wiesbaden, S. 709–737.

Drukarczyk, Jochen/Schüler, Andreas (2003): Insolvenztatbestände, prognostische Elemente und ihre gesetzeskonforme Handhabung – zugleich Entgegnung auf Groß/Amen, WPg 2002, S. 225–240, in: WPg, 56. Jg., S. 56–67.

Drukarczyk, Jochen/Schüler, Andreas (2001): Unternehmensbewertung und Finanzierungsstrategie, in: zfbf, 53. Jg., S. 273–276.

Duffie, Darrell (2001): Dynamic Asset Pricing Theory, 3. Aufl., Princeton (NJ) u.a.

Dybvig, Philip H./Ross, Stephen A. (1989): Arbitrage, in: Eatwell, John/Milgate, Murray/Newman, Peter (Hrsg.): The New Palgrave, London, S. 57–71.

Dyson, R[obert] G./Berry, R[obert] H. (1983): On The Negative Risk Premium For Risk Adjusted Discount Rates: A Reply, in: JBFA, Vol. 10, S. 157–159.

Ehrhardt, Michael C./Daves, Phillip R. (2002): Corporate Valuation: The Combined Impact of Growth and the Tax Shield of Debt on the Cost of Capital and Systematic Risk, in: JAF, Vol. 12, Nr. 2, S. 31–38.

Ehrhardt, Michael C./Daves, Phillip R. (2000): Capital Budgeting: The Valuation of Unusual, Irregular, or Extraordinary Cash Flows, in: FPE, Vol. 10, S. 106–114.

Eidenmüller, Horst (1999): Unternehmenssanierung zwischen Markt und Gesetz, Mechanismen der Unternehmensreorganisation und Kooperationspflichten im Reorganisationsrecht, Köln.

Eisdorfer, Assaf (2008): Empirical Evidence of Risk Shifting in Financially Distressed Firms, in: JoF, Vol. 63, S. 609–637.

Eisenführ, Franz/Weber, Martin/Langer, Thomas (2010): Rationales Entscheiden, 5. Aufl., Berlin u.a.

Ellsberg, Daniel (1961): Risk, Ambiguity, and the Savage Axioms, in: QJE, Vol. 75, S. 643–669.

Elton, Edwin J./Gruber, Martin J./Agrawal, Deepak/Mann, Christopher (2001): Explaining the Rate Spread on Corporate Bonds, in: JoF, Vol. 56, S. 247–277.

Enzinger, Alexander/Kofler, Peter (2011a): Das Roll-Back-Verfahren zur Unternehmensbewertung, in: BP, 6. Jg., Nr. 4, S. 2–10.

Enzinger, Alexander/Kofler, Peter (2011b): DCF-Verfahren: Anpassung der Beta-Faktoren zur Erzielung konsistenter Bewertungsergebnisse, in: RWZ, 21. Jg., S. 52–57.

Enzinger, Alexander/Kofler, Peter (2010): Das Adjusted-Present-Value-Verfahren in der Praxis, in: Königsmaier, Heinz/Rabel, Klaus (Hrsg.): Unternehmensbewertung – Theoretische Grundlagen – Praktische Anwendung, FS Mandl, Wien, S. 185–215.

Enzinger, Alexander/Pellet, Markus/Leitner, Martin (2014): Debt Beta und Konsistenz der Bewertungsergebnisse, in: RWZ, 24. Jg., S. 211–217.

Erb, Thoralf/Engler, Toralf/Prager, Gert (2006): Bewertung von defizitären Unternehmen(steilen), in: Christians, Uwe (Hrsg.): Bankenmanagement, Berlin, S. 221–247.

Ernst, Dietmar/Haug, Michael/Schmidt, Wolfgang (2004): Realoptionen: Spezialfragen für eine praxisorientierte Anwendung, in: Richter, Frank/Timmreck, Christian (Hrsg.): Unternehmensbewertung – Moderne Instrumente und Lösungsansätze, Stuttgart, S. 397–419.

Ernst, Dietmar/Schneider, Sonja/Thielen, Bjoern (2012): Unternehmensbewertungen erstellen und verstehen, 5. Aufl., München.

Esty, Benjamin C. (1999): Improved Techniques for Valuing Large-Scale Projects, in: JPF, Vol. 5, Nr. 1, S. 9–25.

Everett, James E./Schwab, Bernhard (1979): On the Proper Adjustment for Risk Through Discount Rates in a Mean-Variance Framework, in: FM, Vol. 8, Nr. 2, S. 61–65.

Fama, Eugene F. (1978): The Effects of a Firm's Investment and Financing Decisions on the Welfare of its Security Holders, in: AER, Vol. 68, S. 272–284.

Fama, Eugene F. (1977): Risk-adjusted Discount Rates and Capital Budgeting Under Uncertainty, in: JFE, Vol. 5, S. 3–24.

Fama, Eugene F. (1976): Foundations of Finance, New York (NY).

Fama, Eugene F. (1971): Risk, Return, and Equilibrium, in: JPE, Vol. 79, S. 30–55.

Fama, Eugene F. (1970): Efficient Capital Markets: A Review of Theory and Empirical Work, in: JoF, Vol. 25, S. 383–417.

Fama, Eugene F./French, Kenneth R. (1996): Multifactor Explanations of Asset Pricing Anomalies, in: JoF, Vol. 51, S. 55–84.

Fama, Eugene F./French, Kenneth R. (1993): Common risk factors in the returns on stocks and bonds, in: JFE, Vol. 33, S. 3–56.

Fama, Eugene F./French, Kenneth R. (1992): The Cross-Section of Expected Stock Returns, in: JoF, Vol. 47, S. 427–465.

Fama, Eugene F./Miller, Merton H. (1972): The Theory of Finance, Hinsdale (IL).

Farber, André/Gillet, Roland/Szafarz, Ariane (2007): A General Formula for the WACC: A Reply, in: IJB, Vol. 12, S. 406–411.

Farber, André/Gillet, Roland/Szafarz, Ariane (2006): A General Formula for the WACC, in: IJB, Vol. 11, S. 211–218.

Fernández, Pablo (2010): WACC: Definition, Misconceptions, and Errors, in: BVR, Vol. 29, S. 138–144.

Fernández, Pablo (2007a): A More Realistic Valuation: Adjusted Present Value and WACC with Constant Book Leverage Ratio, in: JACF, Vol. 17, Nr. 2, S. 13–20.

Fernández, Pablo (2007b): A General Formula for the WACC: A Comment, in: IJB, Vol. 12, S. 399–403.

Fernández, Pablo (2005): Reply to "Comment on the value of tax shields is NOT equal to the present value of tax shields, in: QREF, Vol. 45, S. 188–192.

Fernández, Pablo (2004): The value of tax shields is NOT equal to the present value of tax shields, in: JFE, Vol. 73, S. 145–165.

Fernández, Pablo (2002): Valuation Methods and Shareholder Value Creation, Amsterdam u.a.

FG Köln (2008): Zur sachlichen Unbilligkeit der Besteuerung eines Sanierungsgewinns ab 1998, Urteil vom 24.04.2008, Aktenzeichen 6 K 2488/06, in: DStRE, 12. Jg., S. 1445–1449.

FG München (2007): Keine Steuerbefreiung von Sanierungsgewinnen aus sachlichen Billigkeitsgründen, Urteil vom 12.12.2007, Aktenzeichen 1 K 4487/06, in: DStR, 45. Jg., S. 1687–1688.

FG Sachsen (2013): Rechtswidrigkeit des Sanierungserlasses mangels einer Rechtsgrundlage für Steuerfreistellung von Sanierungsgewinnen im Billigkeitswege, Urteil vom 24.04.2013, Aktenzeichen 1 K 759/12, in: DStRE, 13. Jg., S. 1517–1518.

Fieten, Paul/Kruschwitz, Lutz/Laitenberger, Jörg/Löffler, Andreas/Tham, Joseph/Vélez-Pareja, Ignacio/Wonder, Nicholas (2005): Comment on "The value of tax shields is NOT equal to the present value of tax shields, in: QREF, Vol. 45, S. 184–187.

Fischer, Edwin O./Mandl, Gerwald (2000): Die Ermittlung des Shareholder Value mittels risikolosem Zinsfuß und Risikokorrekturfaktor, in: DWB, 60. Jg., S. 459–472.

Fischer, Edwin O. (1999a): Die Bewertung riskanter Investitionen mit dem risikolosen Zinsfuß, in: ZfB, 69. Jg., S. 25–42.

Fischer, Edwin O. (1999b): Die relevanten Kalkulationszinsfüße in der Investitionsplanung, in: ZfB, 69. Jg., S. 777–801.

Fisher, Irving (1930): The Theory of Interest, New York (NY).

Fisher, Lawrence (1966): An Algorithm for Finding Exact Rates of Return, in: JoB, Vol. 39, S. 111–118.

Fisher, Lawrence (1959): Determinants of Risk Premiums on Corporate Bonds, in: JPE, Vol. 67, S. 217–237.

Fite, David/Pfleiderer, Paul (1995): Should Firms Use Derivatives to Manage Risk?, in: Beaver, William H./Parker, George G. C. (Hrsg.): Risk Management – Problems & Solutions, New York (NY), S. 139–169.

Fons, Jerome S. (1994): Using Default Rates to Model the Term Structure of Credit Risk, in: FAJ, Vol. 50, Nr. 5, S. 25–32.

Franke, Günter (1981): Finanzstrategien zur Minderung der Insolvenzwahrscheinlichkeit, in: Bohr, Kurt/Drukarczyk, Jochen/Drumm, Hans-Jürgen/Scherrer, Gerhard (Hrsg.): Unternehmungsverfassung als Problem der Betriebswirtschaftslehre, Darmstadt, S. 771–799.

Franke, Günter/Hax, Herbert (2009): Finanzwirtschaft des Unternehmens und Kapitalmarkt, 6. Aufl., Berlin.

Frieß, Rüdiger (2004): Die Sanierungsentscheidung im Insolvenzfall – eine Frage der Unternehmensbewertung?, in: DStR, 42. Jg., S. 654–660.

Frühling, Volker (2009): Unternehmensbewertung und ewige Rente, in: FB, 11. Jg., S. 200–203.

Gahlon, James M./Gentry, James A. (1982): On the Relationship Between Systematic Risk and the Degrees of Operating and Financial Leverage, in: FM, Vol. 11, Nr. 2, S. 15–23.

Galai, Dan/Masulis, Ronald W. (1976): The Option Pricing Model and the Risk Factor of Stock, in: JFE, Vol. 3, S. 53–81.

Gallagher, Timothy J./Zumwalt, Kenton J. (1991): Risk-Adjusted Discount Rates Revisited, in: FR, Vol. 1, S. 105–114.

Gamba, Andrea/Sick, Gordon A./León, Carmen A. (2008): Investment under Uncertainty, Debt and Taxes, in: EcN, Vol. 37, S. 31–58.

Garman, Mark B./Ohlson, James A. (1980): Information and the Sequential Valuation of Assets in Arbitrage-Free Markets, in: JAR, Vol. 18, S. 420–440.

Gilson, Stuart C. (1995): Investing in Distressed Situations: A Market Survey, in: FAJ, Vol. 51, Nr. 6, S. 8–27.

Gilson, Stuart C. (1989): Management Turnover and Financial Distress, in: JFE, Vol. 25, S. 241–262.

Gilson, Stuart C./Hotchkiss, Edith S./Ruback, Richard S. (2000): Valuation of Bankrupt Firms, in: RFS, Vol. 13, S. 43–74.

Glaser, Markus/Lopez-de-Silanes, Florencio/Sautner, Zacharias (2013): Opening the Black Box: Internal Capital Markets and Managerial Power, in: JoF, Vol. 68, S. 1577–1631.

Gleißner, Werner (2014): Kapitalmarktorientierte Unternehmensbewertung: Erkenntnisse der empirischen Kapitalmarktforschung und alternative Bewertungsmethoden, in: CFB, 5. Jg., S. 151–167.

Gleißner, Werner (2013a): Die risikogerechte Bewertung alternativer Unternehmensstrategien: ein Fallbeispiel jenseits CAPM, in: BP, 8. Jg., Nr. 3, S. 82–89.

Gleißner, Werner (2013b): Unsicherheit, Risiko und Unternehmenswert, in: Petersen, Karl/Zwirner, Christian/Brösel, Gerrit (Hrsg.): Handbuch Unternehmensbewertung, Köln, S. 691–721.

Gleißner, Werner (2011): Der Einfluss der Insolvenzwahrscheinlichkeit (Rating) auf den Unternehmenswert und die Eigenkapitalkosten, in: CFB, 2. Jg., S. 243–251.

Gleißner, Werner (2010): Unternehmenswert, Rating und Risiko, in: WPg, 63. Jg., S. 735–743.

Gleißner, Werner (2005): Kapitalkosten: Der Schwachpunkt bei der Unternehmensbewertung und im wertorientierten Management, in: FB, 7. Jg., S. 217–229.

Gleißner, Werner (2002): Wertorientierte Analyse der Unternehmensplanung auf Basis des Risikomanagements, in: FB, 4. Jg., S. 417–427.

Gleißner, Werner/Ihlau, Susann (2012): Die Berücksichtigung von Risiken von nicht börsennotierten Unternehmen und KMU im Kontext der Unternehmensbewertung, in: CFB, 3. Jg., S. 312–318.

Gleißner, Werner/Wolfrum, Marco (2008): Eigenkapitalkosten und die Bewertung nicht börsennotierter Unternehmen: Relevanz von Diversifikationsgrad und Risikomaß, in: FB, 10. Jg., S. 602–614.

Gonzalez, Nestor/Litzenberger, Robert/Rolfo, Jacques (1977): On Mean Variance Models of Capital Structure and the Absurdity of their Predictions, in: JFQA, Vol. 12, S. 165–179.

Gordon, M[yron] J. (1971): Towards a Theory of Financial Distress, in: JoF, Vol. 26, S. 347–356.

Gordon, M[yron] J. (1959): Dividends, Earnings, and Stock Prices, in: RESt, Vol. 41, S. 99–105.

Gordon, Myron J./Shapiro, Eli (1956): Capital Equipment Analysis: The Required Rate of Profit, in: MSc, Vol. 3, S. 102–110.

Graham, John R. (2000): How Big Are the Tax Benefits of Debt?, in: JoF, Vol. 55, S. 1901–1941.

Graham, John R./Harvey, Campbell R. (2001): The theory and practice of corporate finance: evidence from the field, in: JFE, Vol. 60, S. 187–243.

Granger, Clive W. J./Morgenstern, Oskar (1970): Predictability of stock market prices, Lexington (MA).

Grinblatt, Mark/Liu, Jun (2008): Debt policy, corporate taxes, and discount rates, in: JET, Vol. 141, S. 225–254.

Grinyer, John R. (1984): On The Negative Risk Premuim [sic!] For Risk Adjusted Discount Rates: A Further Comment, in: JBFA, Vol. 11, S. 257–262.

Gröger, Hans-Christian (2009): Kapitalmarktorientierte Unternehmensbewertung – Untersuchung unter Berücksichtigung der persönlichen Besteuerung der Kapitalgeber, Wiesbaden.

Groß, Paul J. (1988): Sanierung durch Fortführungsgesellschaften: Der Weg von der Sanierungsprüfung bis zur Konstituierung und finanziellen Entlastung der Fortführungsgesellschaft in betriebswirtschaftlicher, rechtlicher und steuerlicher Sicht, 2. Aufl., Köln.

Grossmann, S[anford] J./Stiglitz, J[oseph] E. (1977): On Value Maximization and Alternative Objectives of the Firm, in: JoF, Vol. 32, S. 389–402.

Hachmeister, Dirk (2000): Der Discounted Cash Flow als Maß der Unternehmenswertsteigerung, 4. Aufl., Frankfurt a.M.

Hachmeister, Dirk (1996): Die Abbildung der Finanzierung im Rahmen verschiedener Discounted Cash Flow-Verfahren, in: zfbf, 48. Jg., S. 251–277.

Hagen, Kåre P. (1976): Default Risk, Homemade Leverage, and the Modigliani-Miller Theorem: Note, in: AER, Vol. 66, S. 199–203.

Haley, Charles W./Schall, Lawrence D. (1979): The Theory of Financial Decisions, 2. Aufl., New York (NY) u.a.

Haley, Charles W./Schall, Lawrence D. (1973): The Theory of Financial Decisions, New York (NY) u.a.

Hall, Robert E./Woodward, Susan E. (2010): The Burden of the Nondiversifiable Risk of Entrepreneurship, in: AER, Vol. 100, S. 1163–1194.

Hamada, Robert S. (1972): The Effect of the Firm's Capital Structure on the Systematic Risk of Common Stocks, in: JoF, Vol. 27, S. 435–452.

Hamada, Robert S. (1969): Portfolio Analysis, Market Equilibrium and Corporation Finance, in: JoF, Vol. 24, S. 13–31.

Harris, Robert S./Pringle, John J. (1985): Risk-Adjusted Discount Rates – Extensions from the Average-Risk Case, in: JFR, Vol. 8, S. 237–244.

Harrison, Michael J./Kreps, David M. (1979): Martingales and Arbitrage in Multiperiod Securities Markets, in: JET, Vol. 20, S. 381–408.

Hartl, Robert J. (1990): DCF Analysis: The Special Case of Risky Cash Outflows, in: REAA, Vol. 56, Nr. 2, S. 67–72.

Hartung, Joachim (1991): Statistik, 8. Aufl., München.

Haugen, Robert A./Pappas, James L. (1972): Equilibrium in the Pricing of Capital Assets, Risk-Bearing Debt Instruments, and the Question of Optimal Capital Structure: A Reply, in: JFQA, Vol. 7, S. 2005–2008.

Haugen, Robert A./Pappas, James L. (1971): Equilibrium in the Pricing of Capital Assets, Risk-bearing Debt Instruments, and the Question of Optimal Capital Structure, in: JFQA, Vol. 6, S. 943–953.

Haugen, Robert A./Pappas, James L. (1970): A Comment on the Capital Structure and the Cost of Capital: A Suggested Exposition, in: JoF, Vol. 25, S. 674–677.

Haugen, Robert A./Senbet, Lemma W. (1978): The Insignificance of Bankruptcy Costs to the Theory of Optimal Capital Structure, in: JoF, Vol. 33, S. 383–393.

Heinke, Volker/Steiner, Manfred (2007): Rating aus Sicht der modernen Finanzierungstheorie, in: Büschgen, Hans E./Everling, Oliver (Hrsg.): Handbuch Rating, 2. Aufl., Wiesbaden, S. 655–707.

Heitzer, Bernd/Dutschmann, Matthias (1999): Unternehmensbewertung bei autonomer Finanzierungspolitik, in: ZfB, 69. Jg., S. 1463–1471.

Hellwig, Martin F. (1981): Bankruptcy, Limited Liability, and the Modigliani-Miller Theorem, in: AER, Vol. 71, S. 155–170.

Helmis, Sven/Timmreck, Christian/Richter, Frank (2002): Ein alternativer Ansatz zur Bestimmung der Risikoprämie im Rahmen der Bewertung von Investitionsprojekten, in: WiSt, 31. Jg., S. 302–308.

Henselmann, Klaus/Klein, Martin (2010): Monte-Carlo-Simulation in der Due Diligence, in: M&A, 21. Jg., S. 358–366.

Hering, Thomas (2014): Unternehmensbewertung, 3. Aufl., München.

Hering, Thomas (2005): Betriebswirtschaftliche Anmerkungen zur „Unternehmensbewertung bei atmender Finanzierung und Insolvenzrisiko", in: DBW, 65. Jg., S. 197–199.

Herrmann, Volker/Richter, Frank (2003): Pricing With Performance-Controlled Multiples, in: sbr, Vol. 55, S. 194–219.

Higgins, Robert C./Schall, Lawrence D. (1975): Corporate Bankruptcy and Conglomerate Merger, in: JoF, Vol. 30, S. 93–113.

Hillier, David/Grinblatt, Mark/Titman, Sheridan (2012): Financial Markets and Corporate Strategy, 2. Aufl., London u.a.

Hirshleifer, Jack (1970): Investment, Interest, and Capital, Englewood Cliffs (NJ).

Hirshleifer, Jack (1966): Investment Decision Under Uncertainty: Applications of the State-Preference Approach, in: QJE, Vol. 53, S. 252–277.

Hirshleifer, Jack (1965): Investment Decision Under Uncertainty: Choice-Theoretic Approaches, in: QJE, Vol. 79, S. 509–536.

Hirshleifer, Jack (1964): Efficient Allocation of Capital in an Uncertain World, in: AER, Vol. 54, S. 77–85.

Hofherr, Andreas (2012): Die Bewertung wandelanleihenfinanzierter Unternehmen, Frankfurt a.M.

Holthausen, Robert W./Zmijewski, Mark E. (2012): Pitfalls in Levering and Unlevering Beta and Cost of Capital Estimates in DCF Valuations, in: JACF, Vol. 24, Nr. 3, S. 60–74.

Homburg, Carsten/Stephan, Jörg/Weiß, Matthias (2004): Unternehmensbewertung bei atmender Finanzierung und Insolvenzrisiko, in: DBW, 64. Jg., S. 276–295.

Hommel, Ulrich/Müller, Jürgen (1999): Realoptionsbasierte Investitionsbewertung, in: FB, 1. Jg., S. 177–188.

Hong, Hai/Rappaport, Alfred (1978): Debt Capacity, Optimal Capital Structure, and Capital Budgeting Analysis, in: FM, Vol. 7, Nr. 3, S. 7–11.

Hopewell, Michael H./Kaufman, George G. (1973): Bond Price Volatility and Term to Maturity: A Generalized Respecification, in: AER, Vol. 62, S. 749–753.

Howe, Keith M. (1995): Valuation and cost of capital analysis: a market-value balance sheet approach, in: Ghosh, Dilip K./Khaksari, Shahriar (Hrsg.): New Directions in Finance, London, S. 21–33.

Hsia, Chi-Cheng (1981): Coherence of the Modern Theories of Finance, in: FR, Vol. 16, Nr. 1, S. 27–42.

Huang, Jing-Zhi/Huang, Ming (2012): How Much of the Corporate-Treasury Yield Spread Is Due to Credit Risk?, in: RAPS, Vol. 2, S. 153–202.

Huber, Philipp (2014): Bewertung von Unternehmen im Economic und Financial Distress, Lohmar.

Hull, John C. (2012): Optionen, Futures und andere Derivate, 8. Aufl., München.

Hull, John C. (1986): A Note on the Risk-Adjusted Discount Rate Method, in: JBFA, Vol. 13, S. 445–450.

Hurley, William J./Fabozzi, Frank J. (1998): Dividend Discount Models, in: Fabozzi, Frank J. (Hrsg.): Selected Topics in Equity Portfolio Management, New Hope (PA), S. 107–125.

Hurley, William J./Johnson, Lewis D. (1998): Generalized Markov Dividend Discount Models, in: JPM, Vol. 25, Nr. 1, S. 27–31.

Hurley, William J./Johnson, Lewis D. (1997): Stochastic Two-Phase Dividend Discount Models, in JPM, Vol. 23, Nr. 4, S. 91–98.

Hurley, William J./Johnson, Lewis D. (1994): A Realistic Dividend Valuation Model, in: FAJ, Vol. 50, Nr. 4, S. 50–54.

Husmann, Sven (2008): Bewertung unmittelbarer Pensionszusagen, in: Laitenberger, Jörg/Löffler, Andreas (Hrsg.): Finanzierungstheorie auf vollkommen und unvollkommen Märkten, München, S. 157–178.

Husmann, Sven/Kruschwitz, Lutz/Löffler, Andreas (2001): Über einige Probleme mit DCF-Verfahren, in: zfbf, 53. Jg., S. 277–282.

IACVA (2011): Bewertung nicht börsennotierter Unternehmen – Die Berücksichtigung von Insolvenzwahrscheinlichkeiten, in: BP, 6. Jg., Nr. 1, S. 12–22.

IDW (2008): IDW Standard: Grundsätze zur Durchführung von Unternehmensbewertungen (IDW S 1 i.d.F. 2008), in: WPg, 61. Jg., Supplement 3, S. 68–89.

Imai, Yutaka/Rubinstein, Mark (1972): Equilibrium in the Pricing of Capital Assets, Risk-Bearing Debt Instruments, and the Question of Optimal Capital Structure: A Comment, in: JFQA, Vol. 7, S. 2001–2003.

Inselbag, Isik/Kaufold, Howard (1997): Two DCF Approaches for Valuing Companies under Alternative Financing Strategies (and How to Choose Between Them), in: JACF, Vol. 10, Nr. 1, S. 114–122.

Jarrow, Robert A. (1978): The Relationship between Yield, Risk, and Return of Corporate Bonds, in: JoF, Vol. 33, S. 1235–1240.

Jarrow, Robert A./Lando, David/Turnbull, Stuart M. (1997): A Markov Model of the Term Structure of Credit Risk Spreads, in: RFS, Vol. 10, S. 481–523.

Jarrow, Robert/Turnbull, Stuart (1996): Derivative Securities, Cincinnati (OH).

Jarrow, Robert A./Turnbull, Stuart M. (1995): Pricing Derivatives on Financial Securities Subject to Credit Risk, in: JoF, Vol. 50, S. 53–85.

Jennergren, Peter L. (2014): Firm Valuation with Bankruptcy Risk, in: JBVELA, Vol. 8, Nr. 1, S. 91–131.

Jensen, Michael C. (1991): Corporate Control and the Politics of Finance, in: JACF, Vol. 4, Nr. 2, S. 13–33.

Jensen, Michael C. (1972): Capital markets: theory and evidence, in: BJE, Vol. 3, S. 357–398.

Jensen, Michael C./Meckling, William H. (1976): Theory of the Firm: Managerial Behavior, Agency Costs and Ownership Structure, in: JFE, Vol. 3, S. 305–360.

Jödicke, Dirk (2007): Risikosimulation in der Unternehmensbewertung, in: FB, 9. Jg., S. 166–171.

Jonas, Martin (2014): Kapitalmarktgestützte Bewertungsmodelle in Zeiten von Kapitalmarktverwerfungen, in: Dobler, Michael/Hachmeister, Dirk/Kuhner, Christoph/Rammert, Stefan (Hrsg.): Rechnungslegung, Prüfung und Unternehmensbewertung, FS Ballwieser, Stuttgart, S. 365–385.

Jonas, Martin (2009): Unternehmensbewertung in der Krise, in: FB, 11. Jg., S. 541–546.

Jonas, Martin (2008): Besonderheiten der Unternehmensbewertung bei kleinen und mittleren Unternehmen, in: WPg, Sonderheft 2008, 57. Jg., S. S 117–122.

Jonas, Martin (1999): Die Bewertung beschränkt haftender Unternehmen unter Unsicherheit – ein optionspreistheoretischer Ansatz, in: BFuP, 51. Jg., S. 348–368.

Jung, Maximilian/Mandl, Gerwald (2003): Unternehmensbewertung bei wertorientierter Finanzierungspolitik und steuerlichen Verlustvorträgen, in: Seicht, Gerhard (Hrsg.): Jahrbuch für Controlling und Rechnungswesen, Wien, S. 41–52.

Käfer, Karl (1972): Zur Bewertung der Unternehmung von begrenzter Dauer, in: Lechner, Karl (Hrsg.): Analysen zur Unternehmenstheorie – FS Illetschko, Berlin, S. 115–132.

Kahneman, Daniel/Tversky, Amos (1979): Prospect Theory: An Analysis of Decision Under Risk, in: Ec, Vol. 47, S. 263–292.

Kaplan, Steven N./Stein, Jeremy C. (1990): How risky is the debt in highly leveraged transactions?, in: JFE, Vol. 27, S. 215–245.

Kaplan, Steven N./Strömberg, Per (2009): Leveraged Buyouts and Private Equity, in: JEP, Vol. 23, S. 121–146.

Kehrel, Uwe (2011): Die Bedeutung des Insolvenzrisikos in der Unternehmensbewertung, in: ZfCM, 55. Jg., S. 372–376.

Keiber, Karl (2004): Stochastische Modelle der Unternehmensbewertung, in: Richter, Frank/Timmreck, Christian (Hrsg.): Unternehmensbewertung – Moderne Instrumente und Lösungsansätze, Stuttgart, S. 421–443.

Kelleners, André (2004): Risikoneutrale Unternehmensbewertung und Multiplikatoren, Wiesbaden.

Kemsley, Deen/Nissim, Doron (2002): Valuation of the Debt Tax Shield, in: JoF, Vol. 57, S. 2045–2073.

Kern, Christian/Mölls, Sascha H. (2014): Bewertung von Tax Shields bei ausfallbedrohtem Fremdkapital, Arbeitspapier, Universität Marburg, Version vom Juni 2014, S. 1–36.

Kim, Han E. (1978): A Mean-Variance Theory of Optimal Capital Structure and Corporate Debt Capacity, in: JoF, Vol. 33, S. 45–63.

Kim, Han E. (1974): A Theory of Optimal Financial Structure in Market Equilibrium: A Critical Examination of the Effects of Bankruptcy and Corporate Income Taxation, Diss. State University of New York at Buffalo.

Kim, Han E./McConnell, John J./Greenwood, Paul R. (1977): Capital Structure Rearrangements and Me-First Rules in an Efficient Capital Market, in: JoF, Vol. 32, S. 789–810.

Klein, Martin (2011): Add-In basierte Softwaretools zur stochastischen Unternehmensbewertung im Vergleich – Teil 1: Entwicklung des Simulationsmodells, in: CFB, 2. Jg., S. 39–51.

Knabe, Matthias (2012): Die Berücksichtigung von Insolvenzrisiken in der Unternehmensbewertung, Lohmar.

Knecht, Thomas C./Dickopf, Christian (2008): Bewertung von Unternehmen im "Financial Distress", in: Gleißner, Werner/Schaller, Armin (Hrsg.): Private Equity – Beurteilungs- und Bewertungsverfahren von Kapitalbeteiligungsgesellschaften, Weinheim, S. 195–224.

Knoll, Leonhard (2014): Inflationsüberwälzung in der ewigen Rente: Eingeschwungener Zustand und Unternehmensschrumpfung, in: CFB, 5., Jg., S. 3–6.

Knoll, Leonhard (2010): Planungsrechnung zwischen Risikoberücksichtigung und Zweckadäquanz, in: DStR, 48. Jg., S. 615–617.

Knoll, Leonhard/Tartler, Thomas (2011): Alles hat ein Ende... – Anmerkungen zu einer mehrstufigen Diskussion in FB und CF biz, in: CFB, 2. Jg., S. 409–413.

Knoll, Leonhard/Vorndran, Philipp/Zimmermann, Stefan (2006): Risikoprämien bei Eigen- und Fremdkapital – vergleichbare Größen?, in: FB, 8. Jg., S. 380–384.

Kofler, Peter/Baumgartner, Martin (2010): Unternehmensbewertung bei Verlustvorträgen und Insolvenzrisiko, Saarbrücken.

Koller, Tim/Goedhart, Marc/Wessels, David (2010): Valuation, 5. Aufl., Hoboken (NJ).

König, Rolf/Wosnitza, Michael (2004): Betriebswirtschaftliche Steuerplanungs- und Steuerwirkungslehre, Heidelberg.

Korolev, Konstantin/Leifert, Kai D./Rommelfanger, Heinrich (2001): Fuzzy Logic Based Risk Management in Financial Intermediation, in: Ruan, Da/Kacprzyk, Janusz/Fedrizzi, Mario (Hrsg.): Soft Computing for Risk Evaluation and Management, Heidelberg, S. 447–471.

Koziol, Christian (2014): A simple correction of the WACC discount rate for default risk and bankruptcy costs, in: RQFA, Vol. 42, S. 653–666.

Koziol, Christian/Treuter, Tilo (2014): Praktische Umsetzung des WACC-Ansatzes bei Ausfallrisiko, in: BP, 9. Jg., Nr. 1, S. 5–11.

Krainer, Robert E. (1977): Interest Rates, Leverage, and Investor Rationality, in: JFQA, Vol. 12, S. 1–16.

Kraus, Alan/Litzenberger, Robert H. (1973): A State-Preference Model of Optimal Financial Leverage, in: JoF, Vol. 28, S. 911–922.

Kremer, Jürgen (2006): Einführung in die diskrete Finanzmathematik, Berlin u.a.

Kruschwitz, Lutz (2011): Investitionsrechnung, 13. Aufl., München.

Kruschwitz, Lutz (2001): Risikoabschläge, Risikozuschläge und Risikoprämien in der Unternehmensbewertung, in: DB, 54. Jg., S. 2409–2413.

Kruschwitz, Lutz (1991): Relevanz der Kapitalstruktur, in: WiSt, 20. Jg., S. 176–180.

Kruschwitz, Lutz/Husmann, Sven (2012): Finanzierung und Investition, 7. Aufl., München.

Kruschwitz, Lutz/Lodowicks, Arnd/Löffler, Andreas (2005): Zur Bewertung insolvenzbedrohter Unternehmen, in: DBW, 65. Jg., S. 221–236.

Kruschwitz, Lutz/Löffler, Andreas (2014): Warum Total Beta totaler Unsinn ist, in: CFB, 5. Jg., S. 263–267.

Kruschwitz, Lutz/Löffler, Andreas (2009): Do Taxes Matter in the CAPM?, in: Kiesewetter, Dirk/Niemann, Rainer (Hrsg.): Accounting, Taxation, and Corporate Governance, Online-FS Wagner, S. G1-G13.

Kruschwitz, Lutz/Löffler, Andreas (2006): Discounted Cash Flow – A Theory of the Valuation of Firms, Chichester.

Kruschwitz, Lutz/Löffler, Andreas (2005a): Ein neuer Zugang zum Konzept des Discounted Cashflow, in: JfB, 55. Jg., S. 21–36.

Kruschwitz, Lutz/Löffler, Andreas (2005b): Kapitalkosten, Wertprozesse und Steuern, in: ZfB, 75. Jg., S. 1013–1019.

Kruschwitz, Lutz/Löffler, Andreas (2004a): Mehr Fragen als Antworten im Zusammenhang mit Steuervorteilen bei der Unternehmensbewertung, in: Dirrigl, Hans/Wellisch, Dietmar/Wenger, Ekkehard (Hrsg.): Steuern, Rechnungslegung und Kapitalmarkt, FS Wagner, Wiesbaden, S. 85–100.

Kruschwitz, Lutz/Löffler, Andreas (2004b): Bemerkungen über Kapitalkosten vor und nach Steuern, in: ZfB, 74. Jg., S. 1175–1190.

Kruschwitz, Lutz/Löffler, Andreas (2003a): DCF = APV + (FTE & TCF & WACC)?, in: Richter, Frank/Schüler, Andreas/Schwetzler, Bernhard (Hrsg.): Kapitalgeberansprüche, Marktwertorientierung und Unternehmenswert, FS Drukarczyk, München, S. 235–254.

Kruschwitz, Lutz/Löffler, Andreas (2003b): Fünf typische Missverständnisse im Zusammenhang mit DCF-Verfahren, in: FB, 5. Jg., S. 731–733.

Kruschwitz, Lutz/Löffler, Andreas (1997): Ross' APT ist gescheitert. Was nun?, in: zfbf, 49. Jg., S. 644–651.

Kruschwitz, Lutz/Löffler, Andreas/Canefield, Dominica (2007): Hybride Finanzierungspolitik und Unternehmensbewertung, in: FB, 9. Jg., S. 427–431.

Kruschwitz, Lutz/Löffler, Andreas/Essler, Wolfgang (2009): Unternehmensbewertung für die Praxis, Stuttgart.

Kruschwitz, Lutz/Löffler, Andreas/Lorenz, Daniela (2012): Zum Unlevering und Relevering von Betafaktoren: Stellungnahme zu Meitner/Streitferdt, WPg 2012, S. 1037–1047 – Zugleich Grundsatzüberlegungen zu Kapitalkostendefinitionen, in: WPg, 65. Jg., S. 1048–1052.

Kruschwitz, Lutz/Löffler, Andreas/Lorenz, Daniela (2011): Unlevering und Relevering – Modigliani/Miller versus Miles/Ezzell, in: WPg, 64. Jg., S. 672–678.

Kruschwitz, Lutz/Löffler, Andreas/Mandl, Gerwald (2014): Unternehmensbewertung zwischen Kunst und Wissenschaft, in: WPg, 67. Jg., S. 527–531.

Kruschwitz, Lutz/Lorenz, Daniela (2011): Eine Anmerkung zur Unternehmensbewertung bei autonomer und wertorientierter Verschuldung, in: CFB, 2. Jg., S. 94–96.

Kruschwitz, Lutz/Milde, Hellmuth (1996): Geschäftsrisiko, Finanzierungsrisiko und Kapitalkosten, in: zfbf, 48. Jg., S. 1115–1133.

Kruschwitz, Lutz/Schöbel, Rainer (1984): Eine Einführung in die Optionspreistheorie, in: WISU, 13. Jg., S. 68–72, S. 116–121 und S. 171–176.

Kudla, Ronald J. (1980): Some Pitfalls In Using Certainty-Equivalents: A Note, in: JBFA, Vol. 7, S. 239–243.

Kuhner, Christoph/Maltry, Helmut (2006): Unternehmensbewertung, Berlin u.a.

Kürsten, Wolfgang (2008): „Rigour versus Relevance"? – Beobachtungen in der finanzwirtschaftlichen Forschung, in: Laitenberger, Jörg/Löffler, Andreas (Hrsg.): Finanzierungstheorie auf vollkommen und unvollkommenen Kapitalmärkten, FS Kruschwitz, München, S. 1–19.

Kürsten, Wolfgang (2003): Grenzen und Reformbedarfe der Sicherheitsäquivalentmethode in der (traditionellen) Unternehmensbewertung, in: zfbf, 55. Jg., S. 306–314.

Kürsten, Wolfgang (2002): „Unternehmensbewertung unter Unsicherheit", oder: Theoriedefizit einer künstlichen Diskussion über Sicherheitsäquivalent- und Risikozuschlagsmethode, in: zfbf, 54, Jg., S. 128–144.

Kürsten, Wolfgang (2000): Shareholder Value – Grundelemente und Schieflagen einer polit-ökonomischen Diskussion aus finanzierungstheoretischer Sicht, in: ZfB, 70. Jg., S. 359–381.

Kürsten, Wolfgang (1997): Neoklassische Grundlagen "moderner" Finanzierungstheorie, in: Pfingsten, Andreas (Hrsg.): Betriebs- und Volkswirtschaftslehre: Geschwisterliebe und Familienzwist, München, S. 63–98.

Laitenberger, Jörg (2006): Rendite und Kapitalkosten, in: ZfB, 76. Jg., S. 79–101.

Laitenberger, Jörg/Lodowicks, Arnd (2005): Das Modigliani-Miller-Theorem mit ausfallgefährdetem Fremdkapital, in: WiSt, 34. Jg., S. 145–149.

Laitenberger, Jörg/Löffler, Andreas (2006): The structure of the distributions of cash flows and discount rates in multiperiod valuation problems, in: ORS, Vol. 28, S. 289–299.

Laitenberger, Jörg/Löffler, Andreas (2002): Capital Budgeting in Arbitrage-free Markets, Arbeitspapier, Universität Hannover und Freie Universität Berlin, Version vom Juli 2002, S. 1–12.

Lang, Larry/Stulz, René (1992): Contagion and competitive intra-industry effects of bankruptcy announcements, in: JFE, Vol. 32, S. 45–60.

Lange, Ingo (2005): Unternehmenswert und Behavioral Finance in der Insolvenz, Wiesbaden.

Langenkämper, Christof (2000): Unternehmensbewertung – DCF-Methoden und simulativer VOFI-Ansatz, Wiesbaden.

Laux, Helmut/Schabel, Matthias M. (2009): Subjektive Investitionsbewertung, Marktbewertung und Risikoteilung – Grenzpreise aus Sicht börsennotierter Unternehmen und individueller Investoren im Vergleich, Berlin u.a.

Lee, Wayne Y./Barker, Henry H. (1977): Bankruptcy Costs and the Firm's Optimal Debt Capacity: A Positive Theory of Capital Structure, in: SEJ, Vol. 43, S. 1453–1465.

Leland, Hayne E. (1994): Corporate Debt Value, Bond Covenants, and Optimal Capital Structure, in: JoF, Vol. 49, S. 1213–1252.

Leland, Hayne E./Toft, Klaus B. (1996): Optimal Capital Structure, Endogenous Bankruptcy, and the Term Structure of Credit Spreads, in: JoF, Vol. 51, S. 987–1019.

Lenz, Thomas (2009): Die Bilanzierung von Immobilien nach IFRS, Lohmar.

Leuner, Rolf (2012): Bewertung ertragsschwacher Unternehmen (Sanierung), in: Peemöller, Volker H. (Hrsg.): Praxishandbuch der Unternehmensbewertung, 5. Aufl., Herne, S. 1027–1051.

Leuner, Rolf (1998): Ertragsschwache und ertragsstarke Unternehmen in der Unternehmensbewertung, München.

Lev, Baruch (1974): On the Association Between Operating Leverage and Risk, in: JFQA, Vol. 9, S. 627–641.

Lewellen, Wilbur G. (1979): Reply to Pettway and Celec, in: JoF, Vol. 34, S. 1065–1066.

Lewellen, Wilbur G. (1977): Some Observations On Risk-Adjusted Discount Rates, in: JoF, Vol. 32, S. 1331–1337.

Lewellen, Wilbur G./Emery, Douglas R. (1986): Corporate Debt Management and the Value of the Firm, in: JFQA, Vol. 21, S. 415–426.

Lintner, John (1965a): The Valuation of Risk Assets and the Selection of Risky Investments in Stock Portfolios and Capital Budgets, in: RESt, Vol. 47, S. 13–37.

Lintner, John (1965b): Prices, Risk, and Maximal Gains from Diversification, in: JoF, Vol. 20, S. 587–615.

Liou, Dah-Kwei/Smith, Malcom (2007): Macroeconomic Variables and Financial Distress, in: JABM, Vol. 14, S. 17–31.

Liu, Yuan-Chi (2009): The slicing approach to valuing tax shields, in: JBF, Vol. 33, S. 1069–1078.

Lobe, Sebastian (2010): Lebensdauer von Firmen und ewige Rente: Ein Widerspruch?, in: CFB, 1. Jg., S. 179–182.

Lobe, Sebastian/Hölzl, Alexander (2011): Ewigkeit, Insolvenz und Unternehmensbewertung: Globale Evidenz, in: CFB, 2. Jg., S. 252–257.

Loderer, Claudio/Wälchli, Urs (2010): Handbuch der Bewertung, Bd. 2, 5. Aufl., Zürich.

Lodowicks, Arnd (2007): Riskantes Fremdkapital in der Unternehmensbewertung – Bewertung von Insolvenzkosten auf Basis der Discounted-Cashflow-Theorie, Wiesbaden.

Löffler, Andreas (2004): Zwei Anmerkungen zu WACC, in: ZfB, 74. Jg., S. 933–942.

Löffler, Andreas (2003): MoMi-WACC is not an Expected Return, in: Heintzen, Markus/Kruschwitz, Lutz (Hrsg.): Unternehmen bewerten, Berlin, S. 53–58.

Löffler, Andreas (2002a): Gewichtete Kapitalkosten (WACC) in der Unternehmensbewertung, in: FB, 4. Jg., S. 296–300.

Löffler, Andreas (2002b): Gewichtete Kapitalkosten (WACC) in der Unternehmensbewertung – Replik zu Schwetzler/Rapp, in: Finanz Betrieb, 4. Jg., S. 505–509.

Löffler, Andreas (2001): Miles-Ezzell's WACC Approach Yields Arbitrage, Arbeitspapier, Universität Hannover, Version vom Juli 2002, S. 1–12.

Löhr, Dirk/Rams, Andreas (2000): Unternehmensbewertung mit Realoptionen – Berücksichtigung strategisch-dynamischer Flexibilität, in: BB, 55. Jg., S. 1983–1989.

Loistl, Otto (1981): Die Bedeutung des Konkurstatbestandes für die Bewältigung von Unternehmenskrisen, in: Bohr, Kurt/Drukarczyk, Jochen/Drumm, Hans-Jürgen/Scherrer, Gerhard (Hrsg.): Unternehmungsverfassung als Problem der Betriebswirtschaftslehre, Darmstadt, S. 723–769.

Longstaff, Francis/Schwartz, Eduardo (1995): A Simple Approach to Valuing Risky Fixed and Floating Rate Debt, in: JoF, Vol. 50, S. 789–819.

Luehrman, Timothy A. (1997): Using APV: A Better Tool for Valuing Operations, in: HBR, Vol. 75, Nr. 3, S. 145–154.

Lütkeschümer, Gerrit (2012): Die Berücksichtigung von Finanzierungsrisiken bei der Ermittlung von Eigenkapitalkosten in der Unternehmensbewertung, Wiesbaden.

MacMinn, Richard D. (1987): Forward Markets, Stock Markets, and the Theory of the Firm, in: JoF, Vol. 42, S. 1167–1185.

Mai, Jan M. (2008): Die Bewertung verschuldeter Unternehmen unter Berücksichtigung von Zinsabzugsbeschränkungen, in: DBW, 68. Jg., S. 35–51.

Mandelker, Gershon N./Rhee, Ghon S. (1984): The Impact of the Degrees of Operating and Financial Leverage on Systematic Risk of Common Stock, in: JFQA, Vol. 19, S. 45–57.

Mandl, Gerwald/Rabel, Klaus (1997): Unternehmensbewertung – Eine praxisorientierte Einführung, Wien.

Markowitz, Harry M. (1959): Portfolio Selection: Efficient Diversification of Investments, New York (NY), London.

Markowitz, Harry [M.] (1952): Portfolio Selection, in: JoF, Vol. 7, S. 77–91.

Martin, John D./Scott, David F. (1980): Debt Capacity and the Capital Budgeting Decision: A Revisitation, in: FM, Vol. 9, Nr. 1, S. 23–26.

Martin, John D./Scott, David F. (1976): Debt Capacity and the Capital Budgeting Decision, in: FM, Vol. 5, Nr. 2, S. 7–14.

Massari, Mario/Roncaglio, Francesco/Zanetti, Laura (2007): On the Equivalence between the APV and the wacc Approach in a Growing Leveraged Firm, in: EFM, Vol. 14, S. 152–162.

Matschke, Manfred Jürgen/Brösel, Gerrit (2013): Unternehmensbewertung – Funktionen – Methoden – Grundsätze, 4. Aufl., Wiesbaden.

McDougall, F[red] M. (1980): Taxation, Bankruptcy Costs, and Capital Structure Decisions within the context of a multi-period capital asset pricing model, in: A&F, Vol. 20, Nr. 2, S. 21–34.

Meitner, Matthias/Streitferdt, Felix [G.] (2014b): Was sind Kapitalkosten? – Eine integrierende Analyse, in: CFB, 5. Jg., S. 527–536.

Meitner, Matthias/Streitferdt, Felix G. (2014a): DCF-Valuations of Companies in Crisis: Distress-Related Leverage, Identification of Risk Positions, Discounting Techniques, and „Beta Flips", in: JBVELA, 9. Jg., Nr. 1, S. 145–174.

Meitner, Matthias/Streitferdt, Felix [G.] (2012): Zum Unlevering und Relevering von Betafaktoren, in: WPg, 65. Jg., S. 1037–1047.

Meitner, Matthias/Streitferdt, Felix [G.] (2011a): Diskontierung anormaler Zahlungsströme – Unternehmensbewertung unter dem Eindruck der Finanzkrise, in: BP, 6. Jg., Nr. 1, S. 8–11.

Meitner, Matthias/Streitferdt, Felix [G.] (2011b): Unternehmensbewertung, Stuttgart.

Merton, Robert C. (1974): On the Pricing of Corporate Debt: The Risk Structure of Interest Rates, in: JoF, Vol. 29, S. 449–470.

Merton, Robert C. (1973a): Theory of rational option pricing, in: BJE, Vol. 4, S. 141–183.

Merton, Robert C. (1973b): An Intertemporal Capital Asset Pricing Model, in: Ec, Vol. 41, S. 867–887.

Metz, Volker (2007): Der Kapitalisierungszinssatz bei der Unternehmensbewertung, Wiesbaden.

Miles, James/Choi, Dosoung (1979): Comment: Evaluating Negative Benefits, in: JFQA, Vol. 14, S. 1095–1099.

Miles, James A./Ezzell, John R. (1985): Reformulating Tax Shield Valuation: A Note, in: JoF, Vol. 40, S. 1485–1492.

Miles, James A./Ezzell, John R. (1980): The Weighted Average Cost of Capital, Perfect Capital Markets, and Project Life: A Clarification, in: JFQA, Vol. 15, S. 719–730.

Miller, Merton H. (1988): The Modigliani-Miller Propositions After Thirty Years, in: JEP, Vol. 2, S. 99–120.

Miller, Merton H. (1977): Debt and Taxes, in: JoF, Vol. 32, S. 261–275.

Modigliani, Franco/Miller, Merton H. (1963): Corporate Income Taxes and the Cost of Capital: A Correction, in: AER, Vol. 53, S. 433–443.

Modigliani, Franco/Miller, Merton H. (1959): The Cost of Capital, Corporation Finance, and the Theory of Investment: Reply, in: AER, Vol. 49, S. 655–669.

Modigliani, Franco/Miller, Merton H. (1958): The Cost of Capital, Corporate Finance and the Theory of Investment, in: AER, Vol. 48, S. 261–297.

Molnár, Peter/Nyborg, Kjell G. (2013): Tax-adjusted Discount Rates: a General Formula under Constant Leverage Ratios, in: EFM, Vol. 19, S. 419–428.

Morris, James R. (1982): Taxes, Bankruptcy Costs and the Existence of an Optimal Capital Structure, in: JFR, Vol. 5, S. 285–299.

Moser, Ulrich (2004): Behandlung von negativen Cash Flows und Verlustvorträgen, in: Richter, Frank/Timmreck, Christian (Hrsg.): Unternehmensbewertung – Moderne Instrumente und Lösungsansätze, Stuttgart, S. 41–59.

Moser, Ulrich/Schieszl, Sven (2001): Unternehmenswertanalysen auf der Basis von Simulationsrechnungen am Beispiel eines Biotech-Unternehmens, in: FB, 3. Jg., S. 530–541.

Mossin, Jan (1966): Equilibrium in a Capital Asset Market, in: Ec, Vol. 34, S. 768–783.

Moxter, Adolf (1983): Grundsätze ordnungsmäßiger Unternehmensbewertung, 2. Aufl., Wiesbaden.

Moxter, Adolf (1970): Optimaler Verschuldungsumfang und Modigliani-Miller-Theorem, in: Forster, Karl-Heinz/Schuhmacher, Peter (Hrsg.): Aktuelle Fragen der Unternehmensfinanzierung und Unternehmensbewertung, FS Schmaltz, Stuttgart, S. 128–155.

Münstermann, Hans (1966): Wert und Bewertung der Unternehmung, Wiesbaden.

Myers, Stewart C. (1977a): The Relation Between Real and Financial Measures of Risk and Return, in: Friend, Irwin/Bicksler, James L. (Hrsg.): Risk and Return in Finance, Vol. 1, Cambridge (MA), S. 49–80.

Myers, Stewart C. (1977b): Determinants of Corporate Borrowing, in: JFE, Vol. 5, S. 147–175.

Myers, Stewart C. (1974): Interactions of Corporate Financing and Investment Decisions – Implications for Capital Budgeting, in: JoF, Vol. 29, S. 1–25.

Myers, Stewart C./Ruback, Richard S. (1987): Discounting Rules for Risky Assets, Arbeitspapier Nr. 2219, National Bureau of Economic Research, Version vom April 1987, S. 1–22.

Myers, Stewart C./Turnbull, Stuart M. (1977): Capital Budgeting and the Capital Asset Pricing Model: Good News and Bad News, in: JoF, Vol. 32, S. 321–333.

Nickert, Cornelius (2013): Erfordernis einer Unternehmensbewertung in der Insolvenz?, in: Grote, Hugo/Obermüller, Manfred/Pape, Gerhard (Hrsg.): Insolvenz und Sanierung – auf der Dauerbaustelle geht es weiter, FS Haarmeyer, Köln, S. 175–190.

Obermaier, Robert (2006): Unternehmensbewertung bei negativen Zahlungsüberschüssen, in: Barthel, Carl W. (Hrsg.): Handbuch der Unternehmensbewertung, Bd. 2, Berlin, S. 1–18.

Obermaier, Robert (2005): Unternehmensbewertung und „Risikoauflösung im Zeitablauf", in: Seicht, Gerhard (Hrsg.): Jahrbuch für Controlling und Rechnungswesen, Wien, S. 25–56.

Obermaier, Robert (2004a): Bewertung, Zins und Risiko, Frankfurt a.M.

Obermaier, Robert (2004b): Unternehmensbewertung bei Auszahlungsüberschüssen – Risikozu- oder -abschlag?, in: DB, 57. Jg., S. 2761–2766.

Oded, Jacob/Allen, Michel (2007): Reconciling DCF Valuation Methodologies, in: JAF, Vol. 17, Nr. 2, S. 21–32.

Ohlson, James A. (1980): Financial Ratios and the Probabilistic Prediction of Bankruptcy, in: JAR, Vol. 18, S. 109–131.

Ohlson, James A. (1979): Risk, Return, Security-Valuation and the Stochastic Behavior of Security Prices, in: JFQA, Vol. 14, S. 317–336.

Opler, Tim C./Titman, Sheridan (1994): Financial Distress and Corporate Performance, in: JoF, Vol. 49, S. 1015–1040.

Pape, Ulrich (2008): Kapitalmärkte, asymmetrische Informationsverteilung und unternehmerisches Finanzmanagement, in: Weber, Lars/Lubk, Claudia/Mayer, Annette (Hrsg.): Gesellschaft im Wandel – Aktuelle ökonomische Herausforderungen, Wiesbaden, S. 149–167.

Pape, Ulrich/Schlecker, Matthias (2008): Berechnung des Credit Spreads, in: FB, 10. Jg., S. 658–665.

Peemöller, Volker H./Beckmann, Christoph (2012): Der Realoptionsansatz, in: Peemöller, Volker H. (Hrsg.): Praxishandbuch der Unternehmensbewertung, 5. Aufl., Herne, S. 1175–1205.

Peemöller, V[olker] H./Bömelburg, P[eter] (1993): Unternehmensbewertung ertragsschwacher Unternehmen, in: DStR, 31. Jg., S. 1036–1043.

Perridon, Louis/Steiner, Manfred/Rathgeber, Andreas (2012): Finanzwirtschaft der Unternehmung, 16. Aufl., München.

Priesing, Tobias (2012): Distressed M&A-Valuation, in: KSI, 5. Jg., S. 205–213.

Pritsch, Gunnar/Hommel, Ulrich (1997): Hedging im Sinne des Aktionärs, in: DBW, 57. Jg., S. 672–693.

Pye, Gordon (1974): Gauging the Default Premium, in: FAJ, Vol. 30, Nr. 1, S. 49–52.

Qi, Howard (2011): Value and capacity of tax shields: An analysis of the slicing approach, in: JBF, Vol. 35, S. 166–173.

Rajan, Raghuram G./Zingales, Luigi (1995): What Do We Know about Capital Structure? Some Evidence from International Data, in: JoF, Vol. 50, S. 1421–1460.

Rams, Andreas (1999): Realoptionsbasierte Unternehmensbewertung, in: FB, 1. Jg., S. 349–364.

Rapp, Marc S. (2006): Die arbitragefreie Adjustierung von Diskontierungssätzen bei einfacher Gewinnsteuer, in: zfbf, 58. Jg., S. 771–806.

Rappaport, Alfred (1999): Shareholder Value, 2. Aufl., Stuttgart.

Rappaport, Alfred (1979): Strategic analysis for more profitable acquisitions, in: HBR, Vol. 57, Nr. 4, S. 99–110.

Reichling, Peter/Beinert, Claudia (2006): Ausfallrisiko, Kapitalkosten und Unternehmenswert, in: Reichmann, Thomas/Pyszny, Udo (Hrsg.): Rating nach Basel II, Herausforderungen für den Mittelstand, München, S. 323–346.

Reichling, Peter/Bietke, Daniela/Henne, Antje (2007): Praxishandbuch Risikomanagement und Rating, 2. Aufl., Wiesbaden.

Richter, Frank (2009): Business valuation with constant discount rates also in case of default risk?, Arbeitspapier, Universität Ulm, Version vom 26.11.2009, S. 1–37.

Richter, Frank (2004): Relativer Unternehmenswert, in: Richter, Frank/Timmreck, Christian (Hrsg.): Unternehmensbewertung – Moderne Instrumente und Lösungsansätze, Stuttgart, S. 367–380.

Richter, Frank (2003): Logische Wertgrenzen und subjektive Punktschätzungen – Zur Anwendung der risikoneutralen (Unternehmens-)Bewertung, in: Heintzen, Markus/Kruschwitz, Lutz (Hrsg.): Unternehmen bewerten, Berlin, S. 59–73.

Richter, Frank (2002a): Simplified Discounting Rules, Variable Growth, and Leverage, in: sbr, Vol. 54, S. 136–147.

Richter, Frank (2002b): Kapitalmarktorientierte Unternehmensbewertung – Konzeption, finanzwirtschaftliche Bewertungsprämissen und Anwendungsbeispiel, Frankfurt a.M.

Richter, Frank (2001): Simplified Discounting Rules in Binomial Models, in: sbr, Vol. 53, S. 175–196.

Richter, Frank (1998a): Unternehmenswert, durchschnittliche Kapitalkosten und Konkursrisiko, in: Kruschwitz, Lutz/Löffler, Andreas (Hrsg.): Workshop Unternehmensbewertung im Februar 1998 in Berlin, S. 42–58.

Richter, Frank (1998b): Unternehmensbewertung bei variablem Verschuldungsgrad, in: ZBB, 10. Jg., S. 379–389.

Richter, Frank/Drukarczyk, Jochen (2001): Wachstum, Kapitalkosten und Finanzierungseffekte, in: DBW, 61. Jg., S. 627–639.

Richter, Frank/Helmis, Sven (2001): Pragmatische Risikozuschläge, Sharpe-Ratio und Wertadditivität, Arbeitspapier, Universität Witten/Herdecke, Version vom September 2001, S. 1–22.

Robichek, Alexander A./Myers, Stewart C. (1968): Valuation Under Uncertainty: Comment, in: JFQA, Vol. 3, S. 479–483.

Robichek, Alexander A./Myers, Stewart C. (1966a): Problems in the Theory of Optimal Capital Structure, in: JFQA, Vol. 1, S. 1–35.

Robichek, Alexander A./Myers, Stewart C. (1966b): Conceptual Problems in the Use of Risk-adjusted Discount Rates, in: JoF, Vol. 21, S. 727–730.

Robichek, Alexander A./Myers, Stewart C. (1965): Optimal Financing Decisions, Englewood Cliffs (NJ).

Rosarius, Stephan (2007): Bewertung von Leveraged Buyouts, Frankfurt a.M.

Ross, Stephen A. (1978): A Simple Approach to the Valuation of Risky Streams, in: JoB, Vol. 51, S. 453–475.

Ross, Stephen A. (1976): The Arbitrage Theory of Capital Asset Pricing, in: JET, Vol. 13, S. 341–360.

Ross, Stephen A. (1971): Portfolio and Capital Market Theory with Arbitrary Preferences and Distributions – The General Validity of the Mean-Variance Approach in Large Markets, Arbeitspapier Nr. 12-72, University of Pennsylvania, S. 1–51.

Ruback, Richard S. (2002): Capital Cash Flows: A Simple Approach to Valuing Risky Cash Flows, in: FM, Vol. 31, Nr. 2, S. 85–103.

Ruback, Richard S. (1986): Calculating the Market Value of Riskless Cash Flows, in: JFE, Vol. 15, S. 323–339.

Rubinstein, Mark [E.] (1994): Implied Binomial Trees, in: JoF, Vol. 69, S. 771–818.

Rubinstein, Mark [E.] (1976): The valuation of uncertain income streams and the pricing of options, in: BJE, Vol. 7, S. 407–425.

Rubinstein, Mark E. (1973a): The Fundamental Theorem of Parameter-Preference Security Valuation, in: JFQA, Vol. 8, S. 61–69.

Rubinstein, Mark E. (1973b): A Mean-Variance Synthesis of Corporate Financial Theory, in: JoF, Vol. 28, S. 167–181.

Rubinstein, Mark E. (1973c): Corporate Financial Policy in Segmented Securities Markets, in: JFQA, Vol. 8, S. 749–761.

Rudolph, Bernd (2006): Unternehmensfinanzierung und Kapitalmarkt, Tübingen.

Rudolph, Bernd (1979): Zur Theorie des Kapitalmarktes – Grundlagen, Erweiterungen und Anwendungsbereiche des „Capital Asset Pricing Model (CAPM)", in: ZfB, 49. Jg., S. 1034–1067.

Sabal, Jaime (2007): WACC or APV?, in: JBVELA, Vol. 2, Nr. 2, S. 1–15.

Saelzle, Rainer (1976): Investitionsentscheidungen und Kapitalmarkttheorie, Wiesbaden.

Saha, Atanu/Malkiel, Burton (2012a): Valuation of Cash Flows with Time-Varying Cessation Risk, in: JBVELA, Vol. 7, Nr. 1, S. 1–20.

Saha, Atanu/Malkiel, Burton (2012b): DCF Valuation with Cash Flow Cessation Risk, in: JAF, Vol. 22, Nr. 1, S. 176–186.

Schall, Lawrence D. (1972): Asset Valuation, Firm Investment, and Firm Diversification, in: JoB, Vol. 45, S. 11–28.

Schildbach, Thomas (2006): Zur Risikoanpassung des Zinsfußes im Individual- und im Marktkontext, in: GesRZ, 95. Jg., S. 291–295.

Schildbach, Thomas (2004): Risikoberücksichtigung bei Ein- und Auszahlungsüberschüssen im Rahmen der Unternehmensbewertung, in: UM, 2. Jg., S. 165–171.

Schildbach, Thomas (2000): Ein fast problemloses DCF-Verfahren zur Unternehmensbewertung, in: zfbf, 52. Jg., S. 707–723.

Schira, Josef (2012): Statistische Methoden der VWL und BWL, 4. Aufl., München.

Schmalenbach, Eugen (1917): Die Werte von Anlagen und Unternehmungen in der Schätzungstechnik, in: ZfhF, 12. Jg., S. 1–20.

Schmidt, Reinhard H./Terberger, Eva (2006): Grundzüge der Investitions- und Finanzierungstheorie, 4. Aufl., Wiesbaden.

Schnabel, Jacques A. (1984): Bankruptcy, Interest Tax Shields and "Optimal" Capital Structure: A Cash Flow Formulation, in: MDE, Vol. 5, S. 116–119.

Schneeweiß, Christoph (1991): Systemanalytische und entscheidungstheoretische Grundlagen, Bd. 1, Berlin u.a.

Schneeweiß, Hans (1994): The role of risk aversion in the capital asset pricing model, in: ORS, Vol. 16, S. 169–173.

Schneeweiß, Hans (1967): Entscheidungskriterien bei Risiko, Berlin u.a.

Schneider, Dieter (2009): „Finanzierungsneutralität der Besteuerung" als politischer Wunsch und als Widersprüchlichkeit in der erklärenden Theorie, oder: Quo vadis, Arqus?, in: zfbf, 61. Jg., S. 126–137.

Schneider, Dieter (1995): Betriebswirtschaftslehre, Bd. 1, 2. Aufl., München u.a.

Schneider, Dieter (1992): Investition, Finanzierung und Besteuerung, 9. Aufl., Wiesbaden.

Schneider, Dieter (1972): „Flexible Planung als Lösung der Entscheidungsprobleme unter Ungewißheit?" in der Diskussion, in: zfbf, 24. Jg., S. 456–476.

Schnettler, Albert (1961): Die Behandlung positiver und negativer Geschäftswerte bei der Verkehrswertermittlung von Betrieben, in: o.Hrsg.: Industriebetrieb und industrielles Rechnungswesen – Neue Entwicklungstendenzen, FS Geldmacher, Köln, S. 62–70.

Scholze, Andreas (2009): Discounted Cashflow und Jahresabschlußanalyse, Frankfurt a.M.

Schosser, Josef/Grottke, Markus (2013): Nutzengestützte Unternehmensbewertung: Ein Abriss der jüngeren Literatur, in: zfbf, 65. Jg., S. 306–341.

Schüler, Andreas (2013a): Konzeptionelle Überlegungen zur Bewertung restrukturierungsbedürftiger Unternehmen, in: M&A, 24. Jg., S. 389–394.

Schüler, Andreas (2013b): Eine Fallstudie zur Bewertung restrukturierungsbedürftiger Unternehmen, in: M&A, 24. Jg., S. 456–463.

Schüler, Andreas (2010): Bewertung von Infrastrukturprojekten am Beispiel des Eurotunnels, in: Drukarczyk, Jochen/Ernst, Dietmar (Hrsg.): Branchenorientierte Unternehmensbewertung, 3. Aufl., München, S. 479–501.

Schüler, Andreas (2007): Valuing companies in financial trouble – Eurotunnel, in: JASSA, Nr. 2, S. 32–40.

Schüler, Andreas (2003): Zur Bewertung ertrags- und liquiditätsschwacher Unternehmen, in: Richter, Frank/Schüler, Andreas/Schwetzler, Bernhard (Hrsg.): Kapitalgeberansprüche, Marktwertorientierung und Unternehmenswert, FS Drukarczyk, München, S. 361–382.

Schüler, Andreas/Kaufmann, Patrick (2014): Zur Ausgestaltung von Mittelstandsanleihen: Eine kritische Bestandsaufnahme zu Ratings, Spreads, Covenants und Sicherheiten, in: ZBB, 26. Jg., S. 69–79.

Schulte, Jörn/Franken, Lars/Koelen, Peter/Lehmann, Dominik (2010): Konsequenzen einer (Nicht-)Berücksichtigung von Debt Beta in der Bewertungspraxis, in: BP, 5. Jg., Nr. 4, S. 13–21.

Schultze, Wolfgang (2004): Valuation, Tax Shields and the Cost-of-Capital with Personal Taxes: A Framework for Incorporating Taxes, in: IJTAF, Vol. 7, S. 769–804.

Schultze, Wolfgang (2003): Methoden der Unternehmensbewertung – Gemeinsamkeiten, Unterschiede, Perspektiven, 2. Aufl., Düsseldorf.

Schulz, Roland (2009): Größenabhängige Risikoanpassungen in der Unternehmensbewertung, Düsseldorf.

Schwab, Bernhard (1978): Conceptual Problems In The Use Of Risk-Adjusted Discount Rates With Disaggregated Cash Flows, in: JBFA, Vol. 5, S. 281–293.

Schwetzler, Bernhard (2002): Das Ende des Ertragswertverfahrens?, in: zfbf, 54. Jg., S. 145–158.

Schwetzler, Bernhard (2000a): Unternehmensbewertung unter Unsicherheit – Sicherheitsäquivalent- oder Risikozuschlagsmethode?, in: zfbf, 52. Jg., S. 469–486.

Schwetzler, Bernhard (2000b): Stochastische Verknüpfung und implizite bzw. maximal zulässige Risikozuschläge bei der Unternehmensbewertung, in: BFuP, 52. Jg., S. 478–492.

Schwetzler, Bernhard/Darijtschuk, Niklas (2000): Unternehmensbewertung und Finanzierungspolitiken, in: ZfB, 70. Jg., S. 117–134.

Schwetzler, Bernhard/Darijtschuk, Niklas (1999): Unternehmensbewertung mit Hilfe der DCF-Methode – eine Anmerkung zum "Zirkularitätsproblem", in: ZfB, 69. Jg., S. 295–318.

Schwetzler, Bernhard/Rapp, Marc S. (2002): Arbitrage, Kapitalkosten und die Miles/Ezzell-Anpassung im zweiperiodigen Binomialmodell – Erwiderung zu dem Beitrag von Prof. Dr. Andreas Löffler „Gewichtete Kapitalkosten (WACC) in der Unternehmensbewertung, in: FB, 4. Jg., S. 502–505.

Scott, James H. Jr. (1979): Bankruptcy, Secured Debt, and Optimal Capital Structure, in: JoF, Vol. 34, S. 253–260.

Scott, James H. Jr. (1977): Bankruptcy, Secured Debt, and Optimal Capital Structure, in: JoF, Vol. 32, S. 1–19.

Scott, James H. Jr. (1976): A theory of optimal capital structure, in: BJE, Vol. 7, S. 33–54.

Seicht, Gerhard (2006a): Unternehmensbewertung und Risiko, in: Seicht, Gerhard (Hrsg.): Jahrbuch für Controlling und Rechnungswesen, Wien, S. 1–26.

Seicht, Gerhard (2006b): Aspekte des Risikokalküls in Unternehmensbewertungen, in: Siegel, Theodor/Klein, Andreas/Schneider, Dieter/Schwintowski, Hans-Peter (Hrsg.): Unternehmungen, Versicherungen und Rechnungswesen, FS Rückle, Berlin, S. 97–128.

Seicht, Gerhard (2004a): Aus der Werkstätte eines Betriebswirtes, in: Seicht, Gerhard (Hrsg.): Jahrbuch für Controlling und Rechnungswesen, Wien, S. 1–72.

Seicht, Gerhard (2004b): Risikoabschlag und Mehrphasenmethode bei der Unternehmensbewertung, in: Seicht, Gerhard (Hrsg.): Jahrbuch für Controlling und Rechnungswesen, Wien, S. 267–272.

Seicht, Gerhard (2003): Replik auf Stefan Bogners Stellungnahme zum Aufsatz über „Irrtümer und Fehler in der Praxis der Unternehmensbewertung", in: Seicht, Gerhard (Hrsg.): Jahrbuch für Controlling und Rechnungswesen, Wien, S. 73–81.

Seicht, Gerhard (2002): Unternehmensbewertung und Risiko (I), in: GesRZ, 31. Jg., S. 114–119.

Seicht, Gerhard (2001): Missverständnisse und Methodenfehler in der österreichischen Praxis der Unternehmensbewertung, in: Seicht, Gerhard (Hrsg.): Jahrbuch für Controlling und Rechnungswesen, Wien, S. 1–50.

Seicht, Gerhard (1999): Irrtümer und Fehler in der Praxis der Unternehmensbewertung, in: SWK, 74. Jg., S. 102–116.

Shaffer, Sherrill (2006): Corporate Failure and Equity Valuation, in: FAJ, Vol. 62, Nr. 1, S. 71–80.

Shapiro, Alan C./Titman, Sheridan (1986): An Integrated Approach to Corporate Risk Management, in: Stern, Joel M./Chew, Donald H. Jr. (Hrsg.): The Revolution in Corporate Finance, Cambridge (MA), S. 215–229.

Sharpe, William F. (1994): The Sharpe Ratio, in: JPM, Vol. 21, S. 49–58.

Sharpe, William F. (1973): The Capital Asset Pricing Model: Traditional and „Zero-Beta" Versions, Arbeitspapier Nr. 151, Stanford University, S. 1–15.

Sharpe, William F. (1966): Mutual Fund Performance, in: JoB, Vol. 39, S. 119–138.

Sharpe, William F. (1964): Capital Asset Prices: A Theory of Market Equilibrium under Conditions of Risk, in: JoF, Vol. 19, S. 425–442.

Sharpe, William F. (1963): A Simplified Model for Portfolio Analysis, in: MSc, Vol. 9, S. 277–293.

Sharpe, William F./Cooper, Guy M. (1972): Risk-Return Classes of New York Stock Exchange Common Stocks, 1931–1967, in: FAJ, Vol. 28, Nr. 2, S. 46–54 und S. 81.

Shreve, Steven E. (2004): Stochastic Calculus for Finance I – The Binomial Asset Pricing Model, New York (NY) u.a.

Shumway, Tyler G. (1996): The Premium for Default Risk in Stock Returns, Diss. University of Chicago.

Sick, Gordon A. (1990): Tax-Adjusted Discount Rates, in: MSc, Vol. 36, S. 1432–1450.

Sick, Gordon A. (1989): Multiperiod Risky Project Valuation – A Mean-Covariance Certainty-Equivalent Approach, in: Lee, Cheng F. (Hrsg.): Advances in Financial Planning and Forecasting, Vol. 3, S. 1–36.

Sick, Gordon A. (1986): A Certainty-Equivalent Approach to Capital Budgeting, in: FM, Vol. 15, Nr. 4, S. 23–32.

Skogsvik, Kenth (2006): Probabilistic Business Failure Prediction in Discounted Cash Flow Bond and Equity Valuation, Arbeitspapier, Stockholm School of Economics, Version vom Mai 2006, S. 1–29.

Smith, Clifford W. [Jr.]/Stulz, René M. (1985): The Determinants of Firms' Hedging Policies, in: JFQA, Vol. 20, S. 391–405.

Smith, Clifford W. Jr./Warner, Jerold B. (1979): Bankruptcy, Secured Debt, and Optimal Capital Structure: Comment, in: JoF, Vol. 34, S. 247–251.

Smith, Vernon L. (1972): Default Risk, Scale, and The Homemade Leverage Theorem, in: AER, Vol. 62, S. 66–76.

Spremann, Klaus (2011): Unternehmensbewertung bei bivalenten Zahlungsüberschüssen, in: CFB, 2. Jg., S. 86–93.

Spremann, Klaus (2010): Finance, 4. Aufl., München.

Spremann, Klaus (2008): Portfoliomanagement, 4. Aufl., München.

Spremann, Klaus (2006): Bewertung von Unternehmen im Financial Distress, in: Hutzschenreuter, Thomas/Griess-Nega, Torsten (Hrsg.): Krisenmanagement, Wiesbaden, S. 165–194.

Spremann, Klaus (2004a): Valuation – Grundlagen moderner Unternehmensbewertung, München.

Spremann, Klaus (2004b): Diskontierung durch Replikation – Richtiges und Falsches bei der Unternehmensbewertung, in: Schneider, Ursula/Steiner, Peter (Hrsg.): Betriebswirtschaftslehre und gesellschaftliche Verantwortung, Wiesbaden, S. 105–129.

Spremann, Klaus (2002): Finanzanalyse und Unternehmensbewertung, München.

Spremann, Klaus (1997): Diversifikation im Normalfall und im Streßfall, in: ZfB, 67. Jg., S. 865–886.

Spremann, Klaus/Ernst, Dietmar (2011): Unternehmensbewertung – Grundlagen und Praxis, 2. Aufl., München.

Spremann, Klaus/Scheurle, Patrick (2010): Finanzanalyse, München.

Stanton, Richard/Seasholes, Mark S. (2005): The Assumptions and Math Behind WACC and APV Calculations, Arbeitspapier, University of California Berkeley, Version vom 27.10.2005, S. 1–19.

Stapleton, Richard C./Subrahmanyam, Marti G. (1978): A Multiperiod Equilibrium Asset Pricing Model, in: Ec, Vol. 46, S. 1077–1096.

Steffens, Christian (2003): Kapitalmarktorientierte Bewertung Flexibler Fertigungssysteme, Hamburg.

Steiner, Manfred/Rathgeber, Andreas (2008): Warum stochastische Zinssätze den Wert von Derivaten beeinflussen, in: Laitenberger, Jörg/Löffler, Andreas (2008): Finanzierungstheorie auf vollkommenen und unvollkommenen Kapitalmärkten, FS Kruschwitz, München, S. 203–218.

Steiner, Manfred/Wallmeier, Martin (2002): Die Berücksichtigung variabler leistungs- und finanzwirtschaftlicher Risiken in der Unternehmensbewertung, in: Siegwart, Hans/Mahari, Julian/Ruffner, Markus (Hrsg.): Corporate Governance, Shareholder Value & Finance, Basel u.a., S. 243–261.

Steiner, Manfred/Wallmeier, Martin (1999): Unternehmensbewertung mit Discounted Cash Flow-Methoden und dem Economic Value Added-Konzept, in: FB, 1. Jg., S. 1–10.

Stephan, Jörg (2006): Finanzielle Kennzahlen für Industrie- und Handelsunternehmen, Wiesbaden.

Stiglitz, Joseph E. (1974): On the Irrelevance of Corporate Financial Policy, in: AER, Vol. 64, S. 851–866.

Stiglitz, Joseph E. (1972): Some Aspects of the Pure Theory of Corporate Finance: Bankruptcies and Take-overs, in: BJE, Vol. 3, S. 458–482.

Stiglitz, Joseph E. (1969): A Re-examination of the Modigliani-Miller Theorem, in: AER, Vol. 59, S. 784–793.

Streitferdt, Felix [G.] (2009): Die Risikoanpassung in den WACC, in: WiSt, 38. Jg., S. 294–300.

Streitferdt, Felix [G.] (2008): Unternehmensbewertung mit den DCF-Verfahren nach der Unternehmensteuerreform 2008, in: FB, 10. Jg., S. 168–276.

Streitferdt, Felix [G.] (2004a): Unternehmensbewertung mit dem WACC-Verfahren bei konstantem Verschuldungsgrad, in: FB, 6. Jg., S. 43–49.

Streitferdt, Felix [G.] (2004b): Ertragsteuerliche Verlustvorträge in den DCF-Verfahren zur Unternehmensbewertung, in: ZfB, 74. Jg., S. 669–693.

Stubbart, Charles I./Knight, Michael B. (2006): The Case of the Disappearing Firms: Empirical Evidence and Implications, in: JOB, Vol. 27, S. 79–100.

Süchting, Joachim (1995): Finanzmanagement – Theorie und Politik der Unternehmensfinanzierung, 6. Aufl., Wiesbaden.

Taggart, Robert A. Jr. (1991): Consistent Valuation and Cost of Capital Expressions With Corporate and Personal Taxes, in: FM, Vol. 20, Nr. 3, S. 8–20.

Taggart, Robert A. Jr. (1977): Capital Budgeting and the Financing Decision: An Exposition, in: FM, Vol. 6, Nr. 2, S. 59–64.

Talmor, Eli/Haugen, Robert/Barnea, Amir (1985): The Value of the Tax Subsidy on Risky Debt, in: JoB, Vol. 58, S. 191–202.

Tebroke, Hermann-Josef/Rathgeber, Andreas (2003): Unternehmenswert und Ausfallrisiko – Zur Übereinstimmung CAPM- und OPM-basierter Bewertung im einperiodigen Trinomialmodell, in: Rathgeber, Andreas/Tebroke, Hermann-Josef/Wallmeier, Martin (Hrsg.): Finanzwirtschaft, Kapitalmarkt und Banken, FS Steiner, Stuttgart, S. 143–161.

Tham, Joseph (2012): Weighted Average Cost of Capital (WACC) with Risky Debt: a Simple Exposition (I), in: CLA, Vol. 8, Nr. 15, S. 21–28.

Tham, Joseph/Vélez-Pareja, Ignacio (2004): Principles of Cash Flow Valuation – An Integrated Market-Based Approach, London u.a.

Tham, Joseph/Wonder, Nicholas X. (2002): The Non-conventional WACC with Risky Debt and Risky Tax Shield, Arbeitspapier, University of Wyoming, Version vom 05.09.2002, S. 1–17.

Tham, Joseph/Wonder, Nicholas X. (2001): Unconventional Wisdom on psi, the Appropriate Discount Rate for the Tax Shield, Arbeitspapier, University of Wyoming, Version vom 10.09.2001, S. 1–26.

Theodossiou, Panayiotis/Kahya, Emel/Saidi, Reza/Philippatos, George (1996): Financial Distress and Corporate Acquisitions: Further Empirical Evidence, in: JBFA, Vol. 23, S. 699–719.

Timmreck, Christian (2006): Kapitalmarktorientierte Sicherheitsäquivalente – Konzeption und Anwendung bei der Unternehmensbewertung, Wiesbaden.

Tobin, James (1958): Liquidity Preference as Behavior Towards Risk, in: RESt, Vol. 25, S. 65–86.

Trautmann, Siegfried (2007): Investitionen – Bewertung, Auswahl und Risikomanagement, 2. Aufl., Berlin u.a.

Treynor, Jack L. (1962): Toward a Theory of Market Value of Risky Assets, unveröffentlichtes Manuskript, Nachdruck in: Korajczyk, Robert (Hrsg.): Asset Pricing and Portfolio Performance, London 1999, S. 15–22.

Tschöpel, Andreas (2004): Risikoberücksichtigung bei Grenzpreisbestimmungen im Rahmen der Unternehmensbewertung, Lohmar.

Turnbull, S[tuart] M. (1977): Market Imperfections and the Capital Asset Pricing Model, in: JBFA, Vol. 4, S. 327–337.

Uhlir, Helmut (1991): Zur Bemessung risikoabhängigen Haftkapitals bei Banken – Ein optionspreistheoretischer Ansatz, in: Rückle, Dieter (Hrsg.): Aktuelle Fragen der Finanzwirtschaft und der Unternehmensbesteuerung, FS Loitlsberger, Wien, S. 691–710.

Uhrig-Homburg, Marliese (2002): Valuation of Defaultable Claims – A Survey, in: sbr, Vol. 54, S. 24–57.

Uhrig-Homburg, Marliese (2001): Fremdkapitalkosten, Bonitätsrisiken und optimale Kapitalstruktur, Wiesbaden.

Van Horne, James C. (2002): Financial Management and Policy, 12. Aufl., Upper Saddle River (NJ).

Vasicek, Oldrich A. (1971): Capital Market Equilibrium with no Riskless Borrowing, unveröffentlichtes Manuskript, Wells Fargo Bank Memorandum, März 1971, S. 1–26.

Vassalou, Maria/Xing, Yuhang (2004): Default Risk in Equity Returns, in: JoF, Vol. 59, S. 831–868.

Vélez-Pareja, Ignacio (2010): Risky Tax Shields and Risky Debt: An Exploratory Study, in: CA, Vol. 23, S. 213–235.

Vélez-Pareja, Ignacio/Tham, Joseph (2005): Proper Solution of Circularity in the Interactions of Corporate Financing and Investment Decisions: A Reply to the Financing Present Value Approach, in: MRN, Vol. 28, Nr. 10, S. 65–92.

Vélez-Pareja, Ignacio/Tham, Joseph/Fernández, Viviana (2005): Adjustment of the WACC with Subsidized Debt in the Presence of Corporate Taxes: The Finite-Horizon Case, in: EA, Vol. 12, Nr. 2, S. 45–66.

Venezian, Emilio C. (2007): Valuation when bankruptcy is a possibility and taxes matter, in: JRF, Vol. 8, S. 230–245.

Volkart, Rudolf (2012): Kapitalkosten und Risiko – Cost of Capital als zentrales Element der betrieblichen Finanzpolitik, korrigierter Nachdruck, Zürich.

Volkart, Rudolf (2010): Unternehmensbewertung und Akquisitionen, 3. Aufl., Zürich.

Volkart, Rudolf (2008): Fallstricke der Unternehmensbewertung – Potenzielle Schwachstellen aus theoretischer und praktischer Sicht, in: Rudolphi, Corinne (Hrsg.): Max Boemle: Festschrift zum 80. Geburtstag, Zürich, S. 137–165.

Volkart, Rudolf/Vettiger, Thomas/Forrer, Fabian (2013): Bestimmung der Kapitalkosten im Rahmen der finanziellen Führung, in: Seicht, Gerhard (Hrsg.): Jahrbuch für Controlling und Rechnungswesen, Wien, S. 101–126.

Volkart, Rudolf/Wagner, Alexander F. (2014): Corporate Finance, 6. Aufl., Zürich.

Wagner, Wolfgang/Jonas, Martin/Ballwieser, Wolfgang/Tschöpel, Andreas (2004): Weiterentwicklung der Grundsätze zur Durchführung von Unternehmensbewertungen (IDW S 1), in: WPg, 57. Jg., S. 889–898.

Wallmeier, Martin (2003): Der Informationsgehalt von Optionspreisen, Heidelberg.

Wallmeier, Martin (2001): Ein neues DCF-Verfahren zur Unternehmensbewertung?, in: zfbf, 53. Jg., S. 283–288.

Wallmeier, Martin (1999): Kapitalkosten und Finanzierungsprämissen, in: ZfB, 69. Jg., S. 1473–1490.

Warner, Jerold B. (1977): Bankruptcy Costs: Some Evidence, in: JoF, Vol. 32, S. 337–347.

Watrin, Christoph/Stöver, Rüdiger (2011): Einfluss des Tax Shield auf die Renditeforderung der Eigenkapitalgeber und die Gearing Formel, in: StuW, 88. Jg., S. 60–74.

Weckbach, Stefan (2004): Corporate Financial Distress: Unternehmensbewertung bei finanzieller Enge, Diss. St. Gallen.

Weibrecht, Christian (2011): Finanzkrise und Unternehmensbewertung – Besonderheiten bei Betrachtung der Insolvenzwahrscheinlichkeit, in: V&S, Nr. 12, S. 26–27.

Weiss, Lawrence A. (1990): Bankruptcy Resolution – Direct Costs and Violation of Priority of Claims, in: JFE, Vol. 27, S. 285–314.

Whitaker, Richard B. (1999): The Early Stages of Financial Distress, in: JEF, Vol. 23, S. 123–133.

Wiese, Jörg (2006): Komponenten des Zinsfußes in Unternehmensbewertungskalkülen: Theoretische Grundlagen und Konsistenz, Frankfurt a.M.

Wiese, Jörg (2003): Zur theoretischen Fundierung der Sicherheitsäquivalentmethode und des Begriffs der Risikoauflösung bei der Unternehmensbewertung, in: zfbf, 55. Jg., S. 287–305.

Wilhelm, Jochen (2005): Unternehmensbewertung – Eine finanzmarkttheoretische Untersuchung, in: ZfB, 75. Jg., S. 631–665.

Wilhelm, Jochen (2002): Risikoabschläge, Risikozuschläge und Risikoprämien – Finanzierungstheoretische Anmerkungen zu einem Grundproblem der Unternehmensbewertung, in: Passauer Diskussionspapiere, Diskussionsbeitrag B-9-02, Betriebswirtschaftliche Reihe 9, Universität Passau, S. 1–13.

Wilhelm, Jochen (1983): Marktwertmaximierung – Ein didaktisch einfacher Zugang zu einem Grundlagenproblem der Investitions- und Finanzierungstheorie, in: ZfB, 53. Jg., S. 516–534.

Wilhelm, Jochen (1981): Zum Verhältnis von Capital Asset Pricing Model, Arbitrage Pricing Theory und Bedingungen der Arbitragefreiheit von Finanzmärkten, in: zfbf, 33. Jg., S. 891–905.

Williams, John B. (1938): The Theory of Investment Value, Cambridge (MA).

Wood, Stuart J./Leitch, Gordon (2004): Interactions of Corporate Financing and Investment Decisions: The Financing Present Value ("FPV") Approach to Evaluating Investment Projects that Change Capital Structure, in: MF, Vol. 30, Nr. 2, S. 16–37.

Wrightsman, Dwayne (1978): Tax Shield Valuation and the Capital Structure Decision, in: JoF, Vol. 33, S. 650–656.

Wruck, Karen H. (1990): Financial Distress, Reorganization, and Organizational Efficiency, in: JFE, Vol. 27, S. 419–444.

Wulff, Christian (2010): Probleme bei der Bewertung von Unternehmen in Krisensituationen, in: Evertz, Derik/Krystek, Ulrich (Hrsg.): Restrukturierung und Sanierung von Unternehmen, Stuttgart, S. 101–119.

Xu, Yexiao/Malkiel, Burton G. (2003): Investigating the Behavior of Idiosyncratic Volatility, in: JoB, Vol. 76, S. 613–644.

Yagill [sic!], Jo[s]e[ph] (1982): On Valuation, Beta, and the Cost of Equity Capital: A Note, in: JFQA, Vol. 17, S. 441–449.

Yagil, Joseph (1987): Divisional Beta Estimation under the Old and New Tax Laws, in: FM, Vol. 16, Nr. 4, S. 16–21.

Yao, Yulin (1997): A Trinomial Dividend Valuation Model, in: JPM, Vol. 23, Nr. 4, S. 99–103.

Yawitz, Jess B. (1977): An Analytical Model of Interest Rate Differentials and Different Default Recoveries, in: JFQA, Vol. 12, S. 481–490.

Zeidler, Gernot W./Tschöpel, Andreas/Bertram, Ingo (2012): Kapitalkosten in Zeiten der Finanz- und Schuldenkrise, in: CFB, 3. Jg., S. 70–80.

Zhang, Zhiqiang (2013): Finance – Fundamental Problems and Solutions, Heidelberg u.a.

Zieger, Martin/Schütte-Biastoch, Sonja (2008): Gelöste und ungelöste Fragen bei der Bewertung von kleinen und mittleren Unternehmen (KMU), in: FB, 10. Jg., S. 590–601.

Zwirner, Christian/Reinholdt, Ago (2009): Unternehmensbewertung im Zeichen der Finanzmarktkrise vor dem Hintergrund der neuen erbschaftsteuerlichen Regelungen – Anmerkungen zu einer angemessenen Zinssatzermittlung, in: FB, 11. Jg., S. 389–393.

BETRIEBSWIRTSCHAFTLICHE STUDIEN
RECHNUNGS- UND FINANZWESEN, ORGANISATION UND INSTITUTION

Die Herausgeber wollen in dieser Schriftenreihe Forschungsarbeiten aus dem Rechnungswesen, dem Finanzwesen, der Organisation und der institutionellen Betriebswirtschaftslehre zusammenfassen. Über den Kreis der eigenen Schüler hinaus soll originellen betriebswirtschaftlichen Arbeiten auf diesem Gebiet eine größere Verbreitung ermöglicht werden. Jüngere Wissenschaftler werden gebeten, ihre Arbeiten, insbesondere auch Dissertationen, an die Herausgeber einzusenden.

Band 1 Joachim Hartle: Möglichkeiten der Entobjektivierung der Bilanz - Eine ökonomische Analyse. 1984.

Band 2 Peter Wachendorff: Alternative Vertragsgestaltung bei öffentlichen Aufträgen - Eine ökonomische Analyse. 1984.

Band 3 Doris Zimmermann: Schmalenbachs Aktivierungsgrundsätze. 1985.

Band 4 Elke Michaelis: Organisation unternehmerischer Aufgaben - Transaktionskosten als Beurteilungskriterium. 1985.

Band 5 Arno Schuppert: Die Überwachung betrieblicher Routinetätigkeiten. Ein Erklärungs-Entscheidungsmodell. 1985.

Band 6 Bonaventura Lehertshuber: Unternehmensvertragsrecht und Konzernhandelsbilanz. 1986.

Band 7 Joachim Schindler: Kapitalkonsolidierung nach dem Bilanzrichtlinien-Gesetz. 1986.

Band 8 Gerhard R. Schell: Die Ertragsermittlung für Bankbewertungen. 1988.

Band 9 Ulrich Hein: Analyse der Neubewertungsverfahren im belgischen und französischen Bilanzrecht. 1988.

Band 10 Rainer Leuthier: Das Interdependenzproblem bei der Unternehmensbewertung. 1988.

Band 11 Dieter Pfaff: Gewinnverwendungsregelungen als Instrument zur Lösung von Agency-Problemen. Ein Beitrag zur Diskussion um die Reformierung der Ausschüttungskompetenz in Aktiengesellschaften. 1989.

Band 12 Christian Debus: Haftungsregelungen im Konzernrecht. Eine ökonomische Analyse. 1990.

Band 13 Ralph Otte: Konzernabschlüsse im öffentlichen Bereich. Notwendigkeit und Zwecke konsolidierter Jahresabschlüsse von Gebietskörperschaften dargestellt am Beispiel der Bundesverwaltung der Bundesrepublik Deutschland. 1990.

Band 14 Rüdiger Zaczyk: Interdisziplinarität im Bilanzrecht. Rechtsfindung im Spannungsfeld zwischen Betriebswirtschaftslehre und dogmatischer Rechtswissenschaft. 1991.

Band 15 Oliver Fliess: Konzernabschluß in Großbritannien – Grundlagen, Stufenkonzeption und Kapitalkonsolidierung. 1991.

Band 16 Joachim Faß: Konzernierung und konsolidierte Rechnungslegung. Eine Analyse der Eignung des Konzernabschlusses als Informationsinstrument und als Grundlage der Ausschüttungsbemessung konzernverbundener Unternehmen. 1992.

Band 17 Michael Feldhoff: Die Regulierung der Rechnungslegung. Eine systematische Darstellung der Grundlagen mit einer Anwendung auf die Frage der Publizität. 1992.

Band 18 Uwe Jüttner: GoB-System, Einzelbewertungsgrundsatz und Imparitätsprinzip. 1993.

Band 19 Ralf Häger: Das Publizitätsverhalten mittelgroßer Kapitalgesellschaften. 1993.

Band 20 Jutta Menninger: Financial Futures und deren bilanzielle Behandlung. 1993.

Band 21 Stefan Lange: Die Kompatibilität von Abschlußprüfung und Beratung. Eine ökonomische Analyse. 1994.

Band 22 Hans Klaus: Gesellschafterfremdfinanzierung und Eigenkapitalersatzrecht bei der Aktiengesellschaft und der GmbH. 1994.

Band 23 Vera Marcelle Krisement: Ansätze zur Messung des Harmonisierungs- und Standardisierungsgrades der externen Rechnungslegung. 1994.

Band 24 Helmut Schmid: Leveraged Management Buy-Out. Begriff, Gestaltungen, optimale Kapitalstruktur und ökonomische Bewertung. 1994.

Band 25 Carsten Carstensen: Vermögensverwaltung, Vermögenserhaltung und Rechnungslegung gemeinnütziger Stiftungen. 1994. 2., unveränderte Auflage 1996.

Band 26 Dirk Hachmeister: Der Discounted Cash Flow als Maß der Unternehmenswertsteigerung. 1995. 2., durchgesehene Auflage 1998. 3., korrigierte Auflage 1999. 4., durchgesehene Auflage 2000.

Band 27 Christine E. Lauer: Interdependenzen zwischen Gewinnermittlungsverfahren, Risiken sowie Aktivitätsniveau und Berichtsverhalten des Managers. Eine ökonomische Analyse. 1995.

Band 28 Ulrich Becker: Das Überleben multinationaler Unternehmungen. Generierung und Transfer von Wissen im internationalen Wettbewerb. 1996.

Band 29 Torsten Ganske: Mitbestimmung, Property-Rights-Ansatz und Transaktionskostentheorie. Eine ökonomische Analyse. 1996.

Band 30 Angelika Thies: Rückstellungen als Problem der wirtschaftlichen Betrachtungsweise. 1996.

Band 31 Hans Peter Willert: Das französische Konzernbilanzrecht. Vergleichende Analyse zum deutschen Recht im Hinblick auf die Konzernbilanzzwecke und deren Grundkonzeption. 1996.

Band 32 Christian Leuz: Rechnungslegung und Kreditfinanzierung. Zum Zusammenhang von Ausschüttungsbegrenzung, bilanzieller Gewinnermittlung und vorsichtiger Rechnungslegung. 1996.

Band 33 Gerald Schenk: Konzernbildung, Interessenkonflikte und ökonomische Effizienz. Ansätze zur Theorie des Konzerns und ihre Relevanz für rechtspolitische Schlußfolgerungen. 1997.

Band 34 Johannes G. Schmidt: Unternehmensbewertung mit Hilfe strategischer Erfolgsfaktoren. 1997.

Band 35 Cornelia Ballwießer: Die handelsrechtliche Konzernrechnungslegung als Informationsinstrument. Eine Zweckmäßigkeitsanalyse. 1997.

Band 36 Bert Böttcher: Eigenkapitalausstattung und Rechnungslegung. US-amerikanische und deutsche Unternehmen im Vergleich. 1997.

Band 37 Andreas-Markus Kuhlewind: Grundlagen einer Bilanzrechtstheorie in den USA. 1997.

Band 38 Maximilian Jung: Zum Konzept der Wesentlichkeit bei Jahresabschlußerstellung und -prüfung. Eine theoretische Untersuchung. 1997.

Band 39 Mathias Babel: Ansatz und Bewertung von Nutzungsrechten. 1997.

Band 40 Georg Hax: Informationsintermediation durch Finanzanalysten. Eine ökonomische Analyse. 1998.

Band 41 Georg Schultze: Der spin-off als Konzernspaltungsform. 1998.

Band 42 Christian Aders: Unternehmensbewertung bei Preisinstabilität und Inflation. 1998.

Band 43 Thomas Schröer: Das Realisationsprinzip in Deutschland und Großbritannien. Eine systematische Untersuchung und ihre Anwendung auf langfristige Auftragsfertigung und Währungsumrechnung. 1998.

Band 44 Anne d'Arcy: Gibt es eine anglo-amerikanische oder eine kontinentaleuropäische Rechnungslegung? Klassen nationaler Rechnungslegungssysteme zwischen Politik und statistischer Überprüfbarkeit. 1999.

Band 45 Christian Back: Richtlinienkonforme Interpretation des Handelsbilanzrechts. Abstrakte Vorgehensweise und konkrete Anwendung am Beispiel des EuGH-Urteils vom 27. Juni 1996. 1999.

Band 46 Cornelia Flury: Gewinnerläuterungsprinzipien. 1999.

Band 47 Hanne Böckem: Die Durchsetzung von Rechnungslegungsstandards. Eine kapitalmarktorientierte Untersuchung. 2000.

Band 48 Jens Kengelbach: Unternehmensbewertung bei internationalen Transaktionen. 2000.

Band 49 Ursula Schäffeler: Latente Steuern nach US-GAAP für deutsche Unternehmen. 2000.

Band 50 Rainer Doll: Wahrnehmung und Signalisierung von Prüfungsqualität. 2000.

Band 51 Brigitte Strasser: Informationsasymmetrien bei Unternehmensakquisitionen. 2000.

Band 52 Lars Franken: Gläubigerschutz durch Rechnungslegung nach US-GAAP. Eine ökonomische Analyse. 2001.

Band 53 Oliver Bärtl: Wertorientierte Unternehmenssteuerung. Zum Zusammenhang von Kapitalmarkt, externer und interner Rechnungslegung. 2001.

Band 54 Gabi Ebbers: A Comparative Analysis of Regulatory Strategies in Accounting and their Impact on Corporate Compliance. 2001.

Band 55 Mark Währisch: The Evolution of International Accounting Systems. Accounting System Adoptions by Firms from a Network Perspective. 2001.

Band 56 Jakob Schröder: F&E-Bilanzierung als Einflußfaktor der F&E-Freudigkeit. 2001.

Band 57 Martin Hebertinger: Wertsteigerungsmaße – Eine kritische Analyse. 2002.

Band 58 Rainer Zensen: Die Bewertung von deutschen Universalbanken unter Berücksichtigung rechtsformspezifischer Besonderheiten. 2002.

Band 59 Oliver Beyhs: Impairment of Assets nach International Accounting Standards. Anwendungshinweise und Zweckmäßigkeitsanalyse. 2002.

Band 60 Britta Leippe: Die Bilanzierung von Leasinggeschäften nach deutschem Handelsrecht und US-GAAP. Darstellung und Zweckmäßigkeitsanalyse. 2002.

Band 61 Christian Heitmann: Beurteilung der Bestandsfestigkeit von Unternehmen mit Neuro-Fuzzy. 2002.

Band 62 Bernd Hacker: Segmentberichterstattung – Eine ökonomische Analyse. 2002.

Band 63 Jörg Hoffmann: Das DRSC und die Regulierung der Rechnungslegung. Eine ökonomische Analyse. 2003.

Band 64 Cornelia Stanke: Entscheidungskonsequenzen der Rechnungslegung bei Unternehmenszusammenschlüssen. 2003.

Band 65 Peter Gampenrieder: Squeeze-out. Rechtsvergleich, empirischer Befund und ökonomische Analyse. 2004.

Band 66 Tim Laas: Steuerung internationaler Konzerne. Eine integrierte Betrachtung von Wert und Risiko. 2004.

Band 67 Michael Dobler: Risikoberichterstattung. Eine ökonomische Analyse. 2004.

Band 68 Martina Bentele: Immaterielle Vermögenswerte in der Unternehmensberichterstattung. 2004.

Band 69 Maik Esser: Goodwillbilanzierung nach SFAS 141/142. Eine ökonomische Analyse. 2005.

Band 70 Jörg-Markus Hitz: Rechnungslegung zum fair value. Konzeption und Entscheidungsnützlichkeit. 2005.

Band 71 Christian Schaffer: Führt wertorientierte Unternehmensführung zur messbaren Wertsteigerung? 2005.

Band 72 Marcus Borchert: Die Sicherung von Wechselkursrisiken in der Rechnungslegung nach deutschem Handelsrecht und International Financial Reporting Standards (IFRS). Darstellung und Zweckmäßigkeitsanalyse. 2006.

Band 73 Marcus Bieker: Ökonomische Analyse des Fair Value Accounting. 2006.

Band 74 Jörg Wiese: Komponenten des Zinsfußes in Unternehmensbewertungskalkülen. Theoretische Grundlagen und Konsistenz. 2006.

Band 75 Silvia Hettich: Zweckadäquate Gewinnermittlungsregeln. 2006.

Band 76 Stephan Rosarius: Bewertung von Leveraged Buyouts. 2007.

Band 77 Bernhard Moitzi: Fair Value Accounting und Anreizwirkungen. 2007.

Band 78 Jörg Reichert: Das Residual-Income-Model. Eine kritische Analyse. 2007.

Band 79 Nadja M. Päßler: Interessenkonflikte in der Informationsintermediation. Eine ökonomische Analyse. 2007.

Band 80 Raimo Reese: Schätzung von Eigenkapitalkosten für die Unternehmensbewertung. 2007.

Band 81 Jens Hackenberger: Professionelle Fußballspieler in der internationalen Rechnungslegung. Eine ökonomische Analyse. 2008.

Band 82 Christian Wappenschmidt: Ratinganalyse durch internationale Ratingagenturen. Empirische Untersuchung für Deutschland, Österreich und die Schweiz. 2009.

Band 83 Andreas Scholze: Discounted Cashflow und Jahresabschlußanalyse. Zur Berücksichtigung externer Rechnungslegungsinformationen in der Unternehmensbewertung. 2009.

Band 84 Sanela Čeljo-Hörhager: Selbsterfüllbarkeit von Ratings. Self-Fulfilling Prophecies als Problem der Risikokommunikation durch Informationsintermediäre. 2009.

Band 85 Hannes Dücker: Institutionelle Änderungen und die Ergebnisqualität von Finanzberichten deutscher Unternehmen. 2009.

Band 86 Gerhard Kurz: Das IASB und die Regulierung der Rechnungslegung in der EU. Eine Analyse von Legitimation und Lobbying. 2009.

Band 87 Christian Höllerschmid: Signalwirkungen und Bilanzpolitik mithilfe selbst erstellten technologiebezogenen immateriellen Vermögens. Reifeprüfung für bilanzrechtliche Sorgenkinder. 2010.

Band 88 Salima Sifi: Determinanten der Publizitätspolitik. Ökonomische und empirische Analyse am Beispiel immaterieller Werte. 2010.

Band 89 Michael Seifert: Die Erfassung von Unsicherheit bei den IFRS. 2011.

Band 90 Roland Paarz: Einfluss der Rechnungslegung auf Finanzanalysten. Eine empirische Analyse von Prognosegenauigkeit und Bewertungsverfahren von Finanzanalysten in Deutschland. 2011

Band 91 Christoph Pelger: Integration von externer und interner Unternehmensrechnung. Eine ökonomische Analyse. 2012.

Band 92 Andreas Hofherr: Die Bewertung wandelanleihenfinanzierter Unternehmen. 2012.

Band 93 Annette Witzleben: Anreiz- und Entscheidungsnützlichkeit der bedingten Vorsicht. 2013.

Band 94 Sebastian Erb: Rechnungslegungsinformationen zu Verbriefungen im Umfeld der Finanzmarktkrise. 2014.

Band 95 Anne Kretzschmar: Determinanten einer Ausübung der Fair-value-Option für finanzielle Verbindlichkeiten bei Banken. 2014.

Band 96 Martin Puritscher: Der Zusammenhang von fehlerhafter Rechnungslegung und Unternehmensfinanzierung. Eine empirische Untersuchung. 2015.

Band 97 Tobias Friedrich: Unternehmensbewertung bei Insolvenzrisiko. 2015.

www.peterlang.com